Stefano Valente
Nikephoros Blemmydes, *Epitome physica*

Berlin-Brandenburgische Akademie der Wissenschaften

Commentaria in Aristotelem Graeca et Byzantina (CAGB)

—

Series academica

Herausgegeben von
Dieter Harlfinger, Christof Rapp, Marwan Rashed,
Diether R. Reinsch

Band 6

Stefano Valente

Nikephoros Blemmydes, *Epitome physica*

———

Untersuchungen zur handschriftlichen Überlieferung

DE GRUYTER

Herausgegeben durch die Berlin-Brandenburgische Akademie der Wissenschaften.

Dieser Band wurde im Rahmen der gemeinsamen Forschungsförderung von Bund und Ländern im Akademienprogramm mit Mitteln des Bundesministeriums für Bildung und Forschung und mit Mitteln des Regierenden Bürgermeisters von Berlin, Senatskanzlei – Wissenschaft und Forschung erarbeitet.

ISBN 978-3-11-073698-4
e-ISBN (PDF) 978-3-11-073157-6
ISSN 2700-6417

Library of Congress Control Number: 2021939995

Bibliografische Information der Deutschen Nationalbibliothek
Die Deutsche Nationalbibliothek verzeichnet diese Publikation in der Deutschen National-
bibliografie; detaillierte bibliografische Daten sind im Internet über https://dnb.dnb.de abrufbar.

© 2021 Walter de Gruyter GmbH, Berlin/Boston
Satz: Dörlemann Satz, Lemförde
Druck und Bindung: CPI books GmbH, Leck

www.degruyter.com

Inhalt

II Die Manuskripte der *Epitome physica*

Vorwort

Nicht wir wählen uns unsere Arbeit,
sondern die Arbeit wählt uns;
wir treiben nicht,
was wir wollen,
sondern was wir müssen.[1]

Die Untersuchung der Manuskripte der *Epitome physica* des byzantinischen Theologen und Gelehrten Nikephoros Blemmydes (1197–nach 1269), eines der bedeutendsten kulturellen und politischen Akteure im Nikaianischen Reich (1204–1261), steht im Mittelpunkt des vorliegenden Bandes. Die *Epitome physica* stellt ein kompaktes Lehrbuch für Naturphilosophie dar, das hauptsächlich auf den Schriften des Aristoteles und seiner Kommentatoren basiert; das antike Wissen wird an die christliche Doktrin angepasst und mit ihr harmonisiert. Der Erfolg dieses Kompendiums zeigt sich in der sehr hohen Anzahl an erhaltenen Manuskripten, die noch aus der Zeit unmittelbar nach dem Tod des Autors und bis weit ins 19. Jh. hinein datieren. Insgesamt sind heute über 120 Manuskripte der *Epitome physica* bekannt: Viele davon überliefern den vollständigen Text, oft zusammen mit dem ersten Buch über die aristotelische Logik (*Epitome logica*); andere enthalten nur ausgewählte Kapitel oder Exzerpte. Reichlich vertreten sind Kodizes aus der Palaiologenzeit und der Renaissance. Erst im Jahr 1605 erschien in Augsburg die *Editio princeps* des griechischen Textes von Johann Wegelin, der 1606 auch eine lateinische Übersetzung veröffentlichte. In Westeuropa markierte die Erstausgabe, abgesehen von wenigen Ausnahmen, das Ende der handschriftlichen Vervielfältigung dieses Traktats; mehrere Manuskripte aus Osteuropa und den osmanischen Gebieten weisen jedoch darauf hin, dass sich diese Schrift dort noch im 17., 18. und sogar 19. Jh. eines Fortlebens erfreute.

Trotz der fundamentalen wissenschafts- und kulturhistorischen Rolle mangelt es aber bisher an einer vollständigen Überlieferungsgeschichte, ganz zu schweigen von einer modernen kritischen Ausgabe dieser Schrift von Blemmydes. In den 70er und 80er Jahren des letzten Jahrhunderts hat Wolfgang Lackner Aspekte der Überlieferungsgeschichte erforscht und erste grundlegende Erkenntnisse veröffentlicht. Leider konnte er seine Arbeit nicht zu Ende führen; seine Vorarbeiten für die geplante Edition sowie seine Untersuchungen zu den Manuskripten sind nicht erhalten. Vor ihm hatte August Heisenberg 1896 die Überlieferung sämtlicher Schriften des Blemmydes in den Prolegomena zur Edition der *Autobiographie* behandelt: Als Erster stellte er eine Liste der damals bekannten Manuskripte der *Epitome physica* zusammen und gab

---

1 R. Reitzenstein, *Die Vorgeschichte der christlichen Taufe*, Leipzig/Berlin 1929, V; s. K. Alpers, *Das attizistische Lexikon des Oros*, Berlin/New York 1981, IX.

https://doi.org/10.1515/9783110731576-201

eine kurze Einführung in den Traktat sowie einen Überblick der erschienenen Editionen und Übersetzungen. Hier knüpft diese Arbeit an: Den Anstoß dazu verdanke ich Dieter Harlfinger, der mir im März 2012 vorschlug, die Recherchen von Lackner fortzusetzen.

In diesem Band werden die ersten Ergebnisse aus der Untersuchung der ältesten Handschriften aus der Palaiologenzeit vorgestellt; darüber hinaus wurde auch die Mehrheit der Kodizes aus der Renaissance eingehend untersucht; in wenigen Fällen können nur vorläufige Sondierungen beigegeben werden.[2] Eine umfassende Darstellung der Überlieferungsgeschichte, die sämtliche Manuskripte der *Epitome physica* bis zum Anfang des 17. Jh. sowie die indirekte Überlieferung und die gedruckten Editionen berücksichtigt, ist in Form von Prolegomena zur sich in Vorbereitung befindenden kritischen Ausgabe geplant. Ein vollständiges Stemma, in dem auch die Verhältnisse zwischen den unabhängigen Handschriften Berücksichtigung finden werden, ist ebenfalls geplant.[3] Ziel dieses Bandes ist, einige Etappen der vielschichtigen Überlieferung der *Epitome physica* darzulegen, wobei die Manuskripte zum ersten Mal stemmatisch und kulturgeschichtlich in Familien eingeordnet werden. Beigefügt werden auch ausführliche Beschreibungen der untersuchten Handschriften.

Danksagung. Der Deutschen Forschungsgemeinschaft sei an erster Stelle für die finanziellen Mittel zur Durchführung des Vorhabens gedankt. Im Rahmen des durch die Deutsche Forschungsgemeinschaft geförderten Vorhabens „Wissenschaft und Naturphilosophie in der byzantinischen Welt: Das Physiklehrbuch des Nikephoros Blemmydes" (März 2014–Februar 2017)[4] durfte ich mich der Studie der ältesten Manuskripte dieser Schrift widmen. Darüber hinaus konnten schon einige Recentiores aus dem 15. und 16. Jh. untersucht werden. Auf diesen Ergebnissen aufbauend wurden weitere Handschriften der *Epitome physica*, die in der Renaissance angefertigt wurden, in der zweiten Phase des ebenfalls durch die Deutsche Forschungsgemeinschaft unterstützen Vorhabens (Juli–Dezember 2019) herangezogen. In der vorliegenden Monographie werden die in diesen Jahren erzielten Ergebnisse vorgestellt und die Grundzüge der Überlieferungsgeschichte umrissen.

Dieter Harlfinger hat mir nicht nur den Anlass gegeben, mich mit der *Epitome physica* des Nikephoros Blemmydes zu befassen, sondern freundlicherweise auch eine Checkliste der ihm bekannten Manuskripte dieser Schrift zu Beginn des Projektes zur Verfügung gestellt; außerdem hat er mir im Laufe der Jahre immer wieder wichtige

---

2 Aufgrund des Ausbruchs der COVID-19-Pandemie mussten sämtliche Bibliotheksreisen abgesagt bzw. verschoben werden. Deswegen konnte das Studium einiger Manuskripte nicht durchgeführt bzw. vervollständigt werden.

3 Am Ende einiger Kapitel werden die Überlieferungsbefunde zur Veranschaulichung in einer stemmatischen Darstellung zusammengefasst.

4 S. <https://gepris.dfg.de/gepris/projekt/249198632>. Alle Internetlinks in dem vorliegenden Band wurden am 26.06.2021 zuletzt überprüft.

Hinweise zu verschiedenen Manuskripten gegeben und mich auf relevante Literatur aufmerksam gemacht. Auch hat er im Januar 2018 mit mir eine frühere Fassung dieser Monographie im Aristoteles-Archiv ausführlich diskutiert. Dafür sei ihm mein bester Dank ausgesprochen. Gedankt sei an dieser Stelle auch Pantelis Golitsis für die freundliche Bereitstellung seiner Vorarbeiten für eine geplante Edition des Textes, nachdem er selbst sich wegen anderer Vorhaben entschlossen hatte, dieses Projekt nicht weiterzuverfolgen.[5] Ohne den regelmäßigen Besuch des an der Freien Universität Berlin angesiedelten Aristoteles-Archivs mit seiner unvergleichlichen Sammlung an Mikrofilmen aristotelischer Handschriften wäre diese Arbeit deutlich schwieriger gewesen: Lutz Koch, Nikos Agiotis sowie den studentischen Hilfskräften (Marina Tsakalaki und Rujun Jiang) möchte ich an dieser Stelle danken. Einen besonders herzlichen Dank möchte ich auch Christian Brockmann für den alltäglichen wissenschaftlichen Austausch aussprechen: Einige Aspekte davon werden auch in diesem Buch in Erscheinung treten. Giulia Dalicco, Hannah Goldbeck, Arianna Issoglio, Benny Kozian, Maike Neumann und Leslie Schillen, Hilfskräften am Institut für Griechische und Lateinische Philologie der Universität Hamburg, schulde ich einen herzlichen Dank für die Unterstützung über die Jahre. Eva Wöckener-Gade und Anne Krause haben den noch vorläufigen Text akribisch kommentiert sowie eine sprachliche Revision durchgeführt: Beiden sei herzlich gedankt. Vielen Dank auch an Mai-Lan Boureau, Reinhart Ceulemans, Daniel Deckers, Erika Gielen, Vito Lorusso, Stefano Martinelli Tempesta, Brigitte Mondrain, Luigi Orlandi, Inmaculada Pérez Martín, Rachele Pierini, Anton Sadovskyy und Giuseppe Ucciardello, die mich während dieser Zeit auf unterschiedliche Art und Weise wertvoll unterstützt haben. Für die Betreuung bei der Herstellung des Bandes möchte ich Benedikt Krüger, Kathleen Prüfer und Anett Rehner herzlich danken, sowie Katharina Reinecke für das sorgfältige Lektorat.

Meine Eltern haben auch diese Recherchen mal aus der Ferne, mal aktiv in all diesen Jahren begleitet. Meine Frau Marja Helena hat mir liebevolle Unterstützung geschenkt; mein kleiner Sohn Matteo Kalevi sitzt bei mir, während ich diese Zeilen schreibe.

Hamburg, den 31. Dezember 2020

---

5 S. Valente 2020a, 517: „Am 13. April 2012 traf ich mich im Aristoteles Archiv (FU-Berlin) mit Herrn Golitis, um mich über seine Vorarbeiten zum Text des Blemmydes auszutauschen: Bei dieser Gelegenheit stellte er mir freundlicherweise den von ihm erstellten kritischen Text des Pinax sowie der Kap. 1–5,2 (*Patrologia Graeca* 142, 1021a–1061b), den ‚Apparat de lieux parallèles' für die Kap. 1–10 sowie einige Teile der Prolegomena zu den gedruckten Ausgaben der *Epitome physica* samt einer vorläufigen Checkliste der Manuskripte zur Verfügung. Die Möglichkeit, sein Stemma anzusehen, habe ich nicht wahrgenommen, um mich durch seine Untersuchungen nicht beeinflussen zu lassen".

Verzeichnis der Handschriften der *Epitome physica*

Die Datierung der Manuskripte betrifft nur die Teile mit Texten von Blemmydes. Genauere Angaben werden in den angehängten Beschreibungen der jeweiligen Kodizes gegeben.[6] Im Verzeichnis werden die folgenden Abkürzungen benutzt:

Epit. log.: Epitome logica
Epit. phys.: Epitome physica

Nr. ... A./C. = Argyropoulos u. Caras 1980
Nr. ... G. = Golitsis, unveroffentlichte Checkliste der Manuskripte der *Epit. phys.*
Nr. ... H. = Heisenberg 1896, LXXIX–LXXXI
Nr. ... W. = Wartelle 1963
S. ... H./W. = Harlfinger u. Wiesner 1964

Handschriften der Epitome physica:

Athen, Ἐθνικὴ Βιβλιοθήκη τῆς Ἑλλάδος

475
16. Jh.
ff. 1–200 (?): *Epit. phys.*
(Nr. 13 H.; S. 242 H./W.; Nr. *27 A./C.; Nr. 2.18 G.)

ΜΠΤ 354
16. Jh.
ff. 14ʳ–94ʳ: *Epit. log.*
ff. 94ᵛ–109ᵛ: *Epit. phys.* (unvollständig)
(Nr. 127 W.; Nr. 1.24 G.; s. Moraux *et al.* 1976, 15–18)

Athen, Museum Benaki

115 (Μπ. 3)
16./17. Jh.
ff. 6ʳ–73ᵛ, 83ᵛ–193ᵛ: *Epit. phys.* (geänderte Reihenfolge der Kapitel)
(s. Chatzopoulou 2017, 43 f.)

---

6 S. auch Fabricius 1736, 669–673 mit den ergänzenden Anmerkungen von Gottlieb Christoph Harleß (= *Patrologia Graeca* 142, 527–532); Lackner 1972, 160.

https://doi.org/10.1515/9783110731576-202

Berlin, Staatsbibliothek

Phill. gr. 1516
16. Jh.
ff. 1^r–89^r: *Epit. log.*
ff. 89^v–191^v: *Epit. phys.*
(Nr. 1.25 G.)

Phill. gr. 1517
16. Jh.
ff. 4^r–97^r: *Epit. phys.*
ff. 103^r–108^v: *De fide*
ff. 108^v–117^v: *De virtute*
ff. 117^v–123^v: *De anima*
(Nr. 2.12 G.)

Phill. gr. 1574
16. Jh.
ff. 18^v–96^v: *Epit. phys.*, Exzerpte
(Nr. 2.20 G.)

Bologna, Biblioteca Universitaria

3637
14. Jh., 2./3. V.
ff. 168^v–169^v: Exzerpte aus *Epit. phys.*
(s. Moraux *et al.* 1976, 66–69)

Bukarest, Biblioteca Academiei Române

gr. 10
14. Jh., A.
ff. 1^r–58^v: *Epit. log.*
ff. 58^v–182^v: *Epit. phys.*
(S. 243 H./W.; Nr. 80 A./C.; Nr. 1.1 G.)

Darmstadt, Universitäts- und Landesbibliothek

misc. gr. 2773
14. Jh., M.
f. 126^{r-v}: *Epit. phys.*, Exzerpt (Kap. 17)

El Escorial, Real Biblioteca del Monasterio de San Lorenzo[7]

Y.III.22
14. Jh.
ff. 1^r–99^r: *Epit. phys.*
(Nr. 22 H.; S. 245 H./W.; Nr. *154 A./C.; Nr. 2.6 G.)

Φ.II.7
J. 1564
ff. 1^r–78^v: *Epit. log.*
ff. 81^v–169^v: *Epit. phys.*
ff. 191^v–198^r: *De anima*
(Nr. 27 H.; S. 245 H./W.; Nr. *149 A./C.; Nr. 1.26 G.)

X.I.10
J. 1542
ff. 1^r–92^v: *Epit. log.*
ff. 93^r–205^v: *Epit. phys.*
(S. 245 H./W.; Nr. *155 A./C.; Nr. 1.27 G.)

Florenz, Biblioteca Medicea Laurenziana

plut. 71,8
J. 1494
ff. 1^r–85^v: *Epit. log.*
ff. 86^r–181^v: *Epit. phys.*
(Nr. 18 H.; Nr. 495 W.; Nr. 1.16 G.)

plut. 86,15
15. Jh., letztes V.
ff. 1^r–149^v: *Epit. phys.*

plut. 86,31
J. 1314
ff. 1^r–210^r: *Epit. phys.*

---

7 Der *Scor.* Φ.III.11 (14. Jh. M./2. H.) enthält auf ff. 32^r–36^r zwei Auszüge aus dem Psalmenkommentar des Blemmydes und nicht aus der *Epitome physica*, wie in de Andrés 1965, 60–64 und in Moraux *et al.* 1976, 169 (Beschreibung von D. Harlfinger), s. CAGB Online: <https://cagb-db.bbaw.de/handschriften/handschrift.xql?id=15184>). Den ersten Auszug hat Pantelis Golitsis (unveröff. Einleitung, s. oben S. 9 mit Anm. 5) treffend dem Psalmenkommentar (Psalm 8) zugeschrieben (ff. 32^r Z. 25–36^r Z. 12: 1357d4–1362a5); der darauffolgende wurde aus demselben Text genommen, wie ich feststellen konnte (f. 36^r Z. 12–36^v Z. 25: 1362d10–1363c12).

plut. 87,13
14. Jh., M.
ff. 16ʳ–42ʳ: *Epit. phys.*, Exzerpte
(Nr. 3.4 G.)

plut. 87,16
13. Jh., E.
ff. 67ʳ–143ᵛ: *Epit. log.*
ff. 144ʳ–227ʳ: *Epit. phys.*
ff. 227ʳ–230ᵛ: *De fide*
(Nr. 19 H., Nr. 594 W.; Nr. 1.4 G.)

Leiden, Bibliotheek der Rijksuniversiteit

Voss. Misc. 27
16. Jh.
ff. 1ʳ–13ʳ: *Epit. phys.*, Exzerpte
(Nr. 810 W.; Nr. 3.22 G.)

London, British Library

Harl. 5662
J. 1493/5
ff. 97ʳ–100ᵛ: *Epit. phys.*, Exzerpt (Kap. 17)

Madrid, Biblioteca Nacional de España

4553 (*olim* N-15)
15. Jh., 2. H.
ff. 1ʳ–5ᵛ: *Epit. phys.*, Exzerpte (Kap. 1–11)
(Nr. 25 H.; Nr. 3.6 G.)

4688 (*olim* N-59)
14. Jh., M.
ff. 2ᵛ–97ʳ: *Epit. log.*
ff. 99ʳ–230ʳ: *Epit. phys.*
ff. 230ᵛ–240ʳ: *De fide*
ff. 240ᵛ–256ʳ: *De virtute*
(S. 253 H./W.; Nr. 73 A./C.; Nr. 1.10 G.)

Mailand, Veneranda Biblioteca Ambrosiana

B 109 sup.
16. Jh., 2. H.
ff. 1^r–109^r: *Epit. phys.*
(Nr. 1.23 G.)

O 82 sup.
16. Jh., A.
ff. 41^r–73^v: *Epit. phys.*, Exzerpte
(Nr. 964 W.; Nr. 3.9 G.)

Modena, Biblioteca Estense Universitaria

α.R.7.24 (gr. 15; III A 1)
16. Jh., A.
ff. 17^r–155^v: *Epit. phys.*
(Nr. 1029 W.; Nr. 2.8 G.)

Moskau, Staatliches Historisches Museum (Государственный Исторический Музей)

Synod. gr. 185 (Vlad. 496)
14. Jh.
ff. 1^r–89^v: *Epit. log.*
ff. 89^v–205^r: *Epit. phys.*
(Nr. 10 H.; S. 247 H./W.; Nr. *244 A./C.; Nr. 1.18 G.)

Synod. gr. 302 (Vlad. 495)
15. Jh.
ff. 1^r–3^r: *Epit. log.* (Ende)
ff. 3^r–214^v: *Epit. phys.*
(Nr. 9 H.; S. 247 H./W.; Nr. *243 A./C.; Nr. 2.7 G.)

Synod. gr. 333 (Vlad. 494)
13. Jh., E.
ff. 1^r–68^v: *Epit. log.*
ff. ff. 69^r–150^v: *Epit. phys.*
(Nr. 8 H.; S. 247 H./W.; Nr. *242 A./C.; Nr. 1.19 G.)

München, Bayerische Staatsbibliothek

gr. 225
14. Jh., A.
ff. 41^r–117^r: *Epit. log.*
ff. 117^r–203^v (+ 221): *Epit. phys.*
ff. 217^r–220^r, 222^r–237^v: *Curriculum vitae* I
ff. 237^v–253^r: *Curriculum vitae* II
ff. 253^r–262^v: *De anima*
ff. 262^v–281^v: *De corpore*
ff. 282^r–352^v: Psalmenkommentar
ff. 353^r–359^v: *De fide*
ff. 359^v–369^v: *De virtute*
ff. 369^v–373^v: Typikon, Exzerpte
(Nr. 1 H.; S. 247 H./W.; Nr. *259 A./C.; Nr. 1.2 G.)

gr. 265
J. 1515/1520
ff. 1^r–33^r: *Epit. phys.*, Exzerpte
(Nr. 45 H.; S. 247 H./W.; Nr. *260 A./C.; Nr. 3.11 G.)

gr. 516
14. Jh., M.
ff. 1^r–131^v: *Epit. log.*
ff. 131^v–275^r: *Epit. phys.*
(Nr. 2 H.; Nr. 1145 W.; Nr. 1.11 G.)

gr. 543
16. Jh., A.
ff. 1^r–150^r: *Epit. log.*
ff. 207^r–362^r: *Epit. phys.*
(Nr. 3 H.; Nr. 1149 W.; Nr. 1.17 G.)

Neapel, Biblioteca Nazionale „Vittorio Emanuele III"

III.D.14
15./16. Jh.
ff. 1^r–199^v: *Epit. phys.*
(Nr. 16 H.; Nr. 1178 W.; Nr. 2.9 G.)

Oxford, Bodleian Library

Baroccianus 94
15./16 Jh.
ff. 1^r–42^v: *Epit. phys.* (Überarbeitung)[8]
(Nr. 40 H.; S. 248 H./W.; Nr. *274 A./C.; Nr. 3.8 G.)

Baroccianus 106
16 Jh., M.
ff. 128^r–259: *Epit. phys.*
(Nr. 41 H.; S. 248 H./W.; Nr. *275 A./C.; Nr. 1.20 G.)

Baroccianus 133
13. Jh., E.
ff. 7^v–8^v: *De fide*
ff. 21^r–24^v: *De anima*
ff. 26^r–63^v: *Epit. log.*
ff. 63^v–111^v (+ 112^v): *Epit. phys.*
(Nr. 42 H., Nr. 1230 W.; Nr. 1.7 G.)

Canon. gr. 83
16. Jh., M.
ff. 127^r–130^r: *Epit. phys.*, Exzerpt (Kap. 17)

Holkham. gr. 71
13. Jh., E.
ff. 2^r–70^r: *Epit. log.*
ff. 70^v–157^v: *Epit. phys.*
ff. 158^r–165^r: *De fide*
ff. 165^r–175^v: *De virtute*
ff. 175^v–185^r: *De anima*
ff. 185^r–204^v: *Curriculum vitae* I
ff. 204^v–205^v: *Epistula universalior*
ff. 206^r–219^r: *Curriculum vitae* II
ff. 219^r–232^v: *De corpore*
(Nr. 1273 W.; Nr. 1.3 G.)

---

8 S. dazu Lackner 1972, 353 mit Anm. 8.

Oxford, Christ Church College

gr. 46
16. Jh.
ff. 1ʳ–131ᵛ: *Epit. phys.*
ff. 199ʳ–248ᵛ: *Epit. log.*
(Nr. 1276 W.; Nr. 1.29 G.)

Oxford, Lincoln College

gr. 33
J. 1570
ff. 3ʳ–27ʳ: *Epit. phys.*, Exzerpte (Kap. 7, 12)
(Nr. 3.12 G.)

Oxford, Magdalen College

gr. 16
13. Jh./14 Jh.
ff. 1ʳ–110ᵛ: *Epit. log.*
ff. 114ᵛ–280ᵛ: *Epit. phys.*
(Nr. 39 H., Nr. 1286 W.; Nr. 1.12 G.)

Paris, Bibliothèque nationale de France

gr. 1998
16. Jh. M.
ff. 1ʳ–107ᵛ: *Epit. log.*
ff. 108ʳ–232ᵛ: *Epit. phys.*
(Nr. 30 H.; Nr. 1445 W.; Nr. 1.30 G.)

gr. 1999
16. Jh.
ff. 1ʳ–254ʳ:[9] *Epit. phys.*
ff. 254ʳ, 106ʳ–114ᵛ, 255ʳ–270ᵛ, 303ʳ⁻ᵛ: *Epit. log.*, Kap. 3–5, 31–32
(Nr. 31 H.; Nr. 1446 W.; Nr. 2.13 G.)

---

9 Die ursprüngliche Reihenfolge der Lagen ist durcheinandergeraten.

gr. 2000
16. Jh., M.
ff. 1^r–162^v: *Epit. phys.*
(Nr. 32 H.; Nr. 1447 W.; Nr. 2.14 G.)

gr. 2099
16. Jh.
ff. 1^r–93^r: *Epit. log.*
ff. 97^r–210^v, 212^r–259^v: *Epit. phys.*
(Nr. 34 H.; Nr. 1503 W.; Nr. 1.31 G.)

gr. 2100
16. Jh., A.
ff. 1^r–99^r: *Epit. log.*
ff. 99^v–163^v, 167^r–204^v: *Epit. phys.*
(Nr. 35 H.; Nr. 1504 W.; Nr. 1.32 G.)

gr. 2101
J. 1542
ff. 1^r–54^v, S. 1–210: *Epit. phys.*
(Nr. 36 H.; Nr. 1505 W.; Nr. 2.15 G.)

gr. 2133
J. 1332
ff. 1^r–254^v: *Epit. phys.*
(Nr. 1518 W.; Nr. 2.2 G.)

gr. 2134
um 1320
ff. 1^r–124^v: *Epit. phys.*
(Nr. 1519 W.; Nr. 2.3 G.)

gr. 2494
15. Jh., M.
ff. 128^r–146, 148–172, 177–181^v: *Epit. phys.*, Exzerpte
(Nr. 3.7 G.)

suppl. gr. 524
16. Jh.
ff. 1–103: *Epit. log.* und *Epit. phys.*, Exzerpte
(Nr. 38 H.; Nr. 1600 W.; Nr. 3.14 G.)

Princeton, University Library

180
13. Jh., E.
ff. 154^v–155^r: *Epit. phys.*, Exzerpt (Kap. 17)

Stuttgart, Württembergische Landesbibliothek

Cod. theol. et phil. 2° 108
14. Jh.
ff. 155^r–162^r: *Epit. phys.*, Exzerpte (Kap. 17 und 32)

Turin, Biblioteca Nazionale Universitaria

B.VI.29[10]
16. Jh.
ff. 1^r–174^v: *Epit. phys.*
(Nr. 20 H.; S. 249 H./W.; Nr. 2.16 G.)

Vatikanstadt, Biblioteca Apostolica Vaticana

Vat. gr. 246
13./14. Jh.
ff. 139^r–184^v: *Epit. log.*
ff. 185^r–274^v: *Epit. phys.*
ff. 248^v–256^v: *De anima*
ff. 257^r–272^r: *De corpore*
(Nr. 1693 W.; Nr. 1.8 G.)

Vat. gr. 256
13./14. Jh.
ff. 431^r–474^r: *Epit. phys.*, Exzerpte
(Nr. 1703 W.; Nr. 3.2 G.)

Vat. gr. 313
c. 1430/1440
ff. 74^v–114^v, 1^r–73^v: *Epit. phys.*
(Nr. 1730 W.; Nr. 2.10 G.)

---

10 Der *Taur.* B.VI.28 (16. Jh.; Nr. 21 H.; Nr. 2081 W.) überliefert nur die *Epitome logica* (ff. 1^r–242^v), dessen Text wurde von demselben Schreiber kopiert wie der *Taur.* B.VI.29; dies legt die Vermutung nahe, dass die beiden Manuskripte ursprünglich zusammengebunden waren.

Vat. gr. 314
14. Jh.
ff. 1^v–215^v: *Epit. log.*
ff. 126^r–271^r: *Epit. phys.*
(Nr. 1731 W.; Nr. 1.13 G.)

Vat. gr. 315
14. Jh., A.
ff. 1^v–125^v: *Epit. log.*
ff. 126^r–270^v: *Epit. phys.*
(Nr. 1732 W.; Nr. 1.5 G.)

Vat. gr. 434
13. Jh., E.
ff. 156^r–213^v: *Epit. phys.*, erste Fassung
(S. 250 H./W.; Nr. *304 A./C.; Nr. 2.1 G.)

Vat. gr. 495
14. Jh.
ff. 2^v: *Epit. phys.*, Exzerpte
ff. 230^v–238^v: *Epit. phys.*, Exzerpte
(Nr. 1742 W.; Nr. 3.5 G.)

Vat. gr. 1735
16. Jh.
ff. 57^r–163^r: *Epit. log.*
ff. 240^r–343^v: *Epit. phys.*
(Nr. 1815 W.; Nr. 1.33 G.)

Vat. gr. 1826
16. Jh.
ff. 452^r–462^r: *Epit. phys.*, Exzerpte
(Nr. 3.27 G.)

Vat. Barb. gr. 226
J. 1471/2
ff. 3^r–70^v: *Epit. phys.*
(Nr. 1878 W.; Nr. 2.11 G.)

Vat. Barb. gr. 246
J. 1494
ff. 1^r–45^v: *Epit. log.*
ff. 46^r–136^v: *Epit. phys.*
(Nr. 1882 W.; Nr. 1.21 G.)

Vat. Urb. gr. 59
16. Jh., M.
ff. 1^r–97^r: *Epit. log.*
ff. 98^r–203^v: *Epit. phys.*
(Nr. 1.22 G.)

Vat. Urb. gr. 60
13./14. Jh.
ff. 1^r–92^v: *Epit. log.*
ff. 92^v–215^v: *Epit. phys.*

Venedig, Biblioteca Nazionale Marciana

Marc. gr. Z. 264
13./14. Jh.
ff. 15^r–118^r: *Epit. log.*
ff. 118^v–246^r: *Epit. phys.*
(Nr. 22 H.; Nr. 2148 W.; Nr. 1.6 G.)

Marc. gr. Z. 528
14. Jh.
ff. 123^r–276^v: *Epit. log.*
ff. 278^r–469^v: *Epit. phys.*
(Nr. 24 H.; Nr. 2152 W.; Nr. 1.9 G.)

Wien, Österreichische Nationalbibliothek

phil. gr. 99
16. Jh.
ff. 1^r–71^v: *Epit. log.*
ff. 74^r–95^r, 107^r–154^v: *Epit. phys.*
(Nr. 5 H.; Nr. 2195 W.; Nr. 1.34 G.)

phil. gr. 110
16. Jh., M.
ff. 502^r–504^r, 506^r–514^r: *Epit. phys.*, Exzerpte
(Nr. 47 H.; Nr. 2197 W.; Nr. 3.18 G.)

phil. gr. 181
16. Jh., M. (vor 1562)
ff. 47^r–105^v: *Epit. log.*, Exzerpte
ff. 111^r–170^v, 195^r–198^r: *Epit. phys.*, Exzerpte
(Nr. 2212 W.; Nr. 3.19 G.)

phil. gr. 191
15./16. Jh.
ff. 113^r–179^v: *Epit. log.*, Exzerpte (Kap. 1–20)
ff. 180^r–187^v: *Epit. phys.*, Exzerpte (Kap. 1–2)
(Nr. 2215 W.; Nr. 3.21 G.)

phil. gr. 332
14. Jh., A. (außer ff. 1^r–16^v: 16. Jh.)
ff. 1^r–214^v: *Epit. phys.*
(Nr. 6 H.; Nr. 2239 W.; Nr. 2.4 G.)

suppl. gr. 168
14. Jh.
ff. 1^r–151^r: *Epit. log.*
ff. 156^r–335^r: *Epit. phys.*
(Nr. 2251 W.; Nr. 1.14 G.)

theol. gr. 222
14. Jh., erste H.
ff. 67^r–132^v: *Epit. phys.*, Exzerpte
(Nr. 3.3 G.)

Verschollene Manuskripte:
El Escorial, Real Biblioteca del Monasterio de San Lorenzo, Γ.V.10 (Nr. 4.1 G.)
El Escorial, Real Biblioteca del Monasterio de San Lorenzo, Γ.V.17 (Nr. 4.2 G.)
El Escorial, Real Biblioteca del Monasterio de San Lorenzo, Δ.IV.6 (?)
El Escorial, Real Biblioteca del Monasterio de San Lorenzo, Δ.IV.12 (Nr. 4.3 G.)
El Escorial, Real Biblioteca del Monasterio de San Lorenzo, E.II.17 (?) (Nr. 4.4 G.)

Nicht identifizierbares Manuskript

Ms. Nr. 31 aus der Sammlung von Dr. Micon (s. de Andrés 1968, 277: „Nicephori Blemmydis *de principiis et causis naturalibus [= Titel von *Epit. phys.*, Kap. 1], liber antiquus"). Lamberz (1972, 126, 129) hat mit Recht darauf hingewiesen, dass es sich dabei um den Cod. 262 der Sammlung von Pariser Collège de Clermont handelt (Clément 1764, 80): „Codex chartaceus in-8°. (foliorum 250.) saeculo XV°. eleganter descriptus, initio & in fine situ corruptus ac mutilus. Ibi continetur *Nicephori* Blemmidae Epitome introductoria in Physicam Aristotelis". Das Manuskript ist aber bisher nicht auffindbar.

Dubia[11]

Athos, Kloster Iviron

380 (Lampros 4500)
14. Jh.
ff. 228^v–253^r: *Epit. phys.* (Exzerpte) oder Rhakendytes' *Synopsis*?
(Nr. 2.5 G.)

Moskau, Staatliches Historisches Museum
(Государственный Исторический Музей)

Synod. gr. 324 (Vlad. 444)
16. Jh. (nach J. 1554)[12]
ff. 101–106 (?): *Epit. phys.*, Kap. 32 oder Kommentar zum 8. Psalm?

---

11 Die folgenden Manuskripte, die bei Wartelle 1963 und in der Datenbank *Pinakes* aufgelistet werden, überliefern die *Epitome physica* nicht, wie Golitsis feststellen konnte: *Marc. gr.* Z. 529 (Rhakendytes, *Synopsis*), *Flor. Ricc. gr.* 31 (Rhakendytes, *Synopsis*), *Vat. gr.* 111 (Rhakendytes, *Synopsis*), *Vind. phil. gr.* 174 (Anonymus Heidberg), *Mosqu. synod. gr.* 324 (*Epit. log.*), *Monac. gr.* 180 (*Epit. log.*), *Neap.* III.E.17 (*Epit. log.*). Dazu kommen noch die folgenden Handschriften: *Par. gr.* 2001 (*Epit. log.*; Nr. 13 K.), *Petropol. gr.* 248 (ff. 152^v–163^v; Nr. 3.15 G.), *Scor.* Ω.IV.31 (*Epit. log.*; S. 246 H./W.; Nr. 18 K.), *Vallicell.* 164 (Allacci 61; *Epit. log.*; Nr. 2.17 G.); *Vind. phil. gr.* 190 (Rhakendytes, *Synopsis*; Nr. 47 H.; Nr. 2197 W.; S. 251 H./W.; Nr. 473 A./C.; Nr. 3.20 G.). Der cod. 1 des Gymnasion in Beroia aus dem 19. Jh., ff. 1–39 (Nr. 2169 W.; Nr. 45 K.; Nr. 4.5 G.) überliefert nach Caras 1993, 498 den Titel Νικηφόρου καὶ τοῦ Βλεμμύδου ἐπιστάσεις βραχεῖαι εἰς τὰ περὶ φυσικῆς ἐπιτομῆς und der Traktat beginnt mit οὐδὲν τῶν ὄντων ἢ πρὶν γενέσθαι, τῶν δὲ γενητῶν οὐδὲν φαίνεται αἴτιον εἶναι τῶν ὄντων κτλ., wie bei Caras 1993, 498 zu lesen ist; dies entspricht aber nicht der *Epit. phys.*
12 Zur Datierung s. <https://cagb-db.bbaw.de/handschriften/handschrift.xql?id=43949>.

Manuskripte aus dem 17.–18. Jh.[13]

17. Jh.

Iskandariyya, Βιβλιοθήκη τοῦ Πατριαρχείου, 362 (Nr. 3.32 G.)

Athen, Ἐθνικὴ Βιβλιοθήκη τῆς Ἑλλάδος, 553 (Nr. 30 A./C.; Nr. 2.19 G.)

Athen, Ἐθνικὴ Βιβλιοθήκη τῆς Ἑλλάδος, 1296 (Nr. 14 H.)

Athen, Ἐθνικὴ Βιβλιοθήκη τῆς Ἑλλάδος, ΜΠΤ 190 (Nr. 116 W.; Nr. 3.23 G.)

Athen, Ἐθνικὴ Βιβλιοθήκη τῆς Ἑλλάδος, ΜΠΤ 304 (Nr. 123 W.; Nr. 3.24 G.)

Athen, Ἐθνικὴ Βιβλιοθήκη τῆς Ἑλλάδος, ΜΠΤ 553 (Nr. *60 A./C.; Nr. 3.25 G.)

Meteora, Μονὴ Μεταμορφώσεως 537 (Nr. 3.26 G.)

Moskau, Gosudarstvennyj Istoričeskij Musej, *Synod. gr.* 430 (Nr. 7 H.; Nr. 1083 W.; Nr. 2.21 G.)

Naoussa, Εὔξεινος Λέσχη Ποντίων, 6 (Nr. 2.22 G.)

Paris, Bibliothèque nationale de France, *suppl. gr.* 103 (Nr. 3.1 G.; die Datierung bezieht sich nur auf die ff. 279ᵛ–280ʳ)

Sinai, Μονὴ τῆς Ἁγίας Αἰκατερίνης, *gr.* 1864 (S. 249 H./W.; Nr. *360 A./C.; Nr. 2.23 G.)

Vaticano, Biblioteca Apostolica Vaticana, *Borg. gr.* 14 (Nr. 1889 W.; Nr. 2.24 G.)

18. Jh.

Al-Iskandariyya, Βιβλιοθήκη τοῦ Πατριαρχείου, 216 (Nr. 13 A./C.; Nr. 2.25 G.)

Athen, Ἐθνικὴ Βιβλιοθήκη τῆς Ἑλλάδος, ΜΠΤ 315 (Nr. 124 W.; Nr. 172 A./C.; Nr. 3.28 G.)

Athen, Ἐθνικὴ Βιβλιοθήκη τῆς Ἑλλάδος, ΜΠΤ 357 (Nr. 128 W.)

Athen, Ἐθνικὴ Βιβλιοθήκη τῆς Ἑλλάδος, ΜΠΤ 397 (Nr. 129 W.)

Athos, Μονὴ Βατοπεδίου, 535 (Nr. 2.26 G.)

Athos, Μονὴ Βατοπεδίου, 536 (Nr. 2.27 G.)

Athos, Μονὴ Ἐσφιγμένου, 95 (Nr. 43 H.; S. 243 H./W.; Nr. *69 A./C.; Nr. 2.28 G.)

Athos, Μονὴ Ἰβήρων, 604 (S. 242 H./W.; Nr. *70 A./C.; Nr. 2.29 G.)

Athos, Μονὴ Κουτλουμουσίου, 215 (Nr. 11 H.; Nr. 255 W.; Nr. 2.30 G.)

Athos, Μονὴ Μεγίστης Λαύρας, Κ 50 (Nr. 2.31 G.)

Athos, Μονὴ Παντελεήμονος, 522

Athos, Μονὴ Παντελεήμονος, 720 (Nr. 3.31 G.)

Athos, Μονὴ Σίμωνος Πέτρας, 75

Bukarest, Biblioteca Academiei Române, 447 (S. 244 H./W.; Nr. 104 A./C.; Nr. 2.32 G.)

Bukarest, Biblioteca Academiei Române, 483 (S. 244 H./W.; Nr. 109 A./C.; Nr. 1.37 G.)

Bukarest, Biblioteca Academiei Române, 658 (Nr. 481 A./C.; Nr. 1.36 G.)

Eurytania, Μονὴ Προυσοῦ, 15 (Nr. 1666 W.; Nr. 2.35 G.)

Ioannina, Ἀρχαιολογικὸ Μουσεῖο, 15 (Nr. 663 W.; Nr. 170 A./C.; Nr. 3.29 G.)

Ioannina, Ἀρχαιολογικὸ Μουσεῖο, 31 (Nr. 170 A./C.)

---

13 Die Datierung der folgenden Manuskripte basiert auf den Angaben in den jeweiligen Katalogen bzw. der Sekundärliteratur.

Kozani, Κοβεντάρειος Δημοτικὴ Βιβλιοθήκη, 122 (Nr. 766 W.; Nr. 2.34 G.)

Leiden, Bibliotheek der Rijksuniversiteit, *Wytt.* 6 (Nr. 3.34 G.)

Patmos, Μονὴ τοῦ Ἁγίου Ἰωάννου Θεολόγου, 405–406 (Nr. 12 H.; 1652 W.; Nr. 1.35 G.)

Trabzon, Φροντιστήριον, 40 (S. 249 H./W.; Nr. *386 A./C.; Nr. 2.36 G.)

Trabzon, Φροντιστήριον, 43 (S. 249 H./W.; Nr. *388 A./C.; Nr. 2.37 G.)

Trabzon, Φροντιστήριον, 44 (S. 249 H./W.; Nr. *389 A./C.; Nr. 2.38 G.; Datierung unklar)

Zagora, Δημόσια Ἱστορικὴ Βιβλιοθήκη, 49 (Nr. 2256 W.; Nr. 3.30 G.)

I Untersuchungen zur handschriftlichen Überlieferung der *Epitome physica*

1 Einleitung: *Status quaestionis*

Die Εἰσαγωγικὴ ἐπιτομή – lat.: *Epitome isagogica*, dt.: *Einführendes Kompendium* – des byzantinischen Theologen und Gelehrten Nikephoros Blemmydes galt als eines der einflussreichsten und weitverbreitetsten philosophischen Lehrbücher von der frühen Palaiologenzeit bis zur späten Renaissance.[14] Der stark aristotelisch geprägte Traktat besteht aus zwei Büchern, dem ersten zur Logik[15] und dem zweiten zu Naturphilosophie und Astronomie.

Die *Epitome physica* konzipierte Blemmydes ursprünglich um die Jahre 1237–1239 für seine Lehrtätigkeit im Auftrag des Kaisers Johannes III. Dukas Batazes.[16] Zu seinen Schülern zählten damals unter anderem der Gelehrte Georgios Akropolites[17] und der spätere Thronfolger Theodoros II. Dukas Laskaris.[18] Grundlage dieses Kompendiums sind im Wesentlichen die Schriften des Aristoteles und seiner Kommentatoren mit einigen theologischen Anpassungen. Die abschließende Redaktion der *Epitome physica* hat Blemmydes in den letzten Jahren seines Lebens, wohl nach dem Jahr 1258, vorgenommen,[19] als er sich in das von ihm gegründete Kloster „des Herren Christus, der ist" (τοῦ Κυρίου Χριστοῦ τοῦ Ὄντος) in Emathia bei Ephesos zurückgezogen hatte.[20]

---

14 Zu der Biographie und den Schriften des Blemmydes s. u. a. Krumbacher 1897, 445–449; Heisenberg 1896, VIII–CX; ders. 1913; Constantinides 1982, 7–18, 24 f.; Stiernon 1982; Munitiz 1988, 14–42; Munitiz 1994; Fryde 2000, 75 f.; Bydén 2003, 27–31; Ierodiakonou 2000; Stavrou 2007, 9–130; Valente 2018b; Demetracopoulos 2019 mit weiteren Literaturhinweisen.

15 S. dazu Uthemann 1984; Bydén 2003, 27 f.; Angelov 2012, 26 f., 36, 40 f.

16 S. *Autobiogr.* I 49; *Epit. log.* 689c5–9. S. dazu Munitiz 1988, 20 f.; s. auch Fuchs 1926, 54–57. Im Jahr 1227/8 übte Blemmydes in Nikaia eine private Lehrtätigkeit aus: s. *Autobiogr.* I 27.

17 S. Georg. Acrop. *Hist.* I 50,4 f.; 63,5 f.; 106,9–11, *In Greg. Naz. sententias* 2, II 71,2 Heisenberg/Wirth.

18 Der künftige Kaiser unterhielt auch einen langjährigen Briefwechsel mit seinem Lehrer: s. Theod. Lasc. *Epist.* 1–48 (bes. S. 60,4–6; 144,32–37; 147,24 f. Festa); dazu s. u. a. Heisenberg 1900, 214–216; Munitiz 1988, 29–31.

19 *Epit. phys.* 1265b14–c13: s. dazu Mercati 1915, 226–229 (= ders. 1937, III 428–431). S. auch Lackner 1972, 352 f.; ders. 1981b, 362 f.; Munitiz 1988, 20.

20 1241 begann der Bau seines Klosters in Emathia bei Ephesos; erst 1248/9 sollte es fertig werden. S. Nic. Blemm. *Autobiogr.* II 45–49; Munitiz 1988, 23–26, 116 Anm. 73 mit weiterer Literatur; Munitiz 1994, 458 (auch für die hier gegebene Übersetzung des Namens des Klosters). – Der vereinfachte Name τοῦ Θεοῦ τοῦ Ὄντος, den auch Pachymeres erwähnt (*Hist.* V 2, II S. 441,13 Failler-Laurent), findet sich auch im Proömium zum Psalmenkommentar (1326d3–5): (...) τοῖς τοῦ Θεοῦ τοῦ Ὄντος ἡμεῖς χαριζόμενοι καὶ τῶν ἡμῖν παιδαγωγουμένων οὐκ ἀποπέμποντες αἴτησιν κτλ. (s. *Monac. gr.* 225, f. 282ʳ). Eine Variante davon scheint die Formulierung im Incipit des Traktats *De fide* zu sein (1, S. 320,1–7 Stavrou): Τοῖς ὁσίοις τοῦ δεσπότου Χριστοῦ τοῦ Ὄντος καὶ ἐκλεκτοῖς φοιτηταῖς ὁ κατ' εὐδοκίαν αὐτοῦ καὶ χρηστότητα κτήτωρ τοῦ καθ' ὑμᾶς ἱεροῦ φροντιστηρίου, Νικήφορος ἐν μονάζουσιν ἱερεὺς γηραιὸς ἀσθενής, τῶν τῆς ὑμῶν ὁσιότητος εὐχῶν ἐπιδεής, τὴν παροῦσαν ὑμῖν ὑπόμνησιν ἐξ ἀγάπης ὑπαγορεύω, πάσης αὐτὴν ὑποτυπώσεως ἑτέρας προεκτιθέμενος. S. dazu auch Heisenberg 1896, XX Anm. 1; Mercati 1917, 338 (= ders. 1937, IV 42).

https://doi.org/10.1515/9783110731576-001

Dort arbeitete er unter anderem an der Revision seiner Schriften und an der Abfassung neuer Traktate für die Mönche seines Klosters.[21]

Die sukzessiven redaktionellen Etappen sind auch in den erhaltenen Manuskripten noch nachweisbar: Nicht nur ist eine Handschrift mit der ersten Fassung noch erhalten (*Vaticanus gr.* 434), sondern es lässt sich auch eine Familie von Kodizes absondern, die eine fast abgeschlossene Vorstufe der Endfassung überliefert (Familie α). Alle übrigen gut einhundert Manuskripte präsentieren die finale Fassung, wie der Autor sie abgeschlossen hat. Diese besteht aus 32 Kapiteln, die in einem Pinax am Anfang der Schrift aufgelistet werden.[22]

Neben der direkten Überlieferung ist auch die Rezeption der *Epitome physica* in der Palaiologenzeit von Bedeutung. Als wichtigster Repräsentant ist die umfangreiche *Synopsis variarum disciplinarum* des Joseph Rhakendytes (ca. 1260–1330) anzusetzen: In dieser noch nicht vollständig edierten Schrift hat Rhakendytes fast die gesamte *Epitome physica* wortgetreu übernommen.[23] Dadurch stellt die *Synopsis* das wichtigste Zeugnis der indirekten Überlieferung dar.[24]

Die *Epitome physica* wurde auch in Westeuropa vielfach reproduziert, zunächst in der reichen Manuskriptproduktion des Humanismus und der Renaissance, später aber auch in gedruckter Form: Der griechische Text sowie drei lateinische Übersetzungen wurden ab dem 16. Jh. veröffentlicht. Auffällig ist die Tatsache, dass eben letztere zuerst veröffentlicht wurden, doch ohne Angabe der Autorschaft. Denn 1501 wurde die Aldina von Giorgio Vallas ,enzyklopädischer' Schrift *De expetendis et fugiendis rebus* in Venedig posthum publiziert: Die Bücher 22 und 23 des ersten Bandes enthalten eine literarische Übersetzung einiger Kapitel der *Epitome physica*, ohne die

---

21 S. *Autobiogr.* II 75 f.

22 S. unten S. 17–19.

23 Abgesehen von Kap. 11 und 32 wurden alle Kapitel der *Epitome physica* von Rhakendytes übernommen. Auffällig ist eine Stelle in Kap. 5 der *Synopsis*, an der Rhakendytes das gesamte Kap. 4 der *Epitome physica* wiedergibt, zusammen mit diesem Satz (1056d6–10): ἔργον δὲ ἥ τε ποίησις καὶ ἡ πρᾶξις. ἡ ποίησις δὲ καὶ ἡ πρᾶξις, ἐκ τοῦ ποιεῖν καὶ τοῦ πράττειν· περὶ ὧν ἐν τῷ πρώτῳ βιβλίῳ κατὰ τὸ εἰκοστὸν καὶ τέταρτον κεφάλαιον προὐπέμνησται. Der Querverweis zu Kap. 24 des ersten Buchs, d. h. der *Epitome logica*, bezieht sich auf die Einteilung bei Blemmydes (864a1–869b1) und ist daher vollkommen sinnlos bei Rhakendytes (s. Valente 2021, Anm. 7). Zu Rhakendytes s. Treu 1899 sowie zuletzt Gielen 2011; dies. 2013; dies. 2014; dies. 2015; dies. 2016, CXLII–CXLIII; Valente 2018a, 142f.

24 S. Lackner 1972, 161 mit Anm. 8. Untersucht wurden bereits die zwei Haupthandschriften der *Synopsis*: *Laur. plut.* 58,20 und *Marc. gr.* IV 24: s. dazu Verhelst 1976, I 291–295, 309–311; Stavrou 2013, 312–316; Gielen 2016, LXXXIV–LXXXVI, XCIII mit Anm. 90. Das Verhältnis beider Kodizes untereinander und zu den Handschriften der *Epitome physica* wird in den Prolegomena der kritischen Edition thematisiert werden. S. auch unten S. 102 Anm. 400. – Der Einfluss von Blemmydes' *Epitome physica* auf die Schriften weiterer byzantinischer Gelehrter, wie z. B. Theodoros Laskaris, Georgios Pachymeres, Nikephoros Chumnos oder Nikephoros Gregoras, ist in der Literatur meistens nur postuliert, aber noch nicht im Detail untersucht worden: s. u. a. Lackner 1972, 161 (mit Anm. 9–11); Verpeaux 1959, 127, 130, 140; Angelov 2019, 80–87.

Quelle *expressis verbis* anzugeben.[25] Als handschriftliche Vorlage für den griechischen Text ist der Cod. *Bodl. Holkham. gr.* 71 zu identifizieren.[26]

Eine weitere Teilübersetzung der *Epitome physica* erschien 1577 in Paris durch Jacques de Billy de Prunay (1535–1581). Seine lateinische Übersetzung der Schriften des Johannes von Damaskos enthält ebenfalls einige Kapitel aus Blemmydes' Schrift.[27] Die griechische Vorlage stellte der Humanist Jacques Cujas (1522–1590) de Billy zur Verfügung.[28] Wie Heisenberg bemerkte, stammen alle siebzehn Kapitel der in dieser Publikation übersetzten naturphilosophischen Kapitel aus der *Epitome physica* außer dem ersten, das tatsächlich zur *Dialectica* des Johannes von Damaskos gehört (*rec. fus.* 66, S. 136–138 Kotter):[29]

„Pseudo-Dam. capp. II–XIV	= Blemm. capp. I–XIII
” ” capp. XV	= Blemm. capp. XX
” ” capp. XVI–XVII	= Blemm. capp. XVIII–XIX".

Die griechische Vorlage, die genau diese Auswahl aus Johannes von Damaskus' und Blemmydes' Schriften überliefert, lässt sich im Cod. *Leid. Voss. Misc.* 27 (16. Jh.) erkennen.[30]

Erst 1605 wurde die *Epitome physica* erstmalig vom Theologen Johann Wegelin auf Grundlage zweier Manuskripte, welche sich in jener Zeit dort befanden, in Augsburg herausgegeben: Es handelt sich um die heutigen *Monac. gr.* 516 und 543, wie schon Heisenberg feststellen konnte.[31] 1606 erschien auch Wegelins lateinische Übersetzung dieser Schrift.[32] Nach der *Editio princeps* wird der Text traditionell mit dem Titel *Epitome physica* bezeichnet, auch wenn diese Benennung – sowie diejenige für den logischen Teil, *Epitome logica* – in der handschriftlichen Überlieferung nicht belegt ist, denn die beiden Schriften werden lediglich als erstes und zweites Buch (βιβλίον πρῶτον und βιβλίον δεύτερον) der *Epitome isagogica* (Εἰσαγωγικὴ ἐπιτομή)

---

25 S. Wegelin 1606, [IIIf.] (*Patrologia Graeca* 1017 f.); Heisenberg 1896, LXXXIf.

26 S. unten S. 42.

27 De Billy 1577, 399–419.

28 S. de Billy 1577, 399.

29 Die Tabelle stammt von Heisenberg 1896, LXXXI.

30 Zur Filiation dieser Handschrift s. die vorläufigen Ergebnisse unten S. 52 Anm. 216. Heisenberg 1896, LXXXI konnte diesbezüglich nur Folgendes anmerken: „hic error Iacobo Billio tribuendus eo videtur ortus esse, quod in codice ab hoc viro docto in Damasceni libris edendis adhibito mutilo operi Blemmydae caput tricesimum sextum dialecticae a Ioanne Damasceno scriptae antepositum erat".

31 S. Heisenberg 1896, LXXXII (aufgrund eines Druckfehlers ist die Angabe „num. 3 et 4 indicis nostri [ebd. S. LXXIX]" in „num. 2 et 3 indicis nostri" zu korrigieren. S. auch Lackner 1972, 160.

32 Nach eigenen Angaben hat Wegelin für seine Übertragung auch diejenige von de Billy 1577 als Inspirationsquelle herangezogen (Wegelin 1606, [IIf.] = *Patrologia Graeca* 142, 1017 f.). Wegelin 1605a gab auch die *Epitome logica* des Blemmydes zum ersten Mal heraus; 1607 erschien dann die entsprechende lateinische Übersetzung.

bezeichnet.[33] Die Ausgabe von Wegelin samt der von ihm besorgten lateinischen Übersetzung wurde 1865 im Band 142 der *Patrologia Graeca* (1865) nachgedruckt und gilt immer noch als Referenztext.[34] Auch in der vorliegenden Studie werden die Textstellen der *Epitome physica* nach den Spalten und Abschnitten (a–d) der *Patrologia Graeca* zitiert; ergänzt sind die Zeilenangaben innerhalb der Abschnitte, um auf die besprochenen Stellen genauer verweisen zu können.

Eine zweite Edition des griechischen Textes veröffentlichte der Grieche Dorotheos Boulesmas 1784 in Leipzig anhand seiner Kollationen mehrerer Manuskripte, die noch zu identifizieren sind. Da die Ausgabe ohne Prolegomena erschien, ist die Frage nach den von ihm benutzten handschriftlichen Quellen noch offen.[35]

Die genannten sind die einzigen Ausgaben der *Epitome physica*. Voraussetzung für eine kritische Edition ist selbstverständlich die Untersuchung der gesamten Überlieferungsgeschichte, die bis heute noch nie vollständig bearbeitet worden ist. Es sind bisher nur sehr wenige Beiträge hierzu erschienen: In den Prolegomena seiner Pionierarbeit zur *Autobiographie* des Blemmydes skizzierte August Heisenberg (1896, LXXVIII–LXXXII) auch die Struktur und die Überlieferung der *Epitome physica*, indem er die ihm bekannten Handschriften (55) aufzählte sowie die Editionen und Übersetzungen dieser Schrift kurz behandelte. 1972 erschien der erste programmatische Aufsatz von Lackner zur *Epitome physica*, in dem er sich im Rahmen seiner Untersuchung neben den Quellen dieser Schrift auch kurz der handschriftlichen Überlieferung widmete:[36] Nicht nur korrigierte und ergänzte Lackner die Angaben von Heisenberg, sondern er präzisierte auch Angaben in der modernen Literatur zu den Manuskripten, die Blemmydes-Schriften überliefern. Im Hauptteil der Studie behandelt Lackner die Quellenlage der *Epitome physica*: Dabei konnte er feststellen, dass die *Epitome physica* auf einigen Hauptquellen fußt. Blemmydes behandelte in dieser Schrift die Physik auf Grundlage der aristotelischen Schriften *Physik*, *De generatione et corruptione* und *De caelo* und die Meteorologie anhand Aristoteles' *Meteorologica*; die Aristoteles-Kommentare aus der Spätantike und der byzantinischen Zeit stellen eine weitere wesentliche Quelle dar. Die astronomische Lehre wird schließlich anhand des Traktats des Stoikers Kleomedes behandelt.[37] 1981 publizierte Lackner dann eine

---

33 Zum Titel s. unten S. 103–105.

34 S. auch Heisenberg 1896, LXXXII. Im Text der *Patrologia Graeca* lassen sich nicht nur Fehler, sondern auch Änderungen gegenüber der Erstausgabe entdecken, die stillschweigend eingeführt wurden. S. dazu z. B. unten S. 17 Anm. 85.

35 S. Heisenberg 1896, LI und LXXXII. Dazu s. Zacharopoulos 1969 (zur Ausgabe bes. S. 83–91); Verhelst 1972, 218 mit Anm. 13. Die Editionen von Wegelin und Boulesmas werden derzeit von Anne Krause untersucht.

36 S. Lackner 1972, 160–163.

37 S. Lackner 1972, 163–167. Dabei handelt es sich um Simplikios' Kommentar zur aristotelischen *Physik* für die Kap. 1–11, Johannes Philoponos' Kommentar zu *De generatione et corruptione* für das Kap. 11, Alexander von Aphrodisias' Kommentar zu den *Meteorologica* und dem pseudoaristotelischen Traktat *De mundo* für die Kap. 12–23, Simplikios' Kommentar zu *De caelo* für den ersten Teil von Kap. 24 sowie

fast monographische Studie zum *Vat. gr.* 434, der allein eine erste Version der *Epitome physica* überliefert.[38]

Die Untersuchungen zu einigen der kleinen Schriften des Blemmydes – d. h. zu *De fide* (Stavrou 2013), *De anima* (Verhelst 1976) und *De virtute* (Gielen 2016) – sind nur teilweise für die Überlieferungsgeschichte der *Epitome physica* relevant, weil ihre handschriftliche Verbreitung deutlich geringer ausfällt als diejenige der *Epitome physica*; außerdem überschneidet sich die Überlieferungsgeschichte dieser Schriften des Blemmydes nur in wenigen Kodizes. Von besonderer Bedeutung ist hingegen die unveröffentlichte Dissertation von Verhelst 1976, in der sie die Manuskripte der Schrift *De anima* akribisch untersucht hat. Ihre Arbeit durfte ich im Dezember 2016 in Löwen konsultieren, als meine eigenen Untersuchungen bereits vorangeschritten und zum Teil abgeschlossen waren.

In der vorliegenden Studie werden nun die Ergebnisse aus den Recherchen zu den ältesten Handschriften der *Epitome physica* sowie zu den meisten Recentiores aus dem 15. und 16. Jh. veröffentlicht. Die untersuchten und die noch vollständig zu untersuchenden Handschriften wurden im oben angegebenen Verzeichnis ausgewiesen.[39] Einzelne Studien zu bestimmten Kodizes bzw. Familien wurden in den letzten Jahren bereits publiziert: Die Ergebnisse werden hier resümiert und anhand neuer Erkenntnisse aktualisiert. Anhand breiter Kollationsmaterialien[40] wurde die Textgeschichte der *Epitome physica* in den ältesten Handschriften und deren Abschriften bis zum 16. Jh. erforscht. In den jeweiligen Kapiteln werden die kodikologischen, paläographischen und bibliographischen Angaben zu den jeweiligen Manuskripten im Allgemeinen kurz gehalten: Ausführlichere Auskünfte sind in den angehängten Beschreibungen zu lesen.[41]

Kleomedes' astronomische Schrift (ab dem zweiten Teil von Kap. 24 bis zu Kap. 31). S. auch Golitsis 2007 (bes. zu Simplikios). Die Kap. 11 und 31 der *Epitome physica* sind außerdem von Bydén 2003 ausführlich behandelt worden (S. 112–119 und 163–168). Zu Kap. 24 s. auch Tsoyopoulos 1968.

38 Dazu s. unten S. 8–15.

39 Einige (Familien von) Manuskripte(n) werden in künftigen Aufsätzen thematisiert werden. Die *codices recentissimi* (s. oben S. XXVI f.) wurden mit wenigen Ausnahmen (s. Valente 2016b, 279 f.) bisher noch nicht berücksichtigt.

40 In allen untersuchten Manuskripten wurden zunächst die folgenden Textstellen kollationiert: *Epit. log.*, Proömium und Pinax; *Epit. phys.*: Pinax, Kap. 1, 2, 10, 11, 16, 17, 24, 26, 27, 31, 32. Mangels aussagekräftiger Fehler wurde die Kollationsbasis in mehreren Manuskripten erweitert, teilweise bis zur vollständigen Überprüfung des Textes.

41 Ein Desideratum bleibt auch eine Studie der Überlieferungsgeschichte der *Epitome logica*, um die in diesem Band dargelegten Ergebnisse zu untermauern und zu ergänzen. Die bisher vollständigste Liste der Handschriften der *Epitome logica* ist immer noch diejenige von Heisenberg 1896, LXXI–LXXIV. S. auch Gioffreda 2019.

2 Der *Vat. gr.* 434 und die erste Fassung der *Epitome physica*

Wolfgang Lackner, der Initiator der modernen Studien zur Überlieferungsgeschichte der *Epitome physica*, veröffentlichte im Jahr 1981 einen bahnbrechenden Aufsatz, in dem er ausführlich über den bedeutsamen *Vat. gr.* 434 berichtete. In diesem Manuskript konnte Lackner die Spuren einer ersten Auflage dieses Traktats entdecken.[42] Entscheidend dafür waren die Abweichungen des Textes des *Vaticanus* von dem der übrigen Kodizes: Eine akkurate text- und quellenkritische Analyse brachte ihn dazu, die Unterschiede zwischen beiden Fassungen keinem anderen Gelehrten als dem Autor selbst zuzuschreiben. „Der Ausgangspunkt könnte eine Schülernachschrift sein", wie Lackner resümierend vorschlug.[43]

Der *Vat. gr.* 434 ist ein *multiple-text manuscript*, das gegen Ende des 13. Jh. in einem Schreibzirkel von vierzehn Kopisten angefertigt wurde.[44] In diesem Kodex stellen die Briefe des Basilius von Caesarea (ff. 5ʳ–155ᵛ) sowie die anonym überlieferte *Epitome physica* (ff. 156ʳ–213ᵛ) die Haupttexte dar. Fast der ganze Text der *Epitome physica* wurde vom Hauptschreiber des *Vat. gr.* 434 in einer sehr informellen Gebrauchsschrift kopiert. Nur auf f. 188ᵛ war eine andere Hand tätig; am unteren Rand hat aber der Hauptschreiber interveniert.[45] Blemmydes' Traktat trägt weder Gesamttitel noch Autorangabe. Wie Lackner zusammenfasste:

---

42 Lackner 1981b, 353–363. In diesem Kapitel werden einige Angaben von Valente 2020a, 519 f. erweitert und präzisiert (der Aufsatz wurde 2015 abgeschlossen: s. auch ebd., S. 525 Anm. 51); s. auch Valente 2017; 2018a.

43 Lackner 1981b, 363.

44 Der Entstehungsort dieses Manuskripts ist unbekannt. Da der *Vat. gr.* 434 auch die *Technopägnien* mit dem Kommentar von Manuel Holobolos enthält, könnte man spekulieren, ob die Zusammenstellung der Inhalte des Kodex (oder seiner Vorlage) im Kreis dieses Gelehrten produziert worden ist. Erwähnenswert ist dabei die Hypothese von Nikitas 1982, 51, dass „Holobolos Schüler des größten Lehrers seiner Zeit, Nikephoros Blemmydes, gewesen ist. Diese Beziehung wird zwar nirgendwo namentlich bezeugt, läßt sich jedoch nicht nur mit Hilfe sprachlicher bzw. stilistischer Kriterien, sondern auch durch einen Brief des Konstantinos Akropolites bestätigen". Die inhaltlichen Belege, die Nikitas (1982, 93 f. und 98 f.) hierfür anbringt, lassen sich aber auch durch die Benutzung derselben philosophischen Quellen erklären, während in dem Brief von Akropolites nur betont wird, dass Holobolos „Schüler der bekanntesten Gelehrten seiner Zeit" war (Nikitas 1982, 52); der griechische Text des Briefes 121 von Akropolites lautet (Romano 1991, 216): Θεσσαλονικεῖς δὲ τοὺς φιλολόγους καὶ φιλοκάλους οὐχ ἥκιστα, ἐφ' οἷς ὁ μέγας οὗτος (*scil.* Holobolos) ἐτράφη καὶ παρ' οἷς τὰ τῆς παιδεύσεως ἐπεδείξατο, ἃ μετανάστης ἐμυήθη γενόμενος τοῖς περιᾳδομένοις τῶν ἐφ' ἡμῶν σοφοῖς συγγενόμενος κτλ.). Mangels sicherer Beweise lässt sich die Beziehung zwischen Blemmydes und Holobolos nicht belegen, wie schon Bydén 2003, 28 Anm. 92 betont hat.

45 S. Valente 2020a, 862 Abb. 3. Der Hauptschreiber hat in Rot eine Notiz zu den Tagen der Äquinoktien und Sonnenwenden nachgetragen (s. unten S. 12 Anm. 67).

https://doi.org/10.1515/9783110731576-002

Blattverlust und Blattvertauschung haben den Text gestört [...]. Die Kapitel, die nicht numeriert [*sic*] sind, wohl aber die Überschriften in der üblichen Form tragen, erscheinen in völlig anderer Anordnung als in der Normalform: 1–2, 4–10, 3, 11, 24–25, 28–30, 26–27, 31, 16–23, 12–15. Es fehlt die ausführliche astronomische Exegese zu Psalm 8, 4, die ein erweitertes Exzerpt aus dem Kommentar Εἴς τινας ψαλμούς darstellt und in den allermeisten Handschriften als 32. Kapitel an die Physik angeschlossen ist.[46]

Im *Vat. gr.* 434 hatten die Kapitel der *Epitome physica* noch nicht ihre endgültige Reihenfolge bekommen und trugen auch keine Kapitelzahlen.[47] Außerdem war das Material teilweise anders unterteilt als in der finalen Fassung. Ein Beispiel dafür ist das Kap. 18 (Περὶ σεισμοῦ), das in der vatikanischen Fassung in zwei Kapitel aufgeteilt ist. Zunächst findet man unter der in Rot geschriebenen Überschrift Περὶ σεισμοῦ die ersten vierzehn Absätze des Textes;[48] die letzten drei werden dann durch eine neue rubrizierte Überschrift ἔτι περὶ σεισμῶν eingeleitet (f. 199ᵛ Z. 19), im Text ist das initiale Epsilon mit Spiritus und Akzent ebenfalls in Rot geschrieben.[49] Interessant ist auch, dass ein Teil dieses kurzen Kapitels einen Absatz aus dem vorherigen wiederholt:[50] Dies könnte noch einmal auf eine provisorische bzw. alternative Textfassung hinweisen.

Eine weitere auffällige Eigenschaft, die in der vatikanischen Fassung noch fehlt, sind die begleitenden Diagramme bzw. Tabellen, die Blemmydes zur Illustration einiger Kapitel entworfen hat.[51] Nur die Windrose in Kap. 17 war in der ersten Auflage

---

46 Lackner 1981b, 353 f.

47 Zur Reihenfolge der Kapitel im *Vat. gr.* 434s. Lackner 1981b, 362: „Die Abfolge der Kapitel in V [= *Vat. gr.* 434] ist nämlich nicht die ursprüngliche. Besonders deutlich ist die Störung der originalen Ordnung im Meteorologiekomplex, dessen erster Teil (Kap. 12–16) hinter den zweiten (Kap. 17–23) geraten ist. Dazu konnte es umso leichter kommen, als die Kapitelordnung nicht durch die durchlaufende Zählung geschützt war". S. auch unten S. 18 f. mit Anm. 92. Im Grunde genommen kann allerdings nicht ausgeschlossen werden, dass die Kapitelzahlen bei der Kopie des *Vat. gr.* 434 ausgelassen worden sind oder in seiner Vorlage bereits fehlten. S. aber auch unten S. 11 mit Anm. 62.

48 1172c3–1177b2 in der finalen Fassung, aber der Text des *Vat. gr.* 434 weicht zum Teil davon ab.

49 Der Text der letzten drei Absätze (1177b3–d7) beginnt mit ἔτι τῶν σεισμῶν wie auch in der finalen Auflage.

50 F. 199ᵛ Z. 13–19 γίνονται δὲ καί τινες ψόφοι ἐν τοῖς σεισμοῖς τὴν γῆν τοῦ πνεύματος πλήττοντος· ποτὲ δὲ συμβαίνει καὶ χωρὶς σεισμοῦ τοιοῦτον γίνεσθαι ψόφον· ὅταν δηλαδὴ τὸ πνεῦμα τυγχάνῃ λεπτομερέστερον, ὡς ἐν τῷ πλήττειν τὴν γῆν, διηθεῖσθαι δι' αὐτῆς καὶ μὴ μόνον ἐντὸς στενοχωρίαν ποιεῖν ἀθροιζόμενον· διὰ μὲν οὖν τὸ ῥᾳδίως διηθεῖσθαι διὰ τῆς γῆς οὐ κινεῖ, διὰ δὲ τὸ προσπίπτειν τοῖς τῆς γῆς ὄγκοις, κοίλοις τε οὖσι καὶ παντοδαπὰ σχήματα ἔχουσι, παντοδαπὸν ποιεῖ ψόφον, ὡς δοκεῖ ἐνίοτε, οἷον μυκᾶσθαι τὴν γῆν ~ f. 199ᵛ Z. 26–31 πολλάκις δὲ καὶ χωρὶς σεισμοῦ τοιοῦτός τις γίνεται ψόφος· ὅταν δηλαδὴ τὸ πνεῦμα τυγχάνῃ λεπτομερέστερον, ὡς ἐν τῷ πλήττειν τὴν γῆν, διήκεισθαι δι' αὐτῆς καὶ μὴ μένον ἐντὸς στενοχωρίας ποιεῖν ἀθροιζόμενον· διὰ μὲν οὖν τὸ ῥᾳδίως διηθεῖσθαι διὰ τῆς γῆς οὐ κινεῖ, διὰ δὲ τὸ προσπίπτειν τοῖς τῆς γῆς ὄγκοις, κοίλοις τε οὖσι καὶ παντοδαπὰ σχήματα ἔχουσι, παντοδαπὸν ποιεῖ ψόφον, ὡς δοκεῖ ἐνίοτε, οἷον μυκᾶσθαι τὴν γῆν.

51 Diese Zeichnungen hat Wegelin in seiner Ausgabe nicht berücksichtigen können, weil sie in seinen Vorlagen nicht vorhanden waren: s. oben S. 5 und unten S. 90 f.

der *Epitome physica* schon vorhanden (f. 198ʳ).⁵² Genauso wie der Haupttext wurde auch diese Zeichnung für die finale Fassung einer Revision unterzogen.⁵³ Es ist anzunehmen, dass die Windrose das Kap. 17 im *Vat. gr.* 434 abgeschlossen hat; am Rand liest man aber in roter Tinte einen langen Auszug aus dem pseudoaristotelischen Traktat *De mundo*,⁵⁴ der in der finalen Fassung der *Epitome physica* zusammen mit einer erweiterten Erklärung zur Deutung des Diagramms eingearbeitet wurde.⁵⁵ Dies lässt sich möglicherweise als Nachtrag von Blemmydes selbst betrachten, wie es auch an anderen Stellen der Fall ist.⁵⁶

Darüber hinaus fehlt in der Textfassung des *Vat. gr.* 434 noch die Tabelle in Kap. 6.⁵⁷ In Kap. 6 (1085c8–d10) wurde die pythagoreische Gegensatztafel, in der die Prinzipienpaare in zwei Spalten aufgereiht sind, noch nicht entsprechend gestaltet,⁵⁸ sondern die Begriffe wurden aufgezählt – zunächst die positiven, danach ihre Gegenteile.⁵⁹

Darüber hinaus konnte Lackner anhand stringenter Textanalyse des *Vat. gr.* 434 zusammenfassend Folgendes feststellen:

> Der überwiegende Teil des Textes in V [= *Vat. gr.* 434] ist vollkommen mit dem des Druckes identisch. Die Divergenzen bestehen 1. aus vielen geringfügigen, sachlich irrelevanten Unterschieden in der Formulierung, in Wortwahl und Wortstellung, 2. aus zahlreichen kleineren und einigen größeren Lücken, 3. aus einigen Stellen mit anderer Textanordnung und 4. aus wenigen inhaltlich abweichenden Passagen und Textüberschüssen.⁶⁰

---

52 S. Valente 2017, 243 f. mit Anm. 34. Eingeleitet wird die Windrose durch die Wörter: δεῖ δὲ τὴν θέσιν τῶν ἀνέμων καὶ τὴν τοπικὴν αὐτῶν ἐναντίωσιν κατανοεῖν ἐκ τοῦ διαγράμματος (1169b14–c2). Eine Abbildung davon in Valente 2020a, 861 Abb. 2.

53 S. Valente 2017, 244 f. Im *Vat. gr.* 434 fehlen die Bezeichnungen ‚rechts‘ (δεξιός), ‚mittig‘ (μέσος) und ‚links‘ (εὐώνυμος) für die Himmelsrichtungen Nord (ἄρκτος) und Süd (μεσημβρία): Sie wurden erst in der Revisionsphase hinzugefügt.

54 [Arist.] *Mu.* 394b13–19 und 394b35–395a10. Zu den Windrosen in einigen Manuskripten der Schrift *De mundo* s. Moraux 1981.

55 1169d7–1172b9. S. Valente 2017, 239. Für weitere Beispiele von Windrosen s. Harlfinger 1992, 33–40.

56 S. unten S. 12 f. für ein weiteres Beispiel.

57 Selbstverständlich fehlt auch das astronomische Diagramm zu Kap. 32, weil dieses Kapitel noch nicht vorhanden war: s. unten S. 19.

58 S. z. B. Arist. *Met.* I 5, 986a22–b2. Ferner s. z. B. Herzberg 2005.

59 F. 166ᵛ Z. 2 v.u.–166ᵛ Z. 2 καὶ μοῖρα μὲν ἡ κρείττων αὕτη ἐστὶ παρ᾽ αὐτοῖς· ἀγαθόν, πέρας, περιττόν, ἕν, δεξιόν, φῶς, ἄρρεν, ἠρεμοῦν, εὐθύ, τετράγωνον. ἡ δ᾽ ἀντικειμένη καὶ χείρων αὕτη· κακόν, ἄπειρον, ἄρτιον, πλῆθος, ἀριστερόν, σκότος, θῆλυ, κινούμενον, καμπύλον, ἑτερόμηκες. Auch in Kap. 11 sind die konträr entgegengesetzten Eigenschaften (f. 174ᵛ Z. 21–25): τίνες οὖν ἐναντιώσεις ἅπται; θερμότης δὴ καὶ ψυχρότης, ὑγρότης καὶ ξηρότης, κουφότης καὶ βαρύτης, μαλακότης καὶ σκληρότης, γλισχρότης καὶ κραυρότης, λειότης καὶ τραχύτης, λεπτότης καὶ παχύτης, μανότης καὶ πυκνότης· τὸν ἀριθμὸν αἱ πᾶσαι συζυγίαι ὀκτώ (der Wortlaut ist derselbe wie in der finalen Fassung: 1115c11–d4).

60 Lackner 1981b, 354.

Eine interessante Abweichung ist z. B. am Ende von Kap. 5 ("Ετι περὶ κινήσεως καὶ ἠρεμίας) erkennbar. In der vatikanischen Redaktion liest man Folgendes (f. 164ᵛ Z. 3 f.):

κατ' ἄλλην δὲ γένεσιν ἡμεῖς τὸν οὐρανὸν οἴδαμεν γενητόν, καθ' ἣν ἐκ τοῦ μὴ εἶναι ὅλως τῷ θείῳ παρήχθη προστάγματι.

Wir wissen, dass der Himmel gemäß einer anderen Entstehung entstanden ist, indem er aus dem Nichtseienden gänzlich durch einen göttlichen Befehl geschaffen wurde.

In der Endfassung lautet der Satz (1077a11 f.):

κατ' ἄλλην δὲ γένεσιν γενητὸν οἴδασι τὸν οὐρανὸν οἱ φρονοῦντες ὀρθῶς, καθ' ἣν ἐκ τοῦ μὴ εἶναι ὅλως τῷ θείῳ παρήχθη προστάγματι.

Diejenigen, die die richtige Meinung vertreten, wissen, dass der Himmel gemäß einer anderen Entstehung entstanden ist, indem er aus dem Nichtseienden gänzlich durch einen göttlichen Befehl geschaffen wurde.

Inhaltlich hat sich nichts geändert, aber die Ersetzung der ersten Person Plural durch die Periphrase „diejenigen, die die richtige Meinung vertreten" ist auffällig und zeugt von der Intention des Autors, dem Traktat eine klare didaktische Ausrichtung im Sinne der christlichen Lehre gegen die aristotelische Theorie der Ewigkeit des Kosmos zu geben.[61]

Aus Lackners Untersuchung resultiert, dass

die erste Auflage des Physiklehrbuches aus einer Reihe von in sich geschlossenen λόγοι bestand, die jeweils den Stoff einer naturphilosophischen Schrift des Aristoteles nach den spätantiken Kommentaren, bzw. der Astronomie nach dem Handbuch des Kleomedes behandelten und ihrerseits in Kapitel geteilt waren. Daß die Kapitel in V [= *Vat. gr.* 434] nicht numeriert [sic] sind, stützt unsere Auffassung nur.[62] Die Anordnung jener λόγοι folgte der traditionellen Reihung dieser aristotelischen Schriftengruppe: Physik, De generatione et corruptione, De caelo, Meteorologika; den Schluß bildete der Abriß der Astronomie.[63]

Die Annahme, dass unterschiedliche autonome λόγοι, d. h. kürzere textuelle Einheiten, die auch separat zirkulieren können, den ursprünglichen Bestand der *Epitome physica* bildeten, passt sehr gut zur frühen Lehrtätigkeit von Blemmydes. Außerdem dürfte sie sich an einer Stelle des *Vat. gr.* 434 auch durch manuskriptologische Argumente bestätigen lassen. Der Schluss von Kap. 7 (Περὶ φύσεως) fällt auf dem f. 167ᵛ mit dem Ende einer Lage zusammen; das letzte Wort des Kapitels (δυνάμεως) wird durch eine starke Interpunktion („:– +') markiert, als sei dies quasi das Ende

---

61 S. auch die Analyse von Kap. 24 in Tsoyopoulos 1968. Zur Aristoteleskritik bei Blemmydes s. Lackner 1981a.

62 S. aber auch oben S. 9 und Anm. 47.

63 S. auch oben S. 6 Anm. 37.

des Traktats. Das nächste Kap. 8 (Ἔτι περὶ φύσεως)[64] beginnt auf dem ersten Blatt der darauffolgenden Lage: Die ersten drei Zeilen des f. 168ʳ hat der Schreiber unbeschrieben gelassen, als würde hier ein neuer λόγος anfangen und er würde den Platz freilassen, damit der Rubrikator hier den Titel nachträgt. Diese Arbeitsweise deutet darauf hin, dass die einzelnen Abschnitte als autonome Einheiten begriffen wurden.

Darüber hinaus könnten auch einige Randnotizen zum Text der *Epitome physica* auf eine auktoriale Überarbeitung hinweisen, wie die oben erwähnten Nachträge aus dem Traktat *De mundo* am Ende von Kap. 17 gezeigt haben.[65] Am Anfang von Kap. 9 (Περὶ τόπου καὶ χρόνου, 1100a11–b2) erklärt Blemmydes die unterschiedlichen Arten von Bewegung (κίνησις); im *Vat. gr.* 434 liest man Folgendes (f. 169ʳ):

> τὰ μὲν οὖν τῶν ὄντων, ὡς εἴρηται, κινήσεις εἰσί, τὰ δὲ ἀρχαὶ κινήσεων, τὰ δὲ κινούμενα, ὡς τὰ σώματα, τά τε ἁπλᾶ καὶ τὰ σύνθετα· τὰ δὲ διὰ (*sic*) τὰ κινούμενα, ὡς τόπος καὶ χρόνος.

> Von den seienden Dingen sind einige also, wie gesagt, Bewegungen, andere Anfänge von Bewegungen, andere bewegte Dinge (wie z. B. die Körper, sowohl einfache als auch zusammengesetzte), andere Dinge, durch die die bewegten Dinge sich bewegen (wie z. B. Raum und Zeit).

Zunächst ist anzumerken, dass die Lesart διὰ τὰ κινούμενα fehlerhaft ist, wie die Quelle dieses Passus zu erkennen gibt (Simpl. *in Phys.* 397,15–18): Richtig ist δι' ἃ τὰ κινούμενα („oder die Dinge, wodurch sie bewegt werden").[66] Zu dieser Stelle hat der Schreiber auf f. 169ʳ mit roter Tinte einen ergänzenden Kommentar hinzugefügt:[67]

> σχόλιον· τὸ μὲν σῶμα ἐν τόπῳ ἐστί, ἡ δὲ κίνησις ἐν τῷ σώματι, ὁ δὲ χρόνος ἐν τῇ κινήσει.

> Scholion: Der Körper ist in einem Raum, die Bewegung in dem Körper, die Zeit in der Bewegung.

---

64 S. auch den Titel des Unterkapitels 18 Ἔτι περὶ σεισμῶν (oben S. 9).

65 S. Lackner 1981b, 359–361; s. Valente 2018a, 148–153 für die i.F. behandelten Passagen. Zu Kap. 17, s. oben S. 9 f.

66 Simpl. *in Phys.* 397,15–18 ἔτι δὲ πάντα τὰ ὄντα ἢ κινήσεις εἰσὶν ὡς γένεσις καὶ ἀλλοίωσις, ἢ ἀρχαὶ κινήσεως ὡς θεὸς ψυχὴ φύσις, ἢ κινούμενα ὡς τὰ σώματα τά τε ἁπλᾶ καὶ τὰ σύνθετα, ἢ δι' ἃ τὰ κινούμενα („oder die Dinge, wodurch sie bewegt werden") ὡς χρόνος καὶ τόπος. Diese Lesart ist aber auch im Cod. *Marc. gr.* Z. 227 (13. Jh. E.) des Simplikios-Kommentars zu finden.

67 S. Lackner 1981b, 361 Anm. 1; dieser Passus wird als „Textüberschuss" gekennzeichnet. Lackner führt hier zwei weitere Randnotizen ähnlicher Art an, die eine zu Kap. 21 auf f. 202ᵛ διαφανὴς λέγεται ὁ πεφωτισμένος ἀήρ (zu ὁρᾶσθαι γάρ φασι τὰ μὲν εὐθείας ὁρώμενα, τῷ πάσχειν ὑπὸ τοῦ ὁρωμένου χρώματος τὸ μεταξὺ τοῦ ὁρωμένου καὶ τῆς ὄψεως διαφανές), die andere auf f. 188ᵛ (in Rot vom Hauptkopisten: s. oben S. 8 Anm. 45) σημείωσαι ἡ ἐαρινὴ ἰσημερία μαρτίου κα'· ἡ θερινὴ τροπὴ ἰουνίου κγ'· περὶ τὸ μέσον τῆς ἡμέρας ἡ φθινοπωρινὴ ἰσημερία τοῦ σεπτεμβρίου κδ'· ἡ χειμερινὴ τροπὴ δεκεμβρίου κα' (*sic*: κδ' Lackner). Beide haben aber keinen Niederschlag in der finalen Fassung der *Epitome physica* gefunden.

Im Laufe der finalen Revision des Textes hat der Autor seinen Kommentar offenbar in den Text eingearbeitet, denn dieser Satz findet sich in allen Kodizes der *Epitome physica* (1100a11–b2) mit einer zusätzlichen Partikel (οὖν), die ihn mit dem oben zitierten Satz verbindet:

τὰ μὲν οὖν τῶν ὄντων[68] κινήσεις εἰσί, τὰ δὲ ἀρχαὶ κινήσεων, τὰ δὲ κινούμενα, ὡς τὰ σώματα, τά τε ἁπλᾶ καὶ τὰ σύνθετα· τὰ δὲ διὰ (*sic*) τὰ κινούμενα, ὡς τόπος καὶ χρόνος. *τὸ μὲν* <u>*οὖν*</u> *σῶμα ἐν τόπῳ ἐστίν, ἡ δὲ κίνησις ἐν τῷ σώματι, ὁ δὲ χρόνος ἐν τῇ κινήσει.*

Eine weitere Randnotiz des *Vat. gr.* 434 zu Kap. 27 (Περὶ σελήνης) enthält einen treffenden Hinweis auf die von Blemmydes herangezogene Quelle (f. 193ᵛ). Der Haupttext lautet:[69]

σύνοδος μὲν οὖν λέγεται, ὁπόταν ἐν τῇ αὐτῇ μοίρᾳ γένηται ἡ σελήνη, ἐν ᾗ ἐστι καὶ ὁ ἥλιος· γέννα δέ, ὅταν ἀποστῇ τοῦ ἡλίου μοίρας πεντεκαίδεκα· ἀνατολὴ δέ, ὅταν νέα πρῶτον φανῇ.[70] τῇ μὲν γὰρ πρώτῃ ἡμέρᾳ μέχρι τοσούτου φέρεται ὑπὲρ γῆς ἡ σελήνη, μέχρις ἂν ἔτι καὶ τὸ τοῦ ἡλίου φῶς τὸ μετὰ τὴν δύσιν ὑπάρχῃ ἐπικρατές· ὥστ' ἐν ταύτῃ μὲν τῷ τοῦ ἡλίου συγκαταδύεται φωτί, πολλάκις δὲ καὶ προκαταδύεται. πρῶτον δὲ σαφής, ἐν τῇ δευτέρᾳ τῶν ἡμερῶν φαίνεται, καὶ ποτὲ μὲν μᾶλλον, ποτὲ δ' ἧττον. τοῦτο δ' αὐτὸ συμπίπτει παρὰ τὸ ποσὸν τῆς πρὸς τὸν ἥλιον ἀποστάσεως· αὐτὸ δὲ τὸ ποσὸν τῆς ἀποστάσεως διά τε τὴν ἰδίαν τῆς σελήνης γίνεται κίνησιν⁺ (οὐ γὰρ ἴσον ἀεὶ κινεῖται) καὶ διὰ τὴν τοῦ πλάτους ἐξάλλαξιν καὶ διὰ τὴν τῶν ζῳδίων δύσιν οὐκ ἰσόχρονον οὖσαν καὶ πρὸς τούτοις ἔτι διὰ τὸν τῆς προγεγονυίας συνόδου καιρόν· ὥστε οὐκ ἀεί ἐστιν εἷς χρόνος ἐν ᾧ φαίνεται σαφῶς ἡ σελήνη.

---

68 Im *Vat. gr.* 434 liest man nach τῶν ὄντων die Wörter ὡς εἴρηται, die in der finalen Fassung getilgt wurden.

69 S. den Text der finalen Fassung (1260d7–1261b5): σύνοδος μὲν οὖν λέγεται, ὁπόταν ἐν τῇ αὐτῇ μοίρᾳ γένηται ἡ σελήνη, ἐν ᾗ ἐστι καὶ ὁ ἥλιος. γέννα δέ, ὅταν ἀποστῇ τοῦ ἡλίου μοίραν μίαν ἀνατολή, ὅταν νέα πρώτως φανῇ. τῇ μὲν γὰρ πρώτῃ ἡμέρᾳ, μέχρι τοσούτου φέρεται ὑπὲρ γῆν ἡ σελήνη, μέχρις ἂν ἔτι καὶ τὸ τοῦ ἡλίου φῶς ἐστι ἐπικρατοῦν. ὥστ' ἐν ταύτῃ μὲν τῷ τοῦ ἡλίου συγκαταδύεται φωτί· ποτέ δε καὶ προκαταδύεται [die Worte φωτί – προκαταδύεται wurden von Wegelin 1605b, 225 wahrscheinlich aufgrund eines *saut du même au même* ausgelassen]· πρῶτον δὲ σαφὴς ἐν τῇ δευτέρᾳ τῶν ἡμερῶν φαίνεται· καὶ ποτὲ μὲν μᾶλλον, ποτὲ δ' ἧττον. τοῦτο δὲ αὐτὸ συμπίπτει παρὰ τὸ ποσὸν τῆς πρὸς τὸν ἥλιον ἀποστάσεως· αὐτὸ δὲ τὸ τῆς ἀποστάσεως ποσόν, ἄλλοτ' ἄλλο γίνεται διά τε τὴν ἰδίαν τῆς σελήνης κίνησιν (οὐ γὰρ ἴσον ἀεὶ κινεῖται κατὰ πρόβασιν διὰ τὴν τοῦ πλάτους ἐξάλλαξιν τοῦ ζωδιακοῦ) καὶ διὰ τὸ μὴ πάντων τῶν ζῳδίων ἰσόχρονον τὴν δύσιν γίνεσθαι, ὡς τινῶν μὲν ὀρθῶς, τινῶν δὲ λοξῶς καταδυομένων· καὶ πρὸς τούτοις ἔτι [ἔτι fehlt im Text der *Patrologia Graeca*] διὰ τὸν τῆς προγεγονυίας συνόδου καιρὸν εἴτ' ἀρχομένης ἡμέρας εἴτ' ἀρχομένης νυκτός, εἴτε κἂν τοῖς μεταξὺ πολλοῖς οὖσι καὶ διαφόροις, ἡ προηγησαμένη σύνοδος ἐγεγόνει. ὥστ' οὐκ ἀεί ἐστιν εἷς χρόνος ἐν ᾧ φαίνεται σαφῶς ἡ σελήνη· οὐδὲ κατὰ τὰς ὅλας πρώτας φαύσεις τὸ σαφὲς ἀπαράλλακτον.

70 Dieser Satz stammt aus Joh. Damasc. *Expos. fid.* 21,201–203 Kotter τὰ σχήματα τῆς σελήνης. σύνοδος, ὅτε γένηται ἐν τῇ μοίρᾳ, ἐν ᾗ ἐστιν ὁ ἥλιος· †γέννα, ὅταν ἀποστῇ τοῦ ἡλίου μοίρας ιε´· ἀνατολή, ὅτε φανῇ† (s. auch Gemin. 8,1; 9,16). Dazu s. Kotter in App. *ad l.*: „cum astrologi priores cum γέννα coniung. μοῖραν α´, cum ἀνατολή vero μοίρας ιε´ (...), ea quae de γέννα et de ἀνατολή praedicantur, invicem esse commutanda videntur: γέννα, ὅτε φανῇ· ἀνατολή, ὅταν ἀποστῇ τοῦ ἡλίου μοίρας ιε´‘". Diese Verwechslung der beiden Begriffe hat Blemmydes im Laufe seiner Revision berichtigt (1260d9–1261a1): γέννα δέ, ὅταν ἀποστῇ τοῦ ἡλίου μοίραν μίαν· ἀνατολή, ὅταν νέα πρώτως φανῇ.

Man sagt also Konjunktion, wenn sich der Mond in demselben himmlischen Grad befindet wie die Sonne; Geburt, wenn er fünfzehn Grad von der Sonne entfernt steht; Aufgang, wenn er zum ersten Mal neu erscheint. Am ersten Tag bewegt sich der Mond so weit über die Erde, wie auch das Sonnenlicht im westlichen Teil des Himmels herrscht, sodass der Mond an diesem Tag zusammen mit dem Sonnenlicht untergeht, oft aber auch schon vorher untergeht. Zunächst zeigt sich aber der Mond klar am zweiten Tag, und manchmal mehr, manchmal weniger. Und dies geschieht infolge der Größe des Abstandes von der Sonne. Die jeweilige Größe selbst des Abstandes resultiert aus der eigenen Bewegung⁺ des Mondes – weil er sich nicht immer gleichermaßen bewegt –, aus der Veränderung der Laufbahn, aus dem sich nicht gleichzeitig ereignenden Untergang der Tierkreiszeichen, ferner aus dem Zeitpunkt der vorher geschehenen Konjunktion, sodass es nicht immer einen einzigen Zeitpunkt gibt, an dem der Mond klar erscheint.

Zum Wort κίνησιν im vorletzten Satz des zitierten Passus (διά τε τὴν ἰδίαν τῆς σελήνης γίνεται κίνησιν) hat der Kopist ein Zeichen („+‘) *supra lineam* gesetzt, das wohl auf den am Rand geschriebenen Kommentar hinweist:[71]

[⁺τα]ῦτ(α) Γαληνὸς ἐν τῷ τρίτῳ τοῦ Περὶ [κρ]ισίμων ἡμερῶν, καὶ [σ]κεπτέον περὶ αὐτῶν.

Dies schreibt Galen im dritten Buch von *De diebus decretoriis* und es ist mit Aufmerksamkeit zu betrachten.

Die entsprechende Stelle bei Galen, die Blemmydes in seinen Text eingearbeitet hat, ist eben im dritten Buch des Traktats *De diebus decretoriis* zu finden (IX 906,7–907,5 Kühn).[72] In seiner Jugend, zwischen 1214 und 1221, beschäftigte sich Blemmydes sowohl theoretisch als auch praktisch mit der Medizin, wie er selbst in seiner Autobiographie berichtet.[73] Er dürfte deshalb auch die Schriften von Galen studiert haben, was z. B. auch aus einer anderen Stelle der *Epitome physica* hervorgeht, in der der

---

71 In eckigen Klammern sind die wegen des Zustandes des Kodex heute nicht mehr lesbaren Buchstaben verzeichnet.
72 ἀσφαλὴς οὖν ἡ κρίσις ἀποτελεῖται τῆς ἐν ὅλῳ τῷ μηνὶ γενησομένης καταστάσεως ἐν τῇ δευτέρᾳ τῶν ἡμερῶν, ἐν ᾗ πρώτη καὶ σαφὴς ἡ σελήνη καὶ χρόνον ἀξιόλογον ὑπὲρ γῆς ἤδη φαίνεται καὶ φῶς αἰσθητὸν ἀποπέμπει καὶ σκιὰν ἐναργῶς δείκνυσιν. ἡ πρώτη δ᾽ ἡμέρα μέχρι τοσούτου τὴν σελήνην ὑπὲρ γῆς ἔχει φερομένην, μέχρις ἂν ἔτι καὶ τὸ τοῦ ἡλίου φῶς ἐπέχῃ τὸ μετὰ τὴν δύσιν, ὥστ᾽ ἐν ταύτῃ μὲν τῷ τοῦ ἡλίου συγκαταδύεται φωτί, πολλάκις δὲ καὶ προκαταδύεται. πρῶτον δὲ σαφὴς ἐν τῇ δευτέρᾳ τῶν ἡμερῶν φαίνεται, καὶ ποτὲ μὲν μᾶλλον, ποτὲ δ᾽ ἧττον. καὶ τοῦτο δ᾽ αὐτῇ συμπίπτει παρὰ τὸ ποσὸν τῆς πρὸς ἥλιον ἀποστάσεως. αὐτὸ δὲ τὸ ποσὸν τῆς ἀποστάσεως διά τε τὴν ἰδίαν τῆς σελήνης γίνεται κίνησιν, οὐ γὰρ ἴσον ἀεὶ κινεῖται, καὶ διὰ τὴν τοῦ πλάτους ἐξάλλαξιν, καὶ διὰ τὴν τῶν ζῳδίων δύσιν οὐκ ἰσόχρονον οὖσαν, καὶ πρὸς τούτοις ἔτι διὰ τὸν τῆς προγεγονυίας συνόδου καιρόν, ὥστ᾽ οὐκ ἀεὶ μὲν εἷς ὁ χρόνος ἐστὶν ἐν ᾧ φαίνεται σαφῶς ἡ σελήνη.
73 *Autobiogr.* I 5 Munitiz μείζονος δ᾽ ἐπὶ λόγους ἐφιέμενος ἐπιδόσεως, οὐκ εἶχον τὸν ἡγησόμενον· ἐφ᾽ ᾧ καὶ τοῖς αὐτοῖς ἐνεστρεφόμην, ἅμα καὶ ἰατρικῆς ἐπιμελόμενος λογικῶς τε καὶ πρακτικῶς (πατρικὴ γὰρ ἄσκησις ἡ τέχνη κάμοὶ σύντροφος), ἄχρις ἐτῶν ἑπτὰ περατώσεως κτλ.; s. dazu Munitiz 1988, 15, 44.

princeps medicorum erwähnt wird.[74] Bei dieser Randnotiz dürfte es sich deshalb um eine Bemerkung handeln, die der Autor selbst in seinem Exemplar vermerkt hat.[75]

Im Allgemeinen lässt sich der *Vat. gr.* 434 als direkte Abschrift von einem Arbeitsexemplar des Blemmydes einstufen.[76] Wie Lackner bereits gezeigt hat, ist seine Rolle für die Herstellung des Textes der *Epitome physica* sowie für die Quellenforschung beachtlich.[77]

---

74 S. Kap. 11, 1125a9: ὁ ἐν ἰατροῖς δόκιμος Γαληνός. Weitere Hinweise auf medizinische Kenntnisse lassen sich nicht nur in anderen Traktaten des Autors, insbesondere im Traktat *De corpore*, entdecken, sondern auch in weiteren kleineren Schriften, die unter seinem Namen überliefert werden: s. dazu Kousis 1948; Lackner 1986 mit weiterer Literatur sowie einer kurzen Analyse der Schriften *De anima* und *De corpore*.
75 S. Valente 2018a, 153. In der Schrift *De corpore* hat Blemmydes das Thema der ‚kritischen Tage' (ἡμέραι κρίσιμοι) behandelt: s. Lackner 1986, 249.
76 Lackner 1981b, 362f. nimmt als mögliche Vorlage für den Text des *Vat. gr.* 434 eine Schülernachschrift an.
77 Lackner 1981b.

3 Die revidierte Auflage der *Epitome physica*: textuelle und paratextuelle Eigenschaften

In den letzten Jahren seines Lebens, und zwar nach dem Jahr 1258, wie Giovanni Mercati zeigen konnte,[78] hat Blemmydes die beiden Kompendien zur Logik und Physik grundlegend überarbeitet und ihnen eine neue Struktur verliehen.[79] Sie wurden jeweils zum ersten und zweiten Buch der Εἰσαγωγικὴ ἐπιτομή.[80]

Das Proömium zu einer ersten Auflage der *Epitome logica*, die um die Jahre 1237–1239 zu datieren ist,[81] wurde nach der Revision um eine Widmung an die Mönche seines Klosters erweitert (688c2–689a4):[82]

> ἐπειδήπερ ἡ λογικὴ ἐπιστήμη πρὸς ἱερὰν Γραφὴν καὶ πάντας τοὺς τῆς ἀληθείας λόγους οὐκ ὀλίγον φέρει τὸ χρήσιμον, δέον ἐκρίναμεν τοῖς τοῦ λόγου φοιτηταῖς τοῦ Ὄντος καὶ τῆς ἀληθείας μύσταις μικρούς τινας ἐν ταύτῃ τῇ λογικῇ λιπεῖν ἡμετέρους ὑπομνηματισμούς, οὓς αἰτησαμένῳ βασιλεῖ, νέοι ἔτι ὄντες καὶ πρὸς φιλοσοφίαν εἰσαγωγικοὶ καὶ ἀνεπιστήμονες – ὁποῖοι καὶ εἰς τὸ ἑξῆς ἐκ τῆς συντρόφου ῥαθυμίας καὶ ῥυπαρίας διεμείναμεν – ἐκδεδώκαμεν, οὕτω προοιμιασάμενοι.[83]

> Da das logische Wissen einen nicht kleinen Nutzen für die Heilige Schrift und für alle Worte der Wahrheit bringt,[84] hielten wir es für notwendig, einige kleine Traktate von uns im Bereich dieses logischen Wissens den Anhängern des Logos, der ist, und den Geweihten in der Wahrheit zu hinterlassen. Als wir noch jung waren, Philosophieanfänger (oder: die jedoch andere in die Philosophie einführten,)[85] und unwissend – was wir auch danach wegen der angeborenen Trägheit und Engherzigkeit geblieben sind –, veröffentlichten wir diese Traktate für den Kaiser, der uns darum gebeten hatte, indem wir sie mit dem folgenden Proömium einleiteten.

---

78 Mercati 1915, 226–229 (= ders. 1937, III 428–431).

79 S. oben S. 8, 11 und unten S. 18–20.

80 Wie Bell 1929/1930 zeigen konnte, hat Blemmydes auch eine zweite Auflage des Psalmenkommentars vorbereitet.

81 S. oben S. 3.

82 S. Carelos 2005 (mit der Kritik von Paidas 2007). S. dazu auch Angelov 2012, 40 (sowie im Allgemeineren S. 34–45); Golitsis 2012, 121; Valente 2018a, 140 mit Anm. 9. Eine solche Widmung ist ein Topos der revidierten Schriften von Blemmydes: s. z. B. das oben erwähnte Incipit des Traktats *De fide* (S. 3 Anm. 20).

83 Wie bereits angemerkt (Valente 2018a, 140 Anm. 9), folgte auf die Worte οὕτω προοιμιασάμενοι („indem wir sie mit dem folgenden Proömium einleiteten") das ursprüngliche Proömium (689a5 f.: s. auch Carelos 2005, 401): Βασιλείας καὶ φιλοσοφίας πολὺ τὸ συγγενὲς καὶ ὁμοιότροπον κτλ. („Kaisertum und Philosophie sind eng miteinander verwandt und gleichartig usw."). In mehreren Manuskripten der Εἰσαγωγικὴ ἐπιτομή, und insbesondere in den ältesten, folgt dem Partizip προοιμιασάμενοι eine starke Interpunktion (.:–‘); das initiale Beta in Βασιλείας ist rubriziert (s. z. B. *Monac. gr.* 225, f. 41ᵛ Z. 8 f.; *Bodl. Holkham. gr.* 71, f. 2ʳ Z. 9 f.).

84 Zum Nutzen der Logik in Bezug auf die Religion und die damit verbundenen theologischen Streitigkeiten s. z. B. Nic. Blemm. *Autobiogr.* II 67 (S. 76,13–16 Munitiz) und im Allgemeinen II 67–74 (Valente 2018a, 140 Anm. 7). S. auch Ierodiakonou 2012.

85 Mit dieser Periphrase versuche ich, die Ambiguität des Begriffs εἰσαγωγικός wiederzugeben. Das Adjektiv εἰσαγωγικός hat in der Regel eine aktive Bedeutung (‚(jm.) einführend‘), und wurde von We-

https://doi.org/10.1515/9783110731576-003

Hinter das Proömium setzte Blemmydes den Pinax zum ersten Buch (*Epit. log.*), der vierzig Kapitel aufzählt; danach folgt der Haupttext. Im Anschluss fügte der Autor den Titel des zweiten Buches (*Epit. phys.*)[86] sowie den Pinax mit 32 Kapiteln als Einleitung in den Text hinzu:[87]

α΄	περὶ τῶν φυσικῶν ἀρχῶν καὶ αἰτίων	1.	Über die physischen Prinzipien und Ursachen
β΄	περὶ τῆς ὕλης καὶ τοῦ εἴδους καὶ τῆς στερήσεως	2.	Über Substanz, Form und Privation
γ΄	περὶ αἰτίων καὶ αἰτιατῶν, ἐν ᾧ καὶ περὶ τύχης καὶ αὐτομάτου	3.	Über die Ursachen und die Verursachten, und auch über ‚Zufall‘ und ‚spontan‘[88]
δ΄	περὶ κινήσεως καὶ ἠρεμίας, ἐν ᾧ καὶ περὶ ἐντελεχείας καὶ τοῦ δυνάμει καὶ ἐνεργείᾳ	4.	Über Bewegung und Ruhe, und auch über Entelechie sowie die Begriffe ‚dem Vermögen nach‘ und ‚der Wirklichkeit nach‘
ε΄	ἔτι περὶ κινήσεως καὶ ἠρεμίας	5.	Noch über Bewegung und Ruhe
ϛ΄	περὶ γενέσεως καὶ φθορᾶς	6.	Über Werden und Vergehen
ζ΄	περὶ φύσεως	7.	Über die Natur
η΄	ἔτι περὶ φύσεως	8.	Noch über die Natur
θ΄	περὶ τόπου καὶ χρόνου	9.	Über Raum und Zeit
ι΄	περὶ ἀπείρου	10.	Über das Unendliche
ια΄	περὶ στοιχείων	11.	Über die Elemente
ιβ΄	περὶ τῶν φαινομένων φλογῶν καιομένων, περὶ τὸν οὐρανὸν καὶ τῶν καλουμένων αἰγῶν καὶ δαλῶν καὶ διαθεόντων ἀστέρων	12.	Über die brennenden Flammen, die im Himmel erscheinen, und die sogenannten Ziegen, Fackeln und Sternschnuppen
ιγ΄	περὶ κομητῶν καὶ τοῦ γαλαξίου κύκλου	13.	Über Kometen und die Milchstraße
ιδ΄	περὶ ὄμβρου, χαλάζης, χιόνος, δρόσου καὶ πάχνης	14.	Über Regen, Hagel, Schnee, Tau und Reif
ιε΄	περὶ πηγῶν καὶ ποταμῶν	15.	Über Quellen und Flüsse
ιϛ΄	περὶ θαλάσσης	16.	Über das Meer
ιζ΄	περὶ ἀνέμων καὶ τῶν λοιπῶν πνευμάτων	17.	Über Winde und die weiteren Luftströme
ιη΄	περὶ σεισμοῦ	18.	Über Erdbeben
ιθ΄	περὶ βροντῆς καὶ ἀστραπῆς, ἐκνεφίου τε καὶ τυφῶνος καὶ πρηστῆρος καὶ κεραυνοῦ	19.	Über Donner und Blitz, Sturmböe, Orkan, Wirbelwind und Blitzschlag

---

gelin 1607, 2 entsprechend übersetzt: „cum adhuc ad Philosophiam alios introduceremus". Wie aber eine Glosse des Hesychlexikons belegt, wird das Adjektiv auch für junge Männer, Anfänger und sogar Novizen benutzt: Hesych. ε 1083 Latte-Cunningham εἰσαγωγικούς· νεαρούς, ἀρχαρίους (s. *Thesaurus Graecae Linguae* III Sp. 305a: „Εἰσαγωγικοὶ sunt Incipientes, Tirones, Pueri adhuc in prima disciplina constituti"; Lampe, *A Patristic Greek Lexicon s. v.*). Bemerkenswerterweise wurde Wegelins Übersetzung in der *Patrologia Graeca* stillschweigend geändert, sodass das Verbaladjektiv passivisch als ‚in die Philosophie eingeführt werden‘ interpretiert wurde: „cum adhuc ad Philosophiam introduceremur" (*Patrologia Graeca* 142, 690a1 f.).

86 S. dazu unten S. 103–105.

87 *Epit. phys.* 1021a1–1024a11.

88 Die Übersetzung trägt in diesem und den folgenden Fällen der originalen Syntax keine Rechnung. Wortwörtlich (mit sinngemäßen Ergänzungen) ist dieser Titel so zu verstehen: „(Kapitel) über die Ursachen und die verursachten Dinge, in dem auch über ‚Zufall‘ und ‚spontan‘ (gesprochen wird)".

Am Ende von Kap. 32 schrieb Blemmydes einen abschließenden, leicht polemischen Absatz, der mit dem traditionellen Wunsch endet, Gott seinen Dank zu bekunden (1320b7–c3):[89]

> ταῦτα πρὸς τὴν ἡμετέραν ἐν λόγοις ἕξιν ἐκτεθειμένα τὴν ἀδρανῆ καὶ τὴν ὀλιγίστην ἐν μαθήμασιν εἴδησιν τοῖς φιλολόγοις καὶ φιλομαθέσιν ἐκδέδονται, τοῦ τὴν ἐπ' ἀμαθίᾳ καὶ ἀφυΐᾳ διαδρᾶναι κατάγνωσιν τὸ τῇ φιλολογίᾳ τι συνεισενεγκεῖν προθεμένων ἡμῶν ὡς λόγου ἄξιον. εἰ δὲ λόγου καὶ ἡ εὐγνωμοσύνη, πῶς ἂν καταγνοῖεν οἱ φιλόλογοι; μᾶλλον μὲν οὖν καὶ χάριν ὁμολογήσαιεν τῷ Θεῷ.

> Diese Lehren, die gemäß unserer schwachen intellektuellen Fähigkeit und sehr geringen wissenschaftlichen Kenntnis dargelegt sind, wurden für die Wiss- und Lernbegierigen herausgegeben, weil wir es vorzogen, einen Beitrag zur Wissbegierde zu leisten, anstatt dem Tadel der Unwissenheit und der angeborenen Unfähigkeit zu entkommen, weil dies die Vernunft gebietet. Wenn aber auch die Vernunft Beachtung verdient, wie könnten die Wissbegierigen das kritisieren? Also sollten sie lieber Gott ihren Dank bekunden.

Was die innere Struktur der *Epitome physica* betrifft, ordnete Blemmydes die Kapitel (oder die λόγοι) der ersten Auflage in einer neuen Reihenfolge an. Nicht nur überarbeitete er den Text gründlich sowohl inhaltlich als auch formal,[90] sondern er erweiterte auch die ursprünglich 31 Kapitel durch ein neues, das er ans Ende der gesamten *Epitome* setzte. Wie der Titel verdeutlicht – Ἐκ τῆς εἰς τὸν ὄγδοον ψαλμὸν

---

89 S. z. B. Abb. 14.
90 S. oben S. 9–13.

ἐξηγήσεως, „Aus der Exegese des achten Psalms" –, handelt es sich um einen Auszug aus dem schon vorhandenen Psalmenkommentar von Blemmydes selbst (1357c1–1362a5). Dieses Exzerpt endet mit dem Satz ταῦτα μὲν ἐκ τῆς εἰς τὸν ὄγδοον ψαλμὸν ἐξηγήσεως (1313d2 f.), der die Überschrift wieder aufnimmt. In den folgenden Absätzen (1313d4–1320b6) werden die Inhalte von Kap. 25 (Περὶ αἰθέρος καὶ ἀστέρων) erneut aufgegriffen und ausführlicher behandelt.[91] Außerdem wurden Querverweise zur *Epitome physica* ergänzt bzw. aktualisiert.[92]

Des Weiteren wurde die illustrative Ausstattung erweitert: Die Windrose in Kap. 17 wurde überarbeitet;[93] eine Tabelle in Kap. 6 (1085c8–d10) und vielleicht eine zweite in Kap. 11 (1116c11–d3) wurden hinzugefügt.[94] Außerdem ist anzunehmen, dass in Kap. 25 und 32 die Symbole der Tierkreiszeichen und der Planeten im Text bzw. an dessen Rand erst in der endgültigen Fassung der *Epitome physica* ergänzt wurden.[95] Schließlich fügte Blemmydes ein neues astronomisches Diagramm hinzu, das als Erklärung zu Kap. 32 dienen sollte. Von innen nach außen sind die Erde, die Laufbahnen des Mondes und der Sonne, die Tierkreiszeichen und die Häuser der Planeten dargestellt. Darüber hinaus kann das Diagramm auch als Hilfsmittel für die Kap. 25 und 29 verstanden werden.[96]

---

91 S. den einleitenden Satz (1313d4–7) ἐπεὶ δὲ περὶ ὑψωμάτων καὶ ταπεινωμάτων καὶ οἴκων καὶ ἐναντιωμάτων τῶν ἐν τοῖς πλάνησιν ἔφθημεν προδιαλαβεῖν, εἴη ἂν διττὸν τὸ ὕψωμα καὶ ταπείνωμα.
92 S. dazu Lackner 1981b, 362: „In Kap. 4, 12 (1056D) wird für die Begriffe ποιεῖν und πράττειν auf das Logiklehrbuch folgendermaßen verwiesen: περὶ ὧν ἐν τῷ πρώτῳ βιβλίῳ κατὰ τὸ εἰκοστὸν καὶ τέταρτον κεφάλαιον προϋπέμνησται. Dafür steht in V (f. 160ʳ): περὶ ὧν ἐν κατηγορίαις διείληπται. Der zweite Verweis ist nur V eigen: Auf f. 201ᵛ heißt es zu Ende von Kap. 19: περὶ δὲ τῆς τοιαύτης ἐκκρίσεως, πλατύτερον ἐν τῷ πρώτῳ κεφαλαίῳ τοῦδε τοῦ λόγου διείληπται. Dieses zweite Zitat ist weder mechanisch aus der Quelle übernommen [Anm. 1: „Alexander. Aphrod., In Meteor., CAG II, 2, 127, 22 ff."] noch bezieht es sich auf sie oder den Aristotelestext selbst. Verständlich wird es erst, wenn wir es als Selbstzitat auffassen. Die ausführliche Behandlung der ἔκκρισις, auf die hier zurückverwiesen wird, findet sich in Kap. 12, 10–11 (1133C–D). Nun ist dieses Kapitel in der Tat das erste innerhalb derjenigen Kapitelfolge, die der Meteorologie gewidmet ist (Kap. 12–23)". S. auch oben S. 9 mit Anm. 47.
93 S. oben S. 9 f. und Valente 2017, 244 f.
94 Die Tabelle der konträr entgegengesetzten Qualitäten in Kap. 11 ist nur in einigen Manuskripten zu finden (z. B. *Bucur. gr.* 10, *Laur. plut.* 87,16, *Marc. gr.* Z. 528, *Oxon. Coll. Magd. gr.* 16 und *Vind. phil. gr.* 332, organisieren sie in zwei Spalten; der *Vind. phil. gr.* 332 und seine Abschriften setzen außerdem einen senkrechten Strich dazwischen). Möglich ist, dass die Tabelle in den anderen Kodizes ausgelassen wurde. S. oben S. 10 Anm. 59.
95 Kap. 25 (1233d5–12360c2, 1341a4–7, 1245a12–c12 und 1248a7–d3) und 32 (1308d3–1309b11 und 1317c13–1320b6); in mehreren Manuskripten der finalen Fassung wurden die Symbole in Rot gezeichnet. In der Redaktion des *Vat. gr.* 434 weicht der Text von Kap. 25 von demjenigen der finalen Fassung stark ab; außerdem ist kein Symbol an den entsprechenden Stellen des *Vat. gr.* 434 zu finden.
96 In Kap. 27 (1264b2–d3) hat Blemmydes eine Stelle aus Kleomedes eingearbeitet (II 5, 123–138), wie schon Wegelin in den Anmerkungen am Rand seiner lateinischen Übersetzung (1606, 321 = *Patrologia Graeca* 142, 1263) und Todd (1990, 76 *ad l.* und 86 *Index*) treffend erkannt haben. In Bowen u. Todd 2004, 192 (Taf. 25) wurde ein sehr ähnliches Diagramm für die Erklärung der Stelle bei Kleomedes gezeichnet. – Zur Stellung dieses Diagramms in den Kodizes der *Epitome physica* s. unten S. 108 f.

All diese Überarbeitungen zielen ab auf eine verständlichere und ausführlichere Behandlung der Physik, der Meteorologie und Astronomie als in der ersten Auflage der *Epitome physica* und wurden dementsprechend in der handschriftlichen Überlieferung meistens vollständig übernommen.

4 Die Familie α: *Vat. gr.* 246, *Marc. gr.* Z. 528, *Matrit.* 4688, *Mosqu. Synod. gr.* 302 und ihre Deszendenz

Eine besondere Stellung innerhalb der Textgeschichte der *Epitome physica* nimmt aufgrund textueller Merkmale eine Gruppe von sieben Manuskripten ein: Einerseits überliefern sie den Text der finalen Version der *Epitome physica* wie die übrigen Handschriften, andererseits bieten einige wenige Textstellen noch den Text der ersten Fassung wie im *Vat. gr.* 434 gegen alle anderen Handschriften. Vier Manuskripte dieser Familie überliefern die *Epitome isagogica*, drei nur eine Auswahl an Kapiteln der *Epitome physica*.

Von den vier Handschriften mit dem vollständigen Text der *Epitome physica* ist eine in ihrer ursprünglichen Form auf das Ende des 13. bzw. den Anfang des 14. Jh. zu datieren (*Vat. gr.* 246), zwei andere stammen aus der ersten Hälfte des 14. Jh. (*Marc. gr.* Z. 528 [Abb. 1]; *Matrit.* 4688), die vierte aus dem 15. Jh. (*Mosqu. Synod. gr.* 302). Die drei Handschriften mit Exzerpten lassen sich als Abschriften einstufen: Der *Laur. plut.* 87,13 stammt vom *Marc. gr.* Z. 528 ab; aus dem *Matrit.* 4688 schöpfte der *Lond. Harl.* 5662, der wiederum als Vorlage für den *Bodl. Canon. gr.* 83 diente.

Der älteste Kodex dieser Familie ist der *Vat. gr.* 246:[97] In seinem aktuellen Zustand handelt es sich um ein *multiple-text manuscript* philosophischen Inhalts, das aus fünf verschiedenen kodikologischen Einheiten besteht. Wie Verhelst mit Recht betont, ist die Zusammenstellung des Manuskripts in seinem heutigen Zustand dem Mönch und Gelehrten Neophytos Prodromenos zuzuschreiben, der in der zweiten Hälfte des 14. Jh. im Theodoru-Petra-Kloster in Konstantinopel aktiv war.[98] Zwei *codicological units* dieses komplexen Kodex enthalten Schriften des Blemmydes: Die erste davon (ff. 139ʳ–242ᵛ) überliefert die Εἰσαγωγικὴ ἐπιτομή: Der Text der *Epitome logica* (ff. 139ʳ–184ᵛ) sowie der *Epitome physica* (ff. 185ʳ–242ᵛ) wurde nach Mercati von einem Schreiber um das Jahr 1300 angefertigt. Auffällig ist die Präsenz von Randnotizen, *variae lectiones* sowie Ergänzungen insbesondere zum Text der *Epitome physica*.[99]

Der Text der *Epitome physica* ist außerdem unvollständig aufgrund des Verlustes mindestens einer Lage am Ende, denn der Text bricht inmitten von Kap. 30 abrupt ab (f. 242ᵛ, 1296c1). Das Manuskript lag bereits dem oben erwähnten Neophytos Prodromenos unvollständig und z. T. beschädigt vor. Er setzte sich mit dem Text der *Epitome isagogica* auseinander: Nicht nur zog er manche Buchstaben und Sätze nach, wo die Tinte verblasst war, sondern er ergänzte auch das fehlende Ende der *Epitome physica*,

---

97 S. dazu Valente 2020a, 523 f.

98 S. Verhelst 1976, I 98–103. Zum Kloster s. auch Cataldi Palau 2008, 197–207 und 209–218.

99 Sie wurden von Giovanni Mercati entdeckt und teilweise untersucht (1915, 227 mit Anm. 2 [= ders. 1937, III 429]). Dazu s. unten S. 26–29. Die Zeichnungen und Marginalien zum Text der *Epitome logica* sind noch zu untersuchen.

https://doi.org/10.1515/9783110731576-004

indem er eine neue kodikologische Einheit einfügte. Dafür bediente er sich einer zweiten Handschrift dieser Schrift, nämlich des *Mosqu. Synod. gr.* 333.[100]

Außerdem kopierte Prodromenos nach der *Epitome physica* auch die kleinen Schriften *De anima* und *De corpore* von Blemmydes. Dabei ist anzumerken, dass die beiden bereits im Pinax der *Epitome physica* (f. 185[r]) als Kap. 33 und 34 aufgezählt sind, was einen Einzelfall darstellt.[101] Dies könnte der Grund sein, weshalb Prodromenos auch diese beiden Schriften im Anschluss an die *Epitome physica* kopierte. Außerdem fügte Neophytos im Inhaltsverzeichnis als Kap. 35 und 36 die Titel von zwei weiteren kleinen Schriften des Blemmydes hinzu, und zwar die Abhandlungen *De fide* und *De virtute*, die jedoch im Manuskript nicht zu lesen sind.[102] Auffällig ist dabei auch die Reihenfolge der Schriften, die derjenigen entspricht, die Blemmydes selbst in seiner *Autobiographie* (II 75) quasi als ‚offiziell' festgelegt hatte.

Von den zwei Handschriften aus dem 14. Jh. ist die ältere der *Marc. gr.* Z. 528 (Abb. 1), geschrieben in den Jahren 1330/1340 von zwei zeitgenössischen Schreibern, die sehr wahrscheinlich zusammen in demselben Skriptorium arbeiteten, wie auch die benutzten Papiersorten vermuten lassen. Der Kodex, der später in den Besitz des Kardinals Bessarion gelangte, besteht aus drei kodikologischen Einheiten. Die zweite davon (ff. 123–469) hat ein einziger Schreiber kopiert; sie überliefert den Text der Εἰσαγωγικὴ ἐπιτομή.

In die Mitte des 14. Jh. datiert der *Matrit.* 4688: Ein einziger Schreiber ist für die Kopie fast des ganzen Manuskripts verantwortlich,[103] das beinahe ausschließlich Schriften des Blemmydes enthält (ff. 2[v]–97[r]: *Epitome logica*; ff. 99[r]–230[r]: *Epitome physica*; ff. 230[v]–240[r]: *De fide*; ff. 240[v]–256[r]: *De virtute*). Auffällig ist dabei, dass die Anordnung dieselbe ist wie im oben erwähnten Pinax der *Epitome physica* des *Vat. gr.* 246. Die Titelangaben der einzelnen Schriften sind auch überlieferungsgeschichtlich sehr wichtig, denn sie belegen nicht nur den ‚offiziellen' Titel der *Epitome physica*,[104] sondern auch, dass die zwei kleineren Schriften *De fide* und *De virtute* zum Typikon gehören (ἐκ τοῦ τυπικοῦ αὐτοῦ).[105] Im Jahr 1455 kaufte Konstantinos Laskaris

---

100 Dazu mehr unten S. 56–59.

101 S. dazu Verhelst 1976, I 99: „dans cet index, à la suite des trentedeux chapitres et, de la même main, on trouve la mention de deux chapitres supplémentaires, numerotés et intitulés respectivement λγ´ περὶ ψυχῆς et λδ´ περὶ σώματος. Il s'agit des traités *De anima* et *De corpore* que ce manuscrit a dû contenir autrefois". Auffällig ist dabei auch die Präsenz des Titels von Kap. 32 (1024a11), der in den anderen Kodizes dieser Familie ausgelassen wurde.

102 S. auch Verhelst 1976, I 100.

103 S. Peréz Martín in ihrer unveröffentlichten Beschreibung (E-Mail, 05.04.2016): „excepto f. 124 l. 3 a.i.–124v l. 4, obra de una mano distinta y poco formada. Una tercera mano contemporánea, de escritura más ruda, añade materiales diversos en ff. 256 l. 14–257v". Es handelt sich dabei um die Angaben des Diagramms in Kap. 6.

104 S. unten S. 103–105.

105 Zu den Titeln von *De fide* und *De virtute* in diesem Manuskript s. bes. Mercati 1917, 339 f. (= ders. 1937, IV 43 f.).

dieses Manuskript auf der Insel Rhodos und ergänzte den inzwischen verloren gegangenen Anfang der *Epitome logica* (ff. 1ʳ–18ᵛ).

Im 15. Jh. wurde der *Mosqu. Synod. gr.* 302 von einem einzigen Schreiber geschrieben. Es ist anzunehmen, dass der Kodex, der 1655 von Arsenio Suchanov aus dem Kloster Vatopedi nach Moskau gebracht wurde,[106] die gesamte *Epitome isagogica* überliefert hat, aber in seinem aktuellen Zustand ist die *Epitome physica* gänzlich erhalten; von der *Epitome logica* ist nur noch das Ende von Kap. 40 zu lesen, denn der erste Teil des Kodex ist verschollen. Die benutzte Schrift steht in der Tradition der kalligraphischen Stilisierung ‚τῶν Ὁδηγῶν', der Text wurde sehr sorgfältig abgeschrieben.

Entscheidend für die Feststellung, dass diese vier Manuskripte zu einer einzigen Familie gehören, sind einige Textstellen, an denen sie im Gegensatz zur restlichen handschriftlichen Überlieferung denselben Wortlaut wie im *Vat. gr.* 434 bieten. Als erstes Beispiel soll eine Textstelle in Kap. 9 (1100b3–12) dienen. Dort liest man eine Definition des Begriffs ‚Raum':

καὶ τόπος μὲν ἔστι τὸ τοῦ περιέχοντος πέρας ἀκίνητον καθ' ὃ περιέχει τὸ περιεχόμενον, ταὐτὸν δ' εἰπεῖν, καθ' ὃ συναφή ἐστι περιεχομένου καὶ περιέχοντος· ὡς γὰρ τὸ ἀγγεῖον, ὃ τόπος λέγεται μεταφορητός, οὐκ ἔστι σύμπαν τόπος τοῦ περιεχομένου, ἀλλ' ἡ ἐντὸς αὐτοῦ κοίλη ἐπιφάνεια καθ' ἣν τῷ περιεχομένῳ συνάπτεται, τὸν αὐτὸν τρόπον καὶ ὁ τόπος, ὃς ἀγγεῖον ἀμεταφόρητον λέγεται, κατὰ τὴν ἁπτομένην τῶν περιεχομένων σωμάτων ἐπιφάνειαν νοεῖται.

Und Raum ist die unbewegliche Grenze des Umfassenden, sofern er das Umfasste umfasst, in anderen Worten, sofern es eine Verbindung zwischen Umfasstem und Umfassendem gibt. Denn wie ein Gefäß – quasi ein transferierbarer Raum – als Ganzes keinen Raum des Umfassenden darstellt, sondern nur die innere hohle Oberfläche, sofern sie durch das Umfasste umfasst wird, so lässt sich auch der Raum – quasi ein nicht transferierbares Gefäß – hinsichtlich der Oberfläche, die die umfassten Körper berührt, verstehen.[107]

So lautet der Text in allen Manuskripten der finalen Fassung der *Epitome physica*; dagegen bieten die vier Kodizes der Familie α an dieser Stelle den folgenden Text:

καὶ τόπος μέν ἐστι τὸ τοῦ περιέχοντος πέρας ἀκίνητον καθ' ὃ περιέχει τὸ περιεχόμενον, ταὐτὸν δ' εἰπεῖν, *καθ' ὃ συνάπτει τῷ περιεχομένῳ· καθάπερ* γὰρ τὸ ἀγγεῖον, ὃ τόπος λέγεται μεταφορητός, οὐκ ἔστι σύμπαν τόπος τοῦ περιεχομένου, ἀλλ' ἡ ἐντὸς αὐτοῦ κοίλη ἐπιφάνεια, καθ' ἣν τῷ περιεχομένῳ *συνάπτει*, τὸν αὐτὸν τρόπον καὶ ὁ τόπος, ὃς ἀγγεῖον ἀμεταφόρητον λέγεται, κατὰ τὴν ἁπτομένην τῶν περιεχομένων σωμάτων ἐπιφάνειαν νοεῖται.

Und Raum ist die unbewegliche Grenze des Umfassenden, sofern er das Umfasste umfasst, in anderen Worten, *sofern er es mit dem Umfassten zusammenknüpft*. Denn *gleich* wie ein Gefäß – quasi ein transferierbarer Raum – als Ganzes keinen Raum des Umfassenden darstellt, sondern nur die innere hohle Oberfläche, sofern er sie mit dem Umfassten *zusammenknüpft*, so lässt sich auch der Raum – quasi ein nicht transferierbares Gefäß – hinsichtlich der Oberfläche, die die umfassten Körper berührt, verstehen.

---

106 S. f. 4ʳ und Šangin 1936, 80 (Nr. 38).
107 S. Arist. *Phys.* IV 1–5 (IV 4, 212a20 f.), *Cat.* 6, 5a8–14: s. Koch 2005b, 603.

Die kursiv gesetzten Wörter lassen sich eindeutig in der ersten Version der *Epitome physica* wiederfinden, denn im *Vat. gr.* 434 liest man den folgenden Text (f. 169ʳ Z. 19–23, die Unterschiede sind unterstrichen):

> τόπος μὲν <u>οὖν</u> ἐστι τὸ τοῦ περιέχοντος πέρας ἀκίνητον καθὸ περιέχει τὸ περιεχόμενον, ταὐτὸν δ' εἰπεῖν, *καθὸ συνάπτει τῷ περιεχομένῳ· καθάπερ γὰρ τὸ ἀγγεῖον*, ὃ τόπος λέγεται μεταφορητός, <u>οὐχὶ σύμπαν ἐστὶ</u> τόπος τοῦ περιεχομένου, ἀλλ' ἡ ἐντὸς αὐτοῦ κοίλη ἐπιφάνεια, καθ' ἣν τῷ περιεχομένῳ *συνάπτει*, τὸν αὐτὸν τρόπον καὶ ὁ τόπος, ὃς ἀγγεῖον ἀμεταφόρητον λέγεται, κατὰ τὴν ἁπτομένην τῶν περιεχομένων σωμάτων ἐπιφάνειαν νοεῖται.

Und Raum ist <u>also</u> die unbewegliche Grenze des Umfassenden, sofern er das Umfasste umfasst, in anderen Worten, *sofern er es mit dem Umfassten zusammenknüpft*. Denn *gleich wie ein Gefäß* – quasi ein transferierbarer Raum – <u>nicht als Ganzes einen</u> Raum des Umfassenden darstellt, sondern nur die innere hohle Oberfläche, sofern er sie mit dem Umfassten *zusammenknüpft*, so lässt sich auch der Raum – quasi ein nicht transferierbares Gefäß – hinsichtlich der Oberfläche, die die umfassten Körper berührt, verstehen.

Ähnlich verhalten sich auch die folgenden Passagen:

Kap. 5 (1068d2–4)
Vat. gr. 434: μεταξὺ γὰρ τῶν τοιούτων κινήσεων ἠρεμία ἐστὶ διακόπτουσα τὴν συνέχειαν
finale Fassung: μεταξὺ γὰρ τῶν τοιούτων κινήσεων ἠρεμία <u>τίς</u> ἐστι διακόπτουσα τὴν συνέχειαν
τις *om. Vat. gr.* 434, *Vat. gr.* 246, *Marc. gr.* Z. 528, *Matrit.* 4688, *Mosqu. Synod. gr.* 302

Kap. 5 (1069a12 f.)
Vat. gr. 434: ὅθεν καὶ ἠρεμία *γίνεται* μεταξὺ τῶν δύο *τῆς βώλου* φορῶν
Finale Fassung: ὅθεν καὶ ἠρεμία <u>τις νοεῖται</u> μεταξὺ τῶν δύο <u>τοῦ λίθου</u> φορῶν
τις νοεῖται] γίνεται *Vat. gr.* 434, *Vat. gr.* 246, *Marc. gr.* Z. 528, *Matrit.* 4688, *Mosqu. Synod. gr.* 302
τοῦ λίθου *Vat. gr.* 246, *Marc. gr.* Z. 528, *Matrit.* 4688, *Mosqu. Synod. gr.* 302, *codd. rell.*: τῆς βώλου
Vat. gr. 434

Kap. 6 (1084c1–5)
Vat. gr. 434: λέγονται δὲ καὶ αἱ κατὰ συμβεβηκὸς μεταβολαὶ γενέσεις τινὲς καὶ φθοραί τινες· οἷον ἡ μὲν αὔξησίς *τις γένεσις*, φθορὰ δέ τις ἡ μείωσις. καὶ οὐχ ὥσπερ λέγομεν ὅτι γέγονε το ζῶον, *ὅταν* ἐκ σπέρματος γένοιτο, καὶ ὅτι ἔφθαρται, *ὅταν τεθναίη* κτλ.
Finale Fassung: λέγονται δὲ καὶ αἱ κατὰ συμβεβηκὸς μεταβολαὶ γενέσεις τινὲς καὶ φθοραί τινες· οἷον ἡ μὲν αὔξησις <u>γένεσίς τις</u>, φθορὰ δέ τις ἡ μείωσις. καὶ οὐχ ὥσπερ λέγομεν ὅτι γέγονε τὸ ζῶον, <u>ὅτ'</u> ἐκ σπέρματος γένοιτο, καὶ ὅτι ἔφθαρται, <u>ὅτε δὴ</u> τεθναίη κτλ.
γένεσίς τις *Vat. gr.* 246, *Marc. gr.* Z. 528, *Matrit.* 4688, *Mosqu. Synod. gr.* 302, *codd. rell.*: τις γένεσις
Vat. gr. 434
ὅτ'] ὅταν *Vat. gr.* 434, *Vat. gr.* 246, *Marc. gr.* Z. 528, *Matrit.* 4688, *Mosqu. Synod. gr.* 302
ὅτε δὴ] ὅταν *Vat. gr.* 434, *Vat. gr.* 246, *Marc. gr.* Z. 528, *Matrit.* 4688, *Mosqu. Synod. gr.* 302

Kap. 7 (1092a2 f.)
Vat. gr. 434: (...) μόνην ἐπιτηδειότητα κάτωθεν παρεχομένης τῆς φύσεως, ἣν ἔλαβεν *ὑπὸ* τοῦ δημιουργοῦ κτλ.
Finale Fassung: (...) μόνην ἐπιτηδειότητα κάτωθεν παρεχομένης τῆς φύσεως, ἣν ἔλαβεν <u>ἀπὸ</u> τοῦ δημιουργοῦ κτλ.
ἀπὸ] ὑπὸ *Vat. gr.* 434, *Vat. gr.* 246, *Marc. gr.* Z. 528, *Matrit.* 4688, *Mosqu. Synod. gr.* 302

Kap. 24 (1217a5–7)
Vat. gr. 434: –
Finale Fassung: τινὲς δὲ μόριόν τι μοίρας κατ' ἔτος ὅλον, ἀλλ' οὐχ ὅλην μοῖραν ἰδίως αὐτὸν
φέρεσθαι λέγουσιν
τινὲς δὲ – λέγουσιν] *non habent Vat. gr.* 434, *Vat. gr.* 246, *Marc. gr. Z.* 528, *Matrit.* 4688, *Mosqu.*
Synod. gr. 302[108]

Diese vier Kodizes (*Vat. gr.* 246, *Marc. gr. Z.* 528, *Matrit.* 4688, *Mosqu. Synod. gr.* 302)
überliefern nur an wenigen Stellen den Text der ersten Fassung der *Epitome physica*.
Diese Übereinstimmungen mit dem Text des *Vat. gr.* 434 gegen die restliche handschriftliche Überlieferung lassen sich nur dadurch erklären, dass sie von einer gemeinsamen Vorlage (**α**) stammen, die eine vom Autor bereits revidierte, jedoch noch nicht
finale Version dieser Schrift von Blemmydes darstellt.

In diesen vier Manuskripten lassen sich weitere Bindefehler gegenüber allen weiteren Textzeugen erkennen, wie z. B.:

1124b12 γῆς] σελήνης[109]   1176b8 σεισμὸς] σφυγμὸς *Vat. gr.* 246,[110] *Marc. gr. Z.* 528, *Matrit.* 4688,
σφυγμῶς *Mosqu. Synod. gr.* 302   1181a2 ἡ πληγή] ἡ *om.*   1217a3 πρός τινων εἴρηται] τετήρηται

Jede Handschrift enthält aber auch Trennfehler, die in den anderen nicht vorkommen;
deshalb sind sie als voneinander unabhängig einzustufen. Man kann u. a. die folgenden Stellen anführen:[111]

Fehler von *Vat. gr.* 246: 1028a7 ἡ] *om.*   1028a9 f. καταλλήλως λαμβάνεσθαι] λαμβάνεσθαι
καταλλήλως   1033b5 γίνεται· εἰ οὖν] γίνονται· οἷον   1037d11 μεγαλωσύνην] ἀγαθοσύνην   1040a7
λέγοντες] λέγουσιν   1101b14 περιεχόντων] περιεχομένων   1113a11 f. πάσης] ἁπάσης   116b12
οἷος ὁ σπόγγος] οἷον σπ·   1116c8 ἄρα] γὰρ   1116d6 καὶ] κἂν   1125a13 πάντως] πάντα   1125c7
γῆ] *om.*   1132c14 ἢ ῥιπτούμενον] *om.*   1132d3 ἀφθεῖσα] ἀναφθεῖσα   1132d8 δὲ] *om.*   1133b7 εἰς]
om.   1133c11 φέρεσθαι] *om.*   1136a10 τῶν] *om.*   1172c11 νηνεμίας] νηνεμίας οὔσης   1173c10 f.
τὰ ὑπὸ γῆν ἔχουσι σομφά τε καὶ ὕπαντρα] σομφά τε καὶ ὕπαντρα τὰ ὑπὸ γῆν ἔχουσι   1177b13 σεισμοὶ]
om.   1180b6 ῥηγνύον] ῥηγνύμενον   1272a1 χροιὰν] χρόνον

---

108 Der Satz τινὲς δὲ – λέγουσιν fehlt auch im *Bodl. Holkham. gr.* 71: Dort hat der Schreiber aber
die ausgelassenen Wörter nachträglich am unteren Rand des f. 123ʳ ergänzt und sie durch κείμενον
gekennzeichnet.
109 Die Lesart σελήνης hat der Schreiber des *Marc. gr. Z.* 528 nachträglich ausradiert und γῆς oberhalb der Zeile geschrieben. Dabei handelt es sich möglicherweise um eine Konjektur des Kopisten auf
Grundlage des Kontexts (s. 1124b8–13 […] κατὰ δὲ τὰς ῥοπὰς ἡ γῆ καὶ τὸ πῦρ ἀλλήλοις ἐναντιώτατα.
καὶ γὰρ ἐντεῦθεν ἡ κατὰ τόπον ἀπ' ἀλλήλων διάστασις πλείστη τούτοις συμβέβηκε· κατωτέρω μὲν
τῶν ὅλων σωμάτων οὔσης τῆς γῆς, ἀνωτέρω δὲ πάλιν, ἤγουν ὑπὸ τὴν σελήνην εὐθὺς ὑπάρχοντος τοῦ
πυρός).
110 Prodromenos hat im *Vat. gr.* 246 die richtige Lesart wohl durch Kollation des *Mosqu. Synod. gr.* 333
oberhalb der Zeile eingefügt: s. unten S. 58.
111 Auslassungen und banale Fehler, die in zwei Manuskripten durch Koinzidenz entstanden sein
können, werden an dieser Stelle nicht berücksichtigt. S. z. B.: 1036b1 τὸ μὴ ὄν] τὸ om. *Marc. gr. Z.* 528,
Matrit. 4688; 1060a3 ὑπερεξήρηται] ὑπεξήρηται *Vat. gr.* 246, *Matrit.* 4688.

Fehler von *Marc. gr.* Z. 528: 1021b4 ἀνέμων] ἀνέμου   1025b9 τελικόν] τελεστικόν   1033c5 ἀρχαί] ἄρχεται   1036a4 ἐκ μὴ ὄντος] ἐκ μὴ ὄντων   1037a10 αὐτὸς] αὐτὰς   1101d8 λέγεται] γίνεται   1104d10–1105a1 καὶ τὴν τριάδα πρὸ] ἢ   1108a8 περιληπτική] ἀντιληπτική   1108c15 ἀδιαίρετον] ἀδιάστατον   1109a7 ὅσαπερ] ὅτιπερ   1112a10 συνέρχονται] συνέπονται   1116b9 μεταδίδωσι] μὲν δίδωσι   1124a8 μόνως] μᾶλλον   1125a8 τῶν φυσικῶν] τῶν φιλοσόφων φυσικῶν   1132d1 ἀποσβεσθείς] ὑποσβεσθείς   1133a7 ἐν αὐτῷ] μὲν αὐτῷ   1133a10 f. ἐκπυρηνιζόμενα] ἐκ- τῶν ξύλων   1157c13 ἐν αὐτῇ] εἰς αὐτὴν   1157d6 ὅλον] ἄλλον   1160b12 γίνεσθαι] φαίνεσθαι   1160c4 ἐμβάλλοντος] εἰσβάλλοντος   1164c1 ὁμοίαν] ὁμοίως   1172b5 στρόβηλος] ζήφυρος   1252d11 εἴασε φαίνεσθαι] καταφαίνεσθαι   1257b8 f. πλανητικήν] πλεονεκτικήν   1265d3 f. φέρεσθαι] φαίνεσθαι   1300c10 μηδαμῶς] μηδενός   1301a8 μή] τὸ   1316d7 βορειότερα] νοτιώτερα
In Kap. 21 sind vier ‚Fenster‘ gelassen worden: 1193b10 χρωμάτων] [....]μάτων; 1193d11 θάτερον] [......]τερον; 1193d12 ὅλως] [....]; 1237d5 ἀεὶ τέμνων] [.....].

Fehler von *Matrit.* 4688: 1025d3 βουλήματι] θελήματι   1033a13 γινόμενα] γενόμενα   1108a3 κατὰ συμβεβηκός] κατὰ τὸ σ-   1117c3 ξηρόν] τὸ ξηρὸν   1121c13 οὕτως (οὕτω *Marc. gr.* Z. 528)] ὄντως   1161d3 γίνεσθαι] γίνεται   1228b1 ὡς] om.   1252a10 μή] om.   1252a10 ὁ ἥλιος] ὁ om.   1257b6 αὐτὴν] αὐτοῦ   1268a8 καὶ ταπεινώματος] καὶ τοῦ τ-   1301a6 ὑπὸ] ἀπὸ   1313b9 γινομένης] γενομένης

Fehler von *Mosqu. Synod. gr.* 302: 1029a1 γινόμενον] γενόμενον   1064a11 ἐν αὐτῇ] ἐν αὐτῷ   1132b13 ὡς] ὡς οὐ   1132c5 οἱ δοκοῦντες] οἰκοδομοῦντες   1133d8 δὲ] om.   1140d6 γάλα] μέγα   1144a6 δὲ] om.   1153d4 ἐπελθεῖν] ἀπελθεῖν   1185a11 λεπτός] λεπτοὶ   1224a11 πρὸς δυσμαῖς] πρὸς δυσμὰς   1224b4 ὅτε] om.   1224d2 κατὰ τὴν] κατὴν   1224d7 τοῦ] om.   1228c7 τῆς αὐτῆς οὐσίας] αὐτῆς om. (f. 145r|v)   1248c7 τὰ μέσα] τὰ om.   1300d2 τοῦ] om.

An mehreren Stellen bietet allein der *Matrit.* 4688 die richtige Lesart gegenüber den anderen drei Kodizes. Hier ist wohl an Kontamination in der direkten Vorlage zu denken. Beispiele hierfür sind die folgenden:[112]

1044a6 f. τοῖς προσεχέσι] τοῖς om.   1045b9 γὰρ] om.   1109b6 γὰρ] om.   1125c7 κατατέθραυσται] κατέθραυσται   1272a4 τὸ] om.   1289a8 χρόνῳ] om.   1292a15 μερῶν] ἡμερῶν

Die Vorlage α dieser vier Manuskripte dürfte deshalb ein noch nicht abgeschlossenes Arbeitsexemplar gewesen sein, das möglicherweise mit Randnotizen und Korrekturen vom Autor versehen war. Ein weiteres Indiz für diese Annahme können auch einige Randnotizen im *Vat. gr.* 246 bieten.[113] Zwei Notizen zu Kap. 19 (1184b9 διέξοδον) wurden bereits von Giovanni Mercati veröffentlicht (f. 219v):[114]

---

112 An all diesen Stellen stimmt der *Matrit.* 4688 mit den übrigen Kodizes der *Epitome physica* überein. Alternativ müsste die richtige Lesart des Stammvaters dieser Familie nur in diesem Kodex überliefert werden; die anderen drei Handschriften wären dann auf eine Zwischenstufe zurückzuführen.
113 Im Folgenden werden ausgewählte Randnotizen besprochen.
114 Mercati 1915, 227 Anm. 2 (= ders. 1937, 429): „Così al f. 219v [...] v'è l'aggiunta seguente sulla violenza dei tifoni, dapprima in una redazione brevissima che accenna ad un sol testimonio, poi un'altra più diffusa e migliore, che pare scritta dopo udite meglio altre testimonianze del fatto. La scrittura

Περί που τὴν Σαρδὼ νῆσον ἑώρακέ τις τοῦτο, πλέων ἐν τῇ θαλάσσῃ, ὅτε καὶ ὕδωρ ἀπ' αὐτῆς ἀνέλκοντος τοῦ τυφῶνος μεγάλην ἔσχε πτόαν, μὴ τὴν νῆα αὐτὴν αὔτανδρον ἀνελκύσῃ θεόθεν συγχωρηθείς· οὕτω γὰρ ἦν βίαιος.

Τοῦτο γοῦν ἀπισχυρίσαντο καί τινες κατὰ τὴν Σαρδὼ νῆσον πλεόντων οὐ μακρὰν αὐτῶν γεγονὸς ἐν τῇ θαλάσσῃ, παρ' οἷς οὐκ ἔνι πάντως οἶμαι ψεύδους εὑρέσθαι ὑπόνοιαν, ὡς (add.) καὶ τοῖς οἰκείοις ἐναργῶς ἐ[ωρ]άκεισαν ὀφθαλμοῖς· ὅτε καὶ ὕδωρ ἀπ' αὐτῆς ἀνέλκοντος τοῦ τυφῶνος, ὡσεί τινος δυνάστου σφοδροῦ, πτοίαν γενέσθαι φασιν οὐ τὴν τυχοῦσαν αὐτοῖς, μὴ καὶ τὴν σφῶν νῆα αὔτανδρον ἀνελκύ[σ]ῃ (-αι *a.c.*) θεόθεν ἐκχωρηθείς· οὕτω γὰρ ἦν βίαιος τῇ πνοῇ καὶ λίαν ἀνύποιστος ὁ τυφών.

In der Nähe der Insel Sardinien hat einer dieses gesehen, während er auf dem Meer gesegelt ist: Genau als der Orkan Wasser von der Insel weg hinaufzog, fürchtete er sich sehr, dass auch das Schiff mit der Besatzung hinaufgezogen werden könnte, wie Gott es wollte: Denn so heftig war der Orkan.

Dies bekräftigen nun auch einige, die um die Insel Sardinien herum segeln, dass es ihnen kürzlich widerfahren sei. Ich denke, dass es überhaupt nicht möglich ist, ihnen eine Lüge zu unterstellen, da sie es mit ihren Augen eindeutig gesehen haben: Sie sagen, genau als der Orkan Wasser von der Insel weg hinaufzog, wie ein mächtiger Herrscher, fürchteten sie sich nicht, dass auch ihr Schiff mit der Besatzung hätte hinaufgezogen werden können, weil Gott es nicht wollte: Denn so heftig und allzu ungestüm war der Orkan.

Wie Mercati bemerkte, handelt es sich dabei um zwei Versionen derselben Notiz zum Wirbelwind in der Nähe der Insel Sardinien, die erste sehr kurz und anhand eines unbestimmten Zeugen (ἑώρακέ τις), die zweite länger und anhand mehrerer Augenzeugen, die als zuverlässig betrachtet werden.[115]

Eine andere Notiz liest man auf f. 230ᵛ: An einer Stelle in Kap. 25 (1233d5–1236c2) diskutiert Blemmydes die sieben Sphären der Planeten und die Länge ihrer Laufbahnen. Auf dem linken Rand zu dieser Textstelle wurde ein Zitat aus dem pseudoaristotelischen Traktat *De mundo* nachgetragen,[116] das zum Kontext sehr gut passt:

---

della prima redazione fu tutta rinnovata nel sec. XIV, e lo furono pure alcune lettere della seconda, che stimo suprefluo indicare". Der Text der Randnotiz im *Vat. gr.* 246 wurde am Original überprüft und wird an dieser Stelle nach der präzisen Transkription von Mercati zitiert. In eckigen Klammern sind die im Kodex nicht mehr lesbaren Stellen gekennzeichnet; die Ergänzungen sind von mir.

115 S. oben Anm. 114.

116 [Arist.] *Mu.* 392a23–29 συνεχῆ δὲ ἔχει ἀεὶ τὴν θέσιν ταύτῃ ὁ τοῦ Φαίνοντος ἅμα καὶ Κρόνου καλούμενος κύκλος, ἐφεξῆς δὲ ὁ τοῦ Φαέθοντος καὶ Διὸς λεγόμενος, εἶθ' ὁ Πυρόεις, Ἡρακλέους τε καὶ Ἄρεος προσαγορευόμενος, ἐξῆς δὲ ὁ Στίλβων, ὃν ἱερὸν Ἑρμοῦ καλοῦσιν ἔνιοι, τινὲς δὲ Ἀπόλλωνος· μεθ' ὃν ὁ τοῦ Φωσφόρου, ὃν Ἀφροδίτης, οἱ δὲ Ἥρας προσαγορεύουσιν, εἶτα ὁ ἡλίου, καὶ τελευταῖος ὁ τῆς σελήνης, μέχρις ἧς ὁρίζεται ὁ αἰθήρ, τά τε θεῖα ἐμπεριέχων σώματα καὶ τὴν τῆς κινήσεως τάξιν. Gemäß der kritischen Ausgabe von William L. Lorimer (Paris 1933) weist der Text einige gemeinsame Fehler mit dem *Par. gr.* 1302 (13. Jh., zweite H.) auf, der aber wegen einiger Sonderfehler nicht als Vorlage für diese Randnotiz gedient haben kann (hier f. 215ʳ). Der *Laur. plut.* 87,16 enthält ebenfalls den Traktat *De mundo*: Auffällig ist der Vermerk σημείωσαι am Rand dieses Passus (f. 2ʳ).

ἐν δὲ τῷ Περὶ κόσμου πρὸς Ἀλέξανδρον Ἀριστοτέλης οὕτω περὶ τούτων φησί· συνεχῆ δὲ ἔχει ταύτην τὴν θέσιν ὁ τοῦ Φαίνοντος ἅμα καὶ Κρόνου καλούμενος κύκλος· ἐφεξῆς δὲ ὁ τοῦ Φαέθοντος Διὸς καλούμενος· εἶθ᾽ ὁ Πυρόεις Ἡρακλέους τε καὶ Ἄρεος προσαγορευόμενος· ἐξῆς δὲ ὁ Στίλβων, ὃν ἱερὸν Ἑρμοῦ καλοῦσιν ἔνιοι, τινὲς δὲ Ἀπόλλωνος· μεθ᾽ ὃν ὁ τοῦ Φωσφόρου, ὃν Ἀφροδίτης, οἱ δὲ Ἥρας προσαγορεύουσιν· εἶτα ὁ ἥλιος· καὶ τελευταῖος ὁ τῆς σελήνης μέχρι γῆς ὁρίζεται.

In der dem Alexandros gewidmeten Schrift *Über die Welt* sagt Aristoteles diesbezüglich Folgendes: „Diese ist die aufeinanderfolgende Position der Kreisbahnen: Zuerst kommt die nach Phainon ('Leuchtender') und zugleich nach Kronos benannte Kreisbahn, danach die mit dem Namen des Phaëthon <und des> Zeus benannte, dann der Pyroeis ('der Feurige'), der nach Herakles und auch nach Ares benannt wird, danach der Stilbon ('der Glänzende'), den manche dem Hermes geweiht nennen, andere dem Apollon; nach ihm kommt die des Phosphoros ('des Lichtbringers'), den manche als die der Aphrodite bezeichnen, andere als die der Hera; sodann die des Helios ('Sonne'); schließlich reicht die der Selene ('Mond') bis zur Erde".[117]

Wichtig ist dabei, dass die Schrift *De mundo* zu den Quellen der *Epitome physica* zählt, wie bereits erwähnt.[118] Diese Parallelstelle dürfte deshalb von den aus Blemmydes gesammelten Materialien für die Abfassung dieses Kapitels oder seiner Revision stammen.[119]

Von Bedeutung ist schließlich auch eine weitere Randnotiz auf f. 237ʳ in Kap. 27 (1265c5–13): An dieser Stelle erinnert Blemmydes an die Mondfinsternis vom 18./19. Mai

---

[117] Übersetzung von Brodersen 2019, 33–35 mit einigen Änderungen.

[118] S. oben S. 6 Anm. 37, 10, 12.

[119] In einer langen Randnotiz zu Kap. 27 über die Dauer eines Mondmonats (1261c4–11) liest man auf dem f. 236ʳ φημί in der ersten Person und das Personalpronomen κἀμοί; da aber der Inhalt etwas abweichend von dem des Haupttextes ist, ist fraglich, ob es sich um eine Anmerkung des Blemmydes in seinem Arbeitsexemplar oder von einem Schüler in seiner Nachschrift handelt. Der Text der Randnotiz lautet (in eckigen Klammern sind die im Kodex nicht mehr lesbaren Stellen gekennzeichnet; die Ergänzungen stammen von mir): ἡ δὲ κοινὴ τῶν περὶ αὐτῆς ἀποφηναμένων γνώμη δι᾽ ἡμερῶν κη᾽ εἶναι. φημὶ διατρέχειν αὐτὴν τὸν κύκλον αὐτῆς· ἕτεροι δὲ περὶ αὐτῆς εἰρηκότες δι᾽ ἡμερῶν κθ᾽ εἶναι ἔφασαν διανύειν αὐτὴν τὸν κύκλον αὐτοῦ, ὅπερ κἀμοὶ συνδοκεῖ· ἐπεὶ γὰρ ὁ ἥλιος δι᾽ ἡμερῶν τξε᾽ διέρχεται τὸν κύκλον τῶν δώδεκα ζῳδίων, εὑρίσκεται ἡ σελήνη οὕτω διατρέχουσα ταῦτα δι᾽ ἡμερῶν τνδ᾽· ὡς ἐλαττοῦσθαι ἡμέρας ια᾽ ὥσπερ κατ᾽ ἀρχὰς τῆς δημιουργίας ἐπλεονέκτησεν· τῇ γὰρ δ᾽ ἡμέρᾳ τῶν φωστήρων φανέντων· αὐτὴ τετραήμερος ὀφείλουσα φανῆναι· ἀντὶ τεταρταίας πα[ν]σέληνος ὤφθη δι[.] καὶ ταύταις κατ᾽ ἔτος ὑστερεῖ τοῦ ἡλίου ἔνθεν τοι καὶ οἱ τὸν ποιμενικὸν ψῆφον περὶ αὐτοῦ κατέχοντες, τὰς ἰδ[όν]τας κατέτος εἰς τὸν θεμέ[λιον] προστιθέ[νται]. Ein vergleichbares Beispiel findet sich in Kap. 25 (1232a5 f.). An dieser Stelle führt Blemmydes eine etymologische Erklärung des Begriffs Äther ein: ... τοῦτο δὲ καλεῖται σύμπαν αἰθήρ, ἐκ τοῦ αἰεὶ θεῖν τὴν κλῆσιν λαβόν. Die Etymologie liest man bereits im platonischen *Kratylos* (410b, s. auch Phlp. *in Mete.* 17,36–38), aber die direkte Quelle von Blemmydes könnte die pseudoaristotelische Schrift *De mundo* gewesen sein (392a5–8): οὐρανοῦ δὲ καὶ ἄστρων οὐσίαν μὲν αἰθέρα καλοῦμεν, οὐχ, ὥς τινες, διὰ τὸ πυρώδη οὖσαν αἴθεσθαι (...), ἀλλὰ διὰ τὸ ἀεὶ θεῖν κυκλοφορουμένην κτλ. Zwischen den Zeilen der *Epitome physica* liest man eine alternative Deutung: ἢ ἀπὸ τοῦ αἴθειν, „oder vom Verb αἴθειν ('brennen')". Diese sehr verbreitete Etymologie findet sich auch an der erwähnten Stelle von *De mundo*. Deshalb ist es nicht auszuschließen, dass sie auch den Arbeitsmaterialien von Blemmydes entnommen sein könnte.

1258, die er selbst erlebt hat.[120] Im August desselben Jahres verstarb auch der Kaiser Theodoros II. Laskaris, wie die von Mercati veröffentlichte Randbemerkung vermerkt:[121]

συμπληρουμένης τῆς τοιαύτης ἐπινεμήσεως ὁ μακαρίτης βασιλεὺς κῦρ Θεόδωρος Δούκας ὁ Λάσκαρις πρὸς Θεὸν ἐξεδήμησε κατὰ μῆνα τὸν Αὔγουστον.

Am Ende dieser Indiktion zog der selige Kaiser Theodoros Dukas Laskaris im Monat August zu Gott.

Das besonders enge Verhältnis zwischen Schüler und Lehrer wird auch durch das Epistolar zwischen den beiden belegt.[122] Daher könnte diese Anmerkung ebenfalls aus Blemmydes' Feder stammen, auch wenn es nicht auszuschließen ist, dass ein späterer Gelehrter diese chronologische Koinzidenz notierte.

Die besprochenen textuellen Merkmale des *Vat. gr.* 246 sowie der anderen drei Manuskripte legen die Vermutung nahe, dass ihre gemeinsame Vorlage α von einer noch nicht endgültigen Version der *Epitome physica* stammt (ω²). Die Vorlage α dürfte folglich ein Arbeitsexemplar gewesen sein, das vom Autor selbst mit Randnotizen und Korrekturen versehen wurde.

4.1 Die Abschrift des *Marc. gr.* Z. 528: der *Laur. plut.* 87,13

Aus dem *Marc. gr.* Z. 528 wurden gegen Mitte des 14. Jh. einige Kapitel im heutigen *Laur. plut.* 87,13 exzerpiert. Der letztere ist ein *multiple-text manuscript* philosophisch-natur-wissenschaftlichen Inhalts (Aristoteles, Psellos, Symeon Seth, Blemmydes u.a.m.); für seine Anfertigung haben sechs Schreiber zusammengearbeitet.[123] Auf ff. 16^r–42^r (Z. 13) hat ein einziger Schreiber einige Kapitel der *Epitome physica* kopiert (Kap. 10 sowie 25[124] bis 32). Die Auszüge tragen weder eine Überschrift noch sind sie Blemmydes zugeschrieben; die Kapitelzahlen fehlen ebenfalls.[125] Wo dieses Manuskript ange-fertigt wurde, ist bisher unbekannt, genauso wie seine spätere Geschichte sowie die Identität der Schreiber.

---

120 S. auch die Erwähnung im Kommentar zum achten Psalm (1361b14–c1), die auch in Kap. 32 (1313a8–10) übernommen wurde: τοιαύτης καὶ ἡμεῖς σεληνιακῆς ἐκλείψεως αὐτόπται γεγόναμεν. Zur Bedeutung dieser Notiz für die Datierung der *Epitome physica* s. oben S. 3 und 16.

121 Mercati 1915, 227 (= ders. 1937, III 429).

122 Festa 1898; s. auch Agapitos u. Angelov 2018, 48–56.

123 S. Wiesner in Moraux *et al.* 1976, 306: „Auf das Nebeneinander der Kopisten in demselben Scrip-torium weisen die Verwendung derselben Papiersorte bei mehreren Schreibern [...] und Handwechsel innerhalb einer Lage [...]".

124 Das Kap. 25 trägt den falschen Titel Περὶ στοιχείων (f. 17^r Z. 8), der eigentlich demjenigen von Kap. 11 entspricht; eine spätere Hand hat in den richtigen Titel Περὶ αἰθέρος καὶ ἀστέρων korrigiert.

125 Dieser Schreiber (A bei Wiesner in Moraux *et al.* 1976, 306) hat die ff. 1^r–v, 16^r–71^v, 81^v (Z. 13 καὶ συνα|χθήσεται–Ende) kopiert.

Stemmatisch betrachtet lässt sich der *Laur. plut.* 87,13 als eine direkte Abschrift des *Marc. gr.* Z. 528 klassifizieren, weil er alle Fehler des letzteren plus seine eigenen enthält. Die Abhängigkeit lässt sich z. B. anhand einiger signifikanter Stellen belegen:

1237d5 ἀεὶ τέμνων] *om. in fenestra* 1301a1 τά τε στενόστομα] τό τε στένομα *Marc. gr.* 528[126]: τό γε στένομα *Laur. plut.* 87,13 1308b3–4 τοῖς τὴν ἐξέτασιν ταύτην φιλοπόνως ποιησαμένοις] τὴν *in textu Marc. gr.* 528 *a.c.*, τοῖς *s. l. add. Marc. gr.* 528 *p.c., unde* τὴν *in textu*, οἷς *s. l. Laur. plut.* 87,13 1317c10 κατ᾽ ἐπίτασιν] κατάστασιν *Marc. gr.* 528 *a.c.*, κατ᾽ ἐπίτασιν *Marc. gr.* 528 *p.c., sed difficile lectu: om. Laur. plut.* 87,13, *spatio relicto*

Fehler von *Laur. plut.* 87,13 allein sind u. a. die folgenden:

1113a1 ἄπειρον] *om.* 1249a3 οὐ] *om.* 1249a5 μηδ᾽] οὐδ᾽ 1249b4 τυγχάνει] ὑπάρχει 1253b6 πορρωτέρω] πορρωτέρου 1253c7 τοῖς] *om.* 1256b8 τὸ φῶς] *om.* 1260a13 ὁ] ἢ 1260b14 καὶ] *om.* 1260c15 τῇ] τὸ 1261b6 νέα] *om.* 1261c13 χρόνω] *om.* 1264b5 τοῦ] *om.* 1264c13 τμῆμα] *om.* 1265a5 αὐτῶν] *om.* 1265b8 οὖν] γὰρ 1265d10 γὰρ] *om.* 1268b5 τῇ σκιᾷ] τὴν σκιὰν 1301c7 τοῦ κόσμου] *om.* 1309b9 ἡμίσους] ἡμίσεως

4.2 Die Abschriften des *Matrit.* 4688: der *Lond. Harl.* 5662 und der *Bodl. Canon. gr.* 83

Der *Matrit.* 4688 gehörte zur privaten Sammlung von Konstantinos Laskaris, wie oben erwähnt. Ihm gehörte auch ein weiterer Kodex mit einem Auszug aus der *Epitome physica*: *Harleianus* 5662.[127] Dieses *multiple-text manuscript* besteht aus drei kodikologischen Einheiten;[128] die letzte davon (ff. 97^r–102^v) hat der Schreiber Leon Chalkiopoulos zwischen 1493 und 1495 in Messina ergänzt.[129] Auf ff. 97^r–100^v hat er das Kap. 17 der *Epitome physica* mit Windrose (f. 99^v) kopiert sowie zwei weitere Entwürfe derselben Windrose gezeichnet (ff. 101^v und 102^v).[130] Am oberen Rand des f. 97^r hat Laskaris den Titel des Kapitels <Π>ερὶ ἀνέμων καὶ τῶν λοιπῶν πνευμάτων nachgetragen.[131]

Als Vorlage für diesen Teil des *Lond. Harl.* 5662 könnte Chalkiopoulos den *Matrit.* 4688 herangezogen haben. Der Text des letzteren weist aber in diesem Kapitel kaum

---

126 Eine spätere Hand korrigiert den fehlerhaften Text in τά τε στενόστομα.

127 S. Martínez Manzano 1994, 301; dies. 1998, 72. Zum Kodex s. auch *Harleian Manuscripts* 1808, 285.

128 Das Manuskript (236 × 170 mm) besteht aus drei kodikologischen Einheiten, wie Kustoden und Reklamanten am unteren Rand fast jeder Lage belegen: 1) ff. 1^r–56^v, sieben Quaternionen (s. f. 56^v ἕβδομον καὶ τελευταῖον): Tzetzes; 2) ff. 57^r–96^v, fünf Quaternionen: Dionysios Periegetes; 3) ff. 97^r–102^v, ein Ternio (Blemmydes).

129 Identifiziert in *RGK* I 237. Die Hand von Leon Chalkiopoulos lässt sich auch auf den Rändern der beiden ersten kodikologischen Einheiten ausmachen.

130 S. Rose 1864, 26 (mit abgebildeter Windrose im Anhang); Valente 2017, 243 f. Anm. 33.

131 Dies könnte einen Beleg für die Zusammenarbeit von Laskaris und Chalkiopoulos darstellen. Zur mangelhaften Beweislage s. Martínez Manzano 1998, 72.

Fehler auf, sodass kein sicherer Beweis (in Form von Bindefehlern) für eine solche Annahme vorgelegt werden kann.[132] Einen Hinweis kann eine Wiederholung im *Lond. Harl.* 5662 geben, die sich durch den *Matrit.* 4688 erklären lässt. In der Beschreibung der Position der Winde (17, 1169b3–6) lautet der Text des letzteren wie folgt (f. 159ʳ Z. 18–21):

> ἡ δ' ἰσημερινὴ ἀνατολὴ καὶ ἡ ἰσημερινὴ δυσμὴ διαμετροῦσιν ἀλλήλας κατὰ τὸν αὐτὸν ὁρίζοντα θεωρούμεναι, καὶ πάλιν ἡ θερινὴ ἀνατολὴ καὶ ἡ χειμερινὴ δυσμή κτλ.

> Der äquinoktiale Aufgang und der äquinoktiale Untergang sind einander diametral entgegengesetzt, wobei sie auf denselben Horizont schauen, und wiederum der sommerliche Aufgang und der winterliche Untergang.

Im *Lond. Harl.* 5662 werden drei Zeilen wiederholt (hier in Kursiv gekennzeichnet; f. 99ʳ Z. 14–20):

> ἡ δ' ἰσημερινὴ ἀνατολὴ καὶ ἡ ἰσημερινὴ δυσμὴ διαμετροῦσιν ἀλλήλας κατὰ τὸν αὐτὸν ὁρίζοντα θεωρούμεναι, καὶ πάλιν ἡ θερινὴ *καὶ ἡ ἰσημερινὴ δυσμή, διαμετροῦσιν ἀλλήλας κατὰ τὸν αὐτὸν ὁρίζοντα θεωρούμεναι, καὶ πάλιν ἡ θερινὴ* ἀνατολὴ καὶ ἡ ~~θερινὴ~~ χειμερινὴ δυσμή κτλ.

> Der äquinoktiale Aufgang und der äquinoktiale Untergang sind einander diametral entgegengesetzt, indem sie auf denselben Horizont schauen, und wiederum der sommerliche *sowie der äquinoktiale Untergang sind einander diametral entgegengesetzt, indem sie auf denselben Horizont schauen, und wiederum der sommerliche* Aufgang und der ~~sommerliche~~ winterliche Untergang.

Eine mögliche Erklärung für den Fehler kann anhand der Textgestalt des *Matrit.* 4688 gegeben werden: In diesem Manuskript befinden sich die Worte καὶ ἡ ἰσημερινὴ δυσμή und ἡ θερινὴ ἀνατολή direkt untereinander, was den Fehler veranlasst haben könnte (Zeilensprung).

Darüber hinaus enthält der *Lond. Harl.* 5662 Fehler gegenüber dem *Matrit.* 4688, wie z. B.:

1164b2 οὖν] *om.*   1164c1 σύνεγγυς] σύναγους (in *Matrit.* 4688, f. 156ᵛ Z. 16 kann die Ligatur εγ mit α verwechselt werden)   1164c3 ἰδίαν] *om.*   1165a6 ῥέουσαν] ῥέουσιν   1165b2 und 3 στόματος] στόμαχος   1168a3 κρηνῶν] κληρῶν   1168a7 ἂν] *om.*   1168a12 ἰσημερινῆς] ἰσημερῆς   1168b11–12 εὐρόνοτος] εὐρόεντος   1169c8 ὁ δε λὶψ ἀπὸ τῆς χειμερινῆς] *om.*

Alle diese Fehler lassen sich auch im Text desselben Kapitels entdecken, den ein jüngeres Manuskript aus der zweiten Hälfte des 16. Jh. überliefert. Dabei handelt es sich um den *Bodl. Canon. gr.* 83, ebenfalls ein *multiple-text manuscript* philosophischen Inhalts (Philoponus' Kommentar zu Nikomachos von Gerasa, Psellos, Plotinus usw.); auffällig ist auch, dass die *Prolegomena zu Orpheus* von Konstantinos Laskaris über-

---

132 Banale orthographische Fehler werden an dieser Stelle nicht berücksichtigt, wie z. B. 1168c11 f. συμβαίνοι] συμβαίνει *Matrit.* 4688, *Lond. Harl.* 5662 (aber auch *Monac. gr.* 516, *Laur. plut.* 86,31 *a.c.*, *Marc. gr. Z.* 264, *Oxon. Coll. Magd. gr.* 16, *Par. gr.* 2134, *Scor.* Y.III.22).

liefert werden (ff. 131ʳ–134ʳ).[133] Der Schreiber wurde als Manuel Moros identifiziert.[134] Auf ff. 127ʳ–130ʳ befindet sich eben das Kap. 17 der *Epitome physica* samt Windrose (f. 129ʳ). Als Trennfehler von *Bodl. Canon. gr.* 83 gegenüber dem *Lond. Harl.* 5662 lassen sich u. a. die folgenden erwähnen:

1164a14 γὰρ] *om.*   1168b12 φοινικίας] φοινίας   1169d5 ἔγγιστα] ἐγγύ῾δα *Lond. Harl.* 5662, ἐγγύδα *Bodl. Canon. gr.* 83

Für diesen Auszug ist der *Bodl. Canon. gr.* 83 als Abschrift von *Lond. Harl.* 5662 zu betrachten.

***

Die Manuskripte dieser Familie sind stemmatisch sehr bedeutsam, weil sie von einer Vorversion (α) der finalen Fassung der *Epitome physica* abstammen (ω²). Die Codd. *Marc. gr.* Z. 528, *Matrit.* 4688 und *Mosqu. Synod. gr.* 302 bieten den vollständigen Text; *Matrit.* 4688 und *Mosqu. Synod. gr.* 302 stellen eine deutlich akkuratere Abschrift von α als der *Marc. gr.* Z. 528 dar, wobei der *Matrit.* 4688 noch Merkmale einer Kontamination mit einem zweiten Manuskript, das die finale Fassung bot, zeigt. Der *Vat. gr.* 246 ist in seinem alten Bestand *mutilus*, enthält aber am Rand wichtige Zusatzmaterialien, welche Rückschlüsse auf auktoriale Überarbeitungen zulassen. Alle vier Kodizes sind notwendig für die Rekonstruktion der Arbeitsstufe ω².

Das Teilstemma dieser Familie ist folgendermaßen zu rekonstruieren (Tab. 1):

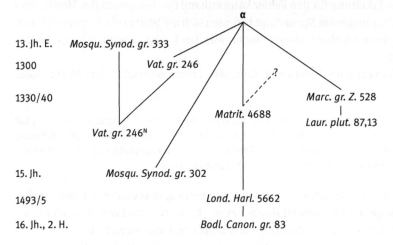

Tab. 1: Teilstemma der Familie α.

---

133 S. Martínez Manzano 1994, 33–44; dies. 1998, 85–95.
134 *RGK* I 252, II 348, III 417. Derselbe Schreiber hat auch den *Ambr.* B 109 sup. (ff. 1ʳ–50ʳ Z. 5), den *Bodl. Barocc.* 106 (ff. 126ʳ–259ᵛ) sowie den *Vat. Urb. gr.* 59 (ff. 2ʳ⁻ᵛ, 5ʳ⁻ᵛ, 7ʳ–203ᵛ) geschrieben.

5 Der *Laur. plut.* 87,16

Der *Laur. plut.* 87,16[135] ist ein *multiple-text manuscript*, das nicht nur Schriften von Blemmydes, sondern auch von Aristoteles enthält (*De mundo, Categoriae, De interpretatione, Analytica priora* und *Physik*).[136] Der Kodex ist wohl zwischen 1270–1280 zu datieren. Wie Inmaculada Pérez Martín vorgeschlagen hat, ist der *Laur. plut.* 87,16 sehr wahrscheinlich innerhalb des „administrative milieu or a court circle in Nicaea and Constantinople" entstanden.[137] Die verschiedenen Traktate wurden in diesem Manuskript von einem einzigen Schreiber aus unterschiedlichen Vorlagen mit gewissem zeitlichen Abstand abgeschrieben.[138] Die Schriften des Blemmydes umfassen zwei *codicological units*:[139] Die erste davon enthält als Haupttext die *Epitome logica*; danach folgt ein kurzer Brief an Blemmydes von einem uns sonst unbekannten Sabas;[140] die zweite kodikologische Einheit enthält die *Epitome physica* und einen Auszug aus dem Traktat *De fide*.

Überlieferungsgeschichtlich erweist sich der *Laur. plut.* 87,16 als unabhängiger Textzeuge der *Epitome physica*; zeitlich steht er außerdem der Lebenszeit des Autors sehr nah und könnte das älteste erhaltene Manuskript der *Epitome physica* sein. Auffällig ist, dass der *Laurentianus* für diese Schrift des Blemmydes keine Bindefehler mit dem Text anderer Handschriften teilt.[141] Darüber hinaus erweist sich die Qualität des Textes aufgrund der sehr wenigen Fehler als sehr hoch. S. z. B.:

---

135 Eine erste Auswertung dieses Manuskripts in Valente 2020a, 521 f. S. auch die Untersuchung von I. Pérez Martín, „Copying Aristotle and Nikephoros Blemmydes from Nicaea to Constantinople: the case of Laur. Plut. 87.16", vorgestellt beim Round Table *Philosophers and philosophical books in Byzantium*, veranstaltet von Michele Trizio und Pantelis Golitsis anlässlich des 23rd International Congress of Byzantine Studies, Belgrad, 22.–27. August 2016 (unveröffentlicht, aber den Abstract hat mir die Autorin freundlicherweise zur Verfügung gestellt (E-Mail, 09.04.2016): Daraus wird hier zitiert).

136 Zum Text der *Kategorien* s. Bodéüs 2002, CXXVII–CXXXI (s. auch unten S. 37 Anm. 155).

137 S. oben Anm. 135.

138 Änderungen im Duktus, verschiedene Tinten und Kustoden belegen diese Vermutung (Valente 2020a, 522). Die Hand dieses anonymen Schreibers hat Pérez Martín in weiteren Handschriften aus dem letzten Viertel des 13. Jh. wiedergefunden (s. oben Anm. 135).

139 Ff. 64–143, zehn Quaternionen, und ff. 144–231, elf Quaternionen. Pérez Martín (s. oben Anm. 135) merkt Folgendes an: „It was its main scribe who organized the miscellanea of philosophical texts made up of 6 codicological units. CU1–5 follow a simple pattern: they are shaped around a main text by Aristotle or Nikephoros Blemmydes, followed or foregone by other secondary texts since the scribe had left blank pages in order to protect the written pages or to add notes: CU1: ff. 1–23, Aristoteles, *De mundo*; CU2: ff. 24–63, Organon [des. AnPr I 29b29]; CU3: ff. 64–143, Blemmydes, *Epitome logica*; CU4: ff. 144–231, Blemmydes, *Epitome physica*; CU5: ff. 232–323: Aristoteles, *Physica*. For its part, CU6 gathers a collection of brief prose and verse texts and the beginning of Euclid's *Elements*. Each codicological unit has a specific quire numbering, meaning that it has been copied separately".

140 S. Heisenberg 1896, XXXIII; 1900, 221.

141 Die meisten gemeinsamen Fehler, die der *Laurentianus* mit anderen Kodizes teilt, lassen sich als trivial einstufen; s. z. B.: 1073b7 f. ἡ εἰς τὰ ἀριστερά] ἡ om. *Laur. plut.* 87,16, *Monac. gr.* 225; 1073b8 ἡ²] om. *Laur. plut.* 87,16, *Mosqu. Synod. gr.* 302, *Scor.* Y.III.22, *Vind. phil. gr.* 332; 1157a4 συνάγεται]

https://doi.org/10.1515/9783110731576-005

1040a1 φθορᾷ] φθρᾶ *sic in textu* (f. 148ᵛ Z. 17)   1085d12 ἤ] ἤ ὡς   1089a8 f. ἡ εἰς τὰ ἔμπροσθεν] ἡ *om.*   1089b12 f. οἰκουροῦσα] οἰκοροῦσα   1092a4 ἀπὸ] παρὰ   1097b13 καὶ δημιουργός] ὁ δ-   1133c13 ἐκεῖσε] ἐκεῖθεν   1136c14–d1 καὶ μὴ λεπτὴ καὶ ἀχυρώδης καὶ ῥᾳδίως] καὶ μὴ λεπτὴ κ- ἀ- καὶ μὴ ῥ-   1144a4 ταύτῃ] ταύτην   1188c7 φαίνεται] φαίνονται   1209a5 φερόμενος] φαινόμενος   1237b9 τὸ πλάτος] τοῦ πλάτους   1268b14 ὁρωμένων] φαινομένων   1285a15 τμήματα] τμῆμα   1285d10 ἡμῖν] μὲν   1318d6 ἄν] *om.*

Die meisten Fehler, die im Text stehen, wurden zu einem späteren Zeitpunkt korrigiert. Ob der Autor dieser Korrekturen stets mit demjenigen des Haupttextes gleichzusetzen ist, ist nicht immer erkennbar. Als Beispiele für Abweichungen beziehungsweise Korrekturen seien die folgenden erwähnt:[142]

1025a11 καὶ] *om. in textu, postea add. s. l.*   1025b3 γὰρ] *om. in textu, postea add. s. l.*   1025d8 f. λόγου προοίμιον] *om. in textu, postea add. in marg. sup.*   1048b6 ἄν] *om. in textu, postea s. l. et in marg. add.*   1069c7 ἑαυτοῖς] αὐτοῖς *in textu,* ἐν ἑαυτοῖς *in marg.*   1105b9 οὖν] *om. in textu, postea add. s. l. et in marg.*   1105c13 ἐν ταῖς διαφόροις κινήσεσι] ἐν τοῖς δ- κ- *in textu, postea* αἷς *sscr. et in marg.* ταῖς *iter.*[143]   1108a5 f. κινήσεις] *om. in textu, postea add. in marg.*   1117d9 οἰκείαν] *om. in textu, postea add. in marg.*   1137c3 ὑπὸ] *om. in textu, postea add. s. l.*   1156c1 ἔχει κατασκευαστὰς] *bis in textu, postea alt. del. (rubro colore)*   1156c2 ἐπὶ τῆς γῆς] ἐπὶ γῆς *in textu,* ἐπὶ τῆς γῆς *in marg. (rubro colore)*[144]   1165d10 πρόσθεν] ἔμπροσθεν *in textu,* πρόσθεν *in marg.*   1181b10 f. ὑετὸς συνεχὴς] συνεχὴς ὑετὸς   1184c10 πνεῦμα] *om., postea add. s. l.*   1197d5 διάσπασις] διάστασις *in textu,* διάσπασις *in marg.*   1212a9 γὰρ] *om. in textu, postea add. in marg.*   1216c11 σύνδεσιν] σύνταξιν *in textu,* σύνδεσιν *in marg.*   1312b2 ποιουμένη] *om. in textu, postea in marg. add.*

Der besondere Wert des *Laur. plut.* 87,16 für den Text der *Epitome physica* besteht auch darin, dass der Schreiber das astronomische Diagramm richtig kopiert hat.[145] Er zeichnete es zunächst auf f. 221ʳ am Ende von Kap. 30, aber ihm misslang dabei die

---

συνάγηται *Vat. gr.* 315, *Laur. plut.* 87,16, *Oxon. Coll. Magd. gr.* 16; 1240b12 τῶν ὑπὸ τὸν ζῳδιακὸν κύκλων διαιρουμένων] τ- ὑπὸ τῶν ζῳδιακῶν κ- δ- *Bodl. Barocc.* 133, *Laur. plut.* 87,16, *Oxon. Coll. Magd. gr.* 16. Ähnlich verhält sich der *Laur. plut.* 87,16 auch für den Text der Schrift *De fide*, soweit man das aus dem kritischen Apparat von Stavrou 2013 entnehmen kann. Das Stemma von Stavrou 2013, 316 wird an dieser Stelle nicht berücksichtigt, denn eine stemmatische Untersuchung fehlt (s. ebd. S. 309 Anm. 2); seine Einteilung der Handschriften in Familien basiert hauptsächlich darauf, wie die Manuskripte den Titel des Traktats überliefern (s. ebd. S. 308 f.).

142 Manche dieser Korrekturen könnten auch einem anderen Schreiber als demjenigen des Haupttextes zugeschrieben werden (z. B. 1197d5, f. 192ᵛ), aber aufgrund der Kürze lässt sich dies nicht immer unterscheiden: Daher wird hier auf eine genaue Trennung verzichtet.

143 Der Druckfehler τοῖς findet sich in der *Patrologia Graeca*, nicht aber bei Wegelin 1605b, 78.

144 Die Auslassung findet sich auch in *Monac. gr.* 516: Wegelin (1605b, 124) hat den Artikel in seiner Ausgabe in eckige Klammern gesetzt, weil er ihn aus dem *Monac. gr.* 543 übernimmt (s. oben S. 5).

145 Diesen Hinweis schulde ich einem Gespräch mit Claudia Colini: Dafür sei ihr an dieser Stelle gedankt.

Umlaufbahn des Mondes. Deshalb wiederholte er das Diagramm auf dem folgenden Verso (f. 221ᵛ), wo er es diesmal korrekt wiedergab.[146]

In Bezug auf die *Epitome physica* konnte bisher keine Abschrift dieser Handschrift identifiziert werden. Dies ist auch der Fall für die anderen Schriften des Blemmydes. Wie bereits angemerkt,[147] scheint der Traktat *De fide* im Anschluss an Blemmydes' *Epitome physica* (f. 227ʳ) zu einem etwas späteren Zeitpunkt ergänzt worden zu sein. Die Angabe im Titel, dass es sich hierbei um das dritte Buch der *Epitome physica* handele (τοῦ αὐτοῦ περὶ πίστεως· βιβλίον τρίτον) ist fehlerhaft und wohl der Vorlage geschuldet.[148]

Zum Anfang von Kap. 32 hat der Schreiber am linken und unteren Rand des f. 222ᵛ eine Anmerkung in roter Tinte hinzugefügt:[149]

τίθημι λέγεται τὸ ποιῶ, ἀπὸ τοῦ τιθῶ, τοῦτο δὲ ἀπὸ τοῦ θῶ συνηρημένου, πρώτης συζυγίας τῶν περισπωμένων· τοῦ δὲ θῶ πρωτότυπον τὸ θέω βαρύτονον οὐκ ἐν χρήσει· ἐκ τοίνυν τοῦ θέω βαρύτονου, τοῦ δηλοῦντος τὸ ποιῶ, καὶ τοῦ θεῶ περισπωμένου, τοῦ σημαίνοντος τὸ ὁρῶ, τὸ θεός ὄνομα γέγονε, δι' οὗ τὸν ποιητὴν καὶ ὁρατὴν τῶν ἁπάντων κατονομάζομεν.

Das Verb τίθημι (,stellen, machen') bedeutet ,machen' (ποιέω). Es kommt von τιθῶ, dieses von der kontrahierten Form θῶ, aus der ersten Konjugation der Verben mit Zirkumflex auf der letzten Silbe. Die auf der vorletzten Silbe akzentuierte Grundform θέω für θῶ wird nicht benutzt. Aus diesem Verb θέω mit dem Akut auf der vorletzten Silbe mit der Bedeutung ,machen' (ποιέω) und aus dem Verb θεῶ mit Zirkumflex auf der letzten Silbe mit der Bedeutung ,sehen' (ὁράω) ist das Substantiv ,Gott' (θεός) entstanden, weshalb wir ihn Schöpfer und Zuschauer aller Dinge nennen.

---

146 Etwas Ähnliches ist auch im *Bodl. Barocc.* 133 wahrzunehmen (zum Kodex s. unten S. 49–55): Auf dem f. 109ʳ wurden nur die drei Kreise und die innere, jedoch fehlerhafte Unterteilung in zwölf Sektionen entworfen; auf dem darauffolgenden Verso (f. 109ᵛ) wurde dann das astronomische Diagramm vollständig gezeichnet, auch wenn die Umlaufbahn des Mondes nicht richtig ausgeführt wurde. Auffällig ist zudem eine Stelle in Kap. 10 (1112a5 f.): τοῦτο δ' ἐπὶ τοῦ ἀριθμοῦ θεωρεῖται κατὰ πρόσθεσιν („dies [d. h. die fünfte Bedeutung des ,Unendlichen' (ἄπειρον) lässt sich gemäß der Hinzufügung betrachten": dazu s. Koch 2005a, 57 mit weiterer Literatur). Mit den Worten τοῦτο δ' ἐπὶ endet f. 167ʳ; auf dem darauffolgenden Verso (Z. 1–11) hat der Schreiber zunächst einen Teil des bereits kopierten Kap. 6 (1082b11 καὶ γένεσις πᾶσα καὶ φθορὰ φυσική – c11 ὥσπερ ἄνθρωπος, f. 160ʳ Z. 1–10) wiederholt. Er hat aber den Fehler erkannt und den Absatz durchgestrichen; am linken Rand hat er noch die Bemerkung λήθη (,Vergessenheit') hinzugefügt, um zu signalisieren, dass diese Zeilen ,zu vergessen', d. h. nicht zu berücksichtigen seien. Wie dieser Fehler entstehen konnte, ob er z. B. der Vorlage geschuldet ist, lässt sich aber nicht mit Sicherheit feststellen. Außerdem lässt sich noch ein Fehler in diesen Zeilen finden: 1182b14 τὴν ἀντίθεσιν] τὴν ἀντίφασιν *a.c.*, ἀντίφεσιν *sic p.c.*
147 S. Valente 2020a, 522. Für die Wiederholung der etymologischen Randnotiz wird dort eine andere Erklärung vorgeschlagen.
148 Diese Angabe ist auch im *Atheniensis* 375 (Ende 14./Anfang 15. Jh.) zu finden und für den verschollenen Kodex 2 (15. Jh.) der Privatbibliothek von Sophronios Eustratiades belegt: s. Eustratiades 1925, 23; Stavrou 2013, 308 f.; Mercati 1917, 339 f. (= ders. 1937, IV 43 f.)
149 Für eine Ausgabe des Textes mit französischer Übersetzung sowie für inhaltliche Parallelstellen s. Stavrou 2013, 378 f. Für die grammatikalische Lehre s. u. a. den Traktat des Ps.-Theodosios (S. 192,7–195,22 Göttling).

Im Haupttext wird hier in Kap. 32, das einen substanziellen Teil der Exegese zum achten Psalm wiederholt, der vierte Vers thematisiert (ὅτι ὄψομαι τοὺς οὐρανούς, ἔργα τῶν δακτύλων σου, σελήνην καὶ ἀστέρας, ἃ σὺ ἐθεμελίωσας). Das Incipit lautet:

> 1304a3–7 Εἰπὼν ὁ Προφήτης πρὸς τὸν Θεόν· „ὅτι ὄψομαι τοὺς οὐρανούς, ἔργα τῶν δακτύλων σου", καὶ τῶν οὐρανῶν καὶ ἀμφοτέρων μνησθείς, δημιουργὸν ἀπάσης τῆς κτίσεως ἐκήρυξε τὸν Χριστόν, τῇ περιοχῇ τὰ περιεχόμενα συμπεριλαβών.

> Wenn der Prophet zu Gott sagt, „denn ich sehe die Himmel, das Werk Deiner Finger", und sich dabei auch an beide Himmel erinnert, verkündigte er Christ als Schöpfer der gesamten Schöpfung, indem er durch die Umfassung das Umfasste zusammenfasst.[150]

Das Bezugswort, das der Grund für die Ergänzung der Randnotiz an dieser Stelle sein kann, scheint die Bezeichnung Christi als „Schöpfer der ganzen Schöpfung" (δημιουργὸν ἀπάσης τῆς κτίσεως) zu sein. Jedoch ist diese Randnotiz an einer anderen Stelle im letzten Kapitel (18) des Traktats *De fide* viel passender: Im *Laur. plut.* 87,16 wurde es dementsprechend auf f. 230ᵛ, Z. 16–21 nach dem *Explicit* dieses Traktats nachgetragen und am Rand mit der Bezeichnung σχόλιον versehen. An der richtigen Stelle befindet sich diese Anmerkung auch im *Bodl. Holkham. gr.* 71 (f. 164ᵛ [Abb. 2]: σχόλιον), im *Monac. gr.* 225 (f. 359ᵛ Z. 3–8, als Haupttext), im *Matrit.* 4688 (f. 240ʳ), im *Vallicell. gr.* 30 (C 4, f. 369ᵛ) sowie im *Berol. Phill. gr.* 1517 (f. 108ᵛ).[151] Die Notiz bezieht sich dort auf die Erklärung des Namens ,Gott' (Θεός) als schaffende und schöpferische Ursache, wobei auch eine etymologische Erklärung eingeführt wird.[152] Sie ist sehr wahrscheinlich als ein Zusatz von Blemmydes selbst zu betrachten. Dass der Schreiber des *Laurentianus* sie auch in Kap. 32 der *Epitome physica* eingefügt hat, als er die Rubrizierung hinzufügte, lässt die Vermutung aufkommen, dass er sie aus seiner Vorlage übernommen hat. Dies bietet vielleicht ein Indiz dafür, dass die Abschrift zumindest derjenigen *codicological unit* des *Laur. plut.* 87,16, die die *Epitome physica* enthält, wahrscheinlich erst nach der Abfassung von *De fide* im Jahr 1264 erfolgt sein dürfte.

---

150 Die Erklärung für den Satz τῇ περιοχῇ τὰ περιεχόμενα συμπεριλαβών gibt Blemmydes in den darauffolgenden Zeilen (1304a7–11): ὁ γὰρ κατ' ἀρχὰς γεγονὼς οὐρανός, ὁ φύσει πρῶτος καὶ ἄναστρος, περιοχή ἐστιν ἀπάσης κτίσεως αἰσθητῆς τε καὶ νοητῆς· καὶ αὐτοὶ γὰρ οἱ νόες τῷ τοιούτῳ περιέχονται σύμπαντες οὐρανῷ· μόνον δὲ τὸ Θεῖον ἀπεριόριστον.

151 Nach Verhelst 1976, I 148 stammt der Text des *Berolinensis* vom verschollenen *Scor.* B.V.27 ab, der seinerseits den *Bodl. Holkham. gr.* 71 als Vorlage herangezogen hat.

152 *De fide* 18,1 f. und 9 f. τὸ δὲ Θεὸς ὄνομα σημαίνει μὲν καὶ τὸ ποιητικὸν καὶ δημιουργικόν. θεῖναι γὰρ τὸ ποιῆσαι καὶ θεὶς ὁ ποιήσας, ἀριδηλότερον δὲ τῆς θεατικῆς ἐνεργείας ἐστὶ παραστατικόν κτλ. (diese beiden Sätze sind unmittelbar nacheinander überliefert; in seiner Ausgabe hat Stavrou sie durch Einschub der Randnotiz getrennt).

6 Der *Bodl. Holkham. gr.* 71 und seine Deszendenz

Zwei Manuskripte mit einem umfangreichen Korpus von Blemmydes-Schriften sind von allen modernen Herausgebern als zentral angesehen worden: der *Bodl. Holkham. gr.* 71 und der *Monac. gr.* 225.[153] Die kleinformatige Oxforder Handschrift besteht aus vier *codicological units*:[154] Die ersten drei wurden während des letzten Viertels des 13. Jh. von einem einzigen Schreiber nacheinander angefertigt. Die Datierung ergibt sich anhand der benutzten Schrift: des sogenannten Beta-Gamma-Stils. Die beiden ersten kodikologischen Einheiten enthalten die Sammlung an Schriften von Blemmydes (ff. 2^r–232^v):

1. (ff. 2^r–157^v) Εἰσαγωγικὴ ἐπιτομή: (ff. 2^r–70^r) *Epitome logica*, ohne Titel und Pinax aufgrund des Verlustes des ersten Blattes, (ff. 70^v–157^v [Abb. 3]) *Epitome physica*
2. (ff. 158^r–232^v): (ff. 158^r–165^r [Abb. 2]) *De fide*, (ff. 165^r–175^v) *De virtute*, (ff. 175^v–185^r) *De anima*, (ff. 185^r–204^v) *Curriculum vitae I*, (ff. 204^v–205^v) *Epistula universalior*, (ff. 206^r–219^r) *Curriculum vitae II*, (ff. 219^r–232^v) *De corpore*

Diese Teile wurden später um zwei weitere kodikologische Einheiten ergänzt: Zunächst fügte derselbe Kopist die *Synopsis legum* von Psellos (ff. 233^r–263^v) hinzu, danach die *Introductio arithmetica* des Nikomakos von Gerasa mit Randscholien und Diagrammen (ff. 265^r–294^r) sowie den Traktat *De denario* des Anatolios von Alexandreia (ff. 294^r–296^v). Etwas später – vielleicht Anfang des 14. Jh. – erweiterte ein anderer Schreiber das Manuskript durch eine weitere *codicological unit* (ff. 297^r–350^v): Dort kopierte er Porphyrios' *Eisagoge* (ff. 297^r–310^r) sowie die aristotelischen Traktate *Categoriae* und *De interpretatione* (jeweils ff. 310^r–334^v und ff. 335^r–349^v).[155] Der Schreiber Andronikos Kallistos besaß den Kodex Anfang des 15. Jh. im beschädigten Zustand und füllte die wegen Lagen- und Blattverlustes verloren gegangenen Teile der *Epitome physica* auf.[156]

---

153 Auf den *Monac. gr.* 225 hat Heisenberg 1896 schon aufmerksam gemacht sowie seine Rolle in der Überlieferung der Blemmydes-Schriften ausgewertet. Auf die Bedeutung des *Bodl. Holkham. gr.* 71 als Textträger für Blemmydes-Schriften haben erst Verhelst 1976 und Munitiz 1984 mit Recht hingewiesen.
154 Jeweils ff. 2^r–157^v, 158^r–232^v, 233^r–296^v. S. Valente 2020a, 520 f. sowie die Beschreibung des Kodex im Anhang (S. 147–149).
155 Zum Text der *Categoriae* des *Bodl. Holkham. gr.* 71 s. zuletzt Bodéüs 2002, CXXVIII (dieses Manuskript „semble être un frère jumeau de m [i. e. *Laur. plut.* 87,16], mais plus fautif"). Da der *Holkhamensis* unterschiedliche kodikologische Einheiten enthält, kann dieses Verhältnis nicht auf die Textgeschichte der *Epitome physica* übertragen werden. Außerdem fehlen Bindefehler, die eine enge Beziehung zwischen dem *Laur. plut.* 87,16 und dem *Bodl. Holkham. gr.* 71 belegen könnten.
156 S. Hutter 1982, 175; Valente 2020a, 521 Anm. 26; unten S. 40, 42–46.

https://doi.org/10.1515/9783110731576-006

Verhelst und Munitiz haben unabhängig voneinander auf eine Notiz des Kopisten am unteren Rand des f. 205ᵛ (Z. 28–33) hingewiesen:[157]

[α´ *in marg.*] ἡ πυκτὶς αὕτη περιέχει ἐκτὸς τῶν ἐν τοῖς πίναξι διειλημμένων[158] ταῦτα· τοῦ αὐτοῦ ἐκ τυπικοῦ αὐτοῦ περὶ πίστεως· τοῦ [β´ *sscr.*] αὐτοῦ ἐκ τοῦ αὐτοῦ τυπικοῦ περὶ ἀρετῆς καὶ ἀσκήσεως· [γ´ *sscr.*] τοῦ αὐτοῦ περὶ ψυχῆς· [δ´ *sscr.*] τοῦ αὐτοῦ περὶ τῶν κατ' αὐτὸν (*corr. ex* -ων) διήγησις μερικὴ λόγος α´· [ε´ *sscr.*] τοῦ αὐτοῦ ἐπιστολὴ πρὸς τὴν Μαρκεσίνα· τοῦ αὐτοῦ περὶ τῶν κατ' αὐτὸν διήγησις μερικὴ λόγος β´· τοῦ αὐτοῦ περὶ [ς´ *sscr.*] σώματος.

Diese Notiz liest man gleich nach der *Epistula universalior*, die aber nicht die letzte Schrift des Blemmydes in diesem Kodex darstellt: Wie dort geschildert wird, folgen noch das zweite Buch der Autobiographie sowie der Traktat *De corpore*. Wie Verhelst und Munitiz vermuten,[159] könnte sie aus der für die Kopie des *Holkhamensis* herangezogenen Vorlage stammen. Darüber hinaus haben die beiden mit Recht auf den Titel der *Epistula universalior* im *Bodl. Holkham. gr.* 71 aufmerksam gemacht, in dem das Personalpronomen ἡμετέρα benutzt wurde.[160] Da sich das Manuskript um das Jahr 1300 in Thessaloniki befand, legt dies die Vermutung nahe, dass es dort aus einer ‚offiziellen‘ Abschrift der *Opera omnia* des Blemmydes als Vorlage kopiert wurde.

Auch der Text der *Epitome physica* könnte diese Vermutung bestätigen; der Titel lautet Νικηφόρου μοναστοῦ καὶ πρεσβυτέρου τοῦ κτήτορος εἰσαγωγικῆς ἐπιτομῆς βιβλίον δεύτερον, d. h. er spiegelt die ‚offizielle‘ Bezeichnung der Schrift wieder.[161] Die Qualität der Abschrift ist im Allgemeinen sehr hoch; der Text enthält sehr wenige Fehler und Auslassungen.[162] Manche hat der Schreiber selbst *in scribendo* oder nachträglich verbessert, wie z. B.:

---

157 Verhelst 1976, I 71; Munitiz 1984, XIII. S. Valente 2020a, 521. Die Interpunktion des Kodex wird hier normalisiert.

158 S. dazu Valente 2020a, 521 Anm. 27: „Auffällig ist dabei, dass die beiden Kompendien schlechthin als Werke, die ‚in den Pinakes gegliedert worden sind‘ (τῶν ἐν τοῖς πίναξι διειλημμένων), bezeichnet wurden, d. h. metonymisch nach den angegebenen Inhaltsverzeichnissen, die die beiden Kompendien eröffnen“. Ferner s. auch Verhelst 1976, I 71 f. und Munitiz 1984, XIIIf.

159 Verhelst 1976, I 72; Munitiz 1984, XII–XVIII.

160 Im *Bodl. Holkham. gr.* 71 lautet der Titel (f. 204ᵛ Z. 5–8): ἡμετέρα (ἡ rubriziert) ἐπιστολὴ καθολικωτέρα καὶ πρὸς πολλούς, ὅτε ἡ ἀρχόντισσα (ἀρχόⁿτισα *cod.*) ἡ μαρκεσίνα ἡ τῆς βασιλίδος ἀντίζηλος εἰσῆλθεν εἰς τὴν τοῦ Θαυματουργοῦ, διαγόντων ἡμῶν ἐκεῖ τῷ τότε, καὶ ἀπεκλείσθη παρ' ἡμῶν τῆς ἱερᾶς ἀκροάσεως (s. auch den kritischen Apparat von Munitiz 1984, 91 z.St.). Ausführlicher ist der Titel im *Vat. gr.* 1764, f. 119ʳ: Νικηφόρου μοναστοῦ καὶ πρεσβυτέρου τοῦ κατὰ τὰ Ἡμάθια ἡσυχαστηρίου τοῦ Βλεμμύδου ἐπιστολὴ καθολικωτέρα καὶ πρὸς πολλούς, ὅτε ἡ ἀρχόντισσα ἡ μαρκεσίνα, ἡ ἐξόχως ἐρωμένη τῷ βασιλεῖ, καὶ διὰ τοῦτο πάντων ὑπερτεροῦσα, καὶ αὐτῆς τῆς αὐγούστης πρωτεύουσα, τυραννικῶς εἰσέφρησε τῇ καθ' ἡμᾶς σεβασμίᾳ μονῇ τοῦ ἁγίου Γρηγορίου τοῦ Θαυματουργοῦ, ἐν ἐκείνῃ τῇ μονῇ τῷ τότε διαγόντων ἡμῶν· εἰσῆλθε δὲ καὶ πρὸς τὸν ναὸν τοῦ Θεοῦ, τελουμένης τῆς λειτουργίας, καὶ ἀπεκλείσθη παρ' ἡμῶν τῆς ἱερᾶς ἀκροάσεως, καὶ ἀπεδιώχθη μετ' αἰσχύνης, ὀδυρομένη τὸ γεγονὸς ἐπ' αὐτῇ (Munitiz 1984, 91).

161 S. unten S. 103–105.

162 Die meisten davon finden sich nur in diesem Manuskript und selbstverständlich in seinen Apographa.

1033a15–b1 μετασχηματιζόμενον] μετασχημζόμενον im Text, die fehlenden Buchstaben ατι wurden über dem Wort ergänzt und am Rand μετασχηματιζόμενον wiederholt
1036b1 f. κατὰ συμβεβηκός] die ausgelassene Präposition κατά wurde *supra lineam* nachgetragen; 1049b1–3 κίνησίς ἐστιν ἡ τοῦ δυνάμει ὄντος ἐντελέχεια ᾗ τοιοῦτόν ἐστιν, ἤγουν ἡ τοῦ δυνάμει ὄντος ἐνέργεια καθὸ δυνάμει ἐστίν] die Wörter (b2 f.) ἐντελέχεια ᾗ τοιοῦτόν ἐστιν, ἤγουν ἡ τοῦ δυνάμει ὄντος sind im Haupttext aufgrund eines *saute du même au même* ausgelassen worden; der Schreiber hat einen Asterisk zum Partizip ὄντος gesetzt, dann das Zeichen am Rand wiederholt und den fehlenden Text nachgetragen;
1109a13–15 ἅπτεσθαι γὰρ λέγονται, ὧν ἅμα τὰ πέρατα· ὃν δὲ λόγον ἔχει τὸ σημεῖον ἐν γραμμῇ· τὸν αὐτὸν ἐν χρόνῳ τὸ νῦν· καὶ ἐν κινήσει τὸ κίνημα] der Passus (13 f.) ἅμα τὰ πέρατα· ὃν δὲ λόγον ἔχει τὸ σημεῖον wurde im Text ausgelassen und am Rand nachgetragen.

Bei der Kopie der *Epitome physica* hat der Schreiber des *Bodl. Holkham. gr.* 71 Kapitelanfänge und -nummern durch einen Asterisk und die entsprechende Nummerierung am Rand gekennzeichnet. Bei der Rubrizierung hat er Titel und Kapitelzahl in Rot nachgetragen, oft im Text, aber manchmal auch am Rand, wenn er nicht genügend Platz im Text frei gelassen hatte.[163]

Trennfehler dieses Zeugen gegenüber den übrigen Kodizes sind u. a.:

1021a18 γαλαξίου] χαλαξίου (f. 70ᵛ, Z. 12 [Abb. 3]; *cf. et tit. rubr.*, f. 99ʳ, *postea corr.*) 1049a2 f. (Tit.) Περὶ κινήσεως καὶ ἠρεμίας, ἐν ᾧ καὶ περὶ ἐντελεχείας καὶ τοῦ δυνάμει καὶ ἐνεργείᾳ] *tantum* περὶ κινήσεως *in marg. inf.* 1052b1 f. καὶ τὸ ἐνεργείᾳ] τὸ *om.* 1053d8 ἐγγινόμεναι] ἐγκινόμεναι 1056a5 ἰσχύει] ἰσχύειν 1064a10 προσενεχθεῖσα] προσενεγχθεῖσα 1101b9 ὡς ἐν τόπῳ] ὡς *om.* 1133a12 συσφιγγόντων] συφιγγόντων 1140b2 f. ἢ τῶν πλανήτων] ἢ *om.* 1148b13 μεγάλα] μεγάλου 1149a9 γίνεται] γίνηται 1157a15 τὸ ὕδωρ] ὕδωρ 1203b4 ὑποφαίνεται] ἀποφαίνεται 1209c2 (Tit.) ἔτι δὲ καὶ τῶν] ἔτι δὲ περὶ τῶν (*rubro colore*) 1212b10 f. αἱ ῥάβδοι] αἱ *om.*

Kurze Zeit nach seiner Entstehung, um 1300, wurde eine direkte Abschrift von Teilen des *Bodl. Holkham. gr.* 71 erstellt. Es handelt sich dabei um die Exzerpte, die im zweiten Teil des heutigen *Vat. gr.* 256 ohne Autorangabe zu lesen sind. Die ausgewählten Kapitel der *Epitome physica* erscheinen in einer anderen Reihenfolge als der ‚offiziellen‘;[164] ausgelassen wurden die Kap. 1, 5, 8, 9 und 13.

Alexander Turyn gelang die Identifizierung des Schreibers als desjenigen, der auch zwei *Laurentiani* (*plut.* 32,13 und 57,23) sowie den *Vat. Urb. gr.* 92 (Thukydides) geschrieben hat. Der Kopist gehörte zum Kreis von Demetrios Triklinios und war in Thessaloniki aktiv, wie Turyn beweisen konnte.[165] Deshalb muss sich auch der *Bodl. Holkham. gr.* 71 zu dieser Zeit dort befunden haben.

---

163 S. z. B. Kap. 3 (f. 74ᵛ), Kap. 6 (f. 76ᵛ), Kap. 7 (f. 87ʳ), Kap. 13 (f. 99ʳ).
164 Kap. 26–32, 6, 7, 10, 11, 14–25, 2, 10, 3, 4, 12. Diese Reihenfolge entspricht nicht derjenigen von *Vat. gr.* 434 (s. oben S. 9) und muss folglich auf eine bewusste Entscheidung des Schreibers bzw. Exzerptors zurückgeführt werden.
165 S. dazu Kleinlogel 1977, 759 und ders. 2019, 33 f. mit Anm. 106 für weitere Details zum Thukydides-Kodex.

Der *Vat. gr.* 256 enthält alle Fehler des *Bodl. Holkham. gr.* 71 und weist darüber hinaus eigene auf, wie z. B.:

1033a5 ὡς] οἷον   1036a1 τῶν ἀρχαιοτέρων] τῶν ἀρχαίων   1037b6 τῆς ἀσωμάτου καὶ ἀμερίστου] τῆς ἀμερίστου καὶ ἀσωμάτου   1044c15 ὥστε] ὥστε καὶ   1045a12 καὶ φυσικαῖς] *om.*   1045b11 f. εἰ μή] ἀλλά   1081a9 κἄν] ἐν   1081a12 ὅσαι] καὶ ὅσαι   1081c9 ὑπομένον] ὑποκείμενον   1081d11 ἐστιν] λέγεται   1085b15 ὡς] καὶ ὡς   1088c7 γινόμενον] *om.*   1117b10 f. καὶ παθητικῶν] *om.*   1120a1 περιληπτικόν] ἐπιληπτικόν   1120c13 καὶ ἡ γῆ] *om.*   1121c5 f. καὶ συλληπτικόν] *om.*   1121d9 ὑπό] ἀλλ' ὑπό   1124c7 ψύξεως] πήξεως   1125d11 f. κατὰ δευτέραν σύνθεσιν] κατὰ *om.*   1144a3 ἀναγούσης] ἀναλογούσης   1152c3 ἐξ] *om.*   1157d6 ὅλον] *om.*   1193d5 ὁρατοῦ] ὁράματος   1196d9 ἀναγκαίως] *om.*   1200a9 τε καὶ πυκνώσεις] *om.*   1208c15 ἐκ] καὶ   1212a9 μᾶλλον] μάλιστα   1216c10 στοιχείων] στοιχειαχῶν   1220a4 ἀπειληφότων] κατειληφότων   1221a14 ἐντός] ἐκτός

Entscheidend für die Feststellung der Abstammung sind außerdem einige Fehler, die sich anhand des *Bodl. Holkham. gr.* 71 erklären lassen, wie z. B.:

1084b10 οὕτω καὶ] οὕτως *Vat. gr.* 256 (im *Bodl. Holkham. gr.* 71 wurde die tachygraphische Abkürzung für καὶ benutzt, aber ohne Akzent: Dadurch hat der Schreiber des *Vat. gr.* 256 sie mit einem Sigma verwechselt); 1088d14–1089a2 ὅταν δέ γε καὶ ἔλαττον, τροφῇ καὶ μείωσις· συντελοῦντος τοῦ ἐπεισιόντος εἰς μόνην τοῦ εἴδους τινὰ φυλακήν] (1089a1 f.) καὶ ἔλαττον, τροφῇ καὶ μείωσις· συντελοῦντος τοῦ ἐπεισιόντος, εἰς] *om. Vat. gr.* 256 (die Auslassung entspricht einer ganzen Zeile im *Bodl. Holkham. gr.* 71: f. 87ʳ Z. 5).

Der Text des *Vat. gr.* 256 zeigt sich zum Teil fehlerhaft; sein besonderer Wert liegt darin, dass er als Textträger der *Epitome physica* an die Stelle des *Bodl. Holkham. gr.* 71 da tritt, wo die ursprünglichen Lagen verloren gegangen sind.[166] An diesen Stellen sollte man jedoch mit Fehlern des *Vat. gr.* 256 gegenüber seiner Vorlage rechnen.

Der Verlust einiger Lagen im *Bodl. Holkham. gr.* 71 muss wohl im Laufe des 14. Jh. eingetreten sein, da der Schreiber und Gelehrte Andronikos Kallistos am Anfang des 15 Jh. den Kodex restaurierte und die fehlenden Textpassagen anhand eines zweiten Exemplars der Εἰσαγωγικὴ ἐπιτομή ergänzte. In seiner Untersuchung zu diesem Schreiber konnte Luigi Orlandi anhand des Schriftstils und der Wasserzeichen feststellen, dass Kallistos den *Bodl. Holkham. gr.* 71 während seines Aufenthaltes auf Kreta restauriert hat.[167] Was den Text der Ergänzungen von Kallistos in diesem Manuskript angeht, ist festzustellen, dass ein anderer *vetustissimus* der *Epitome physica*, und zwar der *Monac. gr.* 225, der Kallistos zur Verfügung stand, als Vorlage diente.[168]

---

166 Es handelt sich um die folgenden Passagen: Kap. 16 (1161d10 πᾶν ὑπὸ τὴν αἴσθησιν)–Kap. 20 (1188c12 ἢ κυανοῦ δια]κόπτηται), Kap. 24 (1229a4 f. ὕδατος· ὅτι δημιουργικῇ)–Kap. 28 (1269b15 ἐκ παντὸς μέρους τῆς γῆς), Kap. 29 (1292a8 f. διὰ τὸ τῆς τοῦ ἡλίου)–Kap. 30,16 (1300a2 διαιρεῖ), Kap. 31,7 (1301c14 ἡ σύλληψις παντὸς σώματος)–Kap. 32 (1320c3, Ende).
167 S. Orlandi 2022, Kap. 2. Fraglich ist, ob Kallistos das Manuskript in seiner Heimatstadt Thessaloniki oder auf Kreta erworben hat.
168 Dieses Manuskript wird im nächsten Kapitel ausführlich behandelt: s. unten S. 43–48.

Einen zusätzlichen Hinweis darauf, dass sich der *Bodl. Holkham. gr.* 71 während des zweiten Viertels des 15. Jh. auf Kreta befunden hat, gibt auch ein weiteres Manuskript der *Epitome physica*. Der *Vat. gr.* 313 ist ein Papierkodex, der zu ebenjener Zeit auf der Insel Kreta angefertigt wurde.[169] Dies wird u. a. durch die Identifizierung von Michael Kalophrenas als einem der vier Schreiber, die an der Anfertigung des sehr kalligraphisch geschriebenen Kodex der *Epitome physica* zusammenarbeiteten, belegt.[170]

Der *Vat. gr.* 313 ist nicht nur infolge der Zusammenarbeit von vier Kopisten, sondern auch aufgrund der unterschiedlichen Vorlagen für den Blemmydes-Text ein vielschichtiges Manuskript. Die aktuelle Sequenz der Lagen in diesem Kodex ist durcheinandergeraten, denn die ff. 1^r–73^r überliefern die Kap. 12–32 der *Epitome physica*, die ff. 74^v–114^v den Pinax sowie die Kap. 1–11.[171] Die Arbeit der vier Kopisten lässt sich folgendermaßen unterteilen:

A,   ff. 1^r–40^v, \<Michael Kalophrenas\>
B,   ff. 41^r–73^r
C,   ff. 74^v, 77^v–114^v
D,   ff. 74^r, 75^r–77^r.

Während Kalophrenas und zwei weitere Schreiber für ihre Teile den *Scorialensis* Y.III.22 benutzten,[172] zog der Schreiber C den *Bodl. Holkham. gr.* 71 als direkte Vorlage für die Kopie des Titels, des Pinax sowie des Textes von Kap. 1 (1029c1 κατὰ τὴν εἰς ἄλληλα κτλ.) bis zum Ende von Kap. 11 heran. Die Abhängigkeit dieses Teils des *Vat. gr.* 313 (i.F.: *Vat. gr.* 313^c) vom *Bodl. Holkham. gr.* 71 für die *Epitome physica* lässt sich nicht nur durch die Übernahme der Fehler seiner Vorlage, sondern auch durch einige neu entstandene, die aus den schriftbildlichen Eigenheiten der Vorlage resultierten, beweisen, wie u. a.:

1021b7 κεραυνοῦ] κεραυνῶν *Vat. gr.* 313^c (der Fehler lässt sich anhand des Duktus der Ligatur ου im *Bodl. Holkham. gr.* 71 erklären)   1117b2f. εὐόριστον] ἀόριστον *Vat. gr.* 313^c (εὐ ~ ἀ im *Bodl. Holkham. gr.* 71, f. 93^v Z. 6 v.u.)   1120b10 εὔδηλον] ἄδηλον *Vat. gr.* 313^c (ευ ~ α im *Bodl. Holkham. gr.* 71, f. 94^r letzte Z.)   1121c5 πασῶν] πᾶς *Vat. gr.* 313^c (s. *Bodl. Holkham. gr.* 71, f. 95^r Z. 14: Die tachygraphische Abkürzung für -ων ist ziemlich groß geschrieben und steht über Alpha, der Zirkumflex ist nur sehr klein unterhalb der Abkürzung zu entziffern)   1124a11 ἐπιπολάζον] ἐπιπολάβον *Vat. gr.* 313^c (ζ ~ β im *Bodl. Holkham. gr.* 71, f. 95^v Z. 12).

---

169 S. unten S. 86–89 für eine ausführlichere Behandlung dieses Manuskripts. An dieser Stelle werden nur die für seine Abstammung vom *Holkhamensis* relevanten Details diskutiert.

170 Identifizierung durch mich anhand des Duktus. Zu diesem Schreiber s. *RGK* II 382, III 460 mit Literatur.

171 Eine doppelte Paginierung ist auf fast jedem Folio zu sehen; die griechische Kustoden zählen die Lagen der beiden Blocke unabhängig voneinander: von α´ (f. 1^r) bis ι´ (f. 73^r) und von α´ (f. 81^v) bis ε´ (f. 106^r).

172 S. unten S. 87. Nur auf f. 74^r ist darüber hinaus ein Auszug aus dem Vorwort von Pachymeres' Kommentar zur aristotelischen Logik zu finden.

Etliche eigene Fehler sind in diesem Teil zu konstatieren, wie z. B.:

1021b4 πνευμάτων] *om.*   1029d3 ἂν τὸ εἶδος] ἂν καὶ τὸ εἶδος   1032a12 ὡς] *om.*   1032b14 μεταβολῆς] μεταβολῶν   1032c2 ἀρχή τε] ἀρχή τις   1032c3 f. αὐτοῦ] αὐτῇ   1032c7 τῷ στοιχειωτῷ] τῶν στοιχειωτῶν   1033a3 (Tit.) στερήσεως] γενέσεως   1033a4 γίνεται] γίνωνται   1033b8 τουτέστι] δῆλον   1040a6 ὅλην] ὕλην[173]

Der *Bodl. Holkham. gr. 71* blieb auch nach seinem Aufenthalt auf Kreta im Besitz von Kallistos, und die Handschrift gelangte später in die Bibliothek des italienischen Humanisten Giorgio Valla (1447–1500).[174] Durch ihn spielte der Kodex dann eine zentrale Rolle für die Verbreitung der Schriften des Blemmydes – u. a. der *Epitome physica* – im ersten italienischen Humanismus. Wie zuerst Wegelin in der Einleitung zu seiner lateinischen Übersetzung der *Epitome physica* bemerkte,[175] übersetzte Valla fast den gesamten Text ins Lateinische und veröffentlichte die Übertragung in seinem enzyklopädischen Traktat *De expetendis et fugiendis rebus opus* in den Büchern 22 und 23, ohne jedoch seine direkte Quelle namentlich zu zitieren.[176] Wie Verhelst feststellen konnte, hat sich Valla sowohl den Traktat *De anima* als auch weitere Schriften des Blemmydes für seine Übersetzung angeeignet; dafür benutzte er den *Holkhamensis* als Vorlage.[177]

Die stemmatischen Beziehungen zwischen den in diesem Kapitel besprochenen Kodizes lassen sich wie folgt visualisieren (Tab. 2):

13. Jh., E.   *Bodl. Holkham. gr. 71*

c. 1300   *Vat. gr. 256*

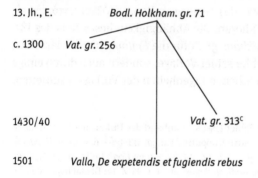

1430/40   *Vat. gr. 313*[c]

1501   *Valla, De expetendis et fugiendis rebus*

Tab. 2: Teilstemma der Familie des *Bodl. Holkham. gr. 71*.

---

173 Sporadisch lassen sich einfache Korrekturen des Textes der Vorlage durch den Kopisten erkennen, wie z. B.: 1108a1 μόνον *codd. rell.*, *Vat. gr.* 313[c]] μόνων *Bod. Holkham. gr.* 71.
174 S. sein Exlibris auf f. 1[r]. S. dazu ausführlicher Orlandi 2022, Kap. 2.
175 Wegelin 1606, [IIIf.] (= *Patrologia Graeca* 142, 1017 f.). S. Heiberg 1896; Heisenberg 1896, LXXXIf.
176 *Georgii Vallae Placentini viri clarissimi De expetendis et fugiendis rebus opus*, Venetiis in aedibus Aldi 1501, ff. 282[r]–314[v]. Ein Digitalisat ist online verfügbar: <http://dl.ub.uni-freiburg.de/diglit/valla1501>.
177 S. Verhelst 1972; dies. 1976, I 356–367; dies. 1980 (mit weiterer Literatur und ausführlichem Beweismaterial). S. auch Stavrou 2013, 317–320. Das Verhältnis zwischen dem *Holkhamensis* und Vallas Übersetzung wird derzeit von Anne Krause untersucht.

7 Der *Monac. gr.* 225 und seine Deszendenz

Seit der grundlegenden Monographie von Heisenberg wird der *Monac. gr.* 225 als einer der wichtigsten handschriftlichen Textzeugen für die Schriften des Blemmydes angesehen.[178] Abgesehen von der ersten kodikologischen Einheit (ff. 1–40), die von einem von Gregorios Kyprios um die Jahre 1270–1280 geschriebenen Manuskript mit Schriften des Maximus Confessor abstammt, überliefert der *Monac. gr.* 225 fast ausschließlich Blemmydes' Traktate (ff. 41–375). Einzige Ausnahme ist die *Protheoria* von Manuel Philes (ff. 204^r–205^v), die als Einleitung zu Blemmydes' Enkomion *Enkomion für den Hl. Johannes den Evangelisten* (ff. 206^r–216^v) konzipiert wurde.[179] Insgesamt sind in diesem Teil des *Monac. gr.* 225 fünf kodikologische Einheiten zu unterscheiden:

1. ff. 41^r–200^v, 221^{r-v}, 201^r–203^v Εἰσαγωγικὴ ἐπιτομή: (ff. 41^r–117^r) *Epitome logica*; (ff. 117^r Z. 21–200^v, 221^{r-v}, 201^r–203^v) *Epitome physica* [Abb. 4]
2. ff. 204^r–216^v: (ff. 204^r–205^v) Manuel Philes, *Protheoria*; (ff. 206^r–216^v) *Enkomion für den Hl. Johannes den Evangelisten*
3. ff. 217^r–281^v: (ff. 217^r–220^v, 222^r–253^v) *Autobiographia*; (ff. 253^r–262^v) *De anima*; (ff. 262^v–281^v) *De corpore*
4. ff. 282^r–352^v: *Psalmenkommentar*
5. ff. 353^r–375^v: (ff. 353^r–359^v Z. 2) *De fide*; (ff. 359^v Z. 8–369^v Z. 11) *De virtute*; (ff. 369^v Z. 12–373^v) Typikon, Exzerpte

Geschrieben wurden diese fünf *codicological units* um 1310–1320 von vier Schreibern, die dieselbe Papiersorte benutzt haben. Jeder Schreiber hat nur eine *codicological unit* geschrieben außer demjenigen, der für Nr. 1 und 4 verantwortlich war.[180] Nur das letzte Blatt des Textes der *Epitome physica* (f. 203^{r-v}) wurde von einem anderen Schreiber kopiert, der sonst in der fünften Lage tätig war.[181] Beide Schreiber haben aus demselben Textkorpus des *Bodl. Holkham. gr.* 71 abgeschrieben, wenn auch in einer leicht geänderten Reihenfolge und mit den zusätzlichen Auszügen aus dem Typikon. Beide Kodizes stellen somit ein treues Abbild der ,offiziellen' Schriften des Blemmydes dar, wie der Autor sie in seiner Autobiographie festgelegt hatte.[182]

---

[178] S. Heisenberg 1896, XXV–XXVIII, bes. XXVIII. S. ferner Verhelst 1976, I 80: „une collection d'œuvres de Blemmyde plus importante encore que celle contenue dans le manuscrit de Holkham [= *Bodl. Holkham. gr.* 71]". S. u. a. Munitiz 1984, XXIIIf.; ders. 1986, 199–201; ders. 1990, 288f.; Gielen 2016, XXXI–XXXIV; Valente 2020a, 522f.

[179] Ausgabe und Studie von Philes' Text in Agapitos 2007, 12–19. Das Enkomion von Blemmydes wurde von Munitiz 1989 untersucht und herausgegeben.

[180] S. Verhelst 1976, I 77; Hajdú 2012, 244; Wilson 2014, Valente 2020a, 526 mit Anm. 36.

[181] Dazu s. ausführlicher die Beschreibung im Anhang, S. 135–138.

[182] S. auch Beck 1961, 462. S. oben S. 22 und 38.

https://doi.org/10.1515/9783110731576-007

Was den Text der *Epitome physica* betrifft, zeigt sich der *Monac. gr.* 225 als unabhängiger Zeuge der ‚offiziellen' Fassung, denn er weist keine Bindefehler mit anderen Handschriften auf.[183] Seinerseits enthält der Text mehrere Trennfehler, die sonst nur in seinen Abschriften vorkommen.[184] Es handelt sich u. a. um die folgenden Stellen:[185]

1025d9 φυτοῦ τε ῥίζα] τε *om.*   1028c13 τὸ ὑποκείμενον] *om.* (*in marg. add. Monac. gr.* 225[R])   1041a10 πόρρω δὲ ὁ ἁπλῶς ἀνδριαντοποιός· καὶ ἔτι πόρρω ὁ τεχνίτης][186] πόρρω ὁ ἁπλῶς κτλ. (δὲ *om.*)   1057d2 καὶ οὗ πέφυκε] *om.*   1080b4 f. λέγεται] γίνεται   1081d9 ἢ ἀτελοῦς] καὶ ἀ-   1085d11 μὲν] *om.*   1089c13 ὁ] *om.*   1096c13 τῇ κινούσῃ] τῇ κινήσει   1116b7 ἡ ἁπτή] ἡ ἁπλῆ   1121b9 φιλοσοφεῖται παρὰ τῶν ὄντως] *om.* (*add. in marg. Monac. gr.* 225[R])   1129d6 τὸν γὰρ θερμὸν ξηρότητα] τ- γ- ξηρὸν θερμότητα   1132c4 καὶ βάθος καὶ πλάτος] καὶ πλάτος καὶ βάθος   1133a4 ἔξαψιν] ἔξαυσιν   1145c4 συνίσταιτ'] συνίστατ'   1149b11 ἔξω] ἔξωθεν   1153b2 οὖν] *om.*   1156a1 f. συμβάλλεσθαι] συλλαβέσθαι   1157a15 κοῖλα] κοιλότερα   1160c11 εἰς] *om.*   γίνεται πυρός] πυρὸς γίνεται   1181b14 τε] *om.*   1184d11 διαφέροι] καὶ διαφ-   1200b8   1205a11 ἀπότασιν] ἀπόστασιν   1208a2 ἄλῳ] ἄνω   1212d11 πιληθείσης] ἐπιληθείσης   1217a5 περιφοράν] περιφέρειαν   1217b7 f. παραβαλλόμενον] παραλαμβανόμενον   1241b10 Λέοντα ὁ ἥλιος] ἥλιον   1244b14 πρός] *om.* (*add. in marg. Monac. gr.* 225[R])   1245b9 ὑπερχόμενος] ὑπερχόμενον   1248a7 ὁ καί] καὶ ὁ   1260a6 πεφωτισμένου] φωτισμένου   1260a14 τοῦ] τῆς   1281c16 καθόσον πλησιάζουσιν] *om.*   1293c3 f. κατὰ τὸν τῶν φυσικῶν λόγον] κ- τὸν φυσικὸν λ-   1297b9 ὑπὸ τὸν ὁρίζοντα καταδύσεται] ὑπὲρ τ- ὁ- κ-   1313a12 μείζων τῆς γῆς] τῆς γῆς μείζων

Im Allgemeinen scheint der Text des *Monac. gr.* 225 etwas weniger akkurat zu sein als derjenige anderer primärer Manuskripte der *Epitome physica*, insbesondere wenn man ihn mit dem *Laur. plut.* 87,16 sowie mit dem *Bodl. Holkham. gr.* 71 vergleicht. Dennoch ist er ein wichtiger Überlieferungsträger nicht nur für die *Epitome physica*, sondern auch für das gesamte einzigartige Korpus der Schriften des Blemmydes.

Im Laufe des 15. und 16. Jh. diente der *Monac. gr.* 225 als direkte Vorlage zumindest für zwei Abschriften, die wichtige Hinweise für die spätere Geschichte des Kodex liefern. Zunächst wurde der *Monac. gr.* 225 von dem Schreiber und Gelehrten Andro-

---

183 Einige kleinere Fehler, die sich auch in anderen Manuskripten finden, können unabhängig voneinander begangen worden sein und sind deshalb nicht als Bindefehler einzustufen. S. z. B.: 1132a11 φλόξ] ἡ φλὸξ *Monac. gr.* 225, *Scor.* Y.III.22; 1161d13 f. εἰλικρινεστέρου] εἰλικρινεστάτου *Bodl. Barocc.* 133, *Monac. gr.* 225, *Mosqu. Synod. gr.* 333, *Scor.* Y.III.22; 1173d5 ξηραινομένων τε κατὰ πολὺ καὶ μαραινομένων (nach ξηραινομένων fehlen die Wörter τε καταπολὺ καὶ μαραινομένων in der gedruckten Ausgabe von Wegelin 1605b, 141 wohl aufgrund eines Druckfehlers, denn sie wurden ebenfalls von Wegelin (1606, 204) ins Lateinische übertragen: „magna ex parte exarescunt et consumuntur")] καὶ *om. Monac. gr.* 225, *Scor.* Y.III.22; 1208a13 ὑποτέταται] ὑποτέτακται *Monac. gr.* 225, *Monac. gr.* 516 (von dort Wegelins Text); 1236d10 ἀνταρκτικός] ἀρκτικὸς *Vat. gr.* 246, *Monac. gr.* 225. In diesen Fällen ist deshalb nicht an Kontamination zu denken.

184 Auffällig häufig sind Auslassungen einzelner Wörter.

185 Einige Auslassungen von einer späteren Hand aus dem 16. Jh. (*Monac. gr.* 225[R]) meistens am Rand ergänzt.

186 Die Wörter πόρρω δὲ ὁ ἁπλῶς ἀνδριαντοποιός fehlen im griechischen Text bei Wegelin 1605b, 16 aufgrund eines Druckfehlers (s. die Berechtigung bei *Errata* auf S. [304]), aber sie wurden ins Lateinische übertragen („remota vero, simpliciter statuarius": Wegelin 1606, 25).

nikos Kallistos herangezogen, als er die verschollenen bzw. beschädigten Teile des heutigen *Bodl. Holkham. gr.* 71 ergänzen wollte. Der *Holkhamensis* war Teil der privaten Bibliothek des Kallistos, wie Luigi Orlandi beweisen konnte.[187] Anhand der von ihm für die Restaurierung des Kodex benutzen Papiersorte konnte Orlandi feststellen, dass Kallistos die Abschrift der im *Holkhamensis* fehlenden Teile im zweiten Viertel des 15. Jh. auf der Insel Kreta anfertigte.[188]

Was den Text dieser Ergänzungen von Kallistos im *Holkhamensis* (i.F. *Bodl. Holkham. gr.* 71^K) angeht, ist die Abhängigkeit vom *Monac. gr.* 225 offensichtlich, denn Kallistos übernahm alle Sonderfehler seiner Vorlage;[189] einige weitere lassen sich außerdem anhand dieses *Monacensis* erklären, wie z. B.:

1165a4 παρακείμενον] περικείμενον *Bodl. Holkham. gr.* 71^K (aufgrund der Abkürzung π(αρα) im *Monac. gr.* 225, die der Schreiber falsch wiedergegeben hat)   1177b8–10 τοὺς δὲ ὦστας· οὗτοι δὲ κατὰ μίαν πρόωσιν ἀνατρέπουσι· τοὺς δὲ παλματίας· ὡς κτλ.] (9 f.) οὗτοι – παλματίας *om. Bodl. Holkham. gr.* 71^K (die Auslassung entspricht genau einer Zeile im *Monac. gr.* 225, f. 160^r Z. 7/6 v.u.)   1180b13 κοιλίαι] κοιλότητες *Bodl. Holkham. gr.* 71^K (aufgrund des abgekürzten Wortes κοι^λ· im *Monac. gr.* 225, f. 160^v letzte Z.)   1237d9 κύκλου] κύκλον *Bodl. Holkham. gr.* 71^K (im *Monac. gr.* 225 wurde das tachygraphische Zeichen für -ον nachträglich in -ου korrigiert, f. 187^r Z. 9 v.u.)   1237a14–b3 ἕτερος δὲ νοεῖται μέγιστος κύκλος διά τε τῶν τροπικῶν καὶ τοῦ ἰσημερινοῦ βεβλημένος λοξῶς· καθ' ἓν μὲν σημεῖον ψαύων ἑκατέρῳ τῶν τροπικῶν, εἰς ἴσα δὲ δύο κατὰ δύο σημεῖα τέμνων τὸν ἰσημερινόν] im *Monac. gr.* 225, f. 177^v letzte Z., wurden die Wörter λοξῶς· καθ' ἓν μὲν σημεῖον ψαύων ἑκατέρῳ τῶν τροπικῶν zunächst ausgelassen; der Schreiber hat aber seinen Fehler bemerkt, ein Wort zwischen βεβλημένος und εἰς ἴσα ausradiert und an dieser Stelle ein Zeichen gesetzt; den ausgelassenen Text hat er unmittelbar unter der letzten Textzeile auf dem unteren Rand nachgetragen und mit dem Verweiszeichen ‚%‘ versehen: (f. 177^v letzte Z.) βεβλημένος % εἰς ἴσα δὲ δύο κατὰ δύο σημεῖα τέμνων τὸν ἰσημερινόν ‖ (f. 177^v unterer Rand) % λοξῶς· καθ' ἓν μὲν σημεῖον ψαύων ἑκατέρῳ τῶν τροπικῶν. Kallistos hat dies nicht berücksichtigt und den Text in derselben Reihenfolge abgeschrieben, wie er ihn im *Monacensis* vorgefunden hat (*Bodl. Holkham. gr.* 71^K, f. 129^r Z. 4/3 v.u.): εἰς ἴσα δὲ δύο κατὰ δύο σημεῖα τέμνων τὸν ἰσημερινόν λοξῶς ἐστι, καθ' ἓν σημεῖον ψαύων ἑκατέρῳ τῶν τροπικῶν   1248a7 ὑψηλότερος] ὑψηλότατος *Bodl. Holkham. gr.* 71^K (wegen der Abkürzung im *Monac. gr.* 225, f. 181^r Z. 7)[190]

Fehler, die Kallistos zuzuschreiben sind, sind u. a. die folgenden:

1164a2 (Tit.) περὶ ἀνέμων – πνευμάτων] *om.*   1165b2 στόματος] σώματος   1168a11 πάντες ἄνεμοι φαίνονται] φαίνονται πάντες ἄνεμοι   1168b6 περὶ τὴν ἄρκτον] τὴν *om.*   1168b11 δὲ] *om.*   1168c13 τινὰς τῆς γῆς] τῆς γῆς τινάς   1169b11 καικίαι δὲ] δὲ καικίας   1173b3 f.

---

187 S. oben S. 40.

188 S. oben S. 40, 42.

189 Die oben genannten Fehler des *Monac. gr.* 225 (S. 44) werden an dieser Stelle nicht wiederholt.

190 Gelegentlich hat Kallistos kleine Fehler seiner Vorlage berichtigt, wie z. B. 1184b10 πλοῖον] πλείων *Monac. gr.* 225: πλοῖον *recte Bodl. Holkham. gr.* 71^K; 1241b10 Λέοντα ὁ ἥλιος] ἥλιον *Monac. gr.* 225: Λέοντα *Bodl. Holkham. gr.* 71^K (*per coniecturam*); 1244b14–c1 πρὸς ταῖς ἑκατόν] πρὸς *om. Monac. gr.* 225, *add. in marg. Monac. gr.* 225 *alt. man.*, *habet in textu Bodl. Holkham. gr.* 71^K (*etiam per coniecturam, cf. supra* 1244b12 f. *et infra* 1244c3 πρὸς ταῖς ἑκατόν); 1245b9 ὑπερχόμενος] ὑπερχόμενον *Monac. gr.* 225: -ος *recte Bodl. Holkham. gr.* 71^K.

γινομένης] γενομένης   1176b8 ῥᾴδιον] ῥᾳδίως   1181a5 ἀκουσθῆναι] ἀκούεσθαι   1181c10 τόπου] νέφους   1181d2 ἤ] *om.*   1185a2 f. τὸ τοιοῦτον δὲ πνεῦμα] *om.*   1185b2 διηθηθέν] διηθεῖν   1248a5 τοὺς τοιούτους] *om.*   1248a6 φωστῆρας] τοὺς φ-   1248c1 δὴ] δύο   1248c12 οἶκον] *om.*   1252a7 ἐπὶ τὴν γῆν ἀποπέμπει] τῆς γῆς ἐκπέμπει   1252a14 ποσαπλάσιον] πολλαπλάσιον   1256b8 τὸ φῶς διεβίβαζεν] διεβίβαζε τὸ φῶς   1261a9 ἰδίαν] *om.*   1257c7 τῶν] τῆς   1264a9 ἀστρονόμοις] ἀστρολόγοις   1265c8 Μαῖου] ἡλίου   1292c6 ὑπὸ τοὺς πόλους] ὑπὲρ τοῦ πόλου   1296c10 ἐξῆρθαι] ἐξῆφθαι   1297c5 ὑπὸ] ὑπὲρ   1305c10 ἔχον] ἔχοντος   1305d9 ἀνατολὰς] ἀνατλλας *sic*   1308a9 φέρεται] φαίνεται   1312c4 ταῖς ἀληθείαις] τῇ ἀληθείᾳ

In der ersten Hälfte des 15. Jh. sind deshalb zwei der wichtigsten Blemmydes-Handschriften auf Kreta zu lokalisieren. Von dort aus wurde der Blemmydes-Teil des *Monac. gr.* 225 dann nach Venedig gebracht und gelangte in den Besitz des Kardinals Domenico Grimani (1461–1523).[191] Dort wurde das Manuskript für die Anfertigung des heutigen *Berol. Phill.* 1516 benutzt. Diese Handschrift hat Bartolomeo Zanetti geschrieben, wie Wilhelm Studemund und Leopold Cohn treffend festgestellt haben; sie gehörte zur Sammlung von Guillaume Pellicier (ca. 1490–1567), und die Anfertigung ist zwischen 1539 und 1542 in Venedig anzusetzen. Der Kodex enthält ausschließlich die Εἰσαγωγικὴ ἐπιτομή (*Epitome logica*: ff. 1ʳ–89ʳ; *Epitome physica*: ff. 89ᵛ–190ᵛ);[192] in seinem aktuellen Zustand ist aber das letzte Kapitel der *Epitome physica* unvollständig aufgrund des Verlustes eines Blattes nach dem f. 190ᵛ.[193]

Aus der Kollation resultiert, dass der *Berol. Phill. gr.* 1516 eine akkurate Abschrift des *Monac. gr.* 225 darstellt, denn er hat alle Fehler des letzteren übernommen.[194] Darüber hinaus enthält der *Berol. Phill. gr.* 1516 wenige eigene Fehler; besonders relevant sind aber diejenigen, die sich anhand des Duktus des *Monac. gr.* 225 erklären lassen. Man kann *exempli gratia* die folgenden berücksichtigen:

1024a9 περὶ οἰκήσεων] περὶ οἰκήσεως   1025d8 τρόπις] τρόπος   1038a1 ἐξ ὕδατος] δι᾽ ὕδατος (aufgrund der Ligatur εξ in *Monac. gr.* 225, f. 135ʳ Z. 4; da der Spiritus links von Xi steht, hat Zanetti ihn mit einem Apostroph verwechselt)   1028d4 ἡ ὕλη] ἡ om.   1029b8 ὅτε] ὅτι   1169b13 μέσης] μέσος   1300b5 τὸ] *om.*   1313d5 οἴκων] οἴκω[195]

191 In Venedig wurden im Auftrag von Johann Jakob Fugger das Blemmydes-Manuskript und dasjenige des Maximos Confessor Mitte des 16. Jh. zum aktuellen Kodex zusammengefügt: s. Hajdú 2002, 54; dies. 2012, 244; Valente 2020a, 522 f.

192 Die Reihenfolge der Blätter in der letzten Lage (ff. 184–191) ist in der aktuellen Bindung gestört und ist folgendermaßen zu rekonstruieren: 185, 184, 186–189, 191, 190. Bemerkenswert ist, dass das f. 221 des *Monac. gr.* 225 sich noch an seinem ursprünglichen Platz befand, denn der Text wurde im *Berol. Phill. gr.* 1516 an der richtigen Stelle abgeschrieben.

193 Auf. f. 190ᵛ liest man den Text der *Epitome physica* bis 1317a9 δεδώκασιν αὐτῷ καὶ ἕτερον, das nächste Wort ἐναντίωμα ist als Reklamante auf f. 190ᵛ zu lesen. Daraus lässt sich der Verlust mindestens eines Blattes ableiten.

194 S. oben S. 44.

195 An der oben besprochenen Stelle (1237a14–b3, s. S. 45), an der Andronikos Kallistos die vermerkte Textergänzung im *Monac. gr.* 225 falsch übernommen hat, hat der Schreiber des *Berol. Phill. gr.* 1516 die Wörter an die richtige Stelle gesetzt (f. 164ʳ Z. 2 f.).

Darüber hinaus lässt sich die Abstammung auch durch den Vergleich der Diagramme und Zeichnungen in beiden Kodizes bestätigen.

Im Diagramm, das am Ende von Kap. 30 steht (s. oben S. 19), sind im *Berol. Phill. gr.* 1516 (f. 184ᵛ) die Symbole für die Tierkreiszeichen Widder und Stier ausgelassen worden, die im *Monac. gr.* 225 (f. 197ʳ) lesbar sind; außerdem fehlen im *Berol. Phill. gr.* 1516 die Symbole für Sonne und Mond innerhalb der Kreise.¹⁹⁶ Die Tabelle der entgegengesetzten Qualitäten in Kap. 6 (1085c8–d10) hat Zanetti vom *Monac. gr.* 225 sehr treu abgeschrieben: Im *Monac. gr.* 225 (f. 135ʳ) hat der Schreiber sie an den oberen rechten Rand gesetzt und hat sie mit dem darauffolgenden Text des Kapitels (ab 1085d11) umrahmt; durch ein Zeichen auf der Höhe von ἀριστερόν in der Mitte der rechten Spalte verwies er auf den einleitenden Satz καὶ ἡ μὲν κρείττων μοῖρα παρ' αὐτοῖς ἐστιν αὕτη, ἡ δ' ἀντικειμένη καὶ χείρων αὕτη (1085c8 f.). Im *Monac. gr.* 225 stehen aber die Wörter ἡ δ' ἀντικειμένη καὶ χείρων αὕτη allein auf der ersten Zeile des f. 135ʳ; darunter wurde eine Zeile frei gelassen. Bartolomeo Zanetti missverstand an dieser Stelle seine Vorlage (*Berol. Phill. gr.* 1516, f. 111ᵛ), denn er setzte die Wörter ἡ δ' ἀντικειμένη καὶ χείρων αὕτη nicht in den Haupttext, sondern an den linken Rand zusammen mit dem Verweiszeichen, das auf das entsprechende am rechten Rand neben der Tabelle verweist.

Um 1542 wurde der *Monac. gr.* 225 in Venedig noch einmal herangezogen, um den Text der *Epitome physica* in einer anderen Handschrift der Εἰσαγωγικὴ ἐπιτομή zu korrigieren. Es handelt sich um den *Scor.* X.I.10 (Abb. 5):¹⁹⁷ Den Haupttext hat der Schreiber Nikolaos Mourmouris aus dem heutigen *Monac. gr.* 516 abgeschrieben; danach hat er seine Abschrift durchgehend mit einem Kollationsexemplar verglichen und abweichende Lesarten am Rand – oft mit der Angabe γρ(άφεται) – notiert.¹⁹⁸ Dieses Kollationsexemplar lässt sich mit Sicherheit als der *Monac. gr.* 225 identifizieren, denn am Rand wurden nicht nur Korrekturen aus eben diesem Manuskript, sondern auch seine oben erwähnten Fehler eingetragen, wie z. B.:¹⁹⁹

1025d9 φυτοῦ τε ῥίζα im Text, am Rand mit Verweiszeichen γρ. φυτοῦ ῥίζα (*Scor.* X.I.10, f. 94ᵛ)   1080b4 f. λέγεται im Text, am Rand mit Verweiszeichen γρ. γίνεται   1096c13 τῇ κινούσῃ im Text, am Rand mit Verweiszeichen γρ. κινήσει   1112d9 ἡ τούτου κίνησις im Text, am Rand mit Verweiszeichen (zu τούτου) γρ. τοῦ κινητοῦ   1156a1 f. συμβάλλεσθαι im Text, am Rand mit Verweiszeichen γρ. συλλαβέσθαι

Außerdem hat Mourmouris die beiden Diagramme (Kap. 17 und 30, jeweils f. 147ʳ und 197ʳ) aus dem *Monac. gr.* 225 in Rot an den Stellen abgezeichnet, die er entsprechend seiner Vorlage für den Text (*Monac. gr.* 516) frei gelassen hatte.

---

196 Identisch erscheint das Diagramm zu Kap. 17 (*Monac. gr.* 225, f. 158ʳ = *Berol. Phill. gr.* 1516, f. 140ʳ).
197 S. ausführlicher unten S. 92 f.
198 In diesem Manuskript scheint es mir so interpretiert werden zu müssen. In anderen Fällen hat Wilson 2002 mit Recht darauf hingewiesen, dass sie auch zu γράφε bzw. γραπτέον aufzulösen ist, also eine Korrektur einführt.
199 Da der *Scor.* X.I.10 keine der Fehler vom *Berol. Phill. gr.* 1516 aufweist, scheint seine Abhängigkeit vom *Monac. gr.* 225 vorzuziehen zu sein.

Daraus resultiert das folgende Teilstemma für diese Familie (Tab. 3):

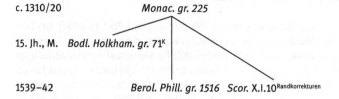

c. 1310/20   *Monac. gr. 225*

15. Jh., M.   *Bodl. Holkham. gr. 71*[K]

1539–42   *Berol. Phill. gr. 1516*   *Scor.* X.I.10[Randkorrekturen]

Tab. 3: Teilstemma der Familie des *Monac. gr.* 225.

8 Die Familie des *Vat. Urb. gr.* 60: der *Bodl. Barocc.* 133 und seine Deszendenz

Zu den ältesten Handschriften der Εἰσαγωγικὴ ἐπιτομή zählt auch der *Vat. Urb. gr.* 60. Das Manuskript besteht aus zwei kodikologischen Einheiten, jeweils von einem einzigen Kopisten abgeschrieben (ff. 1–146 und 147–215). Paläographisch betrachtet ist die erste Hälfte auf das letzte Viertel des 13. Jh. zu datieren;[200] die zweite ist etwas später entstanden, wohl um 1300, und gehört zur Familie **β**.[201] Die Zäsur zwischen den zwei Teilen fällt ungefähr in die Mitte der *Epitome physica*, gegen Ende von Kap. 17.[202]

Im ersten Teil zeigt der Text des *Vat. Urb. gr.* 60 keine Bindefehler mit den anderen Manuskripten; außerdem enthält er eine geringe Anzahl an Sonderfehlern, wie u. a.:

1025c12 λέγοιτ᾽] λέγοιντ᾽   1036b15 παρεισάγουσα] παράγουσα[203]   1040a12 f. ἐξ ὕλης καὶ εἴδους] ἐξ εἴδους καὶ ὕλης   1117d2 τοῦ διεροῦ] τοῦ *om.*   1156b15 γενομένης] γινομένης   1165a9 f. τὴν μὲν ὑγράν, ὅθεν ἡ ξηρά, τὴν δὲ ξηράν, ὅθεν ἡ ὑγρά] τὴν μὲν ξηράν, ὅθεν ἡ ὑγρά, τὴν δὲ ὑγράν, ὅθεν ἡ ξηρά   1169c3 εἰσιν] *om.*[204]

Eine frühe Abschrift des *Vat. Urb. gr.* 60 lässt sich im *Bodl. Barocc.* 133 ausmachen. In diesem Manuskript ist der Teil, der die Schriften des Blemmydes enthält, in die letzten Jahre des 13. Jh. zu datieren. Dabei handelt es sich um ein von verschiedenen Schreibern zusammengestelltes Sammelmanuskript. Die Kopie des Blemmydes-Teils wurde vor dem Ende des 13. Jh. (vor 1293) abgeschlossen, denn auf f. 112ʳ liest man eine Obituarnotiz auf einen am 16. April 1293 Verstorbenen, dessen Name ausradiert wurde.[205] Der *Bodl. Barocc.* 133 enthält sowohl die beiden Lehrbücher als auch die Traktate *De fide* und *De anima*, die letzteren aber unvollständig. Nach seiner Entstehung wurde der Kodex durch weitere Lagen erweitert. Am älteren Bestand des *Bodl. Barocc.* 133 haben sieben Kopisten mitgewirkt; drei davon haben den Text der *Epitome physica* abgeschrieben.[206]

Den Schreibern, die an der Zusammenstellung des *Bodl. Barocc.* 133 zusammengewirkt haben, dürften unterschiedliche Vorlagen für die Schriften des Blemmydes

---

200 Eine genauere Datierung (vor 1293) lässt sich aus den Ergebnissen der stemmatologischen Analyse ableiten: s. unten S. 51.
201 S. ausführlicher unten S. 56–58.
202 1172a11 ἄλλοι δὲ (*sic*) ||| ὀρνιθίαι.
203 Diese und weitere Fehler, die in diesem Kapitel erwähnt werden, sind auch in Wegelins Text aufgrund des von ihm benutzten Manuskripts zu lesen: in diesem Fall der *Mutin.* α.R.7.24. Dazu s. oben S. 5 und unten S. 90 f.
204 Das Verb wurde von einer anderen Hand nachträglich ergänzt.
205 S. Verhelst 1976, I 85.
206 Zu den Schreibern s. die Beschreibung des Kodex (unten S. 145 f.).

https://doi.org/10.1515/9783110731576-008

zur Verfügung gestanden haben.[207] Was den Text der *Epitome physica* betrifft, lässt sich feststellen, dass sie durchgehend dieselbe Vorlage herangezogen haben, und zwar den *Vat. Urb. gr.* 60. Das lässt sich u. a. an den folgenden Passagen festmachen: Zunächst ist eine Stelle im Pinax beachtenswert: Im *Bodl. Barocc.* 133 (f. 64ʳ Z. 4) fehlen dort die Angaben für die Kap. 15 und 16.[208] Diese Auslassung deckt sich genau mit einer Zeile des *Vat. Urb. gr.* 60 (f. 92ᵛ Z. 20 f.), in dem die Angabe für Kap. 15 und 17 auf gleicher Höhe stehen. Eine weitere relevante Stelle findet sich in Kap. 1 (1025b10–c2), wo der Unterschied zwischen αἴτιον und συναίτιον thematisiert wird:[209]

> διαφέρει δὲ κυρίως αἴτιον καὶ συναίτιον τῷ τὸ μὲν κυρίως αἴτιον χωριστὸν εἶναι τοῦ ἀποτελουμένου καὶ ἐξῃρημένον παντάπασι, τὸ δὲ συναίτιον ἐν τῷ ἀποτελουμένῳ πράγματι θεωρεῖσθαι.

> Der Begriff ‚Ursache‘ im eigentlichen Sinn unterscheidet sich von dem Begriff ‚Mitursache‘ dadurch, dass die Ursache im eigentlichen Sinn getrennt und völlig losgelöst ist von dem, das bewirkt wird, während die Mitursache als in der Sache vorhanden gedacht wird, die bewirkt wird.[210]

An dieser Stelle enthalten der *Vat. Urb. gr.* 60 und der *Bodl. Barocc.* 133 einen gravierenden Bindefehler (αἴτιον μὲν τὸ χωριστὸν εἶναι); darüber hinaus hat der Schreiber des *Baroccianus* noch eine Auslassung zusätzlich zum *Urbinas* (καὶ συναίτιον):

διαφέρει δὲ κυρίως αἴτιον καὶ συναίτιον· αἴτιον μὲν τὸ χωριστὸν εἶναι τοῦ ἀποτελουμένου καὶ ἐξῃρημένον παντάπασι κτλ. *Vat. Urb. gr.* 60
διαφέρει δὲ κυρίως αἴτιον· αἴτιον μὲν τὸ χωριστὸν εἶναι τοῦ ἀποτελουμένου καὶ ἐξῃρημένον παντάπασι κτλ. *Bodl. Barocc.* 133

Der *Bodl. Barocc.* 133 enthält außerdem alle Fehler des *Vat. Urb. gr.* 60 bis zum Ende der ersten kodikologischen Einheit (f. 146ᵛ); hinzu kommen seine eigenen Fehler, wie z. B.:

1025a8 γάρ] *om.*   1028a1 ὁμοίως δὲ καὶ] καὶ *om.*   1028a4 καὶ] *om.*   1028c4 f. καθ' αὐτά] καθ' ἑαυτά   1036d6 τοῦτον] τούτων   1037c12 γίνεσθαι] γενέσθαι   1040c2 f. (Tit.) ἐν ᾧ καὶ περὶ τύχης καὶ αὐτομάτου] *om.*   1044d7 γινομένοις] γινομένου (der Fehler lässt sich anhand des *Urb.*

---

207 Besonders wichtig sind die Titel dieser beiden kleinen Schriften, denn die Hinweise auf das Typikon sowie auf das Kloster in Emathia samt Abfassungszeit von *De anima* deuten darauf hin, dass die Vorlage aus der ‚offiziellen‘ Kopie der Schriften stammt. Verhelst 1976, I 84 hat zu Recht auf den ähnlichen Titel im *Monacensis* verwiesen.

208 ιε'. περὶ πηγῶν καὶ ποταμῶν, ιϛ'. περὶ θαλάσσης.

209 Zu dieser Stelle s. auch unten S. 91.

210 Übersetzung von Ch. Brockmann und mir. Pantelis Golitsis verweist in seinem Specimen (s. oben S. XI Anm. 5) mit Recht auf Simpl. *in Phys.* 317,28 (26–28 τοιαύτη δὲ καὶ ἡ φύσις ἥ τε ὅλη καὶ ἡ μερική, ὡς καὶ Ἀλέξανδρος ὁμολογεῖ καλῶς ἐπιστήσας, ὅτι τὸ κυρίως ποιητικὸν αἴτιον χωριστὸν εἶναι χρὴ καὶ ἐξῃρημένον) als Quelle für die Wörter τῷ τὸ μὲν κυρίως αἴτιον χωριστὸν εἶναι τοῦ ἀποτελουμένου καὶ ἐξῃρημένον παντάπασι. S. auch Phlp. *in Phys.* 5,7–16; 186,17–23.

gr. 60, f. 106^v Z. 6 erklären, weil sich dort der Akzent in γινομένοις und die tachygraphische Abkürzung für -οις kreuzen, sodass es wie die Abkürzung für -ου aussieht)   1060a1 δῆλον] τοίνυν   1080c10 ὄντων] εἶτα τῶν   1048a11 προσεπιγένηται δὲ καί τι ἕτερον] π- δέ τι καὶ ἕτερον   1157a9 αὐτῆς] αὐτὴν   1160d2 καὶ] *om.*

Ab dem Seitenwechsel zu f. 147^r ändert sich aber das Verhältnis zwischen den beiden Manuskripten, denn die Fehler des *Vat. Urb. gr.* 60 werden vom *Bodl. Barocc.* 133 nicht mehr geteilt.[211] Überlieferungsgeschichtlich liegt der Wert des *Baroccianus* deshalb besonders darin, dass er ab Kap. 17 (1172a11 ὀρνιθίαι) bis zum Ende der *Epitome physica* als Stellvertreter für den verloren gegangenen ursprünglichen Teil des *Vat. Urb. gr.* 60 eintritt;[212] für die Kap. 1–17 (bis 1172a11) stellt er dagegen eine Abschrift des *Urbinas* dar. Aufgrund dieses Befundes bietet der *Bodl. Barocc.* 133 einen *terminus ante quem* für die Feststellung der Datierung des *Urbinas*: Da die Produktion des ersteren vor dem Jahr 1293 erfolgte, ist diejenige der Vorlage vor dieses Datum zu setzen.

8.1 Die Deszendenz des *Bodl. Barocc.* 133

Der *Bodl. Barocc.* 133 diente später als Vorlage für zwei Manuskripte, aus denen weitere Abschriften hergestellt wurden: der *Vind. theol. gr.* 222 und der *Mutin.* α.R.7.24.

Die älteste der Abschriften des *Bodl. Barocc.* 133 ist der *Vind. theol. gr.* 222, eine Miszellan-Handschrift verschiedener Texte (u. a. Johannes von Damaskos, Psellos). In der ältesten der drei kodikologischen Einheiten, aus denen der Kodex besteht und die sich nach der benutzten Papiersorte auf die 20er Jahre des 14. Jh. datieren lässt, ist ein Auszug aus der *Epitome physica* überliefert. Ein einziger Schreiber hat die Kap. 1–13, 20 und 18–19 in dieser Reihenfolge geschrieben. Stemmatisch lässt sich der *Vind. theol. gr.* 222 auf den *Bodl. Barocc.* 133 zurückführen, weil er alle Fehler des letzteren enthält; darüber hinaus sind einige seiner Sonderfehler anhand der Vorlage zu erklären. Man kann hierfür beispielsweise die folgenden betrachten:

1025a6 ἀρχή] ἀρχῶν *Bodl. Barocc.* 133$^{a.c.}$, *Vind. theol. gr.* 222 *in textu*: ἀρχὴ *Bodl. Barocc.* 133$^{p.c.}$, *Vind. theol. gr.* 222$^{p.c.}$ *s. l.*   1025c8 f. ὑφ᾽ ἑτέρου] ὑφ᾽ ἑτέρων *Vind. theol. gr.* 222   1028a9 τοιοῦτον] τοιούτου *Vind. theol. gr.* 222$^{a.c.}$ (*acc. corr. Vind. theol. gr.* 222$^{p.c.}$)   1029b13 τοῦ πεφυκότος] τοῦ πεφυκότως *Vind. theol. gr.* 222 (τοῦ πεφυκό^τ *Bodl. Barocc.* 133)   1028c14 ἑκάτερον] ἑκατέρων *Vind. theol. gr.* 222   1032a1 τι] *s. l. Bodl. Barocc.* 133, *om. Vind. theol. gr.* 222   1032c3 f. αὐτοῦ] αὐτῷ *Vind. theol. gr.* 222 (αὐτ^ *Bodl. Barocc.* 133)   1033b14 f. τῆς τῶν φυσικῶν γενέσεως] τῆς *om. Vind. theol. gr.* 222   1036d8 τελεώτερον] τελεώτερα *Vind. theol. gr.* 222 (τελεώτε^ρ *Bodl. Barocc.* 133)   1037d1

---

211 S. z. B.: 1173b1 ψυχομένης *codd., Bodl. Barocc.* 133] ψυχουμένης *Vat. Urb. gr.* 60; 1177c6 δὲ] *om.*; 1216c4 f. τῶν ἀστέρων περιέχουσαν] περιέχουσαν τῶν ἀστέρων; 1249a6 ὁρώμενον] ὁρωμένων; 1260a10 ἥλιος] ὁ ἥλιος; 1265d6 ἀπὸ] ἐπί; 1264a11 τὸ] *om.*; 1301c4 ὅλον] *om.*; 1305d5 δὲ] *om.* Zur Abstammung dieses zweiten Teils des *Vat. Urb. gr.* 60 s. unten S. 56–58.
212 Zum astronomischen Diagramm im *Baroccianus* s. oben S. 35 Anm. 146.

πρώτου] πρώτερον *Vind. theol. gr.* 222   1037d9 κατὰ τὸ ἔχειν αἴτιον ποιητικόν] διὰ τὸ κτλ. *Vind. theol. gr.* 222   1040a3 f. μετασκευάσοι] μετασκευάζων *Vind. theol. gr.* 222
Die Abhängigkeit lässt sich außerdem anhand eines Passus in Kap. 7 (1089c6 f. ὁ μὲν γνωστικῶς ποιῶν καὶ κυρίως ποιῶν) feststellen. Im *Bodl. Barocc.* 133 (f. 75ʳ Z. 6 v.u.) ist das erste Partizip ποιῶν nicht mehr lesbar und wurde von einer späteren Hand nachgetragen; an dieser Stelle hat der Kopist des *Vind. theol. gr.* 222 eine *fenestra* im Umfang von sechs Buchstaben gelassen (f. 99ᵛ Z. 7 v.u.), entsprechend seiner Vorlage.[213]

In der zweiten Hälfte des 16. Jh. wurden die Auszüge des *Vind. theol. gr.* 222 als Vorlage für eine neue Abschrift herangezogen, die heute den ersten Teil des *Ambr.* B 109 sup. bildet. Dabei handelt es sich um ein komplexes Manuskript aus der Sammlung von Gian Vincenzo Pinelli. Mehrere Kopisten haben an seiner Herstellung mitgearbeitet; die ff. 1ʳ–50ʳ (bis zu Z. 5) hat Manuel Moros, einer der Schreiber von Pinelli, kopiert.[214] Auf eine direkte Abhängigkeit des *Ambr.* B 109 sup. vom *Vind. theol. gr.* 222 weist zunächst die Tatsache hin, dass sie dieselbe Auswahl an Kapiteln aus der *Epitome physica* in derselben Reihenfolge enthalten. Außerdem kommen alle Fehler des *Vind. theol. gr.* 222 im *Ambr.* B 109 sup. vor. Das Verhältnis lässt sich auch dadurch bestätigen, dass der *Ambr.* B 109 sup. Sonderfehler und Lesarten, die sich anhand des Duktus des *Vind. theol. gr.* 222 erklären lassen, aufweist, wie z. B.:

1025d1 πρὸς ἀρχέτυπα] προαρχέτυπα   1028c7 ἄλληλα· ἐν ὑποκειμένῳ] ἀλληλ⁽··⁾ἐν ὑπ- *Vind. theol. gr.* 222, *unde* ἀλληλϋπ- *Ambr.* B 109 sup.   1029a11 μετέχουσα] μετάγουσα (aufgrund der Ligatur εχο im *Vind. theol. gr.* 222, die mit αγο verwechselt werden kann)   1029b13 τε] *om.*   1029d9 λέγοιντο] λέγηᵒⁱντο *Vind. theol. gr.* 222: λέγοιτο *Ambr.* B 109 sup.[215]

Der restliche Teil des Manuskripts wurde von vier Kopisten geschrieben, u. a. vom Besitzer Gian Vincenzo Pinelli, der auch Korrekturen im Text oder am Rand hinzufügte. Die *Epitome physica* wurde hierbei bis hin zu Kap. 30 ergänzt, aber die Kap. 29 und 30 sind unvollständig. Wie erste Sondierungen gezeigt haben, wurden als Vorlage abwechselnd der *Vind. phil. gr.* 332 und der *Oxon. Bibl. Aedis Christi gr.* 46 herangezogen.[216]

---

213 Außerdem hat die Tabelle in Kap. 6 die gleiche Gestalt in beiden Kodizes: *Bodl. Barocc.* 133, f. 74ᵛ ~ *Vind. theol. gr.* 222, f. 98ʳ.
214 *RGK* I 252, II 348, III 417. Dieser Kopist hat außerdem den *Bodl. Canon. gr.* 83 sowie den zweiten Teil des *Bodl. Barocc.* 106 geschrieben: s. dazu unten S. 63. Zum Kopistenkreis von Pinelli s. auch Géhin 2004.
215 S. auch z. B. 1032c5 στοιχειώδεις] στοιχειώδης *in textu Vind. theol. gr.* 222 *a.c.*, ει *s. l. Vind. theol. gr.* 222 *p.c.*, *unde* στοιχειώδεις *Ambr.* A 109 sup.
216 Zu den beiden Manuskripten s. unten S. 70 f. Zu dieser Familie von Apographa gehört auch der *Leidensis Voss. Misc.* 27 aus dem letzten Viertel des 16. Jh., wie Sondierungen gezeigt haben (zum Kodex s. De Meyier 1955, 271; s. <https://primarysources.brillonline.com/browse/codices-vossiani-graeci-et-miscellanei-online/vmi-27-joannis-monachi-damasceni-definitiones-philosophiae>). Die genaue Beziehung ist noch festzustellen. Dieses Manuskript könnte die Vorlage für die lateinische Übersetzung von de Billy 1577 (= 1603) gewesen sein: s. oben S. 5.

Am Anfang des 16. Jh. sind zwei weitere Manuskripte mit dem Text der gesamten *Epitome physica* entstanden, die mit dem *Bodl. Barocc.* 133 direkt bzw. indirekt in Verbindung zu setzen sind. Eine direkte Abschrift ist der *Mutin.* α.R.7.24 (Abb. 6). Dieter Harlfinger hat den Schreiber dieses Manuskripts als Andreas Donos identifiziert.[217] Es handelt sich um einen sehr kalligraphischen Kodex, der die *Epitome physica* plus kürzere Texte überliefert; was den Blemmydes-Text angeht, enthält der *Mutin.* α.R.7.24 alle Fehler des *Bodl. Barocc.* 133 und fügt eigene hinzu, wie z. B.:

(Titel) βιβλίον δεύτερον] βιβλίον δεύτερον περὶ φυσικῆς ἀκροάσεως   1021a8 ἔτι] *om.*   1024a5 κέντρου] κέντρον   1024a11 ἐκ τῆς] περὶ τοῦ ἐκ τῆς   1025c6 προσεχές] προσεχῶς   1029d4 κἂν ἐν ὑποκειμένῳ] καὶ ἐν ὑποκειμένῳ   1032a9 ἐστιν εἶδος] εἶδός ἐστιν   1033a8 γένηται] γίνηται   1037a10 μικροῦ] τοῦ μικροῦ   1040b1 τοῦ] *om.*   1216d6 ἀληθῶς] ἀληθῶν   1217d8 καὶ] κατὰ   1228b4 ποιητής] ποιητικῆς

Zwischen den Zeilen und am Rand findet man Korrekturen und kurze Kommentare. Interessant ist dabei, dass der Text gelegentlich anhand einer anderen Handschrift der *Epitome physica* korrigiert wurde.[218] Beispiel dafür ist die oben genannte Stelle in Kap. 1 (1025b10–c1):

διαφέρει δὲ κυρίως αἴτιον καὶ συναίτιον, τῷ τὸ μὲν κυρίως αἴτιον, χωριστὸν εἶναι τοῦ ἀποτελουμένου καὶ ἐξῃρημένον παντάπασι] αἴτιον μὲν τὸ χωριστὸν εἶναι *Bodl. Barocc.* 133, *Vind. theol. gr.* 222, *Mutin.* α.R.7.24, *ad* κυρίως αἴτιον *in marg.* καὶ συναίτιον *add. Mutin.* α.R.7.24[p.c.219]

Triviale Fehler des *Bodl. Barocc.* 133 wurden gelegentlich korrigiert:

1025c6 κηρύττηται] κυρίτηται *Bodl. Barocc.* 133, *recte Mutin.* α.R.7.24   1028d5 f. διὰ τὸ – μὴ ἀντικεῖσθαι αὐτῷ] διὰ τὸ – μὴ ἀντικεῖσθαι αὐτό *Bodl. Barocc.* 133, αὐτῷ *recte Mutin.* α.R.7.24

Im *Mutin.* α.R.7.24 hat Andreas Donos zudem weitere Diagramme zum Text hinzugefügt, die nicht zur originalen Fassung der *Epitome physica* gehören. Unklar ist, ob er sie schon in einem verschollenen Exemplar vorgefunden hat. Besonders interessant ist außerdem, dass sich das astronomische Diagramm zu Kap. 32 an der richtigen Stelle befindet, und zwar am Ende der *Epitome physica*.[220] Der Wert des *Mutin.* α.R.7.24 liegt besonders darin, dass er allein den im *Bodl. Barocc.* 133 ausgefallenen Großteil von Kap. 24 (1217d4–1128b8) bezeugt und folglich als Stellvertreter für den ursprünglichen Text des *Vat. Urb. gr.* 60 gelten soll.[221]

---

217 S. Harlfinger u. Harlfinger 1980, Index II 19

218 Die Vorlage ist noch zu identifizieren.

219 S. z. B. auch 1036b3 μὴ] *om. Bodl. Barocc.* 133, *om. in textu, sed s. l. add. Mutin.* α.R.7.24 *p.c.*; 1213b12 τὸν] *om. Bodl. Barocc.* 133, *Mutin.* α.R.7.24, τὸν *s. l. add. Mutin.* α.R.7.24 *p.c.*

220 S. unten S. 107–109.

221 Aus dem *Mutinensis* stammt wohl auch der *Bodl. Barocc.* 94, ein Notizbuch von Donos mit Auszügen u. a. aus der *Epitome physica*. Die Filiation wird in einer separaten Studie dargelegt.

Kurz nach seiner Entstehung hat derselbe Kopist Andreas Donos zusammen mit einem anderen anonymen Schreiber den *Mutin.* α.R.7.24 als Vorlage für eine weitere Abschrift herangezogen: den *Monac. gr.* 543. Dieses Manuskript enthält die gesamte Εἰσαγωγικὴ ἐπιτομή, wobei aber die *Epitome logica* aus einem anderen Manuskript stammt.[222]

Der Text der *Epitome physica* enthält alle Fehler des *Mutin.* α.R.7.24. Einige Auslassungen bzw. Fehler im *Monac. gr.* 543 lassen sich außerdem nur durch den *Mutin.* α.R.7.24 erklären, wie u. a.:

1036b11 ἀπουσία οὖσα] ἀπουσία εἶναι, ποιοῦσα τὴν ὕλην μὴ εἶναι οὖσα *Monac. gr.* 543 *a.c., postea verba* εἶναι, ποιοῦσα τὴν ὕλην μὴ εἶναι *del. Monac. gr.* 543 *p.c.* 1216b5 φιλοσοφησάντων] φιλοσο[[.]]άν-των *Mutin.* α.R.7.24 *a.c.,* φιλοσο^φισάντων *Mutin.* α.R.7.24 *p.c., unde* φιλοσοφϊσάντων *Monac. gr.* 543 1217d7 ἀπλῆν] ἀπλῆ[[ν]] *Mutin.* α.R.7.24, ν *in rasura, unde* ἀπλῆ *in textu Monac. gr.* 543 (*bis*).

Nachträgliche Korrekturen des *Mutinensis* werden im *Monacensis* in der Regel in den Text übernommen, wie z. B.:

1036b2 μὴ] *om. Bodl. Barocc.* 133, *om. in textu, sed s. l. add. Mutin.* α.R.7.24 *p.c., in textu praeb. Monac. gr.* 543 1213b12 τὸν] *om. Bodl. Barocc.* 133, *Mutin.* α.R.7.24, τὸν *s. l. add. Mutin.* α.R.7.24 *p.c., unde* τὸν *in textu Monac. gr.* 543 1216a1 καὶ] *s. l. add. Mutin.* α.R.7.24 *p.c., unde in textu Monac. gr.* 543[223]

Die Diagramme des *Mutin.* α.R.7.24 wurden im *Monac. gr.* 543 jedoch nicht reproduziert, auch wenn freier Raum dafür gelassen wurde. Diese Zeichnungen sind aber im *Berol. Phill. gr.* 1517 zu finden. Diesen Kodex der *Epitome physica* hat Nikolaos Tourrianos wohl in den 60er Jahren des 16. Jh. erstellt: Erste Sondierungen zeigen, dass er als Vorlage eben den *Mutinensis* herangezogen hat.[224]

---

222 Ob dieses als *Parisinus gr.* 2103 zu identifizieren ist, bleibt noch zu untersuchen. Diesen *Parisinus* hat derselbe anonyme Schreiber des *Monacensis* erstellt. Manuel Moros hat außerdem den *Bodl. Barocc.* 83 mit der *Epitome logica* sowie Holobolos' Übersetzung der Schrift *De topicis differentiis* von Boethius angefertigt (ein vollständiges Digitalisat des Manuskripts ist online: <https://medieval.bodleian.ox.ac.uk/catalog/manuscript_1146>). Die genauen Verhältnisse zwischen diesen Kodizes sind im Rahmen einer umfassenden Untersuchung der Überlieferungsgeschichte der *Epitome logica* noch festzustellen.
223 Sonderfehler des *Monacensis* sind u. a. die folgenden: 1024a11 λβ΄. ἐκ τῆς εἰς τὸν ὄγδοον ψαλμὸν ἐξηγήσεως] *om.*; 1228b3 ποιητήν] ποιητικήν.
224 Die Untersuchung des Kodex ist bereits fortgeschritten: Die Belege für die Abstammung werden in einer darauffolgenden Studie dargelegt.

Das Teilstemma dieser Familie ist deshalb folgendermaßen zu erstellen (Tab. 4):

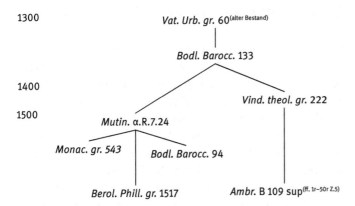

Tab. 4: Teilstemma der Familie des *Vat. Urb. gr. 60.*

9 Die Familie β: *Mosqu. Synod. gr. 333, Vat. gr. 315, Marc. gr. Z. 264, Bucur. gr. 10, Vat. Urb. gr. 60*

Eine weitere Familie von fünf Handschriften, die zwischen dem Ende des 13. und der ersten Hälfte des 14. Jh. angefertigt wurden, lässt sich aufgrund textkritischer Merkmale identifizieren. Vier davon enthalten die gesamte Εἰσαγωγικὴ ἐπιτομή: der *Mosqu. Synod. gr.* 333 (Ende des 13. Jh.), der *Vat. gr.* 315 (13./14. Jh.), der *Marc. gr. Z.* 264 (13./14. Jh. [Abb. 7]) sowie der *Bucur. gr.* 10 (Anfang des 14. Jh.).[225] Zu dieser Familie gehört auch der zweite Teil des bereits untersuchten *Vat. Urb. gr.* 60.[226] Zu späteren Zeitpunkten wurden von einigen dieser Kodizes Abschriften hergestellt, die teilweise sehr wichtig sind, um den Text der gemeinsamen Vorlage β rekonstruieren zu können, da die Haupthandschriften in ihrem heutigen Zustand beschädigt bzw. nicht mehr vollständig sind. Der einzige Kodex dieser Familie, der den Text der *Epitome physica* noch in Gänze überliefert, ist der *Marc. gr. Z.* 264.

Entscheidend für die Feststellung der Zusammengehörigkeit dieser fünf Kodizes ist ein Bindefehler in Kap. 29 (1284c11–d1), wo die unterschiedliche Länge der Breitenkreise illustriert wird:[227]

τῶν δ' ἀπ' αὐτοῦ (scil. ἰσημερινοῦ κύκλου) ὡς πρὸς τοὺς πόλους κύκλων ὁπόσοι μὲν ὡς πρὸς τὸν βόρειον, τὰ μείζω τμήματα ἔχουσιν ὑπὲρ γῆν, τὰ δ' ἐλάττω ὑπὸ γῆν· ὁπόσοι δ' ὡς πρὸς τὸν νότιον, ἔμπαλιν[228]] nach ἔμπαλιν werden die Wörter τὰ δ' ἐλάττω ὑπὸ γῆν in allen fünf Manuskripten wiederholt (*Mosqu. Synod. gr.* 333, *Vat. gr.* 315, *Marc. gr. Z.* 264, *Bucur. gr.* 10, *Vat. Urb. gr.* 60)

Eine weitere Stelle in demselben Kapitel zur unterschiedlichen Länge der Tage und Nächte in den verschiedenen Jahreszeiten ist außerdem von Relevanz:

1288b12–c1 ὥστε εἰ ἓξ ὥραις ὑπερέχει τῆς ἐλαχίστης ἡμέρας ἡ μεγίστη, τὸν μὲν πρῶτον μῆνα προστεθήσεται τῇ αὐξομένῃ ἡμέρᾳ, ἡμιώριον· τὸν δεύτερον, ὥρα· τὸν τρίτον, ὥρα καὶ ἡμιώριον] τὸν

---

225 Zu diesem Kodex s. Valente 2016b, 277–279; Acerbi u. Gioffreda 2019, 12, 34 mit Literatur.

226 Ff. 147ʳ–215ʳ, ab Kap. 17 (1172a11) bis zum Ende der *Epitome physica*: s. oben S. 49–51. Aus dem *Vat. Urb. gr.* 60 und einem Manuskript der ‚zypriotischen Familie‘, wohl dem *Vind. phil. gr.* 332, ist im Laufe des 16. Jh. eine weitere Familie von Manuskripten mit einer Mischrezension entstanden; der Text von Blemmydes scheint hier mit demjenigen der *Synopsis* von Rhakendytes kontaminiert worden zu sein. Der Stammvater dürfte der *Vat. gr.* 1735 gewesen sein. Zu dieser Familie gehören die folgenden Kodizes: Athen, Museum Benaki 115, *Scor.* Φ.II.7, *Taur.* B.VI.29 sowie *Vind. phil. gr.* 99 und *Vind. phil. gr.* 181. Die genauen stemmatischen Verhältnisse werden noch untersucht. Eine Bestätigung, dass diese Gruppe von Manuskripten aus Zypern stammt, kann vom *Scor.* Φ.II.7 kommen: Dieser gehört möglicherweise zu den Handschriften, die Francesco Patrizi (1529–1597) auf der Insel erwarb: s. Martínez Manzano 2015, 129, 131.

227 S. auch unten S. 64.

228 Der Text des *Vat. gr.* 434 an dieser Stelle ist: τῶν δ' ἀπ' αὐτοῦ πρὸς τοὺς πόλους κύκλων ὁπόσοι μὲν πρὸς τὸν βόρειον, τὰ μείζονα τμήματα ἔχουσιν ὑπὲρ γῆς, τὰ δὲ ἐλάττονα ὑπὸ γῆν· ὁπόσοι δὲ ὡς πρὸς τὸν νότιον, ἔμπαλιν. Die Quelle ist Cleom. I 3, 66 f.

δεύτερον, ὥρα ist die Lesart aller unabhängigen Kodizes außer dem *Scor.* Y.III.22, der ὥρα μία überliefert; ὥρα wird in den fünf Kodizes ausgelassen (*Mosqu. Synod. gr.* 333, *Vat. gr.* 315, *Marc. gr.* Z. 264,
Bucur. gr. 10, *Vat. Urb. gr.* 60; eine zweite Hand hat ὥρα im *Vat. Urb. gr.* 60 *supra lineam* ergänzt).

Weitere Bindefehler gegenüber anderen Kodizes der *Epitome physica* sind u. a. die
folgenden:

1025b11 f. τῷ τὸ μὲν κυρίως αἴτιον] τὸ μὲν κυρίως αἴτιον *om. Marc. gr.* Z. 264, *Vat. gr.* 315, τῷ τὸ μὲν
κυρίως αἴτιον *om. Bucur. gr.* 10, *Mosqu. Synod. gr.* 333[229]   1044d2 εὑρίσκεσθαι] εὑρίσκεται *Bucur.
gr.* 10, *Marc. gr.* Z. 264, *Mosqu. Synod. gr.* 333, *Vat. gr.* 315   1056c10 ἔχει] ἔχειν *Bucur. gr.* 10, *Marc.
gr.* Z. 264, *Mosqu. Synod. gr.* 333, *Vat. gr.* 315   πρακτικῶς] παρεκτικῶς *Bucur. gr.* 10, *Marc. gr.* Z. 264,
Mosqu. Synod. gr. 333, *Vat. gr.* 315   1144d5 μόρια] *om. Bucur. gr.* 10, *Marc. gr.* Z. 264, *Mosqu. Synod.
gr.* 333, *Vat. gr.* 315   1272b2 κατασκευάζονται] κατασκευάζεται *Bucur. gr.* 10, *Marc. gr.* Z. 264, *Mosqu.
Synod. gr.* 333, *Vat. gr.* 315, *Vat. Urb. gr.* 60   1277d12 στροφὴν] συστροφὴν *Bucur. gr.* 10, *Marc. gr.*
Z. 264, *Mosqu. Synod. gr.* 333, *Vat. gr.* 315,[230] *Vat. Urb. gr.* 60   1293b2 f. ἰσημερίαις] ἰσημεριναῖς *Bucur.
gr.* 10, *Marc. gr.* Z. 264, *Mosqu. Synod. gr.* 333, *Vat. gr.* 315, *Vat. Urb. gr.* 60

Jede Haupthandschrift dieser Familie enthält außerdem nicht wenige Sonderfehler,
wie z. B.:[231]

Fehler von *Bucur. gr.* 10: 1033a13 κατά τινα] κάτινα   1033a15 τὸ] *om.*   1048a12 βαλανεῖον]
βαλανεῖ   1116a10 παραβαλλόμενα] παραβαλλόμενον   1116b2 ἁπάντων] ἁπάντων ἁπάντων
1144c13 ὡς] *om.*   1148d9 f. αὐτὸ πάλιν τὸ] τὸ αὐτὸ πάλιν   1157b9 ἦν ἄν] ἄν *om.*   1157c10
ὕδωρ] *om.*   1161c3 ὁποσοῦν] ὁποσοινοῦν   1161d1 γὰρ] δὲ   1161d9 τὲ] *om.*   1216a8 ὅτι καὶ
ἀμερές] περὶ τοῦ θεοῦ ὅτι πανταχοῦ κ- ἁ-   1228a3 f. παρισουμένους] περισουμένους   1244b7 f. αἱ
δύο τοῦ ἑξαγώνου πλευραὶ] τοῦ ἑξαγώνου αἱ δύο πλευραὶ

Fehler von *Vat. gr.* 315 (*Schreiber A*): 1021b6 βροντῆς] βροτῆς   1033a9 f. ἐκ σπέρματος
ἀλλοιουμένου] *om.*   1033b1 ἀλλοιούμενον] ἀλλοτριούμενον   1036d7 τῆς] *om.*   1037c3 οὕτω]
οὕτω μὲν   1037c14 καὶ] *om.*   1037d5 f. οὐ τῷ ἀναλύεσθαι] ἐν τ- ἁ-   1040a12 εἶδος ἐν ὕλῃ]
εἶδος ὕλης   (*Schreiber B*): 1056b1 ἡ μὲν] ἡ μὲν γάρ   1112a10 πρόσθεσις] πρόθεσις   1112b3
ἀριθμός] *om.*   1112c9 ἐντελέχεια] ἐντέλεια   1116a11 σύνθεσις] θέσις   1121a6 f. τοῦ εἴδους] τοῦ
om.   1121a11 τὸ εἶδος] *om.*   1124a9 ὅσοις] ὅσας   1124d4 ἰσάζῃ] ἡσυχάζῃ   1125b12 αὐτῶν]
αὐτοῖς   1168a4 εἰσβαλλόντων] εἰσρεόντων   1216a3 ἐντός] ἐκτός   1216d1 συντεθειμένον]
συντιθέμενον   1221a9 τὴν] *om.*   1221b6 περιστροφῆς] ἐπιστροφῆς   1224a6 ἀπὸ παντὸς]
ἁπαντὸς   1224d6 ὅτε] οὔτε   1228c8 καὶ θεὸς] καθ' ὅ   1228d11 ἐνέθηκεν] ἀνέθηκεν   1256b8

---

229 Zu diesem Passus s. auch oben S. 50, 53. Die Vorlage muss wohl die Auslassung von τὸ μὲν κυρίως
αἴτιον bereits enthalten haben; den Artikel τῷ könnten *Bucur. gr.* 10 und *Mosqu. Synod. gr.* 333 unabhängig voneinander ausgelassen haben beim Versuch, die Stelle zu korrigieren. Alternativ könnte
man ein Zwischenexemplar (δ) postulieren: Es lassen sich aber wenige Bindefehler zwischen *Bucur.
gr.* 10, *Mosqu. Synod. gr.* 333 und *Vat. Urb. gr.* 60 erkennen, die eine solche Hypothese stützen könnten,
wie z. B.: 1057d1 ἀκινησία] ἀεικινησία *Bucur. gr.* 10, *Mosqu. Synod. gr.* 333; 1144b4 γενόμενον] γινόμενον
Bucur. gr. 10, *Mosqu. Synod. gr.* 333; 1221c2 γραμμῶν] γραμμάτων *Bucur. gr.* 10, *Mosqu. Synod. gr.* 333,
Vat. Urb. gr. 60.
230 Eine spätere Hand hat die Lesart korrigiert, indem συ *supra lineam* hinzugefügt wurde.
231 Für den zweiten Teil des *Vat. Urb. gr.* 60 s. oben S. 51 Anm. 211.

διεβίβαζεν] διαβάδιζεν   1260a15 ἡμετέρας] ἡμέρας   1265d7 κατέρχοιτο] κατέχοιτο   1308d4 f.
τὸν οἰκεῖον κύκλον] τὸν κύκλον τὸν οἰκεῖον   1309b12 κατωτάτω] κατωτέρα   1313a1 κατά]
καὶ   1316b11 ὑποδρομῆς] ἐπιδρομῆς

Fehler von *Marc. gr.* Z. 264: 1117c5 ὑπείκει] ὑπόκειται   1120b8 γε] δὲ   1120b12 f. πάντων σωμάτων
τῶν φυσικῶν] πάντων τῶν σωμάτων φυσικῶν   1160b8 τὸ] τοῖς   1161c10 ἡλιακῆς] ἡλιακῆς
ἀκτῖνος μᾶλλον δὲ   1165b3 ἐγγύθεν εἶναι] εἶναι ἐγγύθεν   1165d11–1168a1 τῶν μεγάλων ποταμῶν]
τῶν ἄλλων ποταμῶν τῶν μεγάλων   1169b13 θρασκίας] θρασκέας   1217a11 διά] καὶ διὰ   1253a13
κατά] καὶ κατὰ

Fehler von *Mosqu. Synod. gr.* 333: 1033a7 καὶ τὰ] κατα sic   1041c3 f. καὶ τὰ κατὰ συμβεβηκὸς αἴτια] καὶ
τὰ *om.*   1044a5 κυριώτερον] κυριώτατον   1044d9–1045a1 καὶ τὸ ἐπ' ἔλαττον] τὸ *om.*   1045a6 εἴ
ποθεν] εἴπομεν   1045a7 f. ὑπὸ τῶν πολεμίων] ὑπὸ *om.*   1045c8 f. ἐπὶ τοῖς παρηκολουθηκόσιν] ἐπὶ
τοῖς παρακολουθήσασιν   1049a10 ἀεὶ] καὶ ἀεὶ   1052b9 δὲ λέγοιτ' ἂν] δ' ἂν λέγοιτ' ἂν   1144a12 f.
τε καὶ πυκνωθεὶς] *om.*   1145c6 τε] *om.*   1152a9 προθερμανθέντα] προτεθερμανθέντα   1168b7
λεγόμενος] καλούμενος   1169d3 νότιοι] νότοι

Diese fünf Handschriften stammen deshalb von einer gemeinsamen Vorlage β ab;
abgesehen von einzelnen Sonderfehlern scheint der Text dieser Familie von guter
Qualität zu sein.

9.1 Die Abschriften des *Mosqu. Synod. gr.* 333

Zwei Abschriften des *Mosqu. Synod. gr.* 333 sind erhalten, die eine vollständig, die
andere nur partiell. Die erste stellt der *Mosqu. Synod. gr.* 185 dar. Dabei handelt es
sich um einen Kodex der Εἰσαγωγικὴ ἐπιτομή wohl aus der ersten Hälfte des 14. Jh.,
wie sich aufgrund paläographischer Merkmale feststellen lässt. Die Kollation zeigt,
dass *Mosqu. Synod. gr.* 185 alle Fehler des *Mosqu. Synod. gr.* 333 übernommen hat;
außerdem enthält er einige Sonderfehler, wie z. B.:

1021a7 τοῦ] τοὺς   1025a11 λέγεται καὶ αἴτιον] καὶ αἴτιον λέγεται   1029b10 στέρησις] ὄντως
στέρησις   1029d1 ἂν] *om.*   1029d3 f. οὐσία μᾶλλον] μᾶλλον οὐσία   1032b4 σωματικὰ]
σωματικαὶ   1032b6 οὐσία δοκεῖ] δοκεῖ οὐσία   1313d10 μερῶν] χειμερινῶν

Obwohl der *Mosqu. Synod. gr.* 185 als reines Apographon von *Mosqu. Synod. gr.* 333
einzustufen ist, liegt seine Bedeutung für den Text beider Lehrbücher darin, dass er
als einziger Überlieferungsträger für die verstümmelten Partien am Anfang und Ende
des *Mosqu. Synod. gr.* 333 auftritt.

Außerdem wurde der *Mosqu. Synod. gr.* 333 von Neophytos Prodromenos herangezogen, um den Text der letzten Kapitel der *Epitome physica* im bereits besprochenen
Vat. gr. 246 nachträglich zu ergänzen (*Vat. gr.* 246[N]).[232] Der von ihm restaurierte Teil des

---

[232] S. oben S. 25.

Vat. gr. 246 (ff. 243ʳ–248ʳ) enthält alle Fehler des *Mosquensis* plus seine eigenen, die teilweise auf den Duktus der Vorlage zurückzuführen sind:

1296c2 αὖ] ἂν (der Fehler lässt sich anhand des Duktus des *Mosqu. Synod. gr.* 333, f. 145ʳ Z. 26, erklären)   1297a11 ὑπὸ] τὸ ὑπὸ   1297c8 f. προλάβοι] εἰ προσλάβοι   1297d1 τοῖς] τοὺς   1300b11 οὖ] δηλονότι, οὐ   1300b14 εἶναι μόνου Θεοῦ] μόνου Θεοῦ εἶναι   1300c10 μηδαμῶς] μηδαμῆ μηδαμῶς   1300d5 ἢ] *om.*   1301b6 ἂν] *om.*   1301b8 ῥεύσεως] εὑρήσεως (und am Rand: ἢ ἐκ ῥεύσεως μᾶλλον)   1301b8 f. εἶχέ ποθεν ὁ ἀὴρ] εἶχεν ὁ ἀήρ ποθεν   1301b10 ἀπέλιπε] κατέλιπε   1301c14 σύλληψις] σύλληψις καὶ περιοχὴ   1304a15 ἐκστήσομαι] ἀποστήσομαι   1305b7 ἐστι] τέ ἐστι   1305c8 στοιχεῖον] στοιχειῶδες   1308a7 δεύτερον, τὸ] δ- ἤγουν τὸ   1309a7 περὶ] περὶ δὲ   1309a14 ποιεῖσθαι] κινεῖσθαι   1312b11 f. οὕτως ἀποκρύπτει τὸν ἥλιον ἀφ' ἡμῶν] *om.*   1312c8 γίνεται τῆς σελήνης] τῆς σελήνης γίνεται   1313b7 σκιά] σκιά ἐστι   1313c10 μήτε] μήτε μὲν

Der Cod. *Mosqu. Synod. gr.* 333 dürfte sich entsprechend während der zweiten Hälfte des 14. Jh. im Kloster von Theodoru-Petra in Konstantinopel befunden haben, wo Neophytos tätig war. Dieser Teil des *Vat. gr.* 246 ist wiederum zusammen mit dem *Mosqu. Synod. gr.* 185 für den Text des *Mosqu. Synod. gr.* 333 wichtig, weil die letzten Blätter des letzteren inzwischen verloren gegangen sind. Im letzten Teil von Kap. 32 weisen der *Mosqu. Synod. gr.* 185 und der *Vat. gr.* 246ᴺ mit dem *Bucur. gr.* 10 und dem *Marc. gr.* Z. 264 gemeinsame Fehler auf:

1317d9 ζῴδιον θερμὸν] θερμὸν ζῴδιον *Bucur. gr.* 10, *Marc. gr.* Z. 264, *Mosqu. Synod. gr.* 185, *Vat. gr.* 246ᴺ   1317d10 ἕτερος] *om. Bucur. gr.* 10, *Marc. gr.* Z. 264, *Mosqu. Synod. gr.* 185, *Vat. gr.* 246ᴺ

Darüber hinaus haben *Mosqu. Synod. gr.* 185 und *Vat. gr.* 246ᴺ jeweils ihre eigenen Fehler, wie z. B.:

Fehler des *Mosqu. Synod. gr.* 185: 1313d10 μερῶν] χειμερινῶν   1316d6 τοῦ] *om.*   1320a11 τε] δὲ

Fehler des *Vat. gr.* 246ᴺ: 1316a9 γινομένη] γενομένη   1316b8 τὸν] τὸ   1316b10 τῶν] *om.*   1316b13 καὶ] *om.*   1316b13 αὐτοῦ] *om.*   1316c2 τοῦ κόσμου μέρεσιν] μέρεσιν τοῦ κόσμου   1317d3 κατὰ] κατὰ τὰ

Die Apographa sind deshalb relevant für die Rekonstruktion des Textes der Vorlage β an den Stellen, an denen die Blätter in *Mosqu. Synod. gr.* 333 nicht mehr erhalten sind.

9.2 Die Abschriften des *Vat. gr.* 315

In seinem heutigen Zustand weist der *Vat. gr.* 315 einen Wasserschaden im oberen Bereich auf, sodass die ersten Zeilen mehrerer Blätter nicht mehr bzw. nur schwer lesbar sind. Das Manuskript befand sich schon in diesem Zustand, als der Kalligraph Demetrios Damilas es im Jahr 1494, zwischen März und November, aus der Vatikanischen Bibliothek auslieh:[233]

> Io Demetrio Cretense, scriptore in greco, confeso haver hauto da la libraria del papa, da miser Zuane Fonsalito bibliothecario l'opera di Blemide, uno compendio in filosofia in charta bambasina coverto de rosso, per lo nomine de lo reverendissimo padre generale di santo Dominico,[234] a renderlo a lo suo bon piacere, a dì 17 di marzo di 1494. – Restituit mihi Io(anni) custodi Dimetrius, die 15 novembris.

Wie Maria Bertòla feststellte, handelt es sich bei dem entliehenen Manuskript eben um den *Vat. gr.* 315.[235] In seiner Untersuchung zum sogenannten ‚*librarius Florentinus*‘ konnte Paul Canart[236] bestätigen, dass dieser Kodex als Vorlage für den von Damilas angefertigten *Vat. Barb. gr.* 246 diente. Entscheidend waren insbesondere die *fenestrae* im *Barberinianus*, die den unlesbaren Stellen des *Vaticanus* entsprechen.[237] Unter den von Canart erwähnten Handschriften von Damilas befindet sich auch ein weiterer Kodex der Εἰσαγωγικὴ ἐπιτομή von Blemmydes, der *Laur. plut.* 71,8, den Canart aber nur paläographisch untersuchte.[238]

Die beiden von Damilas erstellten Abschriften sind großformatige Luxusexemplare aus Pergament, die für hochrangige Auftraggeber hergestellt wurden. Diesen Eindruck bestätigt insbesondere der *Laurentianus*,[239] in welchem der renommierte Miniaturmaler Attavane degli Attavanti im Auftrag von Lorenzo de' Medici auf f. 1^r die Illuminierung mit dem Gesamttitel und dem Anfang des Proömiums realisierte.[240] Der *Barberinianus* wurde hingegen im Auftrag von Gioacchino Torriano für die Bibliothek der venezianischen Kirche San Zanipolo angefertigt.[241]

Textgeschichtlich stammen die zwei Kodizes vom bereits identifizierten *Vat. gr.* 315 ab, denn sie enthalten alle Fehler des letzteren plus ihre eigenen.[242] Einige Fehler lassen sich anhand des Duktus der im *Vaticanus* eingeführten Korrekturen erklären, wie z. B.:

---

233 S. Bertòla 1942, 60,21–61,3. Eine erste Version dieses Kapitels ist in Valente 2016a, 32–37 erschienen.

234 *I.e.* Gioacchino Turriani (s. Bertòla 1942, 61 Anm. 2).

235 Bertòla 1942, 61 Anm. 1.

236 Canart 1977/1979, 315. Dazu s. schon Harlfinger 1971, 222–227 und 417.

237 Canart 1977/1979, 315 Anm. 3: „comme le montrent les «blancs» de la copie, dus à la détérioration du modèle: cf. p. ex. le f. 98^v, l. 1 du *Vaticanus* et le f. 73, l. 17 du *Barberinianus*". Diese Beschädigung muss deshalb vor dem Jahr 1494 stattgefunden haben.

238 S. Canart 1977/1979, 315: „reste à voir s'il [*i. e. Vat. Barb. gr.* 246] est l'unique prétendant au titre de copie de Damilas [*i. e.* des *Vat. gr.* 315]".

239 Canart 1977/1979, 322, 324 Anm. 1, 330.

240 Hier lassen sich die typischen Merkmale dieses Auftraggebers erkennen. Die vorgesehene Illuminierung auf f. 86^r, wo die *Epitome physica* beginnt, wurde allerdings nicht ausgeführt.

241 S. Jackson, The Greek Library 4, 11 (B28), 35 (A156), 40. Die vorgesehene Illumination wurde dabei jedoch nicht ausgeführt (s. dazu ebd. 39 f.).

242 S. oben S. 57 f.

1225c8 μέρει] ὄρει *Vat. gr.* 315 *p.c.*, μέρει *Vat. gr.* 315 *p.c.* : ἀέρι *Vat. Barb. gr.* 246, *Laur. plut.* 71,8. Der in der Zwischenzeile geschriebene Buchstabe μ kann leicht mit einem α verwechselt werden.

Der *Barberinianus* und der *Laurentianus* weisen darüber hinaus auch Trennfehler auf, wie z. B.:

Fehler von *Vat. Barb. gr.* 246: 1157c8 στάδια] στάσια[243]   1309c14 ἡλιακῶν] ἡλικῶν   1317c2 θερμοῦ] ἑρμοῦ

Fehler von *Laur. plut.* 71,8: 1036c7 γὰρ] κᾶν   1037c13 ἄφθαρτος] ἄφθαρτον   1252c8 ὑποσκιάζει] ὑποσκιάζοι[244]   1305b10 ἀπλανεῖς] ἀπανεῖς   1308a14 κατά τινας] κατὰ   1312b6 τὸν ἥλιον] τοῦ ἡλίου   1317d2 ἕκτον] ἔκτος

An den Stellen, wo der Text des *Vat. gr.* 315 den Wasserschaden erlitten hat, hat Damilas in beiden Abschriften *fenestrae* unterschiedlicher Größe gelassen:

1025d1 οὓς] *om. in fenestra Laur. plut.* 71,8   1028c14 τῶν ἀντικειμένων ὑπομενεῖ] *om. in fenestra Vat. Barb. gr.* 246, *Laur. plut.* 71,8   1032c4 f. ὕλη γὰρ καὶ τὸ εἶδος ἐνυπάρχουσι τῷ γινομένῳ] *om. in fenestra Laur. plut.* 71,8, ὕλη [*fenestra*] *Vat. Barb. gr.* 246   1036d8 f. τελεώτερον. τὰ τελευταῖα γὰρ εἴδη θεασάμενοι] τελεώτερον. τὰ τελευταῖα γὰρ εἴδη *om. in fenestra Vat. Barb. gr.* 246, γὰρ εἴδη θε *om. Laur. plut.* 71,8, *spatio relicto*   1036d10 ὑποκειμένου] ὑποκει[.....] *Vat. Barb. gr.* 246; 1036d11 πεφυκότος] πεφυκο[...] *Vat. Barb. gr.* 246, *Laur. plut.* 71,8   1120b12 προσεχῇ πάντων] *om. in fenestra Vat. Barb. gr.* 246, π[.......] *Laur. plut.* 71,8   1124c5 πῦρ] *om. in fenestra Vat. Barb. gr.* 246

Die Auslassungen in beiden Kodizes stimmen nicht immer überein: Das lässt sich wohl dadurch erklären, dass Damilas die Kopien nacheinander zwischen März und November 1494 unmittelbar aus dem *Vat. gr.* 315 anfertigte, als er dieses Manuskript vor sich hatte. Dabei konnte er wahrscheinlich mal mehr, mal weniger Text entziffern.

Der Wert der Apographa liegt darin, dass Damilas den *Vat. gr.* 315 benutzen konnte, als er noch vollständiger war als heute. In seinem aktuellen Zustand ist dieser Kodex verstümmelt, denn die *Epitome physica* endet abrupt auf dem f. 190ᵛ mit den Worten ταπεινοῦσθαι· τῇ δ᾽ ἐν|[τεῦθεν] (1316d5) aufgrund des Verlustes von zwei Blättern am Ende der letzten Lage. In beiden Abschriften reicht der Text aber weiter: Sowohl im *Laur. plut.* 71,8 (f. 180ᵛ Z. 10 f. v.u.) als auch im *Vat. Barb. gr.* 246 (f. 136ʳ Z. 14 f.) liest man ἐν[........] ἀνόδῳ mit einer *fenestra*, wohl weil Damilas wegen des Wasserschadens nicht in der Lage war, die ersten Wörter auf dem heute verschollenen f. 191 des *Vat. gr.* 315 zu lesen. Damilas konnte aber den Text der *Epitome physica* bis zu den Worten

---

243 Im *Vat. gr.* 315, f. 122ʳ Z. 11 sieht die Ligatur Delta-Iota so aus wie Sigma-Iota. S. auch 1216d7 οὐσιοῦται] οὐδιοῦται *Vat. Barb. gr.* 246, *Laur. plut.* 71,8, wo sich der Fehler genauso erklären lässt (s. *Vat. gr.* 315, f. 146ᵛ Z. 4 v.u.).

244 Auch in diesem Fall wurde der an sich nicht schwerwiegende Fehler wohl durch den Duktus des Kopisten des *Vaticanus* verursacht, weil die Ligatur Epsilon-Iota auf dem f. 163ʳ Z. 11 mit derjenigen für Omikron-Iota leicht zu verwechseln ist.

ὅθεν Ἀφροδίτης οἶκος (1317d8) abschreiben.[245] Der Textumfang entspricht dabei ungefähr demjenigen eines Blattes des *Vat. gr.* 315; der Text der Apographa enthält hierbei *fenestrae* unterschiedlicher Größe.[246]

Im *Laur. plut.* 71,8 endet die Abschrift auf dem f. 181[v] nach zwölf Zeilen, während der Rest des Blattes sowie die darauffolgenden ff. 182 und I´, die zur letzten Lage gehören, unbeschrieben geblieben sind. Daraus lässt sich schließen, dass Damilas im Jahr 1494 das heute verschollene f. 191 des *Vat. gr.* 315 noch lesen konnte.[247] Im Allgemeinen sind der *Vat. Barb. gr.* 246 und der *Laur. plut.* 71,8 für den letzten Teil von Kap. 32 Zeugen für die Rekonstruktion der Textgestalt des Exemplars β. Darüber hinaus bezeugen die beiden Abschriften von Damilas die hohe Wertschätzung für die beiden Schriften des Blemmydes in der frühen Renaissance, wenn sogar vermögende Auftraggeber Luxusmanuskripte aus Pergament für ihre Sammlungen bestellten.

Vom *Vat. Barb. gr.* 246 wurde mindestens eine Abschrift im Laufe der ersten Hälfte des 16. Jh. hergestellt. Dabei handelt es sich um den *Vat. Urb. gr.* 59, den der Kopist Manuel Moros anfertigte.[248] Genauso wie in den Abschriften von Damilas ist der Text der *Epitome physica* unvollständig, denn auch in diesem Manuskript endet er auf dem f. 258[v] mit den Worten ὅθεν Ἀφροδίτης οἶκος. Die Kollation des Textes zeigt, dass Manuel Moros den *Vat. Barb. gr.* 246 direkt herangezogen hat, denn er enthält alle Fehler seiner Vorlage plus seine eigenen, wie u. a.:

1021b8 ἐν τῷ οὐρανῷ] ἐν οὐρανῷ   1025a4 λίθοι] λίθος   1025a4 ἀρχαί] ἀρχάς   1025d8 νηός] νοός   1028d5 διὰ τὸ τὴν] διότι   1031d7 γενέσθαι] γίνεσθαι   1033a5 μὲν οὖν] δ᾽ ὡς   1036a10 μιγέντων] μιγόντων *sic*   1036c5 ἓν] ὃν   1300b2 κενοῦ] κοινοῦ   1304a6 τῆς] *om.*

Auch anhand der *fenestrae* lässt sich die Abhängigkeit des *Vat. Urb. gr.* 59 vom *Vat. Barb. gr.* 246 nachweisen:

1032c4 f. ὕλη γὰρ καὶ τὸ εἶδος ἐνυπάρχουσι τῷ γινομένῳ] *om. in fenestra Laur. plut.* 71,8, ὕλη [*fenestra*] *Vat. Barb. gr.* 246, *Vat. Urb. gr.* 59   1316d5 τῇ δ᾽ ἐντεῦθεν] τῇ δ᾽ ἐν[.......] *Vat. Barb. gr.* 246, *Laur. plut.* 71,8, *in fenestra Vat. Urb. gr.* 59   1316d6 ὑπὸ τὸν ζωδιακὸν] ὑπὸ τὸν [.....]κὸν *Vat. Barb. gr.* 246, *Vat. Urb. gr.* 59, ὑπὸ [........]κὸν *Laur. plut.* 71,8   1317b6 εὐκράτως ἔχοντος Δίδυμοι] [..........]τος Δίδυμοι *Laur. plut.* 71,8, *om. in fenestra Vat. Barb. gr.* 246, *Vat. Urb. gr.* 59.

---

245 Bemerkenswert ist dabei die Auslassung von ἕτερος vor οἶκος in beiden Kodizes, die sehr wahrscheinlich schon im *Vat. gr.* 315 vorgekommen ist.

246 S. 1316d4 ὑπὸ τὸν ζωδιακὸν] ὑπὸ τὸν [.....]κὸν *Vat. Barb. gr.* 246, ὑπὸ [........]κὸν *Laur. plut.* 71,8; 1317b6 οἶκοι Ἑρμοῦ εὐκράτως ἔχοντος Δίδυμοι] *om. in fenestra Vat. Barb. gr.* 246, οἶκοι Ἑρμοῦ [............] τος Δίδυμοι *Laur. plut.* 71,8; 1317b7 ἡ Παρθένος] *om. in fenestra Vat. Barb. gr.* 246, *Laur. plut.* 71,8; 1317b8 ἕτερον] *om. in fenestra Vat. Barb. gr.* 246, *Laur. plut.* 71,8.

247 Ob das ursprüngliche f. *192 des *Vat. gr.* 315 mit dem Ende der *Epitome physica* in der Zeit des Damilas schon verschollen oder nur stark beschädigt war, lässt sich aber nicht mit absoluter Sicherheit feststellen.

248 Da der *Vat. Urb. gr.* 59 eine direkte Abschrift des *Vat. Barb. gr.* 246 ist, tritt der erstere als Textzeuge für die aufgrund des Blattverlustes fehlenden Teile im letzteren ein.

Anhand des *Vat. Urb. gr.* 59 hat Manuel Moros eine weitere Abschrift der *Epitome physica* hergestellt, die heute die zweite kodikologische Einheit des Cod. *Bodl. Barocc.* 106 bildet. Die Abhängigkeit lässt sich dadurch feststellen, dass der *Baroccianus* alle oben genannten Fehler und Auslassungen des *Vat. Urb. gr.* 59 enthält und eigene aufweist.[249]

9.3 Die Abschriften des *Vat. Urb. gr.* 60 nach der Restaurierung: der *Par. gr.* 2494 und der *Berol. Phill. gr.* 1574

Auf den *Vat. Urb. gr.* 60 lässt sich auch ein Manuskript mit Exzerpten zurückführen: der *Par. gr.* 2494,[250]; von ihm stammt noch eine Abschrift ab: der *Berol. Phill. gr.* 1574. Der *Par. gr.* 2494 enthält eine Sammlung vorrangig astronomischer und meteorologischer Texte; ein einziger, noch nicht identifizierter Schreiber hat um die Jahre 1430/40 den ganzen Kodex angefertigt, eine spätere Hand fügte weitere kürzere Texte auf den leer gebliebenen Blättern hinzu.[251]

Die Auszüge aus der *Epitome physica*[252] befinden sich in zwei unterschiedlichen *codicological units*: Die erste materielle Einheit stellt eine autonome Lage (ff. 128–139) dar, in der die vier Kapitel (24–26 und 31) eingeführt werden. Die zweite, die aus fünf Lagen besteht, folgt unmittelbar; abgesehen von Texten anderer Autoren wurden hier auch dreizehn Kapitel der *Epitome physica* eingefügt, welche sich mit Meteorologie

---

249 S. z. B. 1025c5 f. γνωρίζηται] γνωρίζεται; 1029a12 παρακεχρωσμένη] παρακεχρωμένη; 1317b2 ἐναντιώματα] ἐναντίωμα. Der *Bodl. Barocc.* 106 enthält im Anschluss an die *Epitome physica* einen bisher nicht identifizierten Auszug aus der *Epitome logica* (f. 259ʳ⁻ᵛ). Bereits Lackner 1972, 159 hatte darauf hingewiesen: „Zu prüfen ist noch: ein Traktat Περὶ γεωμετρίας im Cod. Bodl. Barocc. 106 (...). Höchstwahrscheinlich handelt es sich aber auch hier um Pseudepigrapha oder um Abschnitte aus schon bekannten Werken, da sie jeweils nur in einer einzigen Handschrift überliefert sind". Unter dem in Rot geschriebenen Titel Νικηφόρου μοναστοῦ καὶ πρεσβυτέρου τοῦ Βλεμμήδους (*sic*)· περὶ γεωμετρίας· κεφάλαιον η′ liest man ein Exzerpt aus Kap. 7 der *Epitome logica* (733b3–736b8). Die Spaltung von Kap. 7 in zwei Teile erfolgte zunächst im *Vat. gr.* 315, in dem man am Rand des f. 13ʳ eben den rubrizierten Titel Περὶ γεωμετρίας, allerdings mit der Kapitelzahl θ′ liest. Im *Vat. Barb. gr.* 246, ff. 12ʳ⁻ᵛ und im *Vat. Urb. gr.* 59, ff. 15ᵛ–16ʳ findet sich dieses neue Kapitel unter dem am Rand geschriebenen Titel Περὶ γεωμετρίας, η′. Eben aus dem *Urbinas* wurde der Auszug in den *Baroccianus* übernommen.
250 S. Lackner 1972, 159 (unter den noch zu prüfenden Manuskripten).
251 Die Tätigkeit dieses Gelehrten ist vor 1539/1542 zu setzen, weil seine Einträge in der direkten Abschrift des *Parisinus*, und zwar im *Berol. Phill. gr.* 1574, zusammen mit dem Haupttext abgeschrieben wurden: Dazu s. unten S. 64 f.
252 Im *Par. gr.* 2494 ist außerdem die Wirkung der *Epitome physica* in einem anderen Traktat, und zwar im pseudoaristotelischen *De mundo* (ff. 67ʳ–83ᵛ), wahrnehmbar. Auf f. 72ᵛ lässt sich die Windrose von Kap. 17 der *Epitome physica* erkennen, die in der Regel nicht zum Text von *De mundo* gehört. Deshalb liegt die Vermutung nahe, dass der Kopist (oder derjenige seiner Vorlage) das Diagramm aus einem Blemmydes-Kodex übernommen haben könnte. S. dazu Valente 2017, 244 f. mit Anm. 36.

und Astronomie befassen (12–14, 18–20, 22–23, 27–30, 32). Der Blemmydes-Text wurde von einer zweiten Hand meist mit schwarzer Tinte nachträglich korrigiert; dieselbe hat außerdem paratextuelle Angaben in Rot nachgezogen.

Die oben genannte Stelle in Kap. 29 (S. 59) ist entscheidend für die Feststellung der Angehörigkeit des *Par. gr.* 2494 zur Familie β. Die Abstammung des *Par. gr.* 2494 vom *Vat. Urb. gr.* 60 – und nicht von einem anderen Kodex dieser Familie – lässt sich dadurch bekräftigen, dass der *Par. gr.* 2494 alle Fehler des *Vat. Urb. gr.* 60 enthält, sowohl aus der restaurierten zweiten Hälfte als auch aus dem alten Bestand.[253]

Trennfehler des *Par. gr.* 2494 gegenüber allen weiteren Manuskripten sind u. a.:

1172c7 συνισταμένου] συνιστομένου   1172c11 νηνεμίας] νηνεμίαν   1173a2 γε] *om.*   1173a12 ἀπουσίαν] παρουσίαν   1173c9 ἐκίνησε] ἐκένησεν   1173c14 ἔαρος] ἔαρ   1173d12 οὐσίαν] *om.*   1173d15 ἴσχει] ἔχει   1176a9 παραπλησίως] περιπλησίως   1305a6 καὶ λαμπρότατον] *om.*   1305b4 ἀναπόβλητον] ἀπόβλητον   1305b4 εἰ καὶ] εἰ δὲ

Der *Par. gr.* 2494 diente später zwei der drei Kopisten, die für die Anfertigung des bereits erwähnten *Berol. Phill. gr.* 1574 verantwortlich waren, als Vorlage. Dieser *Berolinensis* ist ein Papier-Kodex, der um das Jahr 1540 datiert werden kann; er gehörte zur Sammlung von Guillaume Pellicier (ca. 1490–1567).[254] Wie schon Wilhelm Studemund und Leopold Cohn in ihrer Beschreibung treffend erkannt haben, wurde die Handschrift von drei unterschiedlichen Schreibern angefertigt: Jeder von ihnen hat gut abgegrenzte Teile des Manuskripts geschrieben. Einen Schreiber konnten Studemund und Cohn außerdem in Nikolaos Kokolos identifizieren, dessen „Zusammenarbeit im Atelier des Bartolomeo Zanetti [...] in Venedig"[255] bekannt ist.

Die Vorlage für die ersten zwei Teile des *Berol. Phill. gr.* 1574 (ff. 1ʳ–136ᵛ und 137ᵛ– 183ᵛ) sind jeweils die ff. 140ʳ–200ʳ und 204ʳ–229ʳ Z. 12 des *Par. gr.* 2494.[256] Bezüglich der Überlieferung der *Epitome physica* ist nur der erste Teil des Manuskripts relevant, denn er enthält eine geringere Auswahl an Kapiteln als diejenige des *Par. gr.* 2494: Im

---

253 Für den ersten Teil des *Vat. Urb. gr.* 60 s. oben S. 49–51. Der Titel im *Par. gr.* 2494 weicht aber von demjenigen des *Vat. Urb. gr.* 60 ab: Νικηφόρου μοναστοῦ καὶ πρεσβυτέρου τοῦ Βλεμμίδου εἰσαγωγικῆς ἐπιτομῆς βιβλίον πρῶτον *Vat. Urb. gr.* 60, Νικηφόρου μοναχοῦ πρεσβυτέρου τοῦ Βλεμμίδου εἰσαγωγηκῆς ἐπιστίμης (*sic*) ἐκ τοῦ δευτέρου βιβλίου *Par. gr.* 2494. Die Lesart μοναχοῦ des *Par. gr.* 2494 lässt sich als Neuerung des Schreibers interpretieren (s. dazu unten S. 104).

254 S. Cataldi Palau 1986b, 47: „[Pellicier] fut nommé ambassadeur de France à Venise par François Iᵉʳ et assura cette charge de juin 1539 à octobre 1542. Au cours de cette période, il acquit et fit copier un grand nombre de manuscrits grecs pour la bibliothèque du Roi; il fit transcrire en même temps plusieurs manuscrits pour sa bibliothèque personnelle" (S. auch edb. 32 f. mit Anm. 5 für weitere Literatur).

255 *RGK* I 310. S. auch Cataldi Palau 1986a, 208 f.

256 Auf eine solche Beziehung zwischen den beiden Manuskripten hat zunächst Boudreaux 1912, 63 hingewiesen: „ex foliis 140–228 huius codicis [= *Par. gr.* 2494] magna pars codicis German. 25 videtur descripta". – Nur der orthographische Traktat auf den ff. 135ᵛ–136ᵛ Z. 7 des *Berolinensis* stammt nicht vom *Parisinus* ab.

Berolinensis fehlen nämlich die Kap. 24–26 und 31, die im *Parisinus* auf den ff. 128–140 enthalten sind.[257] Die Abhängigkeit des *Berolinensis* vom *Parisinus* lässt sich philologisch dadurch bekräftigen, dass er alle Fehler seiner Vorlage ausweist; außerdem übernahm Nikolaos Kokolos im Text Korrekturen und Nachträge des *Parisinus*, wie z. B.:

1173a11 νηνεμώτεραι] δυναμότεραι *ex corr. Par. gr.* 2494 *p.c., unde* δυναμότεραι *in textu Berol. Phill. gr.* 1574   1173b10 νηνεμώτερον] ᵟᵘᵛᵃνηνεμώτεʳ, δυνα *sscr. Par. gr.* 2494, *unde* δυναμώτερ⸍ *Berol. Phill. gr.* 1574   1173c9 ἐκίνησε] ἐκένησεν *Par. gr.* 2494, *Berol. Phill. gr.* 1574 (gleiche Schreibweise in *Par. gr.* 2494, f. 154ʳ Z. 17 und im *Berol. Phill. gr.* 1574, f. 33ʳ Z. 18)   1173d3 σβεννυμένων] συμβενⁿυμένων *Par. gr.* 2494, συμβαινυμένων *Berol. Phill. gr.* 1574   1176a12 σφυγμῷ] σφιγμῶᵟᵉˢ, σφιγμῶ *Par. gr.* 2494, δες *sscr. Par. gr.* 2494, *unde* σφιγμώδης *Berol. Phill. gr.* 1574; 1256a8 τὸ τοῦ] τοῦ τοῦ *Par. gr.* 2494, τούτου *Berol. Phill. gr.* 1574   1256b9 ἠδύνατο] ἠδύνασto *Berol. Phill. gr.* 1574 (aufgrund des Duktus im *Par. gr.* 2494, f. 161ᵛ letzte Z.)   1257a7 διικνούμενον ὅτι] διικνούμενον ~~καὶ γὰρ ὥσπερ ἡ γῆ τὸ ἴσον ἀπὸ τοῦ ἡλίου ἔχουσα φῶς, ἄλλοτε ἄλλα καταλάμπεται~~ ὅτι *Par. gr.* 2494, *verba (ex 1257b13 f.) deleta non habet Berol. Phill. gr.* 1574   1257a7 f. ταύτης] *del. Par. gr.* 2494 *manus rec., om. Berol. Phill. gr.* 1574   1260b9 ἐναλλάσσονται] ἀναλλάττονται, *in marg corr.* σονται, *Par. gr.* 2494 : ἀναλλάσσονται *Berol. Phill. gr.* 1574   1260c6 f. παράβασις ἀπὸ τῆς ἐφαρμογῆς εἰς τομήν] παρ᾽ ἄβασις *in textu,* παράβασις *infra lin. Par. gr.* 2494 (f. 162ᵛ *marg. inf.), unde* ἐφαρμογῆς παράβασις εἰς *Berol. Phill. gr.* 1574

Ein weiterer Beleg für die Abhängigkeit des *Berol. Phill. gr.* 1574 vom *Par. gr.* 2494 lässt sich am Ende von Kap. 32 finden. Im Anschluss an dieses Kapitel hat eine spätere Hand im *Parisinus* einen kurzen Text zur Berechnung der Epakte ergänzt (f. 181ᵛ Z. 3–26). Die letzten zwei Zeilen im *Parisinus* wurden nachträglich durchgestrichen. Nikolaos Kokolos hat im *Berolinensis* auch diesen kurzen Text gleich nach dem Ende von Kap. 32 abgeschrieben, ohne wahrzunehmen, dass es sich dabei um einen weiteren Text handelt (ff. 96ᵛ Z. 17–97ʳ); die getilgten Zeilen des *Parisinus* hat er aber konsequenterweise nicht kopiert.[258]

***

Das Beziehungsgefüge der Kodizes dieser Familie lässt sich folgendermaßen beschreiben (Tab. 5):

---

257 Der Grund für diese Auslassung ist wahrscheinlich darin zu finden, dass sie zu einem anderen kodikologischen Teil des *Parisinus* gehören.

258 Darüber hinaus kann man dieselbe Skizze einer Mondfinsternis zu Kap. 32 sowohl im *Par. gr.* 2494 (f. 179ᵛ) als auch im *Berol. Phill. gr.* 1574 (f. 92ᵛ) erkennen. Der *Berolinensis* enthält außerdem weitere Sonderfehler, wie z. B. 1257a3 ἀκτῖνας] ἐκτίνας *Berol. Phill. gr.* 1574; 1260b4 ἴσα] ὅσα *Berol. Phill. gr.* 1574.

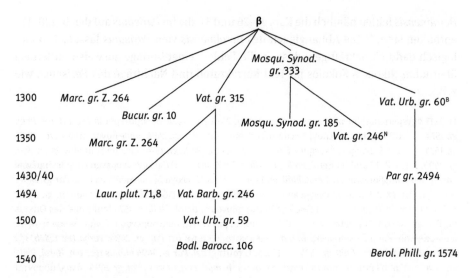

Tab. 5: Teilstemma der Familie **β**.

10 Der Cod. Oxford, Magdalen College, *gr.* 16

Der *Cod. gr.* 16 des Oxforder Magdalen College ist ein vielschichtiges Manuskript der Εἰσαγωγικὴ ἐπιτομή. Seine Entstehung ist auf das Jahr 1300 zu datieren, wie Mark Sosower und Nigel Wilson vorgeschlagen haben.[259] Fünf Schreiber haben an diesem Manuskript mitgewirkt. Abgesehen von den letzten leer gebliebenen Blättern des alten Bestandes (ff. 281–284), die eine etwas spätere Hand (E) für die Kopie von kurzen Exzerpten historischen und christlichen Inhalts benutzte,[260] haben drei Schreiber (B, C und D) an der Anfertigung des Blemmydes-Kodex zusammengearbeitet. Darauf weist auch die Benutzung derselben Papiersorte hin. Der Schreiber B hat den Text der *Epitome logica* in einer sehr informellen Hand und mit schwarzer Tinte kopiert (ff. 13ʳ–110ᵛ). Im darauffolgenden Teil des Kodex mit der *Epitome physica* (ff. 114ᵛ [Abb. 8], 116ʳ–280ᵛ [s. Abb. 9 und 10])[261] haben die zwei weiteren Schreiber (C und D) jeweils eine Hälfte der *Epitome physica* geschrieben. Die ersten sechzehn Kapitel hat die Hand C auf ff. 116ʳ–193ʳ kopiert;[262] die Kapitel 18–32 die Hand D (ff. 194ʳ–280ᵛ). Nur das Kapitel 17 (ff. 194ʳ–199ʳ) haben die beiden Schreiber C und D abwechselnd geschrieben:[263] Die erste Zeile von f. 194ʳ (Abb. 9) mit dem Anfang des Kapitels stammt noch von Hand C (διττῆς οὔσης τῆς ἀναθυμιάσεως, τῆς μὲν); danach hat der Schreiber D die Kopie bis einige Zeilen vor der Windrose fortgesetzt (f. 198ʳ: Abb. 10). Mitten im Verb ἀντιπνεῖ beginnend (f. 198ʳ Z. 2) hat der Schreiber C den Haupttext samt der Windrose bis zum Ende des f. 198ᵛ (πνέουσι γῆς, ἀπόγειοι) geschrieben; der restliche Teil des Kapitels und alle weiteren bis zum Ende der *Epitome physica* könnte schließlich Schreiber D vervollständigt haben.[264]

Stemmatisch erweist sich der alte Bestand dieses Manuskripts als isoliert, denn der gesamte Text der *Epitome physica* enthält viele Sonderfehler, aber keine Bindefehler mit anderen Manuskripten.[265] Als Beispiele seien die folgenden erwähnt:[266]

---

259 Sosower u. Wilson 2016, 40.

260 S. Sosower u. Wilson 2016, 41.

261 Ursprünglich ff. 194–280, heute ff. 194–229, 240–251, 276–280.

262 Auf f. 193ᵛ, ursprünglich leer gelassen, wurden ein Diagramm mit Tierkreiszeichen sowie eine astronomische Tabelle von demselben Schreiber ergänzt.

263 C: ff. 116ʳ–193ᵛ, 194ʳ Z. 1, 198ʳ Z. 2 (-πνεῖ)–198ᵛ; D: ff. 194ʳ Z. 2–198ʳ Z. 2 (ἀντι-), 199ᵛ–229ᵛ, 240ʳ–251ᵛ, 276ʳ–280ᵛ.

264 Aufgrund des Verlustes einiger Lagen ist es unmöglich festzustellen, ob die Zusammenarbeit doch fortgeführt wurde.

265 Möglicherweise haben die beiden Schreiber dieselbe Vorlage herangezogen, weil keine substanziellen Unterschiede im Text der beiden kodikologischen Einheiten zu erkennen sind.

266 Einige Fehler, die in *Monac. gr.* 516 und *Oxon. Coll. Magd. gr.* 16 vorkommen, lassen sich eher als polygenetisch einstufen, wie z. B.: 1164a15 γῆς] τῆς γῆς; 1169b7 καὶ ἡ θερινὴ δυσμή] καὶ ἡμερινὴ δυσμή; 1168b3 ὁ] *om.*; 1168b6 τὴν ἄρκτον] τῶν ἄρκτων; 1168b10 μάλιστα] μᾶλλον; 1220d3 γῆς] *om.*; 1224a2 ἀπὸ] ἐπί.

https://doi.org/10.1515/9783110731576-010

1025d2 σύμπασα κτίσις] *om.*   1025d8 οἰκίας] οἰκίας δὲ   1025d8 λόγου] λόγου δὲ   1028a2
δ'] καὶ   1028c6 τἀναντία] τοὐναντίων   1033b7 ἐπιγινόμενον] γινόμενον   1037c14
φύσιν] τὴν φύσιν   1046c6 προγέγονεν] γέγονεν   1045c14 f. ἐπὶ τὸ κέντρον] πρὸς τὸ
κέντρον   1049c14 καὶ] *om.*   1061a11 γενικώτατα] γενικώτατον   1061a13 οὐκ ἔχουσι γένος]
γένος οὐκ ἔχουσι   1061a14 δι' ὁμωνύμων] δι' ὀνυμωνύμων   1061c9 ψυχικάς] φυσικάς   1063a2
ἀλλοίωσις] τελείωσις   1064b10 κινήσεις] *om.*   1065c5 ἔχουσαι] ἔχουσα   1065c14 οὐχ ἔξει]
οὐκ ἔχει   1073a15 ἐκστῆναι] ἐνστῆναι   1077c7 τὸ] *om.*   1080a4 ὁποῖα] ὁποῖον   1084b1
οὖσα τούτων] τούτων οὖσα   1085d12 ἀτελοῦς[267]] ἀτελῆς   1089b6 ἡ ἠρεμία] καὶ ἠρ-   1096a10
ἀνδριάντα] ἀνδριάντος   1096a11 οὔσης] οὖσαν   1101b9 ὡς ἐν τόπῳ] ὡς τόπῳ   1108a5 καθὸ]
om.   1132a11 ἐξαπτόμενον] ἁπτόμενον   1132d4 αὐτῇ] αὐτὸ   1133b8–10 ὅταν ἀπὸ τοῦ ἄνω
μέρους – ἀρξαμένη] *om.*   1144d8 κατὰ μείζω] τὰ μείζω   1145a13 ὑπὸ γῆν] ἀπὸ γῆν *sic*   1145a14
συμπεριφοράν] περιφοράν   1149a4 ἐστι] τὸ   1152c2 (Tit.) καὶ ποταμῶν] *om.*   1164a10 λοιπῶν]
om.   1165c2 οὖν] *om.*   1180a2 f. (Tit.) περὶ βροντῆς καὶ ἀστραπῆς ἐκνεφίου τε καὶ τυφῶνος
καὶ πρηστῆρος καὶ κεραυνοῦ] περὶ βροντῆς   1180a6 γένωνται] γίνονται   1181d7 ἀντίβασις]
ἀνύβασις   1213b5 περιορισμὸς] περιορισμοῦ   1220a5 Ξέναρχος] ἐξάναρχος   1245c14 οἶκοι]
οἶκον   1312b7 f. ὑποσκιάσαι] ἐπισκιάσαι   1312c10 f. ὑποκρύψεως] ἀποκρύψεως   1312d1 ἀεὶ]
αὐτοῦ   1316c5 ὅλων] ὁ λέων   1317a12 κράσεως] καύσεως

Charakteristisch für diesen Teil sind außerdem fast alle Titel der einzelnen Kapitel,
weil sie durch die Angabe ‚λόγος + Kapitelnummer' erweitert werden.[268] Fraglich ist,
ob es sich um eine Neuerung dieses Schreibers bzw. seiner Vorlage handelt oder ob
diese Handschrift allein noch Spuren einer ursprünglichen Unterteilung des Stoffes in
λόγοι belegt, wie Lackner für die Fassung des *Vat. gr.* 434 vermutet hat.[269]

Der Kodex muss relativ früh beschädigt worden sein, denn einige Jahrzehnte nach
seiner Anfertigung, um die zwanziger Jahre des 14. Jh., hat ein weiterer Schreiber (A)
einige Lagen mit dem zu diesem Zeitpunkt bereits fehlenden Text der Εἰσαγωγικὴ
ἐπιτομή ergänzt.[270] In der *Epitome physica* hat der Schreiber A vier Lagen hinzugefügt.[271] Außerdem kopierte er auf f. 114ᵛ (Abb. 8) den Titel sowie den Pinax der *Epitome
physica*. Auch in diesem Fall lassen sich keine Bindefehler mit anderen Manuskripten
feststellen. Sonderfehler sind u. a.:[272]

---

267 Im Text der *Patrologia Graeca* steht ἁπλῆς, ein Druckfehler (oder eine Änderung) gegenüber
Wegelin 1605b, 60.

268 Eine Ausnahme bilden nur Kap. 1, 2, 14 und 15; der Titel von Kap. 15 ist außerdem stark verkürzt.

269 S. oben S. 11.

270 S. Sosower u. Wilson 2016, 40. Ff. 1ʳ–12ᵛ, 114ᵛ, 230ʳ–239ᵛ, 252ʳ–275ᵛ. Die Datierung ergibt sich anhand der Wasserzeichen (s. unten S. 149). Die ersten zwei Lagen des Manuskripts mit dem Anfang der
Epitome logica sind außerdem verloren gegangen.

271 Ff. 230–239 und 252–275. Kap. 24 (ab 1224b7 ὥστε τὸ λέγειν)–Kap. 25 (bis 1244c5 λόγον ἔχει πρὸς);
Kap. 27 (ab 1265a8 ὁπό]ταν διαμετρήσασα τὸν ἥλιον)–Kap. 32 (bis 1312a11 ἑλικοειδῶς φερόμενοι). Auffällig ist der Duktus in den letzten Zeilen der ff. 239ᵛ und 275ᵛ, wo die letzten Wörter gestreckt wurden,
um keinen leeren Raum übrig zu lassen.

272 Gelegentliche Übereinstimmungen mit den Lesarten anderer Manuskripte lassen sich eher als
banale Fehler betrachten.

1024a4–6 κη΄. περὶ γῆς καὶ τῶν ταύτης ζωνῶν, καὶ πρῶτον ὅτι ἡ γῆ κέντρου λόγον ἐπέχει πρὸς τὴν οὐράνιον σφαῖραν, ἀλλὰ καὶ πρὸς αὐτὴν τὴν ἡλιακήν] καὶ πρῶτον – ἡλιακήν *om.*   1024a7 f. καὶ τῶν τεσσάρων τοῦ ἔτους ὡρῶν] *om.*[273]   1224b8 χρόνος²] *om.*   1224c1 τὸ ἔσται] *bis scripsit*   1237d10 ἀπὸ] ἐπὶ   1240c3 ζῳδίων] ζώων   1240c11 ταῖς] τοῖς   1272d8 πιστοῦνται] πιστοῦται   1273a2 ἑωρᾶτο] ὡρᾶτο   1273b8 τοῦ] *om.*   1276b10 δοκοῦν] *om.*   1281a6 ἁπλανοῦς] ἁπλανῆ   1281c9 πόλων] πόλεων   1285c10 ἐντεῦθεν] ἐν   1288b12 ἕκτον] *om.* (ff. 262ᵛ/263ʳ)   1297c12 τοιοῦτον] *om.*   1308b13 σὺν] ἐν   1308c3 τὸν] *om.*

Welche Vorlage für diese Textteile herangezogen wurde, lässt sich nicht genau feststellen.[274] Das Manuskript befand sich ab der Mitte des 14. Jh. in Epirus, wahrscheinlich schon in seinem heutigen Zustand;[275] ob der Kodex ebenfalls in Epirus angefertigt wurde, ist nicht mit Sicherheit festzustellen, auch wenn es aus paläographischen Gründen plausibel erscheint.[276]

---

273 Die Fehler im Pinax lassen sich wohl dadurch erklären, dass der Kopist Platz sparen wollte, um den ganzen Text auf diesem leer gebliebenen Blatt unterbringen zu können, ohne ein neues ergänzen zu müssen.

274 Mangels ausschlaggebender textueller und materieller Beweise besteht die Möglichkeit, dass er sich derselben Vorlage bedient hat, die schon die Kopisten B und C herangezogen hatten. Weitere Szenarien lassen sich aber selbstverständlich nicht ausschließen.

275 S. Cataldi Palau 1997, 16 f. (= 2008, 487).

276 S. Wilson in Sosower u. Wilson 2016, 40 f. Nigel Wilson hat zuletzt eine neue Hypothese formuliert, die sich aber weder bestätigen noch widerlegen lässt (in Sosower u. Wilson 2016, 42): „It may be thought a trifle surprising that the texts in this MS should be studied in this area of the Byzantine world, and the question arises whether it was written there. A possibility is worth mentioning: it is known that John Pediasimos, having had a career in Constantinople and been appointed ὕπατος τῶν φιλοσόφων, turned up as *chartophylax* in Ochrid c. 1280. Is it too bold to suggest that MS 16 is a copy of one written there in his circle?". In der *Autobiographie* (I 64) erwähnt Blemmydes auch seinen eigenen Aufenthalt in Ochrid in den Jahren 1239–1240 (s. dazu Munitiz 1988, 21, 80; ders. 1994, 457): Zu jener Zeit gab es aber nur die erste Fassung der *Epitome physica*, die aber im *Oxon. Coll. Magd. gr.* 16 nicht überliefert wird.

11 Der *Vind. phil. gr.* 332 und die ‚zypriotische Familie'

Fünf Manuskripte aus den ersten drei Jahrzehnten des 14. Jh. bilden eine abgrenzbare Gruppe; da zumindest drei davon deutliche Merkmale zypriotischer Abstammung tragen und miteinander verwandt sind, lässt sich die Bezeichnung ‚zypriotische Familie' für diese Kodizes einführen. Vier Handschriften überliefern nur den Text der *Epitome physica*, eine fünfte enthält auch die *Epitome logica* sowie weitere Texte anderer Autoren.[277]

Der *Vind. phil. gr.* 332 ist eine Papierhandschrift vom Anfang des 14. Jh. Der Text wurde von einem einzigen Schreiber mit einer eher informellen Schrift kopiert, die vielleicht auch einige Merkmale zypriotischer Herkunft aufweist. Die ursprünglich ersten drei Lagen mit dem Anfang der *Epitome physica*[278] gingen wohl vor dem 16. Jh. verloren; ersetzt wurden sie deshalb im Laufe der ersten Hälfte des 16. Jh. von einem anonymen Schreiber. Auf den zwei ergänzten Lagen kopierte dieser den Anfang der *Epitome physica* aus dem *Cod. gr.* 46 des Oxforder Christ Church College,[279] jedoch

---

277 Eine weitere Handschrift zypriotischer Herkunft mit der *Epitome logica* ist der *Monac. gr.* 563 (Hardt 1812, 426; Harlfinger/Wiesner 1964, 247; Argyropoulos u. Caras 1980, Nr. *269); eine Kurzbeschreibung ist bei Martínez Manzano 1994, 344 f. zu lesen (s. auch ebd. 286, 339, 341 sowie dies. 1998, 32 Anm. 3, 41; die Identifizierung der Hand von Konstantinos Laskaris auf ff. 13 und 18 stammt von Brigitte Mondrain). Das Manuskript besteht im aktuellen Zustand aus 209 Blättern (mm 177 × 130; Schriftspiegel: mm 130 × 75/80; 20 Zeilen pro Seite) und enthält die *Epitome logica* (ff. 1ʳ–193ᵛ), gefolgt von Schemata zum Text (ff. 194ʳ–208ᵛ) unter dem Titel Αἱ διαιρέσεις τοῦ πρώτου βιβλίου τοῦ σοφωτάτου Βλεμμίδου καθ' ἕκαστον κεφάλαιον (die Diagramme zu den Kap. 20, 26, 29–37 sowie 39 fehlen). Genau diese Diagrammensammlung wurde von Wegelin in seine Ausgabe eingearbeitet, wobei er die Schemata ans Ende der jeweiligen Kapitel setzte (s. unten). Abgesehen von den ff. 1–6, die von einem noch nicht identifizierten Schreiber (Ende des 15. bzw. Anfang des 16. Jh.) ergänzt wurden, sowie von den von Konstantinos Laskaris geschriebenen ff. 13 und 18 ist ein einziger Schreiber für die Abschrift des gesamten Kodex zuständig. Seine zypriotische Herkunft lässt sich anhand der benutzten Schrift feststellen, weil sie die von Paul Canart identifizierten Merkmale der sogenannten *„cypriote bouclée"* aufweist. Zu berücksichtigen ist auch die Benutzung einer schwarzen Tinte für den Haupttext. Die Lokalisierung auf Zypern wurde mir freundlicherweise von Brigitte Mondrain bestätigt: An dieser Stelle sei ihr herzlich gedankt. – Der *Monac. gr.* 563 spielte noch eine bedeutende Rolle in der westeuropäischen Textgeschichte der *Epitome logica*, weil er zusammen mit den heutigen *Monac. gr.* 516, 520 und 543 als Vorlage für die im Jahr 1605 in Augsburg von Johann Wegelin gedruckten *Editio princeps* diente (s. Wegelin 1605b, (*Praefatio*) = *Patrologia Graeca* 142, 677 f.; Heisenberg 1896, LXXI, LXXIV).
278 Bis 1045b3 (– τὴν παρυφισταμένην αἰτίαν).
279 Dieser Kodex aus der Mitte des 16. Jh. überliefert nicht nur die *Epitome physica*, sondern auch die *Epitome logica* und weitere logische Schriften. Eine vollständige Beschreibung und eine genauere Studie des Textes ist in Vorbereitung. Der Kodex scheint von zwei Schreibern abgeschrieben worden zu sein: Einen der beiden hat Luigi Orlandi (persönliche Mitteilung und E-Mail vom 28.08.2020) als den Venezianer Sebastiano Erizzo identifiziert (s. Bernardinello 1979, Nr. 89; zur Person s. Benzoni 1993). Dass sich die beiden Handschriften an demselben Ort (Venedig oder Padua) in derselben Zeit

https://doi.org/10.1515/9783110731576-011

nicht vollständig.[280] Außerdem hat das Manuskript einen Wasserschaden erlitten, weshalb der Text auf mehreren Blättern und besonders auf den letzten Lagen größtenteils nur schwer lesbar ist.[281]

Der *Vat. gr.* 314 ist eine Papierhandschrift, die wohl in das erste Viertel des 14. Jh. zu datieren ist. Der Kodex wurde von einem einzigen Schreiber mit einer informellen, leicht nach rechts geneigten Minuskel mit einigen Merkmalen des sogenannten Beta-Gamma-Stils kopiert. Dieses Manuskript überliefert die gesamte Εἰσαγωγικὴ ἐπιτομή, gefolgt von weiteren Schriften von Johannes Chrysostomos: Die *Epitome logica* (ff. 1ᵛ–125ᵛ) trägt den Titel Τοῦ σοφωτάτου πρεσβυτέρου καὶ μοναχοῦ Νικηφόρου τοῦ Βλεμμύδου προοίμιον (*sic*); die *Epitome physica* (ff. 126ʳ–270ᵛ) steht unter einem leicht anderen Titel: Νικηφόρου μοναστοῦ καὶ πρεσβυτέρου τοῦ κτήτορος εἰσαγωγικῆς ἐπιτομῆς βιβλίον δεύτερον. Bereits der Unterschied zwischen den Titeln beider Kompendien lässt die Vermutung aufkommen, dass der Schreiber des *Vat. gr.* 314 zwei verschiedene Vorlagen herangezogen hat.[282] Was aber den Text der *Epitome physica* angeht, erweist sich der Text dieses *Vaticanus* im Allgemeinen als sehr fehlerhaft, mit mehreren Nachträgen und Korrekturen im Text und am Rand.

Die drei weiteren kleinformatigen Handschriften – *Laur. plut.* 86,31, *Par. gr.* 2134 und *Par. gr.* 2133 – sind nicht nur philologisch, sondern auch paläographisch zusammenzubringen, da sie zwischen dem zweiten und dem dritten Viertel des 14. Jh. auf Zypern angefertigt wurden. In der paläographischen Literatur sind sie aufgrund des

---

befanden, wird auch durch den *Ambr.* B 109 sup. bestätigt, da der *Vindobonensis* und der *Oxoniensis* im Kreis von Pinelli herangezogen wurden (s. oben S. 52 mit Anm. 216). Das genaue Verhältnis wird derzeit untersucht.

280 Dieser Schreiber trug den Text bis zum Anfang von Kap. 3 nach (bis 1041d12, bis οὐκ ἔστι· δυνατὸν), aber er bemerkte wohl zu spät, dass die zwei von ihm für diesen Zweck vorgesehenen Lagen nicht ausreichend sein würden. Dies lässt sich anhand des f. 16ᵛ feststellen, denn die letzten sechs Zeilen des Textes auf diesem Blatt sind stark komprimiert. Der Passus der *Epitome physica* in Kap. 3 von 1041d12 bis 1045b3 (γὰρ ἢ τὴν οἰκίαν διαμένειν – τὴν παρυφισταμένην αἰτίαν) wurde nie nachgezogen.

281 Zwei spätere Hände haben den Text gelegentlich nachgezogen, eine der beiden mit einer sehr dürftigen Orthographie.

282 Die übliche Bezeichnung Εἰσαγωγικῆς ἐπιτομῆς βιβλίον πρῶτον wird im *Vaticanus* durch das Wort προοίμιον ersetzt. Denselben Titel für die *Epitome logica* trägt auch der Cod. *Bremensis* msc 0008 (13./14. Jh.; s. Stahl 2004, 175 f.; Valente 2013; zum Schreiber s. Pérez Martín 2013). Eine Teilkollation des Textes der *Epitome logica* deutet auf die Abhängigkeit des *Vaticanus* vom *Bremensis* hin. Hier werden nur wenige Beispiele erwähnt: Im Pinax beider Handschriften (*Brem.* msc 0008, ff. 1ʳ Z. 3–2ʳ Z. 2; *Vat. gr.* 314, ff. 1ᵛ Z. 3–2ʳ Z. 10) fehlt die Angabe der ersten drei Kapitel (685a1–4; für den *Vaticanus* s. schon Mercati in seiner Beschreibung). Gemeinsame Fehler: 668a11 περὶ] περὶ τοῦ; 668b4 περὶ] *om.*; 668b11 δευτέρου καὶ τρίτου σχήματος] δευτέρου σχήματος καὶ τρίτου; 689d9 ἢ] *om.*; Trennfehler des *Vat. gr.* 314 gegenüber dem *Brem.* msc 0008: 689b3 εὐζωΐα καὶ εὐπραγίᾳ] εὐπραγίᾳ καὶ εὐζωΐᾳ; 689c2 ἐπὶ] ἐπὶ τῆς; 689c10 ἐπεὶ δὲ] ἐπειδὴ δὲ. Das Verhältnis zwischen den beiden Kodizes kann aber nur durch eine vollständige Untersuchung der Textgeschichte der *Epitome logica* sichergestellt werden.

benutzten Schriftstils bekannt: Paul Canart hat hier die Merkmale der sogenannten ‚*cypriote bouclée*' erkannt.[283]

Der älteste Kodex ist der *Laur. plut.* 86,31, den der Kopist Leon Anagnostes im Jahr 1314 abgeschrieben hat. Die ursprüngliche erste Lage mit Kap. 1 und dem Anfang von Kap. 2[284] ist aber verloren gegangen und wurde von Francesco Zanetti wohl um das Jahr 1566 in Florenz ergänzt (ff. 1–6).[285] Um das Jahr 1320 wurde der *Par. gr.* 2134 von Romanos Chartophylax kopiert, wie Paul Canart ebenfalls feststellen konnte.[286] Der jüngste Kodex dieser Familie ist der *Par. gr.* 2133, dessen Anfertigung am 21. Februar 1332 abgeschlossen wurde; der Kopist ist anonym, jedoch erlaubt der benutzte Schriftstil – noch einmal die ‚*cypriote bouclée*' – die Lokalisierung des Kodex auf Zypern.[287] Der Text der *Epitome physica* füllt das gesamte Manuskript aus.[288]

Wie Constantinides und Browning in Bezug auf die drei zypriotischen Manuskripte der *Epitome physica* konstatiert haben, erscheint es als wahrscheinlich, dass diese Schrift des Blemmydes nur in den ersten Jahrzehnten des 14. Jh. auf Zypern abgeschrieben und gelesen wurde; das Interesse an diesen Text währte aber nicht lang.[289]

---

283 Canart 1977, 312; ders. 1989, 25 Anm. 19. Zu diesem Schriftstil s. nun auch Stefec 2013a, 128–135. Die Schreiber der drei Kodizes benutzten eine schwarze Tinte für den Haupttext, ein weiteres Merkmal dieser zypriotischen Schrift. Zu dieser Gruppe von Handschriften s. auch Constantinides 1995, 20.
284 Bis 1036c6 κατ' ἄλλο μὲν γὰρ.
285 Dafür bediente er sich des *Laur. plut.* 86,15: s. Valente 2016a, 26–28 und unten S. 79 f.
286 Canart 1977; s. auch Browning 1987/1988, 119–122; Constantinides 1995, 18, 27 (Abb. 3); seine Frage, ob Romanos auch außerhalb von Zypern tätig gewesen und das Manuskript dementsprechend nicht auf Zypern entstanden sei, muss bis dato offenbleiben. Die engen Beziehungen zwischen den Manuskripten dieser Familie lassen aber die Vermutung aufkommen, dass sie auch geographisch zusammengehören.
287 Zur Geschichte des Manuskripts s. Browning u. Constantinides 1993, 188: „The MS seems to have been taken from Cyprus during the Western rule of the island. In the sixteenth century the volume was acquired by Jean de Pins, bishop of Rieux (1523–37) and French ambassador in Venice and Rome. After his death some twenty Greek MSS in his collection were acquired by King Francis I and were transferred to the library of Fontainebleau (usw.)".
288 Zur Überlieferungsgeschichte s. auch Browning u. Constantinides 1993, 187: „This MS belongs to the same family as Paris. Gr. 2134, copied by Romanos Anagnostes a few years earlier. Further study of the two volumes, which are similar in content and size, will determine whether or not Paris. Gr. 2133 is a transcript of Paris. Gr. 2134" (dazu s. aber unten).
289 S. Browning u. Constantinides 1993, 166 (zum *Par. gr.* 2134): „The MS seems to have been used very little, an indication that it was copied for and studied by an élite in Cyprus which did not last for long, perhaps only the generation or the first half of the fourteenth century"; 188 (zum *Par. gr.* 2133): „Very little use was made of this MS, an indication of the short duration of a milieu in fourteenth-century Cyprus that could appreciate and study such difficult texts. It is interesting that in Cyprus Blemmydes' Physics was a popular text in the first half of the fourteenth century and a number of MSS dated from 1314 onwards were copied in the island".

Alle Manuskripte dieser Familie zeigen eindeutige Bindefehler:[290]

1109a7 ὅθεν] ὅσα   1109a11 οὐθέν] οὐδέν   1109b11 f. ἢ μᾶλλον δυσδιαπόρευτον] *om.*[291]   1112a9 δὲ] *om.*   1112b4 γὰρ] *om.*[292]   1112c1 γὰρ] *om.*   1112c3 αὐξητόν] αὐτὸν ist die Lesart von *Vind. phil. gr.* 332, *Vat. gr.* 314, *Laur. plut.* 86,31 *a.c.*; *Laur. plut.* 86,31 *p.c.* hat αὐτὸν getilgt und am Rand αὐξητὸν geschrieben; die Lesart αὐξητὸν bieten der *Par. gr.* 2134 und der *Par. gr.* 2133 im Text   1112c10 κίνησις ἐλέγετο εἶναι] *om.*   1113a8 f. πλῆθος εὑρίσκεται] εὑρίσκεται πλῆθος   1113a9 πεπέρασται] πεπεράτωται   1117a9 ἀναπληρωτικόν] ἀναπληστικὸν καὶ ἀναπληρωτικὸν *Vind. phil. gr.* 332, *Vat. gr.* 314, *Laur. plut.* 86,31, *Par. gr.* 2133, ἀναπλαστικὸν καὶ ἀναπληρωτικὸν *Par. gr.* 2134   1117c3 τουτέστι] *om.*   1117c3 ἔσται ξηρόν] *om.*   1117d2 καὶ τοῦ διεροῦ δὲ] *om.*   1121c9 προσηγόρευσεν] φησιν *Vind. phil. gr.* 332, *Par. gr.* 2133, φ^η‚ *Vat. gr.* 314, *Laur. plut.* 86,31, *Par. gr.* 2134   1121d2 γὰρ] *om.*   1121d3 ὑπὸ τοῦ ἐναντίου] *om.*   1124c3 γίνεσθαι] γίνεται   1124d11 διότι δ'] *om. Vind. phil. gr.* 332 (*spatio duarum linn. relicto*) *Vat. gr.* 314, *Laur. plut.* 86,31 (*spatio unius lin. relicto*) *Par. gr.* 2134 (*spatio unius lin. relicto*) *Par. gr.* 2133 (*spatio duarum linn. relicto, in marg.* λεῖ^π‚ *ab altera manu scriptum legitur*)[293]   1125c1 πάντα] *om.*   1156c5 λέγοντα] λ'‚^{γπ(αυ)} *Vind. phil. gr.* 332, *Par. gr.* 2133 : λέγεται *Vat. gr.* 314, *Laur. plut.* 86,31, *Par. gr.* 2133   1157d7 τὴν ὄντως γνῶσιν] τὴν ὄντως σοφίαν καὶ τὴν ὄντως γνῶσιν   1216a13 αὐτὸ καθ' αὑτὸ τέλειον] αὐτὸ τέλειον *Vind. phil. gr.* 332 : αὐτοτέλειον *Laur. plut.* 86,31, *Par. gr.* 2133, αὐτοτέλειον *Vat. gr.* 314, *Par. gr.* 2134   1216b6 αὐτὸν] αὐτὴν *Vind. phil. gr.* 332, *Vat. gr.* 314, *Laur. plut.* 86,31, *Par. gr.* 2133, -ὸν *per compendium s. l. Vind. phil. gr.* 332, *Vat. gr.* 314, *Laur. plut.* 86,31, αὐτὸν *Par. gr.* 2134   1216c11 σύνδεσιν] σύστασιν   1220d4 f. ὁ καθαρὸς ἀὴρ, φερομένῳ συμφέρεται τῷ πυρὶ] *om.*   1224b8 οὐκ ἦν] die Wörter fehlen in den *Vind. phil. gr.* 332, *Vat. gr.* 314, *Par. gr.* 2133, sie wurden am Rand in *Laur. plut.* 86,31 (wohl per Kollation) ergänzt, daher hat sie *Par. gr.* 2134 im Text   1224c3 οὗτοι] οὖν οὗτοι   1225c10 πεπερασμένης] πεπερασμένον   1228a9 παράγειν] παραγαγεῖν   1228c9 f. ταῦτ' ἀπ' ἀλλήλων] ταῦτα *Vind. phil. gr.* 332, *Laur. plut.* 86,31, *Par. gr.* 2133, *Par. gr.* 2134 : *om. Vat. gr.* 314

Um die Filiationen der Kodizes dieser Familie festzustellen, ist auch ein weiterer Passus in Kap. 11 von Bedeutung. Die Abweichungen lassen sich dabei anhand der Abkürzungen im *Vindobonensis* erklären:

1120c1–6 εἰδοποιεῖται μὲν οὖν πρώτως τὸ πῦρ θερμότητι καὶ ξηρότητι, καὶ μάλιστά γε θερμότητι· ὁ δ' ἀὴρ θερμότητι καὶ ὑγρότητι, καὶ πλέον ὑγρότητι· τὸ δ' ὕδωρ ὑγρότητι καὶ ψυχρότητι, καὶ μᾶλλον ψυχρότητι· ἡ δὲ γῆ ψυχρότητι καὶ ξηρότητι, καὶ τοὐπίπαν ξηρότητι: 1120c1 f. θερμότητι] θερμό^{ττ} *Vind. phil. gr.* 332, *Laur. plut.* 86,31 : θερμότητος *Vat. gr.* 314 : θερμότη^τ *Par. gr.* 2134 : θερμότατον *Par.*

---

290 Hier werden die ersten drei Kapitel der *Epitome physica* nicht berücksichtigt, weil sie im *Vind. phil. gr.* 332 und z. T. im *Laur. plut.* 86,31 verloren gegangen sind. S. Valente 2016a, 19 mit drei Beispielen daraus (1112c2, 1224b4, 1249a8 f.).

291 Die Auslassung befindet sich auch im Text des *Laur. plut.* 87,16, aber dort hat der Kopist die übersprungenen Wörter am Rand selbst nachgetragen.

292 Im *Par. gr.* 2134 wurde die gesamte Textstelle (1112b2 ὅτι δύναται–14 ἄρα τὸ ἄπειρον) ausgelassen.

293 Die Auslassung von διότι δ' zusammen mit dem Agraphon von etwa anderthalb Zeilen lässt sich in fast allen Manuskripten dieser Familie wahrnehmen: *Vind. phil. gr.* 332 (f. 70^r), *Laur. plut.* 86,31 (f. 65^v), *Par. gr.* 2134 (f. 39^v) und *Par. gr.* 2133 (f. 83^v). Nur im *Vat. gr.* 314 (f. 173^r Z. 3) hat der Kopist keinen Platz gelassen. Deshalb ist anzunehmen, dass der Kopist des *Vind. phil. gr.* 332 in seiner Vorlage diese Wörter nicht entziffern konnte oder dass ebendiese Vorlage an dieser Stelle beschädigt war.

gr. 2133   1120c2 ξηρότητι] ξηρό^{ττ} *Vind. phil. gr.* 332 : ξηρότητος *Vat. gr.* 314 : ξηρότατον *Laur. plut.* 86,31, *Par. gr.* 2133 : ξηρότη^τ *Par. gr.* 2134   1120c2 θερμότητι] θερμό^{ττ} *Vind. phil. gr.* 332, *Par. gr.* 2133 : θερμότη^τ *Vat. gr.* 314, *Par. gr.* 2134 : θερμότατον *Laur. plut.* 86,31[294]   1120c3 θερμότητι] θερμό^{ττ} *Vind. phil. gr.* 332 : θερμότη^τ *Vat. gr.* 314 : θερμότατος *Laur. plut.* 86,31, *Par. gr.* 2134, *Par. gr.* 2133   1120c3 ὑγρότητι¹] ὑγρό^{ττ} *Vind. phil. gr.* 332 : ὑγρότητος *Vat. gr.* 314 : ὑγρότατος *Laur. plut.* 86,31, *Par. gr.* 2134, *Par. gr.* 2133   1120c3 ὑγρότητι²] ὑγρό^{ττ} *Vind. phil. gr.* 332 : ὑγρότητος *Vat. gr.* 314 : ὑγρότατος *Laur. plut.* 86,31, *Par. gr.* 2134, *Par. gr.* 2133   1120c4 ὑγρότητι] ὑγρό^{ττ} *Vind. phil. gr.* 332, *Par. gr.* 2133 : ὑγρότη^τ *Vat. gr.* 314, *Par. gr.* 2134, ὑγρότατον *Laur. plut.* 86,31   1120c4 ψυχρότητι] ψυχρό^{ττ} *Vind. phil. gr.* 332 : ψυχρότη^τ *Vat. gr.* 314 : ψυχρότατον *Laur. plut.* 86,31, ψυχρότ(α)^{τ(ον)} *Par. gr.* 2134, *Par. gr.* 2133   1120c5 ψυχρότητι¹] ψυχρό^{ττ} *Vind. phil. gr.* 332 : ψυχρότη^τ *Vat. gr.* 314 : ψυχρότατον *Laur. plut.* 86,31, *Par. gr.* 2133, ψυχρότ(α)^{τ(ον)} *Par. gr.* 2134   1120c5 ψυχρότητι²] ψυχρό^{ττ} *Vind. phil. gr.* 332 : ψυχρότη^τ *Vat. gr.* 314 : ψυχροτάτη *Laur. plut.* 86,31, *Par. gr.* 2133, ψυχροτά^τ *Par. gr.* 2134   1120c5 ξηρότητι] ξηρό^{ττ} *Vind. phil. gr.* 332, *Par. gr.* 2133 : ξηρότη^τ *Vat. gr.* 314 : ξηροτάτη *Laur. plut.* 86,31 : ξηροτά^τ *Par. gr.* 2134   1120c6 ξηρότητι] ξηρό^{ττ} *Vind. phil. gr.* 332 : ξηρότη^τ *Vat. gr.* 314 : ξηροτάτη *Laur. plut.* 86,31, *Par. gr.* 2133, ξηροτά^τ *Par. gr.* 2134

Alle Sonderfehler des *Vind. phil. gr.* 332 kommen in den übrigen vier Kodizes vor, die ihrerseits weitere Fehler zeigen. Trennfehler des *Vat. gr.* 314 sind u. a. die folgenden:

1109a11 κατὰ πέρατα] μετὰ π-   1112c11 αὐξητοῦ] αὐξητικοῦ   1116c9 f. κοινόταται[295]] κοινόται (aufgrund von κοινότ(α)ται im *Vind. phil. gr.* 332)   1117a1 κουφότητος] κουφότατον   1117a9 ὅρῳ παντί] πάντως   1117d4 f. ἐπιπολῆς] ἐπιτελῆς   1120d7 ποιότητας] ποιότητες   1121b3 f. ἀποτελεσθέντος] τελεσθέντος   1121b12 οὐ] *om.*   1124d6 ἀποτελεῖται] ἀπολεῖται   1124d13 τοῦ λευκοῦ] *om.*   1125b7–9 θερμότητος τυχὸν ἢ ψυχρότητος ἢ ξηρότητος ἢ ὑγρότητος] θερμότητα τυχὸν ἢ ψυχρότητα ἢ ξηρότητα ἢ ὑγρότητα   1125b12 ὁρᾶν] *om.*   1125d7 f. τοῦ συνθέτου ἐστὶ στοιχεῖα] *om.*   1157a13 τὰ] αὐτὰ   1157c5 φανερόν] φέρειν   1160c8 γινομένης] *om.*   1160c14 ἀναφερομένων] ἀναφερόντων   1213b4 ἄνω] *om.*   1216d6 ἁπλῶν] ἁπλῶς   1216d11 αὐτοῦ] *om.*   1220b8 εἴη] *om.*

Der *Laur. plut.* 86,31 teilt mit den *Par. gr.* 2133 und 2134 mehrere Trennfehler, wie z. B.:

1160b6 ποτίμου] πότιμον *Vind. phil. gr.* 332, *Vat. gr.* 314 : ^{τὸ}πότιμον *Laur. plut.* 86,31, τὸ *sscr.* (f. 89^r Z. 4 v.u.) : τὸ πότιμον *Par. gr.* 2133, *Par. gr.* 2134   1161d11 συντεθειμένων γινώσκουσι] γινώσκουσι συντεθειμένων *Vind. phil. gr.* 332, *Vat. gr.* 314 : γινώσκουσι συντεθειμένον *Laur. plut.* 86,31, *Par. gr.* 2133, *Par. gr.* 2134   1216c3 τὴν γῆν] καὶ τ- γ- *Laur. plut.* 86,31, *Par. gr.* 2133, *Par. gr.* 2134   1257c5 αὐτῆς] *om. Laur. plut.* 86,31, *Par. gr.* 2133, *Par. gr.* 2134   1260a4 αὐτῶν] αὐτήν *Laur. plut.* 86,31, *Par. gr.* 2133, *Par. gr.* 2134   1265b3 αὐτὸν] αὐτοῦ *Laur. plut.* 86,31, *Par. gr.* 2133, *Par. gr.* 2134.

Die *Par. gr.* 2133 und 2134 enthalten alle Fehler des *Laurentianus*, weisen aber auch eigene Fehler auf:

---

294 Dabei haben der *Par. gr.* 2134 und der *Par. gr.* 2133 den Fehler des *Laur. plut.* 86,31 korrigiert (s. unten).

295 In der *Patrologia Graeca* findet man den Tippfehler καινόταται.

Fehler von *Par. gr.* 2134: 1109a4 τε] *om.*   1109a8 ἀποτελέσει γραμμῆς] ἀποτελέσι γραφῆς   1112b2
ὅτι δύναται–15 ἄρα τὸ ἄπειρον] *om.*[296]   1112b15 ἐν] *om.*   1112c8 γίνεσθαι] δύνεσθαι   1112c13
γάρ] *om.*   1216a6 f. παραβαλλόμενοι] παραλαμβανόμενοι   1216a14 καὶ] *om.*   1216b10 μέχρι]
μέχρου   1216d6 ἁπλῶν] ἁπλανῶν   1225c3 f. πεπερασμένον] πεπερπερασμένον   1228d9 οὖσαν]
ἔχουσα

Fehler von *Par. gr.* 2133: 1109b10 τρόπον] λόγον   1120c10 γίνεται] γίνονται   1160c10 ὕδωρ]
om.   1161c7 τὸ ἐπάνω] τὸ *om.*   1161d7 αὐτῆς γὰρ] γὰρ αὐτῆς   1220d8 τὸ] *om.*   1221a14
χρωμένης] χρωμένοις   1225a13 γενέσθαι] γενέσται *sic*

An wenigen Stellen haben die Kopisten der *Par. gr.* 2133 und 2134 die richtige Lesart
durch (meist einfache) Konjekturen gefunden, wie z. B.:

1116b9 μεταδίδωσι *cum codd. Par. gr.* 2133, *Par. gr.* 2134 : μεταδίδοσι *Vind. phil. gr.* 332, *Vat. gr.* 314, *Laur.
plut.* 86,31   1161b14 δεδημιουργῆσθαι] *cum codd. Par. gr.* 2133 : δεδημιουργεῖσθαι *Vind. phil. gr.* 332,
Vat. gr. 314, *Laur. plut.* 86,31, *Par. gr.* 2134

Mindestens eine Stelle in *Par. gr.* 2133 lässt die Vermutung aufkommen, dass die Lesart
der Vorlage durch Kollation mit einem weiteren Exemplar der *Epitome physica* korrigiert wurde:

1249a8 f. φαντάζεται *cum codd. Par. gr.* 2133 : *om. in textu Vind. phil. gr.* 332, *Vat. gr.* 314, *Laur. plut.* 86,31,
in marg. δεικνύει *add. Laur. plut.* 86,31, *unde* δεικνύει *in textu Par. gr.* 2134

Die *Par. gr.* 2133 und 2134 sind entsprechend Abschriften des *Laur. plut.* 86,31; dennoch
spielen sie eine wichtige Rolle als Zeugen für den Text des verschollenen Anfangs der
direkten Vorlage sowie des *Vind. phil. gr.* 332; außerdem sind sie auch wichtig, um die
jetzt nicht mehr oder nur schwer lesbaren Stellen im *Vindobonensis* zu entziffern bzw.
zu rekonstruieren.

Was diese Familie angeht, ist zu bemerken, dass der *Vat. gr.* 314 zusammen mit
dem *Par. gr.* 2133 den ursprünglichen Titel sowie den Pinax überliefert.[297] Noch offen
ist die Frage nach der Herkunft des *Vindobonensis* sowie des *Vaticanus*. Da der *Vindobonensis* im Jahr 1314 von Leon, einem zypriotischen Schreiber, als Vorlage für den
Laurentianus herangezogen wurde, liegt die Vermutung nahe, dass sich der *Vindobonensis* zu jener Zeit auf Zypern befunden hat. Aufgrund paläographischer Merkmale
könnte ebenfalls vermutet werden, dass sowohl der *Vindobonensis* als auch der *Vaticanus* dort angefertigt wurden.

---

296 Die Auslassung entspricht einer knappen Seite in Z: ff. 56ᵛ Z. 6–57ʳ Z. 1.
297 S. auch den *Neap.* III.D.14: unten S. 83 f.

In welchem Verhältnis der *Vindobonensis* zu den anderen Kodizes der *Epitome physica* steht, lässt sich aber nicht eindeutig klären. Sein Text teilt keine bedeutsamen Trennfehler mit anderen unabhängigen Manuskripten.[298]

Die stemmatischen Beziehungen zwischen diesen Kodizes lassen sich folgendermaßen resümieren (Tab. 6):

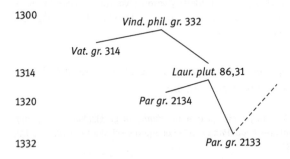

1300	*Vind. phil. gr.* 332
	Vat. gr. 314
1314	*Laur. plut.* 86,31
1320	*Par gr.* 2134
1332	*Par. gr.* 2133

Tab. 6: Die Familie des *Vind. phil. gr.* 332.

11.1 Die salentinische Familie des *Laur. plut.* 86,31

Der *Laur. plut.* 86,31 lässt sich als Stammvater einer großen Familie von Manuskripten identifizieren, die in der süditalienischen Terra d'Otranto zwischen dem Ende des 15. und der ersten Hälfte des 16. Jh. angefertigt wurden.[299] Die älteste dieser Abschriften ist der *Vat. Barb. gr.* 226, dessen Kopie Georgios Laurezeos, Rhetor und Priester aus dem heutigen Dorf Supersano in der Provinz Lecce, im Jahr 1471/2 abschloss. In diesem großformatigen Kodex hat Laurezeos den Text der *Epitome physica* ohne das

---

298 Eine Stelle am Ende von Kap. 5 ist diesbezüglich noch zu erwähnen (s. auch oben S. 11): 1077a11–13 κατ’ ἄλλην δὲ γένεσιν γενητὸν οἴδασι τὸν οὐρανὸν οἱ φρονοῦντες ὀρθῶς· καθ’ ἣν ἐκ τοῦ μὴ εἶναι ὅλως, τῷ θείῳ παρήχθη προστάγματι κτλ. Anstelle von προστάγματι liest man im *Vind. phil. gr.* 332 und im *Laur. plut.* 86,31 (im *Vat. gr.* 314 steht βουλήματι im Text, καὶ προστάγματι oberhalb der Zeile). Dieselbe Lesart wird z. T. auch im *Bodl. Barocc.* 133 widerspiegelt: Auf f. 73ʳ l. 17 liest man βουλήματι im Text, nachträglich getilgt und *supra lineam* durch προστάγματι ersetzt. Da aber der *Vindobonensis* keine weiteren Trennfehler mit dem *Bodl. Barocc.* 133 teilt, ist anzunehmen, dass sich der Fehler unabhängig im *Bodl. Barocc.* 133 und in der Vorlage des *Vind. phil. gr.* 332 ergab. Es ist noch anzumerken, dass die beiden Substantive auch synonymisch verstanden wurden: s. z. B. Theodoret. *Quaest. in Octat.* 13,7 f. ἐνταῦθα δὲ πρόσταγμα τὸ βούλημα, *Interpr. in XII prophetas minores*, *Patrologia Graeca* 81, 1737,45 f. πρόσταγμα γὰρ καλεῖ τὸ βούλημα.

299 Unter welchen Umständen und wann der *Laurentianus* nach Süditalien kam, ist unklar. – Einige vorläufige Ergebnisse aus der Untersuchung zu den folgenden Kodizes sind schon in zwei Aufsätzen veröffentlicht worden: Valente 2016a; ders. 2020b. Das vorliegende Kapitel stellt den neuesten Stand meiner Recherchen zu diesen Manuskripten dar.

letzte Kapitel (32) in zwei Spalten pro Blatt abgeschrieben.[300] Es fehlen die ersten zwei Blätter der aktuellen ersten Lage mit dem Anfang der *Epitome physica*, worauf auch die noch erhaltene Lagensignierung des Schreibers hinweist.[301]

Überlieferungsgeschichtlich betrachtet enthält der *Vat. Barb. gr.* 226 alle Fehler des *Laur. plut.* 86,31;[302] gegenüber seiner schon fehlerhaften Vorlage zeigt die Abschrift des Laurezeos eine noch höhere Anzahl an Fehlern, wie z. B.:

1033b4 f. τὰ κυρίως] τὰ συντιθέμενα καὶ τὰ κυρίως   1037b9 εἰδητικῶς] εἰδικῶς   1109a7 ὅθεν] ὅσα γὰρ   1109a11 κατὰ] κατὰ τὰ   1109a13 λέγονται] λέγεται   1109b5 εὑρεῖν] λαβεῖν οὐδ' εὑρεῖν   1112a12 διαιρέσει] τὴν διαίρεσιν   1113a3 λαβεῖν] εὑρεῖν   1113a11 θεωρούμενα] θεωρουμένων   1300b2 ἐφαίνετο] ἐν τῷ κόσμῳ ἐφαίνετο   1301a1 στενόστομα] στενόματα   1301a4 τοῦτο] οὕτως τοῦτο   1301a5 f. περιεχομένων] παρερχομένων   1301a10 ἐστενωμένον] ἡνωμένον   1301b6 καταρρέοντος] καταρρυέντος   1301b10 καταρρέον] καταρρυέν.

Laurezeos setzte sich mit der *Epitome physica* intensiv auseinander. Ein Indiz dafür ist die Unterteilung des Textes in kürzere Absätze, indem er jeden Anfangsbuchstaben rot markierte.[303] Am Rand fügte er entsprechende Marginalien in roter Tinte ein, die den Inhalt der jeweiligen Textstellen zusammenfassen bzw. kurz wiedergeben.[304]

---

300 Dieses Layout ist zwar untypisch für die *Epitome physica*, aber Laurezeos benutzte es schon in einigen Teilen eines anderen Manuskripts, des Cod. A.IV.3 der Stadtbibliothek Queriniana in Brescia (ff. 106ᵛ–154ʳ, 156ʳ⁻ᵛ, 156aʳ–157ʳ, 202ᵛ–203ʳ, 204ʳ–242ʳ): s. Harlfinger 1977, 344 Abb. 1; Arnesano 2015, 60–66, 88, 92 f. (Taf. 1 f.) sowie die Beschreibung des Kodex von D. Harlfinger (in Moraux *et al.* 1976, 70–72 und die aktualisierte auf der Website von CAGB: <https://cagb-db.bbaw.de/handschriften/handschrift.xql?id=9826>).

301 In der ersten Hälfte des 17. Jh. hat Francesco Arcudi (1596–1641), Bischof des salentinischen Städtchens Soleto, den Anfang der *Epitome physica* anhand des 1605 von Johann Wegelin gedruckten Textes auf dem aktuellen f. Iʳ⁻ᵛ ergänzt; darüber hinaus fügte er dort auch einige Sätze zu Kap. 11 hinzu, die aufgrund von Rissen im Papier nicht mehr lesbar waren.

302 Wichtig sind u. a. die folgenden Textstellen, wo Korrekturen des Kopisten des *Laur. plut.* 86,31 in den Text seiner Abschriften aufgenommen wurden: 1112c2 αὐξητόν] αὐτὸν *in textu Laur. plut.* 86,31 : αὐξητὸν *in marg. Laur. plut.* 86,31 *p.c.*, *deleto* αὐτὸν *in textu* : αὐξητὸν *in textu Par. gr.* 2134, *Par. gr.* 2133, *Vat. Barb. gr.* 226; 1224b4 οὐκ ἦν] *om. in textu Laur. plut.* 86,31, *Par. gr.* 2134, *Par. gr.* 2133, *sed in marg. add. Laur. plut.* 86,31 *p.c.* : *in textu Vat. Barb. gr.* 226, *Par. gr.* 2134; 1249a8 f. φαντάζεται (*cum codd. Par. gr.* 2133)] *om. in textu Laur. plut.* 86,31, *Vat. gr.* 314, *in marg.* δεικνύει *add. Laur. plut.* 86,31 *p.c.*, *unde* δεικνύει *in textu Par. gr.* 2134, *Vat. Barb. gr.* 226. Der *Vat. Barb. gr.* 226 ist aber frei von den Fehlern und Auslassungen von *Par. gr.* 2134 und *Par. gr.* 2133, die deshalb als Vorlagen nicht infrage kommen können.

303 Das Kap. 9 Περὶ τόπου καὶ χρόνου wurde auch in zwei aufgeteilt; die Abschriften haben diese Unterteilung übernommen.

304 Da sie in der Vorlage nicht vorkommen, ist anzunehmen, dass Laurezeos sie zunächst in einem nun verschollenen Arbeitsexemplar (ζ) aus dem *Laur. plut.* 86,31 hinzufügte, danach eine kalligraphischere Abschrift anfertigte, die den heutigen *Barberinianus* darstellt. Dies lässt sich auch anhand einiger Marginalien, die an der falschen Stelle platziert wurden, beweisen. S. z. B. Valente 2020b, 496 f.: Die Angabe ὅτι κωνοειδῆς (*sic*) οὔσης τῆς σκιᾶς τῆς γῆς δείκνυσιν ὅτι μεῖζον (*sic*) ὁ ἥλιος πάσης τῆς γῆς steht auf f. 57ʳ am Rand neben dem Satz εἰ δ' ἴσον ἐστὶ τὸ φωτιζόμενον τῷ φωτίζοντι, κυλινδροειδῆ τὴν

Wenige Jahre nach der Abschrift von Laurezeos, d. h. im letzten Viertel des 15. Jh., diente der *Vat. Barb. gr.* 226 als Vorlage für den ersten Teil des heutigen Sammelmanuskripts *Laur. plut.* 86,15. Der Schreiber „Anonymus δ-καί", *alias* Alexios Keladenos, hat den Text seiner Vorlage zusammen mit den in Rot geschriebenen Inhaltsangaben am Rand sehr treu abgeschrieben;[305] alle Fehler des *Vat. Barb. gr.* 226 sind auch im *Laur. plut.* 86,15 zu finden; der *Laurentianus* bietet außerdem wenige Sonderfehler gegenüber dem *Vat. Barb. gr.* 226, wie z. B.:

1032b3 οὐσιώδη] καὶ οὐσιώδη   1109b2 μέρη] *om. Vat. Barb. gr.* 226 : πέρας *Laur. plut.* 86,15   1109c11 ἀδιεξίτητόν ἐστιν] ἀδιεξήτητον ἐστιν *Vat. Barb. gr.* 226, ἀδιεξήτητον δ' ἐστὶν *Laur. plut.* 86,15   1249c7 f. πρὸς τῷ τέλει τὰ τῆς σκιᾶς] πρὸς τῷ τέλει τὰς τῆς σκιᾶς *Vat. Barb. gr.* 226 : πρὸς τὰς τελεί[[.]]ας τῆς γῆς σκιᾶς *Laur. plut.* 86,15ᵖ·ᶜ·   1217a6 μοῖραν] μοίραν *Vat. Barb. gr.* 226 : *om. Laur. plut.* 86,15   1252c3 ὡς] *om.*   1252d8 f. κατ' ἀναποδισμὸν] κατὰ ἀναποδισμὸν *Vat. Barb. gr.* 226 : εἶτα κατὰ ἀναποδισμὸν *Laur. plut.* 86,15; 1301a1 στενόστομα] στενόματα *Vat. Barb. gr.* 226 : στενώματα *Laur. plut.* 86,15

Darüber hinaus wurde der Text des *Vat. Barb. gr.* 226 sowohl zwischen den Zeilen als auch am Rand mithilfe einer zweiten Handschrift der *Epitome physica* durchgehend korrigiert (*Vat. Barb. gr.* 226ᵖ·ᶜ·).[306] An den Stellen, die im *Barberinianus* korrigiert wurden, gibt der *Laurentianus* immer die ursprüngliche Lesart wieder; das bedeutet, dass diese Korrekturen erst nach der Anfertigung des *Laurentianus* eingetragen wurden. Die folgenden Passagen sind beispielhaft:

1032b11 ὑπολαμβάνεται] ὑπολαμβάνονται *Vat. Barb. gr.* 226, *Laur. plut.* 86,15 : ὑπολαμβάνεται *Vat. Barb. gr.* 226ᵖ·ᶜ·   1032b14 ἁπλῶς ἀρχὰς] ἀρχὰς ἁπλῶς *Vat. Barb. gr.* 226, *Laur. plut.* 86,15 : *corr. s. l. Vat. Barb. gr.* 226ᵖ·ᶜ·   1032c10 f. εἰς τὸ εἶναι] τοῦ εἶναι *Vat. Barb. gr.* 226, *Laur. plut.* 86,15 : εἰς τὸ *Vat. Barb. gr.* 226ᵖ·ᶜ·   1216b1 ἐκτός] ἐντός *Vat. Barb. gr.* 226, *Laur. plut.* 86,15 : κ *corr. Vat. Barb. gr.* 226ᵖ·ᶜ·   1216b2 δυνάμεως] *om. Vat. Barb. gr.* 226, *Laur. plut.* 86,15 : *suppl. s. l. Vat. Barb. gr.* 226ᵖ·ᶜ·   1216d9 ἔναστρον] ἄναστρον *Vat. Barb. gr.* 226, *Laur. plut.* 86,15, γρ. ἔ *s. l. Vat. Barb. gr.* 226ᵖ·ᶜ·   1253a5 ἴτυν] ἴτην *Vat. Barb. gr.* 226, *Laur. plut.* 86,15, υν *corr. s. l. Vat. Barb. gr.* 226ᵖ·ᶜ·

An wenigen Stellen bietet der *Laurentianus* die richtige Lesart, die Keladenos wohl durch Konjektur fand:

σκιὰν ἀποτελεῖ, τὸ ἴσον ἑαυτῆς διασώζουσαν (1249a15–b2). Allerdings gehört die Randnotiz zu einer Stelle, die im Text später folgt: κωνοειδὴς οὖν οὖσα τῆς γῆς ἡ σκιά, δείκνυσιν ἀριδήλως τὸν ἥλιον ὄντα μείζω τῆς γῆς (1249b6 f.).
305 Harlfinger 1971, 418 Nr. 12; ders. 1974, 30 Nr. 62 f.; Speranzi 2009; ders. 2011, 115 Anm. 7, 123; ders. 2015, 204. Auch die beiden Zeichnungen hat Keladenos sehr vorlagentreu abgezeichnet: Die Windrose erscheint am Ende von Kap. 17 genauso wie im *Barberinianus*; das astronomische Diagramm hat er aber nicht ans Ende von Kap. 30, sondern im Anschluss an Kap. 31 (f. 145ʳ) gesetzt, wahrscheinlich weil es nicht genügend Platz am Ende von Kap. 30 gab (f. 143ʳ). S. auch Valente 2020b, 498 f.
306 Die Vorlage ist noch zu identifizieren; vermutlich handelt es sich dabei um den *Laur. plut.* 86,31 selbst. Einige Korrekturen zum Text in heller Tinte können auch dem Hauptschreiber zugewiesen werden; andere gehören aber wohl zu einem anderen Schreiber.

1109a12 f. οὐδὲ τὸ ἅπτεσθαι· ἅπτεσθαι γὰρ λέγονται] οὐδὲ τοῦ ἅπτεσθαι· αὕτεσθαι γὰρ λέγονται *Vat. Barb. gr.* 226 : τὸ *et* ἅπτεσθαι² *in textu Laur. plut.* 86,15   1249a13 τῷ] τὸ *Vat. Barb. gr.* 226 : τῷ *Laur. plut.* 86,15   1252a3 ἔκλειψις] ἔκλιψις *Vat. Barb. gr.* 226 : ἔκλειψις *Laur. plut.* 86,15   1253c13 περὶ αὑτόν] περὶ αὐτῶν *Vat. Barb. gr.* 226: περὶ αὑτόν *Laur. plut.* 86,15   1301d10 ἑαυτῇ] αὑτῇ *Vat. Barb. gr.* 226 : ἑαυτῇ *Laur. plut.* 86,15

Im Bereich der Marginalien überliefert der *Laurentianus* in der Regel denselben Text an den entsprechenden Stellen wie der *Barberinianus*, doch mit eigenen Fehlern und Abweichungen, wie z. B.:

zu 1109a4 f. σημεῖον] περὶ σημείου ὅτι ἄπειρόν ἐστι *Vat. Barb. gr.* 226 : om. *Laur. plut.* 86,15; zu 1109b10 τρίτον] τρίτον τοῦ ἀπείρου τρόπον ὁ λαβύρινθος *Vat. Barb. gr.* 226, τρίτος τοῦ ἀπείρου τρόπος λαβύρινθος *Laur. plut.* 86,15; zu 1112a4 πέμπτον] πέμπτον τρόπον ἀπείρου ἐστὶν ὁ ἀριθμὸς ὃς ἀεὶ προσλαμβάνει καὶ αὔξεται καὶ τὸ συνεχές *Vat. Barb. gr.* 226, πέμπτον τρόπον ἄπειρον κτλ. *Laur. plut.* 86,15; zu 1216b3 τὸν μὲν οὖν πρῶτον καὶ κυρίως οὐρανὸν] ὅτι τὴν ἄναστρον σφαίραν [sic] ὀλίγοι τῶν φιλοσόφων ἐγνώρισαν καὶ ὅτι τὸ στερέωμα λέγουσιν οὐρανόν *Vat. Barb. gr.* 226, ὅτι τὴν ἄναστρον σφαῖραν ὀλίγοι τῶν φιλοσόφων ἔγνοσαν [sic] καὶ ὅτι τὸ στερέωμα λέγουσιν οὐρανόν *Laur. plut.* 86,15; zu 1216b8 f. ὁλοτελῶς] ὅτι οἱ Ἀριστοτελικοὶ τὸ αἰθέριον ἅπαν σῶμα οὐρανὸν λέγουσι καὶ πέμπτον σῶμα *Vat. Barb. gr.* 226, οἱ Ἀριστοτελικοὶ λέγουσι τὸ στερέωμα καὶ ὅτι πέμπτον σῶμα *Laur. plut.* 86,15; zu 1216d4 οὕτω] λέγουσι δὲ ὅτι καὶ τὰ δ´ στοιχεῖα σύνθετά ἐστιν ἐκ τῶν ἁπλῶν στοιχείων *Vat. Barb. gr.* 226, λέγουσι δὲ ὅτι καὶ τὰ δ´ στοιχεῖα σύνθετά ἐστιν ἐκ τῶν ἁπλῶν στοιχείων κατὰ Πλάτωνα[307] *Laur. plut.* 86,15; zu 1216d9 τούτον] ὅτι ἡ ἄναστρος σφαῖρα ἀπλανὴς σφαῖρα λέγεται παρ᾽ αὐτοῖς *Vat. Barb. gr.* 226, ὅτι ἡ ἄναστρος σφαῖρα ἀπλανὴς σφαῖρα λέγεται *Laur. plut.* 86,15

Das enge Verhältnis zwischen den beiden Manuskripten lässt sich durch die textuellen Befunde bestätigen. Da Alexios Keladenos ab dem Jahr 1480 Bischof von Gallipoli war, liegt die Vermutung nahe, dass er um diese Zeit Zugang zum aktuellen *Vat. Barb. gr.* 226 hatte.[308] Der *Laur. plut.* 86,15 ist außerdem als Zeuge für den heute verloren gegangenen Anfang des *Barberinianus* vor der späteren textkritischen Revision wichtig.

In der zweiten Hälfte des 16. Jh. befand sich der *Laur. plut.* 86,15 in Florenz: Dort wurde der Text der *Epitome physica* vom oben genannten Francesco Zanetti erweitert. Zunächst ergänzte er das Kap. 32 auf den leer gebliebenen ff. 145ᵛ–149ᵛ (*Laur. plut.* 86,15²); schließlich entwarf er auch einen Pinax (Πίναξ τοῦ παρόντος βιβλίου, f. IIIʳ⁻ᵛ) anhand des *Laurentianus*.[309] Seine Vorlage für das Kap. 32 war noch einmal der *Laur.*

---

307 Die Wörter κατὰ Πλάτωνα wurden von Keladenos offensichtlich aus der entsprechenden Stelle des Blemmydes-Textes (1216c3 οἱ δὲ περὶ Πλάτωνα) übernommen.

308 Ob sich die beiden Gelehrten je kennengelernt haben, bleibt dennoch offen. Das Todesdatum von Georgios Laurezeos ist unbekannt.

309 Wie Degni 2008, 300 f. betont hat, fällt die Ergänzung eines Pinax unter die gewöhnlichen Tätigkeiten von Francesco Zanetti als *instaurator* (dazu s. auch Gaspari 2010, 172 f. mit Anm. 53). Dass er sich in diesem Fall auf die Titel der Kapitel im Text selbst gestützt hat, zeigen unter anderen die folgenden Beispiele: α΄. περὶ τῶν φυσικῶν ἀρχῶν καὶ αἰτίων] α΄. περὶ τῶν φυσικῶν αἰτίων καὶ μετεώρων (s. f. 1ʳ); κα΄. περὶ ἅλω κτλ.] κβ΄ περὶ ἅλων (s. f. 84ᵛ); κη΄. περὶ γῆς καὶ τῶν ταύτης ζωνῶν κτλ.] κε΄. περὶ

plut. 86,31, der sich ebenfalls bereits in Florenz befunden haben muss. Beispielsweise kann man die folgenden Bindefehler hervorheben:

1304a11 ὄψομαι δέ φησιν] ὄψομαί φησιν *Laur. plut.* 86,31, *Laur. plut.* 86,15^Z 1306b8 λαμπρότητος] λαμπρό$_/^{ττ}$ *Laur. plut.* 86,31, λαμπρότητα *Laur. plut.* 86,15^Z 1308b10 εἰς ἀνατολὰς] πρὸς ἀνατολὰς *Laur. plut.* 86,31 (*postea* εἰς *s. l. add.*), *Laur. plut.* 86,15^Z 1308d5 f. κατωτέρω] κατωτέρα *Laur. plut.* 86,31, *Laur. plut.* 86,15^Z

Entscheidend sind insbesondere vier Stellen, an denen sich die Lesart des *Laur. plut.* 86,15 nur anhand des *Laur. plut.* 86,31 erklären lässt:[310]

1305b11 λέγονται] λ$_/^{γτ}$ *Laur. plut.* 86,31, (f. 199^v Z. 4 v.u.), λέγεται *Laur. plut.* 86,15^Z (f. 146^v Z. 5 v.u.)   1305b12 λέγω] λ$_/^{γω'}$ *Laur. plut.* 86,31, (f. 199^v Z. 2 v.u.), λόγω *Laur. plut.* 86,15^Z (f. 146^v Z. 4 v.u.)   1313c3 f. οὔσης ἐν ἀσελήνῳ] οὔσης [......] ἐν ἀσελήνῳ *Laur. plut.* 86,31 (f. 205^r Z. 11, sechs Buchstaben wurden weggeradiert), *Laur. plut.* 86,15^Z (f. 148^r Z. 8: *locus fenestratus*)

Fehler des *Laur. plut.* 86,15 sind u. a.:

1308c6 τοῦ στερεώματος] ποῦ στερεώματος   1308d2 τὸ νοτιώτερον] τὸν νοτιώτερον   1309a6 ἐπιτολῆς] ἐπιστολῆς   1309c14 συνέλθη] συνέχθη[311]   1313b4 τῷ] *om.*   1316b3 τὸ] *om.*

Zanetti hat auch den beschädigten *Laur. plut.* 86,31 restauriert, in welchem er die verloren gegangene erste Lage mit dem ganzen Kap. 1 und dem Anfang von Kap. 2 (bis einschließlich 1036c6 κατ' ἄλλο μὲν γὰρ) ergänzte (ff. 1–6: *Laur. plut.* 86,31^Z).[312] Schon der Gesamttitel (f. 1^r: Νικηφόρου μοναχοῦ πρεσβυτέρου τοῦ κτίτορος [*sic*] εἰσαγωγικῆς ἐπιτομῆς περὶ τῶν φυσικῶν αἰτίων καὶ μετεώρων) deutet auf den *Laur. plut.* 86,15 hin, weil in diesem Manuskript der Zusatz περὶ τῶν φυσικῶν αἰτίων καὶ μετεώρων anstelle der üblichen Angabe βιβλίον δεύτερον vorkommt.[313] Außerdem teilen die beiden *Laurentiani* gemeinsame Bindefehler, wie z. B.:[314]

1025a3 ἐνυπάρχοντος] ἐνυπαρχόντως *Laur. plut.* 86,15, *Laur. plut.* 86,31^Z 1025a7 τεχνητῶν] τεχνιχῶν *Laur. plut.* 86,15, *Laur. plut.* 86,31^Z 1025a12 f. τὸ καθ' ὅ, οἷον τὸ εἰδικόν, τὸ ὑφ' οὗ, οἷον τὸ ποιητικόν] *om. Laur. plut.* 86,15, *Laur. plut.* 86,31^Z 1025b6 δυνάμει] *om. Laur. plut.* 86,15, *Laur. plut.* 86,31^Z 1025b9 τὸ τελικόν, τὸ παραδειγματικόν] τὸ παραδ- τὸ τελ- *Laur. plut.* 86,15, *Laur. plut.*

γῆς καὶ τῶν ἐν αὐτῇ κτλ. (s. f. 127^r). Das Inhaltsverzeichnis umfasst außerdem 33 Kapitel, denn im *Barberinianus* und folglich auch im *Laur. plut.* 86,15 wird das Kap. 9 Περὶ τόπου καὶ χρόνου zweigeteilt: περὶ τόπου καὶ περὶ χρόνου und περὶ χρόνου (s. auch oben S. 77 Anm. 303).

310 Dadurch werden die Abkömmlinge des *Laur. plut.* 86,31 als Vorlage für Zanettis Restaurierung des *Laur. plut.* 86,15 ausgeschlossen, weil solche Eigenschaften bei ihnen nicht vorkommen.

311 Der Fehler lässt sich anhand des Duktus von Lambda im *Laur. plut.* 86,31 (f. 202^r Z. 2 v.u.) erklären.

312 Hier fügte er aber keinen Pinax hinzu: s. auch Browning u. Constantinides 1993, 142 Anm. 1.

313 S. auch unten S. 124 und 132.

314 Die *Laur. plut.* 86,15 und 86,31 enthalten selbstverständlich alle Fehler des *Vat. Barb. gr.* 226.

86,31^Z 1029a10 τῇ ἕξει στέρησις] στέρησις τῇ ἕξει *Laur. plut.* 86,15, *Laur. plut.* 86,31^Z 1029a11 τῆς] καὶ τῆς *Laur. plut.* 86,15, *Laur. plut.* 86,31^Z 1032b3 οὐσιώδη] καὶ οὐσιώδη *Laur. plut.* 86,15, *Laur. plut.* 86,31^Z 1032c10 εἰς τὸ] τοῦ *Laur. plut.* 86,15, *Laur. plut.* 86,31^Z 1032d5 f. αἴτιον κατὰ συμβεβηκὸς τῆς γενέσεως] αἴτιον γενέσεως κατὰ συμβεβηκὸς *Laur. plut.* 86,15, *Laur. plut.* 86,31^Z

Sonderfehler des *Laur. plut.* 86,31 sind die folgenden:

1025b8 λέγεται] λέγονται   1025d2 σύμπασα] ἡ σύμπασα   1028b11 ἀμούσου] ἀκούσου   1029a12 αὐτὴ καὶ] αὐτὴ *Vat. Barb. gr.* 226, *Laur. plut.* 86,15 : αὕτη *Laur. plut.* 86,31^Z 1032a13 οὐσίαι] οὐσία   1033a7 μετασχηματίσει] μετασχηματίζει   1033b3 ἐπὶ τῆς] ἐπὶ τῆς ἐπὶ τῆς

Zurück zum *Vat. Barb. gr.* 226 und zur Terra d'Otranto: Zwischen den zwanziger und dreißiger Jahren des 16. Jh. wurde dieses Manuskript von dem Schreiber und Juristen Michael Rhosaitos aus Korone (ca. 1500–1544)[315] als Vorlage für drei Abschriften herangezogen. Diese drei Sammelhandschriften enthalten nur ausgewählte Kapitel aus der *Epitome physica*: Dabei handelt es sich um den *Ambr.* O 82 sup. (Kap. 24–31, Pinax, Kap. 1; s. Abb. 11), den *Monac. gr.* 265 (Kap. 24–29) sowie den *Par. gr.* 2099 (Kap. 24–30).[316] Aus der Kollation der Texte dieser Kodizes geht hervor, dass alle drei Abschriften die Fehler des *Barberinianus* enthalten. Darüber hinaus weist der *Ambrosianus* gegenüber den anderen beiden Abschriften einige Unterschiede auf:

1216b1 f. ἐκτός ἐστι τῆς αὐτοῦ δυνάμεως] ἐντὸς (κ corr. *Vat. Barb. gr.* 226$^{p.c.}$) ἐστὶ τῆς αὐτοῦ (δυνάμεως add. s. l.) *Vat. Barb. gr.* 226 : ἐκτός ἐστι τῆς αὐτοῦ δυνάμεως *Ambr.* O 82 sup. : ἔξω τῆς τῆς αὐτοῦ τυγχάνει δυνάμεως *Monac. gr.* 265, ἔξω τῆς αὐτοῦ τυγχάνει δυνάμεως *Par. gr.* 2099   1216b3 ἤτοι] εἴτοι *Vat. Barb. gr.* 226, *Ambr.* O 82 sup. : ἤγουν *Monac. gr.* 265, *Par. gr.* 2099   1216b4 σφαῖραν] om. *Vat. Barb. gr.* 226, *Ambr.* O 82 sup. : habent *Monac. gr.* 265, *Par. gr.* 2099 (möglicherweise aus der Randnotiz in *Vat. Barb. gr.* 226)

Fehler des *Ambr.* O 82 sup. gegenüber *Vat. Barb. gr.* 226, *Monac. gr.* 265, *Par. gr.* 2099 sind u. a. die folgenden: 1216d4 ὑπὸ] ἀπὸ   1217b4 ἄκρων] ἄλλων   1220b13 οἰκείωσιν] οἰκειότητα   1221b1 f. γινομένης] γενομένης   1221b3 f. τῶν ἐνδοτέρω] τῶν δὲ ἐνδοτέρω   1221c3 περιφεροῦς] περιγραφοῦς *Vat. Barb. gr.* 226, *Monac. gr.* 265, *Par. gr.* 2099, περιγραφούσης *Ambr.* O 82 sup.   1224c11 f. χρόνου] χρόνον   1228a9 ἐθέλων] ἐθέλειν   1229b8 ποιοτήτων] ποιοτήτων δυνάμεων   1249c8 τὰ τῆς σκιᾶς] τὰ τῆς γῆς σκιᾶς   1249c13 f. ἀναντιρρήτως ὁ ἥλιος μείζων τῆς γῆς] om.   1252a9 πᾶς] πῶς   1253b7 λεπτοτέρου] λεπτομεροῦς   1253b11 ἐκ βαθέων] ἐμβαθέων

Bindefehler von *Monac. gr.* 265 und *Par. gr.* 2099 gegenüber *Vat. Barb. gr.* 226 und *Ambr.* O 82 sup. sind u. a.: 1216c7 τοῦ ὁρατοῦ] τοῦ τε ὁρατοῦ   1216c12 f. τῶν ἀκραιφνεστάτων ἐν στοιχείοις ὄντων καὶ καθαρωτάτων] τῶν ἀκραιφνεστάτων καὶ καθαρωτάτων τῶν ἐν στοιχείοις ὄντων   1221b3 f. ἐνδοτέρω] ἐνδοτέρων.

---

315 Ab dem Jahr 1515 war er in Italien aktiv: s. Hajdú u. Schreiner 2013, 43–45 mit Literatur.

316 Auf den Rändern in den drei Manuskripten hat Rhosaitos verschiedene Zeichnungen hinzugefügt, die den Text illustrieren; im *Monac. gr.* 265 sind sie meistens nur skizzenhaft und in geringerer Zahl übertragen als in den beiden anderen Abschriften. Besonders auffällig ist die Zeichnung eines Schiffes in Küstennähe in Kap. 28 (*Ambr.* O 82 sup., f. 62^v ~ *Par. gr.* 2099, f. 234^v).

Das enge Verhältnis zwischen *Monac. gr.* 265 und *Par. gr.* 2099 lässt sich anhand einiger Textstellen noch präzisieren: der *Par. gr.* 2099 könnte eine Abschrift des *Monac. gr.* 265 gewesen sein, die aber noch den *Vat. Barb. gr.* 226 berücksichtigt:

(a) Zur Stelle in Kap. 25 (1236c12 f.) κύκλοι δὲ πέντε παράλληλοι νοοῦνται κατὰ τὸν οὐρανὸν τοῦτον δὴ τὸν φαινόμενον liest man im *Vat. Barb. gr.* 226 am Rand (f. 54ʳ Sp. 2 Z. 30) in Rot ση(μείωσαι) ὅτι πέντε κύκλοι νοοῦνται κατὰ τὸν οὐρανόν; im *Monac. gr.* 265 (f. 18ʳ Z. 6) hat Rhosaitos ebenfalls am Rand die Inhaltsangabe περὶ τῶν ἐν τῷ οὐρανῷ νοουμένων κύκλων hinzugefügt;[317] im *Par. gr.* 2099 wird sie in den Text als Titel eines neuen Kapitels eingefügt (f. 220ʳ Z. 9: Περὶ τῶν ἐν τῷ οὐρανῷ νοουμένων κύκλων κεφάλαιον κϛ'). Nichts davon aber im *Ambr.* O 82 sup.

(b) In Kap. 28 (1280a9–12 τεσσαρακοντάκις δὲ καὶ ὀκτάκις οἱ πεντακισχίλιοι στάδιοι μυριάδες ἐκτελοῦνται σταδίων τέσσαρες πρὸς ταῖς εἴκοσιν) hat Rhosaitos die im *Vat. Barb. gr.* 226 und im *Ambr.* O 82 sup. befindlichen Wörter μυριάδες ἐκτελοῦνται σταδίων τέσσαρες πρὸς ταῖς εἴκοσιν im *Monac. gr.* 265 nachträglich durch Unterstreichung getilgt; der *Par. gr.* 2099 hat sie nicht (f. 237ʳ Z. 3 f.).

(c) In Kap. 28 (1280a12–14) ἔσται γοῦν κατὰ Ποσειδώνιον ἡ περίμετρος τῆς γῆς σταδίων μυριάδων τεσσάρων καὶ εἴκοσι κτλ. hat der *Vat. Barb. gr.* 226 im Text μυρίων anstelle von μυριάδων (f. 64ʳ Z. 20); die richtige Lesart μυριάδων wurde *supra lineam* nachgetragen; von den Abschriften hat nur der *Par. gr.* 2099 μυριάδων im Text, während der *Ambr.* O 82 sup. und der *Monac. gr.* 265 μυρίων überliefern.

(d) In Kap. 29 (1288d6) liest man die richtige Lesart ἀθρουστέρας im *Vat. Barb. gr.* 226 (f. 66ᵛ Sp. A Z. 12) sowie im *Ambr.* O 82 sup. (f. 68ʳ Z. 6) und *Monac. gr.* 265 (f. 31ʳ Z. 1); im *Monac. gr.* 265 schrieb Rhosaitos *supra lineam* γρ(άφε/άφεται) ἀθροωτέρας, ohne dass es im *Vat. Barb. gr.* 226 einen solchen textkritischen Hinweis gibt. Im *Par. gr.* 2099 steht ἀθροωτέρας im Text (f. 290ᵛ Z. 2).

(e) Die Passage in Kap. 29 (1289d7–9) ἤγουν τῶν θερινῶν καταδυομένων λοξῶς, καὶ τῶν λοξῶς ἀναφερομένων, ἤγουν τῶν χειμερινῶν, καταδυομένων ὀρθῶς hat Rhosaitos im *Monac. gr.* 265 (f. 31ᵛ Z. 20–22) zunächst abgeschrieben, dann hat er die Wörter von λοξῶς bis καταδυομένων getilgt; genau diese Wörter fehlen im *Par. gr.* 2099. Der *Ambr.* O 82 sup. hat denselben Text wie der *Vat. Barb. gr.* 226.

Dass diese drei Kodizes vom *Vat. Barb. gr.* 226 abstammen, bestätigt auch eine Randnotiz der zweiten Hand des *Barberinianus* auf f. 52ᵛ,[318] die ein Exzerpt aus der zweiten Homilie zum *Hexaemeron* des Severian von Gabala (*Patrologia Graeca* 56, 442,29–40) enthält.[319] Den zweiten Beweis liefert eine lange Randnotiz im *Monac. gr.* 265 (ff. 6ᵛ–7ʳ)

---

317 Die hierfür benutzte rote Tinte scheint dunkler zu sein als diejenige der Anfangsbuchstaben; dies könnte darauf hinweisen, dass Rhosaitos die Angaben zu einem späteren Zeitpunkt am Rand hinzufügte.

318 Der Text befindet sich am unteren Rand, unter der rechten Spalte.

319 S. Mogenet 1989, 71; Valente 2016a, 29 Anm. 58. – Dieser Text befindet sich im *Ambr.* O 82 sup., f. 48ʳ zwischen dem Ende von Kap. 24 und dem Anfang von Kap. 25, im *Monac. gr.* 265, f. 7ᵛ (am linken Rand) sowie im *Par. gr.* 2099, f. 217ᵛ (am linken Rand). σεβηριανοῦ ‖ πρόσεχε τὴν διμιουργίαν [sic] τῆς σοφίας [τ- σ- add. s. l.] τοῦ θεοῦ (In den drei Kodizes wurde der orthographische Fehler διμιουργίαν korrigiert und der Eintrag τῆς σοφίας an der richtigen Stelle hinzugefügt; der Satz lautet folgendermaßen: πρόσεχε τὴν δημιουργίαν τῆς σοφίας τοῦ θεοῦ). κρυσταλλώδης γάρ ἐστιν ὁ οὐρανός, ἤγουν τὸ στερέωμα ἀπὸ ὑδάτων παγέν· ἐπειδὴ γὰρ ἔμελλε δέχεσθαι ἡλίου φλόγα καὶ ἀστέρων, καὶ ὅλος πυρὸς πληρούμενος, ἵνα μὴ ὑπὸ τῆς θερμότητος λυθῇ ἢ φλεχθῇ, ὑπέστρωσε τοῖς νώτοις αὐτοῦ, τὰ πελάγη ἐκεῖνα τῶν ὑδάτων, ἵνα λιπένει καὶ ὑπαλίφει αὐτά, καὶ οὕτως ἀντέχει πρὸς τὴν φλόγα, ἵνα μὴ φρύγεται·

und im *Par. gr.* 2099 (ff. 216ᵛ–217ʳ), die vom Kap. 4 (1056c3–1060a7) der *Epitome physica* genommen wurde. Im *Parisinus* fügte Rhosaitos am oberen Rand (f. 216ᵛ) mit roter Tinte die Quelle hinzu: ἐκ τοῦ αὐτοῦ Νικηφόρου περὶ δυνάμεως καὶ ἐνεργείας. Auch in diesem Fall lässt sich als Vorlage ebenfalls der *Vat. Barb. gr.* 226 nach der Revision identifizieren.[320]

Der *Monac. gr.* 265 dürfte die erste Abschrift aus dem *Barberinianus* gewesen sein; danach wurde der *Par. gr.* 2099 zunächst anhand des *Monacensis*, aber auch unter Berücksichtigung des *Vat. Barb. gr.* 226 angefertigt. Unabhängig von diesen beiden Abschriften wurde der *Ambr.* O 82 sup. aus dem *Barberinianus* abgeschrieben. Diese letzte Abschrift enthält außerdem eine breitere Auswahl an Kapiteln, die auch für die Rekonstruktion des nun verschollenen Anfangs des *Barberinianus* von Bedeutung sind. Denn im *Ambrosianus* wurden nach den Kap. 24–31 auch der Gesamttitel der *Epitome physica*, der Pinax mit nur 31 Kapiteln sowie Kap. 1 abgeschrieben (ff. 73ᵛ–74ʳ). In diesem Kapitel teilt der *Ambrosianus* viele Fehler mit den beiden *Laurentiani* (86,31 und 86,15),[321] weist aber auch Sonderfehler auf.[322] Die Bestätigung dafür, dass der *Barberinianus* vor dem Verlust der ersten Blätter als Vorlage für den *Ambrosianus* benutzt wurde, lässt sich besonders durch eine Stelle in Kap. 1 feststellen: Auf f. 75ᵛ Z. 8 des *Ambrosianus* setzte Rhosaitos die Angabe περὶ ὕλης καὶ εἴδους καὶ στερήσεως in den Text von Kap. 1 (1028d1–3); diese paratextuelle Angabe, die nicht zum Haupttext gehört, befindet sich im *Barberinianus* noch am Rand, geschrieben in roter Tinte (f. 3ʳ Sp. 2 Z. 21 f.).[323] Die anderen Abschriften des *Barberinianus* weisen diesen Fehler nicht auf; Rhosaitos muss deshalb genau diese Handschriften als Vorlage benutzt haben. Daraus lässt sich schließen, dass der *Ambr.* O 82 sup. als ein Primärzeuge des verstümmelten Anfangs des *Vat. Barb. gr.* 226 – und folglich auch des *Laur. plut.* 86,31 sowie des *Vind. phil. gr.* 332 – anzusehen ist. Dadurch lassen sich der Pinax zusammen mit dem Gesamttitel der *Epitome physica* und der Anfang von Kap. 1 dieser Familie wiedergewinnen, die aufgrund Blattverlustes in den anderen Handschriften verloren gegangen sind.

Zu den Abschriften des *Vat. Barb. gr.* 226 zählt auch der *Neap.* III.D.14 (Abb. 12) aus dem Ende des 15. bzw. Anfang des 16. Jh. Wie Fabio Vendruscolo kürzlich gezeigt

---

ἔχεις δὲ ὑπόδειγμα τὸν λέβητα ἐπάνω ὄντα πυρός, ὃς ἔχων μὲν ὕδωρ ἀντέχει πρὸς τὸ πῦρ, μὴ ἔχων δὲ διαλύεται. Der Text bietet einige Abweichungen vom gedruckten Text in der *Patrologia Graeca*.

320 F. 10ʳ Sp. 1 Z. 5–10ᵛ Sp. 2 Z. 23. S. dazu Valente 2016a, 29 Anm. 58.

321 S. oben S. 73–75, 80 f.; der *Ambr.* O 82 sup. teilt z. B. die folgenden Fehler: 1025a7 τεχνητῶν] τεχνιχῶν; 1025a9 τὸ τελικόν, τὸ παραδειγματικόν] τὸ παραδειγματικόν, τὸ τελικόν.

322 Als Beispiel für die Fehler in diesem Teil des *Ambr.* O 82 sup. können die folgenden erwähnt werden: 1025a11 καὶ αἴτιον] αἴτιον καί; 1025a12 οἷον] ὡς; 1025b7 κυρίως] *om.*; 1025c3 f. πρώτως] πρῶτος. Der *Ambrosianus* überliefert darüber hinaus Textteile, die in den *Laurentiani* weggelassen wurden, wie z. B.: 1025a12 f. τὸ καθ’ ὅ, οἷον τὸ εἰδικόν, τὸ ὑφ’ οὗ, οἷον τὸ ποιητικόν; 1025a6 δυνάμει.

323 So lautet der Text des *Ambr.* O 82 sup.: ἀντικειμένοις κατάλληλον· περὶ ὕλης καὶ εἴδους καὶ στερήσεως· τρεῖς ἄρα τῶν φυσικῶν αἱ τῆς γενέσεως πρῶται ἀρχαί κτλ. Im *Barberinianus* befindet sich die paratextuelle Angabe nicht am Rand, wie es üblich ist, sondern im frei gelassenen Abstand zwischen zwei Absätzen. Denselben Fehler enthält auch der *Neap.* III.D.14: s. unten S. 84.

hat, hat der Schreiber und Gelehrte Costantino Sebastiani diesen Kodex Antonio Seripando (†1531) geschenkt.[324] Der Haupttext wurde von einem einzigen Schreiber kopiert: Das Manuskript enthält die Kap. 1–31 der *Epitome physica*; im Pinax liest man außerdem auch den Titel von Kap. 32.

Der *Neapolitanus* enthält alle Fehler des *Vat. Barb. gr.* 226, aber keine von dessen Abschriften; darüber hinaus wurden die im *Barberinianus* nachgetragenen Korrekturen auch im Text des *Neapolitanus* gelegentlich übernommen. Man kann z. B. die folgenden Stellen berücksichtigen:

1028b2 πρώτως] *om. Vat. Barb. gr.* 226, *add. s. l. Vat. Barb. gr.* 226[p.c.], *unde in textu Neap.* III.D.14   1028b3 ἤρξατο γίνεσθαι][325] ἤρ- γενέσθαι *Vat. Barb. gr.* 226, *corr. s. l. Vat. Barb. gr.* 226[p.c.], *unde* γίνεσθαι *in textu Neap.* III.D.14   1029a6 ἐτύγχανεν οὖσα] τυγχάνουσα *Vat. Barb. gr.* 226, *corr. s. l. Vat. Barb. gr.* 226[p.c.], *unde in textu Neap.* III.D.14 (*et Ambr.* O 82 sup.)   1032b11 ὑπολαμβάνεται] ὑπολαμβάνονται *Vat. Barb. gr.* 226, *corr. Vat. Barb. gr.* 226[p.c.], *unde in textu Neap.* III.D.14   1109a7 ὅθεν] ὅσα γὰρ *Vat. Barb. gr.* 226, θεν *sscr. Vat. Barb. gr.* 226[p.c.], *unde* ὅσα[θεν] γὰρ, θεν *s. l., Neap.* III.D.14   1109b11 f. ἤ μᾶλλον δυσδιαπόρευτον] *om. Vat. Barb. gr.* 226, καὶ ἀδιεξίτητον *Vat. Barb. gr.* 226[p.c.] *in marg., unde in textu Neap.* III.D.14

Der *Neapolitanus* enthält auch eigene Fehler, wie z. B.:

1024a5 λόγον] λόγου   1024a11 ἐκ τῆς] περὶ τῆς   1025a11 τὸ ἐξ οὗ] καὶ ἐξ οὗ   1028d9 ἀρχή] *om.*   1109c1 λαβύρινθος] ὁ λα-   1109c2 κατειρχθείς] καθειλ[χ]θείς *ut. vid. (ex corr.)*   1109c6 τοῦτο] τοῦτον   1112a1 γὰρ] *om.*   1112c4 αὐξομένῳ] αὐξουμένου   1113a6 αὐτῇ] αὐτῶν   1300d2 συμπάθεια] συμπάθειαν   1301a5 ἐκβληθῆναι] ἐμβληθῆναι   1301c8 εἰς ἄπειρον] *om.*   1301d8 τὴν ὑστάτην] κενὸν τὴν ὑστάτην[326]

Der *Neapolitanus* tritt deshalb zusammen mit dem *Ambrosianus* als Stellvertreter für den Text des verschollenen Inhaltsverzeichnisses und des ersten Kapitels des *Barberinianus* ein. Außerdem bezeugt der *Neapolitanus* allein die ursprüngliche Angabe von Kap. 32 im Pinax, die wiederum im *Ambrosianus* fehlt. Somit lässt sich auch die Anmerkung von Georgios Laurezeos auf f. 69[r] des *Barberinianus* erklären: Dort hat er auf die noch fehlenden Kap. 31 und 32 hingewiesen.[327]

Als die Kopie der *Epitome physica* abgeschlossen war, hat der Gelehrte Nicolaus Petreius aus Korfu (1486–1568), der als Schüler von Sergius Stissus in Salento bekannt ist, die fehlenden Anfangsbuchstaben sowie die Diagramme in den dafür freigelasse-

---

324 Vendruscolo 2005, 514 mit Anm. 14. S. ferner auch Harlfinger 1971, 229 f.; Arnesano 2019, 60.
325 Das Verb γίνεσθαι fehlt im Text der *Patrologia Graeca* aufgrund eines Druckfehlers, aber nicht in Wegelins Ausgabe (1605b, 3).
326 Darüber hinaus stammt auch die Subscriptio auf f. 196[r] Z. 12 Τῷ συντελεστῇ τῶν ὅλων θεῷ χάρις vom *Vat. Barb. gr.* 226 ab: s. unten S. 132, 143.
327 λείπ(ει) τοῦ τέλους δύο κεφά(λαια), περὶ κενοῦ καὶ τὸ περὶ τῆς ἐξηγήσεως τοῦ ὀγδόου ψαλμοῦ. διὸ καὶ προστίθενται ἔμπροσθεν. S. Valente 2020b, 294 f.; s. auch oben S. 77.

nen Räumen nachgetragen (s. Abb. 12). Seine Vorlage war wohl noch der *Barberinianus*.[328]

Das Interesse von Petreius für die *Epitome physica* lässt sich auch in zwei weiteren Manuskripten nachweisen. Nicht nur hat er im oben genannten *Par. gr.* 2099[329] zwei kodikologische Einheiten ergänzt, in denen er die Abschrift von Rhosaitos der Kap. 24–30 vervollständigte, sondern er ist auch für die Zusammenstellung und die Kopie einiger Teile des *multi-layered* Cod. *Par. gr.* 2100 zuständig:[330] Beide überliefern sowohl die *Epitome logica* als auch die *Epitome physica* zusammen mit weiteren Schriften.[331]

Diese Abschriften aus der Terra d'Otranto zeigen nicht nur die weite Verbreitung und die hohe Bedeutung der *Epitome physica* in diesem Gebiet zwischen dem Ende des 15. und dem 16. Jh., sondern sind auch für die Rekonstruktion des Textes eines alten Zeugen der *Epitome physica* wertvoll, nämlich des *Vind. phil. gr.* 332.

Anhand der aktuellen Erkenntnisse können die stemmatischen Verhältnisse auf folgende Weise dargestellt werden (Tab. 7):

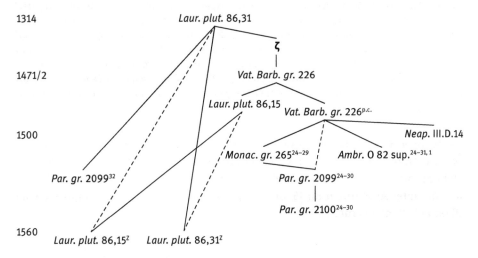

Tab. 7: Die salentinische Familie des *Laur. plut.* 86,31.

328 Für die Feststellung der Filiation kann man u. a. den einleitenden Satz zur Windrose in *Vat. Barb. gr.* 226, *Neap.* III.D.14 und *Par. gr.* 2099 vergleichen: σύστασις τῶν ἀνέμων ὡς ἐνταῦθα κεῖται βλέπων κατὰ (*Vat. Barb. gr.* 226, *Neap.* III.D.14 : εἰς *Par. gr.* 2099) ἀνατολάς.
329 S. oben S. 81–83.
330 S. Ucciardello 2020, 616 mit Anm. 43.
331 Die genaue Filiation dieser beiden Kodizes sowie die Einordnung in diese Familie werden noch untersucht. Darüber hinaus wurden die ff. 99ʳ–246ʳ des *Par. gr.* 2100 gegen Ende des 16. Jh. als direkte Vorlage für den *Par. gr.* 1999 herangezogen. Dieses Verhältnis wurde schon von Kotter (1959, 57, 107) und Verhelst (1966, 115–118) überzeugend festgestellt und kann nun auch für die Textteile der *Epitome physica* anhand stichprobenartiger Kollationen bestätigt werden.

12 Der *Scor.* Y.III.22 und seine Deszendenz: der *Vat. gr.* 313 und seine Abschriften

Ein weiterer Textzeuge der *Epitome physica* ist der *Scor.* Y.III.22 (s. Abb. 13 und 14). Der Kodex ist eine kalligraphische Abschrift, die von einem einzigen Schreiber in der ersten Hälfte des 14. Jh. angefertigt wurde. Der Text ist sorgfältig geschrieben, enthält aber eine relativ hohe Anzahl an Fehlern und Auslassungen, wie u. a.:

1021b12 περὶ] καὶ   1025a1 ἰσαχῶς] ὁσαχῶς[332]   1032d8 f. ἐγγίνεται] γίνεται   1033a14 γινόμενα τοὺς τρόπους] τοὺς τρόπους γινόμενα   1036c3 f. ἀναιροῦντες καὶ τὴν φθοράν] καὶ τὴν φθορὰν ἀναιροῦντες   1041c11 f. τῶν τε προσεχῶν] τῶν τε προσεχῶς   1045c3 αὐτὸ μάτην] αὐτόματον   1048a6 καθάρσιον] *om.*   1053a1 ἔτι δυνάμει] ἐν τῷ δυνάμει   1061c7 ἀδιορίστως] ἀδιόριστα   1064b12 προτερεύει] πρωτεύει   1088b6 ἀψύχων σωμάτων] σωμάτων τῶν ἀψύχων   1093a12 καὶ κατὰ φύσιν] καὶ *om.*   1096c5 τεχνικῶν] *om.*   1096c12 ἀνδριαντοποιητικῇ] ἀνδροτοποιητικῇ   1097a7 ἔστι] ἔσται   1116b8 αἰσθήσεων] αἰσθητῶν   1128a3 f. μᾶλλον] μάλιστα   1133d8 πάντῃ] πάντων   1141a14 τόπον] τόπον ἀεί   1141b11 ποι] που   1160d4 τῶν ἀναθυμιάσεων] τῆς ἀναθυμιάσεως   1164a4 ἀτμιδώδους] ἀτμώδους   1169b10 πνέοντες] ἀντιπνέοντες   1172c7 ἰσχυροῦ] ἰσχυροτέρου   1177a14 αὐτὴν ἀθροισθῆναι πολλήν] πολλὴν ἀθροισθῆναι   1177c6 διὰ τῆς γῆς] ὑπὸ τ- γ-   1192b3 f. φασί τινας] φαντασίας   1192b8 ὄντως] οὕτως   1192d1 ἀντιμεταδιδόναι] ἀντιδιδόναι   1196a3 ἐπιπροσθοῖτο] προσθεῖτο   1196d7 τῶν λαμπρῶν] λαμπρὸς   1197a3 μικρομερές] περιφερές   1197b10 κάτοπτρα] ἔνοπτρα   1197b11 f. καθαρῶς] φανηρῶς   1213b9 τυγχάνει] ὑπάρχει   1233d2 ἐνδεδεμένοι] συνδεδεμένοι   1237b11 λέγεται] λέγεται ἤγουν ὁ ἡλιακὸς   1257c13 καταυγάζεται] καταυγάζεται· τὸ ἡλιακὸν ἐχούσης φῶς περὶ τὸ ἅπαν

Da der *Scor.* Y.III.22 aber keine Bindefehler mit weiteren Manuskripten der *Epitome physica* enthält, ist er als unabhängiger Zeuge des Textes einzustufen.[333] Der Entstehungsort sowie die frühe Geschichte dieser Handschrift sind bisher unbekannt; anhand ihrer Abschriften im 15. und 16. Jh. lassen sich aber einige Etappen seiner ‚Biographie' rekonstruieren.

---

332 Diese Lesart findet sich auch als Korrektur einer zweiten Hand im *Vat. gr.* 315 – und folglich in seinen Apographa – sowie offenbar auch im *Vat. gr.* 246 nach der Korrektur von Neophytos Prodromenos. Es lässt sich aber nicht feststellen, ob der *Scor.* Y.III.22 die Quelle für diese Korrekturen gewesen ist.

333 Wenige Fehler, die der *Scor.* Y.III.22 gemeinsam mit dem alten Bestand des *Vat. Urb. gr.* 60 und seiner Familie hat, sind eher als polygenetisch einzustufen: Ein Beispiel dafür ist z. B. die folgende Stelle, bei der der Kontext entscheidend ist: 1129d3 f. καὶ ἔστιν ἀτμίδος μὲν φύσις θερμὸν καὶ ὑγρόν, ἀναθυμιάσεως δὲ φύσις θερμὸν καὶ ξηρόν. Die Begriffe im Neutrum wurden grammatikalisch an das Substantiv φύσις angepasst: 1129d2 θερμὸν καὶ ὑγρόν] θερμ` καὶ ὑγρὰ *Vat. Urb. gr.* 60, θερμὴ καὶ ὑγρὰ *Bodl. Barocc.* 133, *Scor.* Y.III.22; 1129d3 θερμὸν καὶ ξηρόν] θερμὴ καὶ ξηρὰ *Vat. Urb. gr.* 60, *Bodl. Barocc.* 133, *Scor.* Y.III.22. Ähnlich zu beurteilen sind auch Fehler wie z. B.: 1057c8 ἐς τὸ παντελές] εἴς τ- π- *Vat. Urb. gr.* 60, *Bodl. Barocc.* 133, *Scor.* Y.III.22; 1093a1 ἄκλητον] ἄληκτον *Vat. Urb. gr.* 60, *Bodl. Barocc.* 133, *Scor.* Y.III.22 (und auch *Oxon. Coll. Magd. gr.* 16); 1132b8 τὸ] *om. Vat. Urb. gr.* 60, *Bodl. Barocc.* 133, *Scor.* Y.III.22.

https://doi.org/10.1515/9783110731576-012

Während des zweiten Viertels des 15. Jh. befand sich der Kodex auf Kreta: Dort diente er als Vorlage für drei jener vier Schreiber, die den bereits erwähnten *Vat. gr.* 313 erstellten.[334] Denn nicht nur der Teil, den Michael Kalophrenas schrieb (ff. 1ʳ–40ᵛ), sondern auch diejenigen der Schreiber B (ff. 41ʳ–73ʳ) und D (ff. 74ᵛ–77ʳ) enthalten alle Fehler des *Scor.* Y.III.22 plus jeweils eigene.[335] Entscheidend sind besonders einige Fehler im *Vat. gr.* 313, die sich nur durch den Einfluss des *Scorialensis* erklären lassen:

1025b12 ἀποτελουμένου] auf f. 75v Z. 5–7 liest man in *Vat. gr.* 313ᴰ ἀπο|συναίτιον, τῷ τὸ μὲν κυρίως αἴτιον, χωριστὸν εἶ|ναι τοῦ ἀποτελουμένου. Auch der *Scor.* Y.III.22 trennt das Wort nach ἀπο| am Ende einer Zeile (f. 2ʳ Z. 10 f.); aber anstatt -τελουμένου auf der nächsten Zeile weiter zu schreiben, hat *Vat. gr.* 313ᴰ die vorherige Zeile des *Scor.* Y.III.22 wiederholt (1025b10–12).

1028d11–1029a2 f. ἐπεὶ τὸ γινόμενον – ἀρχῆς τῆς στερήσεως] der Passus wurde von *Vat. gr.* 313ᴰ zweimal kopiert und entspricht genau zwei Zeilen im *Scor.* Y.III.22, f. 3ʳ Z. 19 f.

1029a5 εἴδους] εἴδους *τὸ εἶναι αὐτῷ* *Vat. gr.* 313ᴰ (f. 77ʳ Z. 11: vor und nach τὸ εἶναι αὐτῷ hat der Schreiber zwei Asterisken gesetzt, um die sich am falschen Platz befindlichen Wörter zu tilgen; im *Scor.* Y.III.22, f. 3ʳ Z. 22 die Worte τὸ εἶναι αὐτῷ am Anfang der Zeile, εἴδους am Ende derselben Zeile

1165a11 ἀπώσθη] ἀπεώσθη *Scor.* Y.III.22, ἀπεώθη *Vat. gr.* 313ᴬ

1316c1 ὑπὸ τὸν Κριόν] ὑπό ist die Lesart aller Handschriften und steht auch im Text von *Scor.* Y.III.22; dort wurde γρ(άφε/άφεται) πρὸς *supra lineam* ergänzt; in *Vat. gr.* 313ᴮ wurde πρός in den Text gesetzt.

Der *Scor.* Y.III.22 befand sich zu Anfang des 16. Jh. noch auf Kreta, denn er gehörte Nikolaos Bergikios, dessen Name auf f. 1ʳ zu lesen ist. Dieser ist wohl als Sohn des berühmten Schreibers Angelos Bergikios aus Kreta zu identifizieren.[336] Danach gelangte der Kodex zu Petros Bergikios, einem Neffen von Angelos. Letzterer hat das heutige letzte Folio des *Scor.* Y.III.22 (f. 99ʳ [Abb. 14]: *Scor.* Y.III.22ᴺ) geschrieben, und das ursprünglich letzte Blatt mit dem Ende der *Epitome physica* durch dieses ersetzt. Dass er den Text wahrscheinlich aus dem *Vat. gr.* 313 abgeschrieben hat, lässt sich anhand einiger Bindefehler erkennen:

1317d12 ὑγρότητος] θερμότητος *Scor.* Y.III.22ᴺ, *Vat. gr.* 313   1317d12 θερμότητος] ὑγρότητος *Scor.* Y.III.22ᴺ, *Vat. gr.* 313   1320a8 πόρρω] πέρα *Scor.* Y.III.22ᴺ, *Vat. gr.* 313   1320a12 ἐνδέκατον] ἐνδέκατον ζῴδιον *Scor.* Y.III.22ᴺ, *Vat. gr.* 313   1320c3 Θεῷ] Θ-. τέλος *Scor.* Y.III.22ᴺ, *Vat. gr.* 313[337]

Diese Fehler legen die Vermutung nahe, dass Petros Bergikios das letzte Blatt des *Scor.* Y.III.22 ersetzt hat, als er das ursprüngliche noch lesen konnte; dies müsste entsprechend stark beschädigt gewesen sein, weshalb er diese Restaurierung vorgenommen hat.

---

334 S. ausführlicher oben S. 41.

335 Um wenige zu nennen, s. u. a.: 1025b5 ὄντος] οὕτως; 1028c4 f. καθ᾽ αὐτὰ] καθ᾽ ἀτὰ; 1028c6 ὑπομένον] ὑπομένειν; 1028d9 ἀρχὴ] ἀρχὴν; 1169b1 ἀπέχοντα] ἀπέχοντο.

336 S. *RGK* I 3, II 3, III 3.

337 In zwei Fällen überliefert der *Vaticanus* gegen den *Scorialensis* die richtige Lesart : 1320a1 πολλῆς] πολλοῖς *Scor.* Y.III.22ᴺ; 1320b9 ἐκδέδονται] ἐκδέδοται *Scor.* Y.III.22ᴺ. Es handelt sich um Fehler im *Scor.* Y.III.22ᴺ oder auch um Korrekturen von *Vat. gr.* 313ᴮ.

Nicht nur hat dieser Schreiber sein Manuskript restauriert, sondern er hat davon auch Abschriften hergestellt: *Par. gr.* 1998 und *Par. gr.* 2000. Beide Manuskripte wurden in der Mitte des 16. Jh. angefertigt; der *Par. gr.* 1998 enthält die gesamte Εἰσαγωγικὴ ἐπιτομή (1ʳ–107ᵛ: *Epitome logica*; 108ʳ–232ᵛ: *Epitome physica*),[338] der *Par. gr.* 2000 nur die *Epitome physica*. In beiden Kodizes stellt der Text eine sehr treue und sorgfältige Abschrift der Vorlage dar, zumal Bergikios nachträglich den Text vollständig mit dem *Scor.* Y.III.22 kollationiert und die Fehler am Rand berichtigt hat.[339] Das genaue Verhältnis beider Handschriften ist noch im Detail zu klären, aber stichprobenartige Kollationen lassen die Vermutung aufkommen, dass die *Par. gr.* 1998 und 2000 beide direkt vom *Scor.* Y.III.22 und nicht voneinander abgeschrieben worden sein könnten.

Nicht nur vom *Scor.* Y.III.22 wurden im Laufe des 16. Jh. Abschriften hergestellt, sondern auch vom *Vat. gr.* 313. Zunächst kann man feststellen, dass dieser Kodex als Vorlage für die Exzerpte aus der *Epitome physica* im *Vat. gr.* 1826 gedient hat. Der *Vat. gr.* 1826 ist ein sogenannter *codice fattizio*, der aus neunzehn kodikologischen Einheiten besteht.[340] Die siebzehnte (ff. 440–463) überliefert auch Auszüge aus mehreren Kapiteln der *Epitome physica* (ff. 452ʳ–462ʳ). Die Ergebnisse erster Kollationen zeigen, dass der *Vat. gr.* 1826 alle Fehler des *Vat. gr.* 313 plus seine eigenen enthält.[341]

Den *Vat. gr.* 313 hat Christophe Auer im Jahr 1542 in Rom als Vorlage für eine Abschrift der *Epitome physica* benutzt: Bei dieser handelt es sich um den heutigen *Par. gr.* 2101, der für George D'Armagnac angefertigt wurde.[342] Ein Charakteristikum des *Vat. gr.* 313 ist die Zweiteilung des Textes in Kap. 1–11 und 12–32:[343] Christophe Auer hat hier den Text seiner Vorlage treu abgeschrieben, indem er den ersten Teil auf f. 54ᵛ beendet hat. Dieses Verso umfasst ausnahmsweise 23 Zeilen anstelle der sonst üblichen 21; in den letzten zehn Zeilen ist die Schrift stark verdichtet, um den vollständigen Text von Kap. 11 auf diesem Folio unterbringen zu können. Auf dem darauffolgenden Recto (S. 1) liest man die in Rot geschriebene Verfasserangabe Κυροῦ Νικηφόρου τοῦ Βλεμμίδου, gefolgt vom Titel von Kap. 12, genau wie im *Vat. gr.* 313, f. 1ʳ. Darüber hinaus enthält der *Par. gr.* 2101 alle Fehler des *Vat. gr.* 313 außer wenigen, die

---

338 Die Vorlage für die *Epitome logica* in diesem Manuskript ist noch zu eruieren.

339 Beispiele für die nachträgliche Korrektur des Textes sind die folgenden: 1041b10 Μαρκίων] Μακαρίων ist die Lesart von *Par. gr.* 1998 *a.c.*, Bergikios hat am Rand zu Μαρκίων verbessert; 1041c2 αἰτιατὰ] ausgelassen im Text, am Rand nachgetragen; 1041d1–4 οὐκ ἐνεργεῖ δὲ καὶ τὰ οἷά τε ἐνεργῆσαι καὶ τὰ πεπαυμένα τοῦ ἐνεργεῖν· ὥσπερ πάλιν οὐκ ἐνεργεῖται, καὶ τὰ οἷά τε ἐνεργηθῆναι καὶ τὰ πεπαυμένα τοῦ ἐνεργεῖσθαι] die Wörter τοῦ ἐνεργεῖν – πεπαυμένα wurden aufgrund von *saut du même au même* zunächst ausgelassen und nachträglich am Rand ergänzt. Dieselbe Arbeitsweise ist auch im *Par. gr.* 2000 wahrnehmbar, wie z. B. auf f. 3ʳ, 24ᵛ, 28ᵛ, 32ʳ.

340 S. dazu Canart 1979, 79 („manuscrits de mélanges constitués à la Vaticaine au XVIIᵉ siècle (*Vat. gr.* 1822–1826)"), 87 Anm. 26, 89.

341 S. Canart 1970, I 259 f. Die Exzerpte umfassen die Kap. 17, 18, 22, 23, 26–30.

342 Zum *Par. gr.* 2101 s. Samaran u. Concasty 1969, 202 (Nr. 4).

343 S. oben S. 41.

leicht durch Konjektur *in scribendo* zu verbessern waren; außerdem kommen seine eigenen hinzu, die teils anhand der Vorlage zu erklären sind.[344]

An einigen Stellen sind Fehler aufgrund des Textes des *Vat. gr.* 313 entstanden: 1028c4 f. καθ' αὐτὰ] καθ' ἀτὰ *Vat. gr.* 313, καθὰ τὰ *Par. gr.* 2101; 1029d7 διαφέροιεν] διαφέρεισιν *Vat. gr.* 313, *unde* διάφοροί εἰσιν *Par. gr.* 2101; 1032b10 ἐπ' οἰκείας] ἐπ' εἰκείας *Vat. gr.* 313 (ι *postea del.*), ἐπιεικείας *Par. gr.* 2101; 1032c3 f. αὐτοῦ] αὐτῇ *Vat. gr.* 313, αὐτῆς *Par. gr.* 2101.

Fehler des *Par. gr.* 2101 sind u. a.: 1021b12 δὲ] *om.*; 1025b4 ποιεῖ τί] ποιεῖται; 1028c2 καὶ] καὶ καὶ; 1029a5 ἐστερῆσθαι ἦν] στερεῖσθαί ἐστιν; 1029d2 διαλύουσα (διαλλύουσα *Vat. gr.* 313)] διαλλάττουσα *Par. gr.* 2101.

Als leichte Korrekturen durch Konjektur sind die folgenden anzusehen: 1025b12 ἀποτελουμένου] ἀπο|συναίτιον, τῷ τὸ μὲν κυρίως αἴτιον, χωριστὸν εἶναι τοῦ ἀποτελουμένου *Vat. gr.* 313 (s. oben S. 87: die im *Vat. gr.* 313 versehentlich wiederholten Wörter wurden durch Konjektur von Auer getilgt); 1028c11 εἴδει *cum codd. Par. gr.* 2101] εἴδη *Vat. gr.* 313; 1029b4 κινήσει *cum codd. Par. gr.* 2101] κινίσει *Vat. gr.* 313.

Daraus ergibt sich das folgende Teilstemma (Tab. 8):

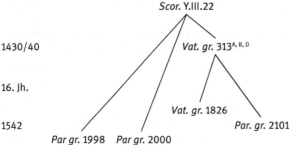

1300

1430/40

16. Jh.

1542

Tab. 8: Der *Scor.* Y.III.22 und seine Deszendenz.

---

344 Hier sind *exempli gratia* nur einige Stellen aus dem Pinax sowie aus Kap. 1 behandelt.

13 Der Zweig γ: der *Monac. gr.* 516 und der *Vind. suppl. gr.* 168

Zu dieser Familie gehören zunächst drei Manuskripte, die die Εἰσαγωγικὴ ἐπιτομή überliefern. Zwei der Kodizes sind um die Mitte des 14. Jh. zu datieren: der *Monac. gr.* 516 und der *Vind. suppl. gr.* 168. In der Renaissance wurde der *Scor.* X.I.10 angefertigt, welcher um das Jahr 1542 in Venedig abgeschrieben wurde.[345] Hinzu kommen zwei Manuskripte, die nur Teile der *Epitome physica* überliefern: der *Vind. phil. gr.* 191 aus dem 15./16. Jh. sowie der *Par. suppl. gr.* 524 aus der ersten Hälfte des 16. Jh.

Die ältesten Manuskripte (*Monac. gr.* 516 und *Vind. suppl. gr.* 168) sind sehr kalligraphische Abschriften der Blemmydes-Kompendien zur Logik und Physik, insbesondere der *Vind. suppl. gr.* 168: Wie Herbert Hunger im Katalog der *Codices Vindobonenses* anmerkte, benutzte der anonyme Schreiber eine archaisierende Schrift „in der Tradition der Perlschrift".[346] Der *Vind. suppl. gr.* 168 lässt sich anhand der benutzten Papiersorten ins dritte Viertel des 14. Jh. datieren; er überliefert beide Kompendien (ff. 1ʳ–151ʳ: *Epitome logica*; ff. 151ʳ Z. 20–151ᵛ, 156ʳ–335ʳ: *Epitome physica*). Wohl zu Beginn des 16. Jh. war das Manuskript in Konstantinopel im Besitz von Manuel von Korinth (ca. 1481–1530/1), wie Rudolf Stefec treffend erkannt hat:[347] Ebendieser Schreiber hat nicht nur den Text der *Epitome physica* von Blemmydes am Rand mithilfe eines zweiten, noch nicht identifizierten Manuskripts gelegentlich korrigiert,[348] sondern auch die Einleitung der Paraphrase der aristotelischen *Physik* von Pachymeres auf den ff. 153ʳ–155ᵛ eingeschoben. Dafür hat er ein Bifolio (ff. 152–155) zwischen die ursprünglichen 19. und 20. Lage eingefügt[349] sowie die letzten Wörter des Pinax der *Epitome physica* auf der ersten Zeile des f. 156ʳ ausradiert und sie auf dem unteren Rand des f. 151ᵛ nachgetragen.[350] Ziel seines Eingriffes war offenbar, die *Epitome physica* mit einem Proömion zu versehen.[351]

Eine bedeutsame Rolle für die Tradierung und Verbreitung der *Epitome physica* von der Spätrenaissance bis heute nimmt der *Monac. gr.* 516 ein, da er zusammen mit dem *Monac. gr.* 543[352] die Textbasis für die Ausgabe von Wegelin darstellt, die heute

---

345 Auch im Fall dieser drei Handschriften ist noch zu prüfen, ob die *Epitome logica* dieselbe Textgeschichte wie die *Epitome physica* hat.

346 So Hunger 1994, 287.

347 Stefec 2013b, 316 mit Anm. 52.

348 Vor allem hat er die ersten Kapitel revidiert.

349 S. die Kustoden ιθʹ (f. 144ʳ) und κʹ (f. 156ʳ) am unteren rechten Rand.

350 Zu einem späteren Zeitpunkt haben noch zwei weitere Schreiber – ein anonymer und Theodosios Zygomalas am beschädigten Anfang des Manuskripts mit dem Text der *Epitome logica* gearbeitet: s. unten S. 183.

351 Da ebendieser Text von Pachymeres auch in der *Synopsis* von Rhakendytes als Einleitung zur Physik just vor Kap. 1 zu lesen ist, ist es möglich, dass die Quelle für die von Manuel getätigten Ergänzungen ein Manuskript der *Synopsis* gewesen ist.

352 Dazu s. oben S. 54.

https://doi.org/10.1515/9783110731576-013

immer noch als Referenztext gilt.[353] Die zwei Teile der *Epitome isagogica* im *Monac. gr.* 516 wurden um die Mitte des 14. Jh. von zwei zusammenarbeitenden Schreibern kopiert (ff. 1ʳ–131ᵛ Z. 9: *Epitome logica*; ff. 131ᵛ Z. 11–275ʳ: *Epitome physica*). Für die Kopie der *Epitome physica* war nur einer der beiden zuständig, der auch insgesamt den überwiegenden Teil beider Kompendien abgeschrieben hat.[354]

Stemmatisch betrachtet weisen der *Monac. gr.* 516 und der *Vind. suppl. gr.* 168 schon im Pinax der *Epitome physica* einen eindeutigen Bindefehler auf, denn in beiden ist die Reihenfolge der Titel von Kap. 17–19 gestört:

1021b4–7 ιζ. περὶ ἀνέμων καὶ τῶν λοιπῶν πνευμάτων. ιη. περὶ σεισμοῦ. ιθ. περὶ βροντῆς καὶ ἀστραπῆς, ἐκνεφίου τε καὶ τυφῶνος καὶ πρηστῆρος καὶ κεραυνοῦ] ιζ. περὶ βροντῆς καὶ ἀστραπῆς, ἐκνεφίου τε καὶ τυφῶνος καὶ πρηστῆρος καὶ κεραυνοῦ. ιη. περὶ ἀνέμων καὶ τῶν λοιπῶν πνευμάτων. ιθ. περὶ σεισμοῦ

Weitere Bindefehler sind u. a. die folgenden:[355]

1024a11 εἰς] *om.*   1025a7 τὸ οὗ ἔνεκα] τοῦ οὗ ἔνεκα   1025b7 ἀπηριθμημένων] ἀπηριθμουμέ-νου   1029b15 ἀντίθεσιν] θέσιν   1032a2 οὐσίαν] *om.*   1032a13 κυρίως] οὐ κυρίως   1036b5 γινώσκεται] γίνεται καὶ γινώσκεται   1157d7 f. ὅσοι δὲ τὴν ὄντως γνῶσιν ἔσχον ὑπὸ τῆς τοῦ ἁγίου Πνεύματος ὑφηγήσεως] ὅσοι δ- τὴν γν- ἔ- ὑ- τ- τ- ἁ- Π- ὑφηγήσεως ὄντως   1160b13 τῶν ἀναθυμιάσεων] τῆς ἀναθυμιάσεως   1161b2 τὸ] καὶ τὸ

Besonders relevant ist eine Stelle in Kap. 1 (1025b10–c2) zum Unterschied von αἴτιον und συναίτιον:[356]

> διαφέρει δὲ κυρίως αἴτιον καὶ συναίτιον τῷ τὸ μὲν κυρίως αἴτιον χωριστὸν εἶναι τοῦ ἀποτελουμένου καὶ ἐξηρημένον παντάπασι, τὸ δὲ συναίτιον ἐν τῷ ἀποτελουμένῳ πράγματι θεωρεῖσθαι.

> Der Begriff ‚Ursache' im eigentlichen Sinn unterscheidet sich von dem Begriff ‚Mitursache' dadurch, dass die Ursache im eigentlichen Sinn getrennt und völlig losgelöst ist von dem, das bewirkt wird, während die Mitursache als in der Sache vorhanden gedacht wird, die bewirkt wird.[357]

An dieser Stelle bieten der *Monac. gr.* 516 und der *Vind. suppl. gr.* 168 zwei voneinander abweichende, leicht fehlerhafte Lesarten:

διαφέρει δὲ κυρίως αἴτιον καὶ συναίτιον τὸ μὲν κυρίως αἴτιον, τῷ χωριστὸν εἶναι κτλ. *Monac. gr.* 516
διαφέρει δὲ κυρίως αἴτιον καὶ συναίτιον τῷ χωριστὸν εἶναι τὸ μὲν κυρίως αἴτιον κτλ. *Vind. suppl. gr.* 168

---

353 S. oben S. 5 f.
354 Schreiber A: ff. 1ʳ, ff. 28ʳ–35ᵛ, 275ᵛ; B: ff. 1ᵛ–27ᵛ, 36ʳ–275ʳ. S. unten S. 140 für eine genauere Beschreibung ihrer Zusammenarbeit.
355 In den meisten Fällen stimmt die Ausgabe von Wegelin 1605b selbstverständlich mit dem *Monac. gr.* 516 überein. Die Übereinstimmungen werden i.F. nicht angesprochen.
356 Dazu s. auch oben S. 50.
357 Übersetzung von Ch. Brockmann und mir. S. oben S. 50 Anm. 210.

Dies kann als Trennfehler betrachtet werden. Diese Vermutung wird auch durch eine Reihe an Fehlern bestätigt, die beide Kodizes unabhängig voneinander überliefern, wie u. a.:

Trennfehler von *Monac. gr.* 516 gegenüber *Vind. suppl. gr.* 168 und der restlichen Überlieferung: 1024a11 τὸν ὄγδοον ψαλμὸν][358] τοῦ ὀγδόου ψαλμοῦ   1025c7 ἦν] καθ' ἦν   1036c1 f. εἰς τὸ πῇ μὲν ὄν] ὡς τὸ πῇ μὲν ὄν   1041c2 αἰτιατὰ] αἰτιατὸν   1048b8 βούλεται] καὶ βούλεται   1108b4 προτέρου καὶ ὑστέρου] *om.*   1109b6 f. ἔστι τι λαμβάνειν ἀεὶ] τι *om.*   1124a2 κύκλος τις] τις κύκλος   1156c2 τῆς] *om.*   1157a7 τὸ ὕδωρ αὐτῆς] αὐτῆς *om.*   1160b4 ὕδατος ὄν] ὄν ὕδατος   1220c2 γῆν] *om.*   1221d4 τρεῖς] *om.*   1285d10 γενόμενος] ποιούμενος

Trennfehler von *Vind. suppl. gr.* 168 gegenüber *Monac. gr.* 516 und der restlichen Überlieferung: 1028c13 f. ἀντικείμενον τὸ ὑποκείμενον, ἑκάτερον τῶν ἀντικειμένων] ἀντικει|μένων (f. 158ʳ Z. 14 f.)[359]   1032d7 τοιούτου] τοιοῦτον   1033b10 ἤγουν] *om.*   1109c3 υἱῷ] υἱῷ αὐτοῦ   1109c8 ποδηγήσασα] ἐποδηγήσασα   1112d5 δυνάμει] ὃ δυνάμει   1112d12 δ'] *om.*   1113a8 πάντως] πάντων   1113a9 πεπέρασται] *om.*   1113a12 γνωσθήσονται] γνωσθήσεται   1113a13 τῶν ὅλων σωμάτων] σωμάτων ὅλων   1116a10 πάντα γάρ] πάντα· καὶ γὰρ   1120c6 πῦρ] τὸ πῦρ   1120c7 γῆ] ἡ γῆ   1124b8 ἐναντία μᾶλλον εἰσί] μᾶλλόν εἰσιν ἐναντία   1125a14–b1 ἢ τὴν ξηρότητα ἢ τὴν ψυχρότητα ἢ τὴν ὑγρότητα] ἢ τὴν ὑγρότητα ἢ τὴν ξηρότητα ἢ τὴν ψυχρότητα   1125c4 ὀνομάζεσθαι] ὀνομάζεται   1125d5 τοῦ ὅλου] τούτου   1157b8 ὄν] οὖν

Daraus ergibt sich, dass der *Monac. gr.* 516 und der *Vind. suppl. gr.* 168 unabhängig voneinander von einer gemeinsamen Vorlage (γ) abstammen.

13.1 Die Abschriften des *Monac. gr.* 516

Beide Manuskripte wurden im Laufe des 15. und 16. Jh. als Vorlagen für weitere Abschriften benutzt.

Sowohl der Entstehungsort als auch die spätere Geschichte des heutigen *Monac. gr.* 516 vor seiner Präsenz in Augsburg zu Beginn des 17. Jh. sind unbekannt. Eine Zwischenetappe lässt sich jedoch anhand überlieferungsgeschichtlicher Hinweise rekonstruieren. Denn zwischen 1541 und 1543 hat der professionelle Schreiber Nikolaos Mourmouris in Venedig einige Manuskripte für Diego Hurtado de Mendoza angefertigt, unter anderem auch den *Scor.* X.I.10 mit dem vollständigen Text der Εἰσαγωγικὴ ἐπιτομή. Seine Vorlage war ohne Zweifel der *Monac. gr.* 516, denn ersterer enthält alle Fehler des letzteren.[360] Nachdem er den Text beider Kompendien kopiert hatte, hat Mourmouris ein zweites Manuskript kollationiert, um die Fehler seiner Vorlage und seine eigenen zu korrigieren; außerdem hat er auch die *variae lectiones* dieses Kollati-

---

358 Im *Vind. suppl. gr.* 168 liest man nur τὸν gefolgt durch eine Rasur, f. 156ʳ Z. 1.
359 S. dazu unten S. 94.
360 Alle oben erwähnten Sonderfehler des *Monac. gr.* 516 wurden in den *Scor.* X.I.10 übernommen.

onsexemplars am Rand vermerkt. Wie bereits erwähnt (oben S. 48), handelt es sich bei diesem Kollationsexemplar um den *Monac. gr.* 225, der sich ebenfalls in jenen Jahren in Venedig befand. Beispielsweise kann man auf die folgenden Stellen hinweisen, an denen Mourmouris seine eigenen Fehler korrigiert hat:[361]

1025a12 καθ' ὅ] καθόλου im Text, am Rand καθ' ὅ   1032b3 συνθέτου] συνθέσεως im Text, am Rand γρ. συνθέτου   1044c10 πονεῖν] πονῶν im Text, am Rand γρ. πονεῖν   1068c12 τυγχάνοντος] τυγχάνοντες im Text, am Rand τυγχάνοντος   1153c9 συλλειβόμενον] συλλαβόμενον im Text, am Rand συλλειβόμενον

Der Wert des *Scor.* X.I.10 liegt darin, dass er zusammen mit Wegelins Ausgabe als Stellvertreter für den *Monac. gr.* 516 an den Stellen eintritt, die durch Blattverlust in letzterem nun fehlen.[362] Somit ist er für die Rekonstruktion des Exemplars γ von Bedeutung.

In den zwanziger Jahren des 16. Jh. befand sich der *Monac. gr.* 516 wohl noch in Venedig, denn er diente dort erneut als direkte Vorlage für eine weitere partielle Abschrift im heutigen *Par. suppl. gr.* 524.[363] Dieses Manuskript bietet als Haupttext Teile der *Epitome logica*[364] zusammen mit weiteren Exzerpten aus Traktaten zur aristotelischen Logik.[365] Die letzten Blätter des Kodex (ff. 101ʳ–103ᵛ) enthalten Auszüge aus einigen Kapiteln der *Epitome physica*.[366] Der Schreiber wurde von Ernst Gamillscheg als Raphael Regius (15. Jh. M.–1520) identifiziert, der ab 1509 von Padua nach Venedig zog.[367] Diese Handschrift war wohl für seine Lehrzwecke konzipiert, wie auch die vielen Annotationen zum Text der logischen Schriften zeigen. Was die Auszüge aus der *Epitome physica* angeht, hat dieser Gelehrte meist kurze Passagen ausgewählt und abgeschrieben. Stemmatisch lassen sie sich anhand der folgenden Bindefehler auf den *Monac. gr.* 516 zurückführen:[368]

---

361 S. auch oben S. 47.

362 S. unten S. 139 f. die Beschreibung des Kodex mit ausführlicheren Angaben.

363 Von welcher handschriftlichen Vorlage der Text der *Epitome logica* im *Par. suppl. gr.* 524 abgeschrieben wurde, ist noch zu untersuchen.

364 Kap. 1–36 u. 40: ff. 1ʳ–66ᵛ Z. 26; Kap. 37–39: ff. 90ʳ Z. 17–95ʳ Z. 14.

365 S. u. a. ff. 66ᵛ Z. 26–67ʳ Z. 15, περὶ εὐπορίας προτάσεων; ff. 68ᵛ–73ᵛ, Περὶ ἀναλύσεως συλλογισμῶν.

366 Kap. 1 (1024b2–1025b10, 1025d3–9), 3 (1044d6–1045c7), 4 (1049b1–c5), 5 (1061a3–8), 6 (1077c3–5, 1081c1–6), 7 (1089b3–5), 9 (1100b3 f., 1101c4–7), 12 (1129d4 f.), 14 (1144a10–14, 1144c1–3, 1144c7 f., 1144c13–d2), 17 (1168a11–c6, 1168c15–d9, 1169d8–1172b9). Auch der Titel weist darauf hin, dass es sich dabei um Exzerpte handelt: ἐκ Νικηφόρου μοναχοῦ καὶ πρεσβυτέρου τοῦ Βλεμμίδου εἰσαγωγικῆς ἐπιτομῆς βιβλίον δεύτερον.

367 S. *RGK* I 356, II 485, III 566. Auf den Rändern hat Gamillscheg (*RGK* II 485) noch die Hand von Konstantinos Mesobotes erkannt.

368 In Kap. 17 stimmen der *Monac. gr.* 516 und der *Par. suppl. gr.* 524 mit dem *Oxon. Coll. Magd. gr.* 16 überein, aber letzterer kann aufgrund seiner Textgeschichte nicht als Vorlage für die anderen Kapitel gedient haben (s. oben S. 69); darüber hinaus gibt es keinerlei Hinweise darauf, dass sich der *Oxon. Coll. Magd. gr.* 16 während der Renaissance in Venedig befunden hat.

1081c1 εἰς τὸ ὄν] εἰς τὸ εἶναι   1144c14 εὐδίας μᾶλλον] μᾶλλον εὐδίας   1168b3 ὁ] *om.*   1168b7 ἀπὸ τῶν περὶ τὴν ἄρκτον τόπων] ἀπὸ τῶν περὶ τῶν ἄρκτων τόπων   1168b10 μάλιστα] μᾶλλον   1172b4 ἄφνω] ἄμφω

Erst danach dürfte der *Monac. gr.* 516 nach Augsburg gebracht worden sein.

13.2 Die Abschriften des *Vind. suppl. gr.* 168

Auch für die Geschwisterhandschrift, den *Vind. suppl. gr.* 168, kann ein *codex recentior* etwas über seine Geschichte verraten, genauer gesagt die Auszüge aus der Εἰσαγωγικὴ ἐπιτομή im *Vind. phil. gr.* 191. Diese Miszellanhandschrift ist allerdings unvollständig. Trotz der Kürze lässt sich feststellen, dass die Vorlage dafür der *Vind. suppl. gr.* 168 gewesen ist, denn der *Vind. phil. gr.* 191 enthält sämtliche seiner Trennfehler.[369] Besonders signifikant für die Feststellung dieser Abhängigkeit ist eine Textstelle in Kap. 1:

1028d9 ὅθεν καὶ κατὰ συμβεβηκός] Nach ὅθεν liest man im *Vind. phil. gr.* 191, f. 182ᵛ (Z. 11 f.) μὴ δ' ὁμοία τῷ ὅλῳ, καθάπερ προείρηται. ὁποία δ' ἡ ἀρχὴ τοῦ συνεχοῦς (d. h. 1028a7–9) ὅθεν. Im *Vind. suppl. gr.* 168 ist ὅθεν das letzte Wort auf dem f. 158ʳ, während die wiederholten Wörter am Anfang des vorherigen folio 157ᵛ Z. 1 f. stehen. Dieser Fehler lässt sich wie folgt erklären: Der Schreiber von *Vind. phil. gr.* 191 hat aus Versehen die ersten Wörter des vorherigen Verso seiner Vorlage wiederholt; er hat seinen Fehler sofort bemerkt und die Kopie an der richtigen Stelle fortgesetzt, allerdings ohne die wiederholten Wörter zu tilgen.

Sonderfehler von *Vind. phil. gr.* 191 sind außerdem die folgenden:

1025d1 πρὸς ἀρχέτυπα] προαρχέτυπα   1025d6 σημαινόμενον τῆς ἀρχῆς] τῆς ἀρχῆς σημαινόμενον   1029b13 τε] *om.*   1029d7 τούτῳ] τοῦτο   1036b5 γινώσκεται] γίνεται καὶ γινώσκεται *Monac. gr.* 516, *Vind. suppl. gr.* 168, γίνεται καὶ νώσκεται *Vind. phil. gr.* 191   1036d11 δέχεσθαι] δεχέχεσθαι

Der Schreiber des *Vind. phil. gr.* 191 hat außerdem die Korrekturen bzw. Ergänzungen, die Manuel von Korinth am Rand von *Vind. suppl. gr.* 168 notiert hatte (*Vind. suppl. gr.* 168ᴹ), übernommen:

1025b7 ἀπηριθμημένων] *Monac. gr.* 516 und *Vind. suppl. gr.* 168 haben ἀπηριθμουμένου im Text, wobei *Vind. suppl. gr.* 168ᴹ ου in η korrigiert hat; diese Korrektur hat der *Vind. phil. gr.* 191 übernommen und die richtige Form ἀπηριθμημένων anhand des Kontextes korrigiert   1028a8 δ' ἡ] δὴ *Vind. suppl. gr.* 168 : δ' ἡ *Vind. suppl. gr.* 168ᴹ, *Vind. phil. gr.* 191   1028c14 f.[370] ἀντικείμενον τὸ ὑποκείμενον, ἑκάτερον τῶν ἀντικειμένων] ἀντικει|μένων *Vind. suppl. gr.* 168, μενον τὸ ὑποκείμενον, ὡς ἑκάτερον

---

369 S. oben S. 92.
370 S. oben S. 92.

τῶν ὑποκειμένων *Vind. suppl. gr.* 168[M] am Rand, *Vind. phil. gr.* 191 im Text   1029a2 f. στερήσεως] das im Text ausgelassene Wort hat *Vind. suppl. gr.* 168[M] *s. l.* ergänzt; der *Vind. phil. gr.* 191 hat es an die richtige Stelle gesetzt.[371]

In der zweiten Hälfte des 16. Jh. befand sich der *Vind. phil. gr.* 191 noch in Konstantinopel, wo Augerius von Busbeck (1522–1592) ihn erwarb. Dass die Vorlage um jene Zeit ebenfalls in Konstantinopel war, spricht dafür, dies als den Entstehungsort des *Vind. phil. gr.* 191 anzunehmen.

Resümierend lassen sich die Verhältnisse zwischen den Manuskripten dieser Familie so darstellen (Tab. 9):

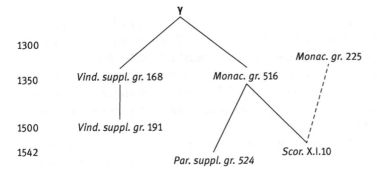

Tab. 9: Teilstemma der Familie γ.

---

371 Zwei Randbemerkungen im *Vind. suppl. gr.* 168[M] zu 1029c4 und 1029c6 (ἀπορία und λύσις) hat der *Vind. phil. gr.* 191 am Rand übernommen. An wenigen Stellen konnte der Kopist den Text durch Konjektur berichtigen: 1025a7 τὸ οὗ ἕνεκα] τοῦ οὗ ἕνεκα *Monac. gr.* 516, *Vind. suppl. gr.* 168 : *recte Vind. phil. gr.* 191; 1029d11 ἡ στέρησις] ὑστέρησις *Monac. gr.* 516, *Vind. suppl. gr.* 168 : *recte Vind. phil. gr.* 191; 1033b10 ἤγουν ἡ ὕλη] ἤγουν om. *Vind. suppl. gr.* 168, *habent Monac. gr.* 516 *et Vind. phil. gr.* 191 (es handelt sich wohl um eine Konjektur aufgrund des Kontexts, denn die Lesart ἤγουν ἡ στέρησις [1033b11] steht in der darauffolgenden Zeile unter ἡ ὕλη).

14 Manuskripte mit Exzerpten aus der *Epitome physica*

Eine weitere Klasse in der Überlieferung der *Epitome physica* sind Kodizes, die ausgewählte Kapitel bzw. Passagen dieser Schrift enthalten. Einige dieser Handschriften lassen sich als Teilabschriften von noch erhaltenen Manuskripten identifizieren und wurden daher in den vorherigen Kapiteln behandelt; in den wenigen verbleibenden Handschriften konnten die Exzerpte hingegen nicht auf eine bestimmte noch erhaltene Vorlage zurückgeführt werden, sei es aufgrund der Knappheit des Auszugs, sei es, weil der Text stark überarbeitet wurde oder weil er keine Bindefehler zu den untersuchten Kodizes zeigt.[372]

Ein Beispiel dafür ist der Cod. 180 der Princeton University Library.[373] Im letzten Viertel des 13. Jh. hat ein einziger Schreiber eine Textsammlung abgeschrieben, die u. a. Traktate von Johannes von Damaskos enthält.[374] Darin lässt sich auch ein knapper Auszug aus Kap. 17 der finalen Fassung der *Epitome physica* mit der dazugehörigen Windrose (ff. 154ᵛ–155ʳ) entdecken.[375] Der Text enthält einige Fehler, die aber nicht beweiskräftig genug sind, um die genauere stemmatische Position des kleinen Auszugs festzustellen.[376]

Das Kap. 17 zur Windlehre ist insgesamt eines der am meisten exzerpierten Kapitel der *Epitome physica*.[377] Im Cod. *misc. gr.* 2773 der Universitäts- und Landesbibliothek Darmstadt, einem *multiple text manuscript* aus dem 14. Jh., das vielleicht im Kreis des Nikephoros Gregoras entstanden ist,[378] lässt sich ein Zitat aus Kap. 17 der *Epitome*

---

372 In diesem Kapitel werden einige Beispiele besprochen. Noch genauer zu untersuchen sind der Oxforder *Cod. gr.* 33 des Lincoln College und der *Vind. phil. gr.* 110 (zum letzteren s. Stefec 2012c, 65 f. mit Anm. 43, 64 Anm. 38).
373 S. Valente 2017, 245; ders. 2020a, 524.
374 Kotzabassi u. Ševčenko 2010, 152, Nr. 2, 3, 6.
375 S. Kotzabassi u. Ševčenko 2010, 151–153 (Zitat: S. 152, Nr. 4): „treatise on the origins and names of the winds, with a diagram". Die Richtungsangaben und die Windnamen innerhalb der Windrose weisen auf die finale Fassung der *Epitome physica* als Vorlage hin.
376 S. z. B. 1172a1 ποιοῖντο] ποιεῖν τὸ; 1172a6 ἀνακάμπτουσι] ἀνακέμπουσι; 1172a9 λέγονται] λέγεται. λέγονται.
377 S. auch oben S. 30–32 zum *Lond. Harl.* 5662 und *Bodl. Canon. gr.* 83.
378 S. u. a. Voltz u. Cronert 1897; Denig 1899; Valente 2018c. S. auch D. Harlfinger bei Schironi 2002, 223 Anm. 59: „in particolare, Dieter Harlfinger, cui ho mostrato le stampe del microfilm di D, ha proposto di identificare lo scriba dell'excerptum di Marco Aurelio [d. h. ff. 348ᵛ–358ᵛ] con Filoteo di Selimbria [...], quello del f. 348r con Niceforo Gregora" (s. auch S. 221 Anm. 51); s. auch Bianconi 2008, 339 f. Anm. 5.

https://doi.org/10.1515/9783110731576-014

physica (1169b9–16) auf f. 126ʳ entdecken.[379] Darauf folgt eine unvollständige Skizze der dazugehörigen Windrose auf dem f. 126ᵛ. Aufgrund der Knappheit des Zitats und der fehlenden Leitfehler ist eine stemmatische Einordnung dieses Textzeugen unmöglich.

Das Kap. 17 wird zusammen mit weiteren Kapiteln der *Epitome physica* ebenfalls in zwei verwandten Handschriften überliefert, die hauptsächlich im Kontext der Überlieferungsgeschichte der Schriften von Johannes von Damaskos untersucht worden sind: der *Stutt. cod. theol. et phil.* 2° 108 und der *Vat. gr.* 495.[380]

Das Manuskript, das heute in der Württembergischen Landesbibliothek in Stuttgart aufbewahrt wird, lässt sich nach der jüngsten Studie von Brigitte Mondrain (2014) in die Mitte des 14. Jh. datieren. Wie Mondrain feststellen konnte, haben sich neun Kopisten an der Anfertigung des Kodex beteiligt mit dem Ziel, ein Arbeits- und Referenzbuch zusammenzustellen.[381] Sie hat darüber hinaus die Vermutung geäußert, dass das Manuskript wahrscheinlich in Konstantinopel hergestellt worden ist.[382] Was den Text der *Epitome physica* angeht, überliefert der *Stuttgartensis* nur die Kap. 17 und 32 ohne Gesamttitel (ff. 155ʳ–162ᵛ), aber mit Autorangabe (τοῦ Βλεμύδου). Beide Auszüge werden von den dazugehörigen Diagrammen begleitet (Abb. 15).

Eine größere Auswahl an Kapiteln aus der *Epitome physica* überliefert der *Vat. gr.* 495. Das Manuskript besteht aus zwei Teilen, dem einen aus dem 11 Jh., dem anderen aus dem 14. Jh. Der jüngere Bestand enthält Ergänzungen zum beschädigten Damascenus-Kodex: Autor der Restaurierung war ein Mönch namens Gabriel, der Oikonomikos des konstantinopolitanischen Klosters des Hl. Georgios von Mangana; für seine Arbeit benutzte er palimpsestiertes Pergament. Am Anfang und am Ende des Manuskripts hat Gabriel auch Texte und Exzerpte abgeschrieben, welche den Haupttext des Johannes von Damaskos ergänzen sollten. Darunter findet man sowohl

---

379 τοῦ Βλεμμίδου· ἀντιπνέουσιν ἀλλήλοις ἐξ ἐναντίας οἱ ἄνεμοι· ὁ μὲν ἀπηλιώτης τῷ ζεφύρῳ· ὁ δὲ καικίας τῷ λιβί· ὁ εὖρος τῷ ἀργέστῃ· καὶ ὁ βορρᾶς (*sic*) τῷ νότῳ· ὁ θρασκίας τῷ φοινικίᾳ· ὁ μέσης τῷ λιβονότῳ· δεῖ δὲ τὴν θέσιν αὐτῶν (*ex corr.*) καὶ τὴν τοπικὴν ἐναντίωσιν καταμανθάνειν ἐκ τοῦ διαγράμματος. S. *Epit. phys.* 1169b9–16 ἐπεὶ ταῦθ᾽ οὕτως ἔχει, εὔδηλον ὡς ἀντιπνέουσιν ἀλλήλοις οἱ ἐκ τῶν ἐναντίων τόπων πνέοντες ἄνεμοι. ὅθεν ὁ μὲν ἀπηλιώτης ἀντιπνεῖ τῷ ζεφύρῳ, ὁ καικίας δὲ τῷ λιβί, ὁ εὖρος τῷ ἀργέστῃ, καὶ ὁ βορέας τῷ νότῳ· ὡσαύτως ὁ θρασκίας τῷ φοινικίᾳ, καὶ ὁ μέσης τῷ λιβονότῳ. δεῖ δὲ τὴν θέσιν τῶν ἀνέμων καὶ τὴν τοπικὴν αὐτῶν ἐναντίωσιν, κατανοεῖν ἐκ τοῦ διαγράμματος. Zur *varia lectio* καταμανθάνειν des *Darmstadinus* gegenüber κατανοεῖν s. Valente 2018c, 58 Anm. 15: „Die Lesart καταμανθάνειν ist eine *varia lectio* gegenüber allen Kodizes des Physiklehrbuches: Da es sich um ein Synonym handelt, kann sie wohl als Neuerung des Exzerptors verstanden werden".

380 Zu den beiden Kodizes s. auch Valente 2017, 245 f.

381 S. Mondrain 2014, 304: „il ne s'agissait manifestement pas pour ce groupe de scribes qui se relayaient à la tâche d'élaborer un beau livre mais un volume qui pourrait être un livre de référence et de travail".

382 Mondrain 2014, 307 mit Anm. 32 aufgrund der Tätigkeit des Kopisten D, der im Kreis von Johannes Zacharias Actuarios tätig gewesen sein könnte.

kürzere Auszüge aus der *Epitome physica* (f. 2ᵛ, unter dem Titel Νικηφόρου μοναχοῦ καὶ πρεσβυτέρου τοῦ Βλεμύδου)³⁸³ als auch die vollständigen Kap. 17, 18, 20, 32 und 31 genau in dieser Reihenfolge (ff. 230ᵛ–238ᵛ). Die beiden Diagramme wurden ebenfalls kopiert (ff. 232ʳ und 237ᵛ).

Die Kollation des Textes hat gezeigt, dass die Kap. 17 und 32, welche der *Stutt. theol. et phil.* 2° 108 und der *Vat. gr.* 495 gemeinsam überliefern, u. a. folgende Bindefehler enthalten:

1164a6 καὶ] *om.*   1164a14 γὰρ] δὲ   1165c8 ἄνεμοι] οἱ ἄνεμοι   1168a9 ὅλων] ἄλλων   1168c1 f. τούτων αἴθριοί εἰσιν ἐν ἡμῖν ἀπαρκτίας, θρασκίας] *om.*   1169b2 ἐναντία] ἐναντία δὲ   1305b10 γὰρ] μὲν   1305c2 δὲ] τε   1309c7 μὲν] δὲ   1309c13 μὴ] μέρη   1312b3 ἐξαλλαγήν] διαλλαγήν   1317c12 ὁ] *om.*

Der *Stuttgartensis* kann nicht als Abschrift des *Vat. gr.* 495 eingestuft werden,³⁸⁴ weil er u. a. die folgenden Fehler des *Vaticanus* nicht aufweist:

1164a12 ἀρχήν] ἀρχὴ   1164b3 γίνεσθαι εἴωθεν] εἴωθε γίνεσθαι   1164b8 καὶ κατὰ μέρη] κατὰ τὰ μ-   1168c3 αἴθριοι] αἰθέριοι   1168d1 καὶ¹] *om.*   1169c11 καὶ] *om.*   1172a10 τε] *om.*   1172b2 τύπτον] πτύον   1305c5 καὶ] *om.*   1305c7 τὸ] τοῦ   1313a1 μίαν] μέσον   1313b8 τοῦ] *om.*   1316d8 ὑφ' ὃ] *om.*   1316d15–1317a1 θερμότατον] θερμότερον   1317a15 οἶκοι] οἶκος   1320c3 καὶ χάριν] *om.*

Darüber hinaus enthält der *Stuttgartensis* eigene Fehler:

1164a4 ξηρᾶς] ὑγρᾶς   1164a6 τοῦ] *om.*   1164c1 τὰ] *om.*   1165b12 πιλεῖσθαι] πιλοῦσθαι   1168b12 ὁ] *om.*   1168c14 φοράν] διαφοράν   1172a3 δ'] ῥαγδαίου   1305d8 εἰς] καὶ   1308a15 ὀλίγιστον] ὀλίγοστον   1308b1 τοιαύτης] *om.*   1308d5 f. κατωτέρω] καὶ κατωτέρω   1312a2 τὸ²] καὶ   1312b11 ἡλίου] τοῦ ἡλίου   1312c15–d1 ἀμείωτον ὁ ἥλιος] ὁ ἥλιος ἀμείωτον   1313a8 τινα] *om.*   1316a5 f. διαλαμβάνοντας] διαλαβόντας   1320b5 Κριοῦ] κρόνου   1320b11 συνεισενεγκεῖν] συνενεγκεῖν

---

³⁸³ Die Auszüge, die im *Vat. gr.* 495 auf dem f. 2ᵛ zu lesen sind, stammen aus verschiedenen Passagen der *Epitome physica*. An sich geben sie dennoch kein weiteres Indiz für eine genauere stemmatische Einordnung des Manuskripts (die entsprechenden Stellen wurden nur teilweise von Devreesse 1937, 317–320 identifiziert; für ein ausführliches Verzeichnis s. unten S. 171). Als Beispiel sei hier nur die erste erwähnt: ὁ (rubriziert) πρῶτος οὐρανός, ἄναστρος· ἐπείπερ αἰσθητῶς κινεῖται τὴν ἀπλανῆ κίνησιν οὐχ ἀπλοῦς· τὰ γὰρ κυρίως ἀπλᾶ σώματα καὶ στοιχεῖα τὰ καθαρὰ καὶ εἰλικρινῆ, πόρρω καθέστηκε τῆς αἰσθήσεως ~ Kap. 24 (1217c1 f.) καὶ ὁ πρῶτος δ' οὐρανὸς ὁ ἄναστρος, ἐπείπερ αἰσθητῶς κινεῖται τὴν ἀπλανῆ κίνησιν, οὐχ ἀπλοῦς und Kap. 24,7 (1217b11–13) τὰ γὰρ κυρίως ἀπλᾶ σώματα καὶ στοιχεῖα καθαρὰ καὶ εἰλικρινῆ πόρρω καθέστηκε τῆς αἰσθήσεως, νῷ μόνῳ διακρινόμενα.

³⁸⁴ Der *Vat. gr.* 495 kann selbstverständlich nicht vom *Stuttgartensis* abstammen, weil der letztere eine geringere Auswahl an Kapiteln aus der *Epitome physica* enthält.

Für die Feststellung der Zusammengehörigkeit beider Manuskripte sind auch einige paratextuelle Angaben von Bedeutung. Zunächst wurde die Windrose in beiden Kodizes ans Ende von Kap. 17 gesetzt;[385] im *Stuttgartensis* hat der Schreiber sie sogar zweimal kopiert (f. 157[r–v]), weil ihm beim ersten Versuch ein Fehler unterlaufen war. Die Namen der Winde sind hier durch Synonyme ergänzt, die in den übrigen Manuskripten nicht zu finden sind. Außerdem bieten beide Kodizes nach dem Diagramm den gleichen Text mit Anweisungen zur korrekten Interpretation des Diagramms.[386] Als weitere Besonderheit, welche die beiden Kodizes zusammenbringt, ist die Positionierung des astronomischen Diagramms am Ende von Kap. 32, nämlich an der passenden Textstelle, anzuführen.[387] Beide Manuskripte überliefern außerdem übereinstimmende Schemata und Diagramme astronomischen und logischen Inhalts.[388] Es ist deshalb anzunehmen, dass diese in ihrer gemeinsamen Vorlage vorzufinden waren, welche sowohl diese Paratexte als auch zumindest die Kap. 17, 18, 20, 31 und 32 der finalen Fassung der *Epitome physica* enthalten haben dürfte. Wo der *Vat. gr.* 495 allein die Kap. 18, 20 und 31 überliefert, zeigt er jedoch keine entscheidenden Bindefehler mit anderen erhaltenen Kodizes der *Epitome physica*.[389] Daher ist die Zuweisung der gemeinsamen Vorlage beider Handschriften zu einem konkreten Überlieferungszweig der *Epitome physica* nicht möglich.

---

385 *Stutt.* f. 157[r–v], *Vat. gr.* 495, f. 232[r].

386 Der Text lautet: ἀρχὴ ἡ β′ τῆς ἀνατολῆς τοῦ ἀνέμου ἀπελιώτης κεκλημένου, ἔνθα ἂν ἴδης ταύτην γεγραμμένην, ὡς ἀντικρὺ κάτω τῆς α′ ἐρχομένης ἐν τῇ γραμμῇ (Die Angaben α′ und β′ sind in der Windrose enthalten). ἐξ ὧν ὁ περίκυκλος τῆς σφαίρας ἐπιγινώσκεται γύροθεν, ὥσπερ γέγραπται· ἄνεμοι δέ εἰσι ιβ′· ἀπὸ ἀνατολῆς ἀπηλιώτης, ἀπὸ δύσεως ζέφυρος, ἀπὸ ἄρκτου ἀπαρκτίας, ἀπὸ μεσημβρίας νότος, μέσον δὲ ἀνατολῆς καὶ μεσημβρίας εὖρος καὶ νότος, ἀπὸ δὲ ἀνατολῆς ἐπὶ ἄρκτον καικίας καὶ βορέας, ἀπὸ ἄρκτου ἐπὶ δύσιν θρασκίας καὶ ἰάπυξ (*Stutt.* : ἰάμπυξ *Vat. gr.* 495), ἀπὸ μεσημβρίας ἐπὶ δύσιν λιβόνοτος καὶ λίψ.

387 Da es sich aber in beiden Manuskripten um Auszüge aus der *Epitome physica* handelt, liegt die Vermutung nahe, dass der Exzerptor dieses Diagramm umgestellt hat, wobei er es an die richtige Stelle zurückgeführt hat. S. dazu unten S. 108 f. Zum *Marc. gr. Z.* 264 s. oben S. 56. Dem ursprünglichen Diagramm kommt die Zeichnung des *Vat. gr.* 495 am nächsten, da die Symbole für Sonne und Mond dort fehlen und ihre Umlaufbahnen fälschlicherweise gleichmäßig gezeichnet wurden. Sonne und Mond sind im *Stuttgartensis* an der falschen Stelle und ihre Umlaufbahnen ebenfalls falsch. In beiden Kodizes wurde außerdem irrtümlich dreizehn statt zwölf Dodekatemorien gezeichnet.

388 *Stutt.* f. 153[v] = *Vat. gr.* 495, f. 12[v] ~ f. 216[v] Z. 4–Ende: διαιρεῖται ἡ κατὰ Χ(ριστὸ)ν φιλοσοφία, εἰς τρία κτλ.; δι′ ἑπτὰ τρόπων συνίσταται τὰ καλὰ κτλ.; *Stutt.* f. 154[r], nicht im *Vat. gr.* 495: Schema des Kosmos mit der Erde in der Mitte umgeben vom Tierkreis und den Planeten; Zeichnung einer Sonnenfinsternis; *Stutt.* f. 154[r] ~ *Vat. gr.* 495, f. 14[r]: zwei Diagramme: (oben) Schema der Tierkreiszeichen und (unten) Zeichnung einer Mondfinsternis.

389 Sonderfehler des *Vat. gr.* 495 sind u. a. die folgenden: 1173b11 τὸ] *om.*; 1173c4 γὰρ] καὶ; 1173c8 ἀπωσθὲν] ἀπωθὲν; 1173d15 ἔτι τε (ἔτι δὲ Wegelin 1605b, 141)] εἴτε; 1188a2 f. Tit. περὶ τῶν ἐν τῷ οὐρανῷ φαινομένων φασμάτων] περὶ τῶν φαινομένων ἐν τῷ οὐρανῷ φασμάτων; 1188a11 δὲ] *om.*; 1188c5 φοινικοῦν] φοινικοῦ; 1300c10 ὄντος] *om.*; 1301a11 τὸ] *om.*

In manchen Fällen wurden nur Textstellen der *Epitome physica* exzerpiert, wie im Cod. 3637 der Universitätsbibliothek zu Bologna. Hierbei handelt es sich um eine Sammelhandschrift philosophischer Texte. Das Manuskript entstand zunächst im zweiten/dritten Viertel des 14. Jh. in einem Schreiberkreis von mindestens fünf Schreibern. Im Laufe des ersten Drittels des 15. Jh. gelangte der alte Bestand in den Besitz des byzantinischen Gelehrten Johannes Chortasmenos, welcher sowohl die schon vorhandenen Texte mit Randnotizen und Kommentierungen versah als auch weitere Exzerpte aus Kommentaren zum aristotelischen *Organon* auf neuen Lagen hinzufügte.

Die Auszüge aus der *Epitome physica* gehören zum alten Bestand: Auf den letzten leer gebliebenen Blättern einer Lage (ff. 166ᵛ Z. 30–169ᵛ) hat ein einziger Schreiber Auszüge hauptsächlich aus der Εἰσαγωγικὴ ἐπιτομή abgeschrieben, ohne sie mit einem einheitlichen Titel zu versehen.[390] Auf f. 166ʳ hat Chortasmenos den Titel Ἀποσημειώσεις ἀναγκαῖαι (‚*Wichtige Auszüge*‘) nachgetragen. Die Exzerpte aus der *Epitome physica* beginnen auf f. 168ᵛ Z. 26 mit dem Adverb ἄνωθεν (s. Abb. 16).[391] Der Anfangsbuchstabe Alpha wurde mit der Rubrizierung ein zweites Mal ausgeführt;[392] am Rand hat Chortasmenos kurze Zwischentitel zum Beginn des jeweiligen Auszugs hinzugefügt.

Um die Typologie dieser Auszüge darzustellen, werden in der nachfolgenden Tabelle einige relevante Passagen des *Bononiensis* transkribiert und mit den entsprechenden Stellen der *Epitome physica* verglichen:[393]

---

[390] Wie in der Exzerptliteratur üblich, beginnen die meisten davon mit der Konjunktion ὅτι und einem rubrizierten Buchstaben. Die letzten Zeilen auf f. 169ᵛ zeigen einen reduzierten Zeilenabstand; anstelle der in dieser Sektion üblichen 36 zählt man auf diesem Verso 38 Zeilen.

[391] Die Tinte scheint etwas blasser zu sein als diejenige der vorherigen Auszüge: Dies könnte ein Indiz dafür sein, dass der Kopist die Exzerpte aus der *Epitome physica* zu einem späteren Zeitpunkt abgeschrieben hat.

[392] Dabei handelt es sich um die einzige Rubrizierung im ganzen Blemmydes-Teil.

[393] Für eine vollständige Identifizierung der Exzerpte s. unten S. 117.

Bonon. 3637, ff. 168ᵛ Z. 26 [Abb. 16]–169ᵛ[394]	Epit. Phys., finale Fassung
	Kap. 12,1 (1128b5–7)
ἄνωθεν[395] μὲν ἀπὸ τῆς ἀρχῆς τοῦ στερεώμα-τος μέχρι καὶ τοῦ τέρματος τῆς σελήνης τὸ αἰθέριόν ἐστι σῶμα.	ἄνωθεν μὲν ἀπὸ τῆς ἀρχῆς τοῦ στερεώματος μέχρι καὶ τοῦ τέρματος τῆς σελήνης τὸ αἰθέριόν ἐστι σῶμα.[396]
	Kap. 12,2 (1128c7–11)
ἔπειτα δὲ τὸ καλούμενον στοιχειῶδες πῦρ, ὃ διὰ μὲν τὴν συνήθειαν λέγεται πῦρ, κυριώτε-ρον δὲ καλεῖται ὑπέκκαυμα· καίεται γὰρ πολλάκις μικρᾶς ἐπιτυχὸν κινήσεως καὶ πῦρ ἐντελέστατον γίνεται.	καὶ τοῦτό ἐστι τὸ καλούμενον στοιχειῶδες πῦρ, ὃ διὰ συνήθειαν λέγεται πῦρ, κυριώτερον δὲ καλεῖται ὑπέκκαυμα· ὑπεκκαίεται γὰρ πολλάκις μικρᾶς ἐπιτυχὸν κινήσεως καὶ πῦρ ἐντελέστατον γίνεται.[397]
	Kap. 11,25 f. (1124c4–d4)
ὃ καὶ λέγεται διακονικὸν ὑπερβολὴν ἔχον ζέσεως·	τὸ γὰρ στοιχειῶδες πῦρ ἄλλο τί ἐστι παρὰ τὸ διακονικόν· διότι τὸ διακονικὸν ὑπερβολὴν ἔχει ζέσεως·
ὥσπερ καὶ ὁ κρύσταλος ψύξεως· ἕτερον ὂν τοῦ ὑπεκκαύματος, ὅθεν οὔθ᾽ ὑπὸ κρυστάλου ζωογονεῖταί τι οὔθ᾽ ὑπὸ τοῦ ἐν χρήσει πυρός· τὸ δὲ στοιχειῶδες πῦρ καὶ ὕδωρ ζωογόνα εἰσὶ καὶ πρὸς σύστασιν τῶν συνθέτων σωμάτων παραλαμβάνονται· ἐξιόντα δὲ εἰς ἀμετρίαν, τὸ μὲν κρύσταλον, τὸ δὲ διακονικὸν πῦρ ἐργάζεται. ἡνίκα μὲν οὖν θάτερον τῶν στοιχείων ἐπὶ πλεῖον ὑπερέχει θατέρου, τότε μεταβάλλει τὸ ἔλαττον ὑπὸ τοῦ πλείονος κρατούμενον, καὶ γίνεται τὸ σύμπαν ὁποῖον τὸ ὑπερβάλλον. ὅταν δέ πως ἰσάζῃ τἀναντία πάντα καὶ μηδὲν ἐπικρατέστερον ᾖ κατὰ πολὺ τοῦ λοιποῦ, τότε ἀποτελεῖται τὸ |¹⁶⁹ʳ σύνθετον.	ὥσπερ καὶ ὁ κρύσταλλος ψύξεως. ὅθεν οὔθ᾽ ὑπὸ κρυστάλλου ζωογονεῖταί τι οὔθ᾽ ὑπὸ τοῦ ἐν χρήσει πυρός.[398] τὸ δὲ στοιχειῶδες πῦρ καὶ[399] στοιχειῶδες ὕδωρ ζωογόνα εἰσὶ καὶ πρὸς σύστασιν τῶν συνθέτων σωμάτων παραλαμβάνονται· ἐξιόντα δ᾽ ἐπ᾽ ἀμετρίαν, τὸ μὲν τὸν κρύσταλλον, τὸ δὲ τοῦτο τὸ διακονικὸν ἐργάζεται πῦρ. ἡνίκα μὲν οὖν θάτερον τῶν στοιχείων ἐπὶ πλεῖον ὑπερέχει θατέρου, τότε μεταβάλλει τὸ ἔλαττον ὑπὸ τοῦ πλείονος κρατούμενον, καὶ γίνεται τὸ σύμπαν ὁποῖον τὸ ὑπερβάλλον. ὅταν δέ πως ἰσάζῃ τἀναντία πάντα καὶ μηδὲν ἐπικρατέστερον ᾖ κατὰ πολὺ τοῦ λοιποῦ, τότ᾽ ἀποτελεῖται τὸ σύνθετον κτλ.

394 In der Transkription werden die Interpunktion sowie die Orthographie normalisiert.

395 Am Rand schreibt Chortasmenos περὶ τοῦ αἰθερίου πυρός. Zum verdoppelten Anfangsbuchstaben in ἄνωθεν, s. oben S. 100.

396 Als Beispiel dafür, dass die Exzerpte im *Bononiensis* aus einem Manuskript mit der finalen Fassung der *Epitome physica* stammen, seien an dieser Stelle und in den Anm. 397 f. die entsprechenden Textpassagen im *Vat. gr.* 434 zum Vergleich herangezogen (Abweichungen sind kursiviert): [ἄνωθεν μὲν] ἀπὸ τῆς ἀρχῆς τοῦ στερεώματος μέχρι καὶ τοῦ τέρματος τῆς σελήνης τὸ αἰθέριον σῶμα *καθέστηκε*.

397 Der Text im *Vat. gr.* 434 lautet: καὶ τοῦτό ἐστι καλούμενον στοιχειῶδες πῦρ, ὃ διὰ συνήθειαν λέγεται πῦρ, κυριώτερον δ᾽ *ἂν καλοῖτο* ὑπέκκαυμα· ὑπεκκαίεται γὰρ πολλάκις μικρᾶς ἐπιτυχὸν κινήσεως καὶ πῦρ ἐντελέστατον γίνεται.

398 *Vat. gr.* 434: καὶ *γίνεσθαι* πῦρ, *ὁποῖον τὸ ἐν χρήσει καὶ διακονικόν·* τὸ γὰρ στοιχειῶδες πῦρ καὶ τὸ ὕδωρ ζωογόνα ἐστὶ καὶ πρὸς σύστασιν τῶν συνθέτων σωμάτων παραλαμβάνονται· ἐξιόντα δ᾽ ἐπ᾽ ἀμετρίαν, τὸ μὲν τὸν κρύσταλον, τὸ δὲ τοῦτο τὸ διακονικὸν ἐργάζεται πῦρ.

399 Die Lesart καὶ τὸ ist in einigen Kodizes überliefert, wie z. B. *Monac. gr.* 516, *Oxon. Coll. Magd. gr.* 16, *Scor.* Y.III.22, *Vat. gr.* 315, *Vind. phil. gr.* 332. Angesichts des Kontexts lässt sich aber die Ergänzung des Artikels τὸ nicht als Bindefehler erweisen.

Im *Bononiensis* findet man sowohl wortwörtlich übernommene Passagen aus der *Epitome physica* als auch überarbeitete Formulierungen. Ziel des Exzerptors war, die für ihn wichtigsten Punkte herauszuarbeiten und sie in einer knappen Form wiederzugeben. Quelle war ein Exemplar des vollständigen Textes der finalen Fassung der *Epitome physica*. Keines der noch erhaltenen Manuskripte lässt sich allerdings mit Sicherheit als direkte Vorlage identifizieren, zumal die Auszüge keinen Bindefehler mit anderen erhaltenen Manuskripten aufweisen.[400]

---

400 Die Auszüge aus den Kap. 1–11 der *Epitome physica* im *Matrit.* 4553 sind ebenfalls aufgrund der starken Überarbeitung von Kardinal Bessarion, der sie geschrieben hat, nicht eindeutig auf eine bestimmte Vorlage zurückzuführen. – Manche Kodizes mit Exzerpten gehören nicht zur direkten Überlieferung der *Epitome physica*, sondern zur indirekten, denn sie stammen von der *Synopsis* von Rhakendytes ab. Beispiel dafür ist der *Vind. phil. gr.* 190, der nur das Kap. 18 überliefert (ff. 61ʳ–63ᵛ) und Bindefehler mit dem Text des *Marc. gr.* IV 24 zeigt. Der *Petropol. gr.* 248 überliefert die Kap. 18 und 19 und zeigt ebenfalls Übereinstimmungen mit den Handschriften von Rhakendytes. Ein weiterer Kodex mit Exzerpten bereitet ähnliche Schwierigkeiten bei der Feststellung seiner Filiation. Der Cod. 380 des Athosklosters Iviron aus dem Jahr 1348 überliefert u. a. Schriften von Johannes von Damaskos und Auszüge aus der *Epitome physica*. Der Schreiber ist Nikolaos Meletos (s. Lampros 1895, 103; Vogel u. Gardthausen 1909, 352 weisen darauf hin, dass derselbe Schreiber im selben Jahr auch den *Laur. plut.* 5,26 kopierte: s. dort den Kolophon auf f. 267ᵛ). Außerdem wurde das Manuskript 1464 von Νικόλαος υἱὸς Μιχαὴλ Ἁγιομνήτη restauriert, wie Vogel u. Gardthausen 1909, 352 Anm. 3 anmerken. Die Kap. 11–16 und 18 wurden vollständig abgeschrieben; das Kap. 19 endet aber abrupt inmitten eines Satzes. Seine Abschrift enthält eine sehr hohe Anzahl an Fehlern. Besonders wichtig ist aber eine umfangreiche Auslassung in Kap. 16, die einen langen Textabschnitt betrifft (von 1156b10 τὰ φρεατιαῖα bis 1160a8 καὶ τοῖς φυσικοῖς). Da die Abschrift in diesem Punkt (f. 246ʳ Z. 13) keine Unterbrechung oder Auffälligkeit aufweist, ist anzunehmen, dass sich die Auslassung bereits in der Vorlage befunden hat oder dass Blätter in der Vorlage genau an dieser Stelle verloren gegangen sind. Einige Bindefehler mit dem Text der *Synopsis* von Rhakendytes lassen die Möglichkeit offen, dass der Iviron-Kodex mit dieser Schrift in Verbindung steht. Der Text des Johannes von Damaskos in diesem Kodex (ff. 261ʳ–292ᵛ) stammt nach Kotter 1981, 11 vom *Stutt. cod. theol. et phil.* 2° 108; das Verhältnis kann aber für den Blemmydes-Teil nicht gelten, weil etliche Kapitel der *Epitome physica*, die der Iviron-Kodex enthält, im *Stuttgartensis* nicht vorhanden sind.

15 Der Titel der *Epitome physica*

Der Titel der ersten Auflage der *Epitome physica* ist nicht bekannt, denn der *Vat. gr.* 434 überliefert keine einleitende Titelzeile vor dem ersten Kapitel.[401] In den unabhängigen Manuskripten der vom Autor überarbeiteten Fassung der *Epitome physica* sind verschiedene Varianten des Titels zu finden.[402]

Wie sich herausgestellt hat, überliefert eine Mehrheit der ältesten unabhängigen Handschriften zugleich auch die früheste Version:

Νικηφόρου μοναστοῦ καὶ πρεσβυτέρου τοῦ κτήτορος εἰσαγωγικῆς ἐπιτομῆς βιβλίον δεύτερον

Dies ist der Titel in der Familie **α** (*Matrit.* 4688 und *Mosqu. Synod. gr.* 302)[403] sowie in den Codd. *Vat. gr.* 315,[404] *Bodl. Holkham. gr.* 71, *Monac. gr.* 225, *Oxon. Coll. Magd. gr.* 16 sowie *Vind. phil. gr.* 332, wie die Abschriften belegen.[405] Wie schon Lackner bemerkte, ist die Bezeichnung Εἰσαγωγικὴ ἐπιτομή „durch ein Selbstzitat gesichert", und zwar durch eine Stelle im Psalmenkommentar (1363a3–6).[406] Die Sphragis Νικηφόρου μοναστοῦ καὶ πρεσβυτέρου τοῦ κτήτορος („des Mönchs, Priesters und Gründers (des Klosters)") ist außerdem dadurch gestützt, dass auch andere Schriften von Blemmydes dieselbe Formulierung bieten.[407] Sie deutet darauf hin, dass diese Abschriften (oder ihre Vorlagen) sehr wahrscheinlich vom ‚offiziellen' Exemplar der Blemmydes-Schriften, das in seinem Kloster angefertigt wurde, abstammen. In einem solchen

---

401 Der Text beginnt mit Kap. 1, dessen Titel Περὶ τῶν φυσικῶν ἀρχῶν καὶ αἰτίων lautet, genauso wie in der Endfassung. – Fraglich ist außerdem, ob die einzelnen λόγοι der ersten Fassung mit einem Gesamttitel versehen waren (s. dazu auch oben S. 11).

402 Erste Beobachtungen in Lackner 1972, 161.

403 Zu den Lesarten von *Marc. gr.* Z. 528 und *Vat. gr.* 246, s. unten 108 mit Anm. 408.

404 Die Benennung τοῦ κτήτορος wurde in diesem Manuskript wegradiert und durch τοῦ βλεμύδου (*sic*) ersetzt. Die anderen Kodizes dieser Familie überliefern ebenfalls den Namen des Autors anstelle der Angabe „des Gründers" (s. unten S. 103). Deshalb ist anzunehmen, dass der Stammvater dieser Familie beide Angaben enthielt.

405 Die ersten Lagen des *Vind. phil. gr.* 332 mit dem Anfang der *Epitome physica* sind verschollen und wurden nachträglich ersetzt; das gleiche gilt auch für seine Abschrift, den *Laur. plut.* 86,31. Mithilfe der direkten (und indirekten) Abschriften des letzteren kann man aber Titel, Pinax sowie den Anfang des Textes zurückgewinnen: *Vat. gr.* 314, *Par. gr.* 2133, *Ambr.* O 82 sup., *Neap.* III.D.14. S. oben S. 83.

406 Lackner 1972, 161. Die Stelle im Kommentar zum achten Psalm lautet (1363a3–6): ταῦτα μὲν ὡς ἐν τῷ δευτέρῳ βιβλίῳ τῆς παρ' ἡμῶν συντεταγμένης Εἰσαγωγικῆς ἐπιτομῆς εἰπεῖν ἐφθάκαμεν, οὕτω κἀνταῦθα πρὸς λέξιν εἰρήκαμεν κτλ. Unmittelbar davor hat Blemmydes ein wortwörtliches Zitat aus *Epit. phys.* 24 zur Etymologie des Begriffs οὐρανός eingearbeitet (1214db4–12 = 1362d11–1363a3); das Zitat stammt aus der finalen Fassung der *Epitome physica*. Außerdem ist der einfache Titel Ἐπιτομή auch durch die *Autobiographie* des Autors gesichert (II 75): ἡμεῖς δὲ καὶ τὴν συλλογιστικὴν καὶ τὰ πρὸ ταύτης ἐν Ἐπιτομῇ θέσθαι φθάνομεν κτλ.

407 S. z.B. *De anima* S. 3* Verhelst, *Autobiogr.* S. 3 Munitiz (= S. 1 Heisenberg).

https://doi.org/10.1515/9783110731576-015

Exemplar, das zunächst allein von den Mönchen dort benutzt werden sollte, bedurfte es keiner genaueren Bezeichnung des Autornamens, d. h. des Blemmydes, sowie des Klosters selbst.

In einigen Kodizes wurde die Bezeichnung τοῦ κτήτορος durch den Namen ‚Blemmydes' ersetzt:

Νικηφόρου μοναστοῦ καὶ πρεσβυτέρου τοῦ *Βλεμίδου / Βλεμμίδου / Βλεμμύδου*[408] εἰσαγωγικῆς ἐπιτομῆς βιβλίον δεύτερον

Ein solcher Titel lässt sich in der Familie **β** (*Bucur. gr.* 10, *Mosqu. Synod. gr.* 333, *Vat. gr.* 315 *p.c.*, *Vat. gr.* 246[N])[409] und im *Marc. gr.* Z. 528[410] finden und stand wahrscheinlich auch im *Vat. Urb. gr.* 60.[411]

Eine letzte Variante betrifft die zusätzliche Änderung der Bezeichnung μοναστοῦ in μοναχοῦ:

Νικηφόρου *μοναχοῦ* καὶ πρεσβυτέρου τοῦ *Βλεμίδου* εἰσαγωγικῆς ἐπιτομῆς βιβλίον δεύτερον

Diese Titelangabe findet sich in der Familie **γ** (*Monac. gr.* 516 und *Vind. suppl. gr.* 168) sowie in den Codd. *Marc. gr.* Z. 264 und *Scor.* Y.III.22.[412] Eine Variante dieses Titels lässt sich schon in einem der ältesten Kodizes entdecken, und zwar im *Laur. plut.* 87,16:

τοῦ Βλεμίδου κυροῦ Νικηφόρου *μοναχοῦ* καὶ πρεσβυτέρου εἰσαγωγικῆς ἐπιτομῆς βιβλίον δεύτερον

Die Ersetzung von μοναστοῦ durch den synonymischen Begriff μοναχοῦ ist aber eine Änderung, welche einzelne Schreiber unabhängig voneinander durchgeführt haben können, und ist deshalb nicht stemmatisch aussagekräftig.[413] Der Titel des *Laur. plut.*

---

408 Die Schreibweise Βλεμίδου liest man in *Vat. gr.* 315 *p.c.* und *Marc. gr.* Z. 528, Βλεμμίδου in *Mosqu. Synod. gr.* 333 (und vielleicht auch im *Vat. Urb. gr.* 60), Βλεμύδου in *Vat. gr.* 246, Βλεμμύδου in *Bucur. gr.* 10.

409 Im *Vat. gr.* 246 ist der ursprüngliche Titel aufgrund der Korrekturen von Neophytos Prodromenos schwer lesbar.

410 In diesem Manuskript wurde die Bezeichnung καὶ πρεσβυτέρου ausgelassen, die wiederum im Titel der *Epitome logica* vorkommt (f. 123ʳ).

411 Da der Titel der *Epitome logica* im *Vat. Urb. gr.* 60 Νικηφόρου μοναστοῦ καὶ πρεσβυτέρου τοῦ Βλεμμίδου εἰσαγωγικῆς ἐπιτομῆς βιβλίον πρῶτον lautet, kann man vermuten, dass in diesem Manuskript τοῦ Βλεμίδου und nicht τοῦ κτήτορος im Titel der *Epitome physica* ausgefallen ist (bzw. ausgelassen wurde).

412 Im *Vat. gr.* 495 findet man eine verkürzte Fassung dieses Titels: Νικηφόρου μοναχοῦ καὶ πρεσβυτέρου τοῦ Βλεμύδου.

413 Dafür ist der Titel der *Epitome logica* im *Bodl. Barocc.* 133 beispielhaft, welcher wie folgt lautet:

87,16 bestätigt aber seine etwas isolierte Stellung innerhalb der Überlieferung der *Epitome physica*.

Eine mögliche Erklärung für die unabhängigen Variationen einzelner Titelelemente liegt in der Verbreitung der Schrift: Je weiter der Text außerhalb des Klosters zirkulierte, desto häufiger wurden die ursprünglichen Benennungen modifiziert, um die Schrift ihrem Autor eindeutig zuordnen zu können: „Nikephoros, der (Kloster-) Gründer" wurde so zu „Nikephoros Blemmydes", dem berühmten Mönch, Gelehrten und Theologen.[414] Dies ist zusätzlich ein Beleg für die große Popularität seiner Εἰσαγωγικὴ ἐπιτομή unmittelbar nach ihrer Abfassung.

15.1 Excursus – ‚Blemmydes' vs. ‚Blemmides'

Die Orthographie des Autornamens wurde in der wissenschaftlichen Literatur oft diskutiert, und zwar, ob die richtige Form Βλεμμύδης oder Βλεμμίδης – und die deutsche Transliteration folglich ‚Blemmydes' oder ‚Blemmides' – lauten sollte. Nachdem sich August Heisenberg im Jahr 1902 für die Form Βλεμμύδης ausgesprochen hatte, hat sich diese in der wissenschaftlichen Literatur eingebürgert.[415] Er setzte sich damit gegen die Meinung von Maximilian Treu und Nicola Festa durch, welche die Form mit Iota bevorzugt hatten. In seiner Studie verwies Heisenberg auf eine Stelle in der Einleitung von Festas Edition der Epistelsammlung des Kaisers Theodoros II. Dukas Laskaris:[416]

Βλεμμίδης, non Βλεμμύδης scribo. neque enim amici mei A. Heisenberg de hac re disputatiuncula (...)[417] neque clarissimi viri K. Krumbacher (...)[418] auctoritas magis movere possunt, quam quod per litteras ad me scriptas vir eruditissimus mihique carissimus monuit Maximilianus Treu, codicibus vetustioribus et melioris notae servari formam Βλεμμίδης.[419]

Dagegen argumentierte Heisenberg (1902, 211): „Hier ist der Thatsachenbeweis noch zu liefern, wahrscheinlich aber nicht mit Sicherheit zu führen." Als Belege für die Schreibweise mit Ypsilon führte er „die beste Hs des Georgios Akropolites"[420] sowie eine linguistische Analyse des Namens an. Er betonte

---

Νικηφόρου μοναχ^{στ}οῦ καὶ πρεσβυτέρου τοῦ Βλεμμίδου εἰσαγωγικῆς ἐπιτομῆς βιβλίον πρῶτον. Im Text schrieb der Schreiber μοναχοῦ, hat aber στ über χ als Korrektur nachgetragen.

414 In diesem Sinne ist auch die Ersetzung von μοναστής durch das gebräuchlichere μοναχός zu verstehen.

415 Heisenberg 1902, 211. S. aber Heisenberg 1900, 214 Anm. 1. Für einen Überblick s. auch Verhelst 1976, I 1 Anm. 1.

416 Festa 1898, Vf. Anm. 1.

417 Dabei verweist Festa auf Heisenberg 1896, VIII.

418 Verweis auf Krumbacher 1897, 445 und 1158.

419 Festa fügt auch Folgendes hinzu: „Quae praeterea facile potest Graecorum in nominibus creandis tradito mori aptari, altera vix potest, et mihi quidem absurda videtur".

420 Heisenberg bezieht sich dabei auf den Cod. *Vat. gr.* 163 (s. das Digitalisat online: <https://digi.

daß die Bedeutung des Wortes, nicht die Hss die Entscheidung geben müssen. Βλεμμίδης ist nach Treu-Festa also wohl Patronymikon, Βλεμμ-ίδης? Das scheint mir absurd, denn Βλεμμ- ist nichts, ist überhaupt kein Griechisch, und einen Sinn muß der Name doch wohl haben. Ich leite vielmehr Βλεμμύ-δης ab von Βλεμμύς, der Blemmyer, also Βλεμμύδης = Sohn des Blemmyers, eines Angehörigen des aus der Blemmyomachie bekannten, im oberen Nilthale einst ansässigen nubischen Volkstammes; daher hat meiner Meinung nach einst diese Familie ihren Ursprung genommen.[421]

Im Titel der *Epistula universalior*, wie ihn der *Vat. gr.* 1764 (Ende des 13. Jh.) überliefert, ist die Schreibweise mit Ypsilon vertreten;[422] die andere mit Iota belegt hingegen der *Par. gr.* 1937 (ebenfalls Ende des 13. Jh.). Auf den ff. 65^r–66^r dieses Manuskripts wird ein Auszug (oder ein λόγος) aus einer ersten Fassung der *Epitome logica* (Kap. 37–38) überliefert.[423] Der Titel auf f. 65^r lautet:[424] τοῦ Βλεμμίδου περὶ τῶν σοφιστικῶν ἐλέγχων. In Manuskripten unterschiedlicher Autoren aus dieser Epoche, die den Gelehrten erwähnen, sind beide Schreibweisen zu finden.[425]

Was die *Epitome physica* angeht, liefert der ‚offizielle' Titel keinerlei Hinweis, da der Name gar nicht genannt ist. In den Manuskripten, die den Namen des Autors nennen, sind beide Schreibweisen ‚Blemmydes' und ‚Blemmides' belegt. Eine endgültige Lösung des Problems ist deshalb noch offen.[426]

---

vatlib.it/view/MSS_Vat.gr.163>): s. z. B. Georg. Acrop. *Hist.* I 50,4 f. Heisenberg/Wirth (hier f. 274^v Z. 1); s. auch 63,5 f.; 106,9–11.

421 Heisenberg 1902, 211.

422 S. Munitiz 1984, 91 (Tit. Z. 2).

423 S. Lackner 1981b, 363 mit Anm. 1; s. aber Ebbesen 1981, III 82; zuletzt Bydén 2003, 28. Beide setzten das Manuskript ins 14. Jh., aber es lässt sich aus paläographischen Gründen ans Ende des 13. Jh. zurückdatieren.

424 Kollationiert anhand des Digitalisats bei Gallica: <https://gallica.bnf.fr/ark:/12148/btv1b107222695>.

425 Beide Schreibweisen sind z. B. im *Monac. gr.* 225 belegt: f. 206^r Βλεμμύδου (s. Munitiz 1989, 302); f. 282^r Βλεμίδους (s. *Patrologia Graeca* 142, 1321 f.); f. 353^r Βλεμύδους. Die Schreibweise mit Iota ist in verschiedenen Kodizes belegt: z. B. s. die Anrede in zwei Briefen des Theodoros Laskaris an Blemmydes im *Vind. phil. gr.* 321, f. 108^r und 310^r Νικηφόρον τὸν Βλεμμίδην (s. Agapitos u. Angelov 2018, 49, 50); s. auch *Vat. gr.* 466 (13./14. Jh.), f. 162^v τοῦ Βλεμμίδους (s. Mercati 1915, 236 [= 1937, III 438]). Außerdem kann man auch Ioh. Vecci, *De depositione sua* II, in: *Patrologia Graeca* 141, 976d τὸν Βλεμμίδην εὑρίσκω ἐκεῖνον κτλ. (s. Mercati 1935, 171 = 1970, 106). Die Schreibweise mit Iota ist auch bei Georg. Pachym. *Hist.* V 2 (S. 437,22 Failler-Laurent mit Anm. 4) belegt.

426 Entsprechend wird in der vorliegenden Studie den Gepflogenheiten der deutschsprachigen wissenschaftlichen Literatur hinsichtlich des Autornamens Folge geleistet und die Schreibweise Nikephoros Blemmydes übernommen. Ein weiterer Autor, der diesen Namen getragen hat, ist Michael Blemides: Sein Name ist nur in einem Fragment eines Kodex aus dem Katharinenkloster auf dem Sinai überliefert. S. dazu Stefec 2014, 226: „Aus den Abbildungen bei Gersman geht hervor, dass die Vorsatzblätter nur unbedeutend älter als die Handschrift selbst sein können (individuelle Gebrauchsschrift einer geübten Hand aus der Zeit nach 1300 mit Spuren der Fettaugenmode); sichtbare Kettlinien weisen darauf hin, dass die Blätter auf westlichem Papier geschrieben sind". Die Schrift könnte auch ins späte 13 Jh. gesetzt werden, jedenfalls aber früher als 1365, wie es in der Subscriptio der Handschrift zu lesen ist. Eine Transkription des Textes sowie eine Abbildung des Doppelblattes in Gertsman 1994, 357 sowie Taf. LXXIV (Μιχαὴλ τοῦ Βλεμίδου). Gegen die Überlieferung wird dieser sonst unbekannte Autor in der modernen Literatur Michael Blemydes genannt.

16 Bemerkungen zur Überlieferung der *Epitome physica*

Aus der vorgelegten Untersuchung lassen sich einige vorläufige Ergebnisse zusammenfassend feststellen: Die Überlieferungsgeschichte der *Epitome physica* ist vielschichtig und in mindestens drei Stadien zu unterteilen. Aus einer frühen Phase der Lehrtätigkeit von Blemmydes (1237–1239) stammt ein Exemplar (ω^1), das als direkte oder indirekte Vorlage für die im *Vat. gr. 434* überlieferte Fassung herangezogen wurde.[427] An einer zweiten, revidierten Auflage arbeitete Blemmydes in den letzten Jahren seines Lebens. Es ist denkbar, dass es weitere nicht mehr erhaltene Bearbeitungsstufen gab, aber nur ein Exemplar aus dieser Revisionsphase (ω^2) lässt sich noch durch vier voneinander unabhängige Handschriften rekonstruieren (Familie **α**: *Vat. gr. 246, Marc. gr. Z. 528, Matrit. 4688, Mosqu. Synod. gr. 302*).[428] Wann und von wem eine Abschrift des Arbeitsexemplars der *Epitome physica* hergestellt wurde und wie sie ihren Weg aus dem Blemmydes-Kloster herausfand, lässt sich nicht feststellen. Diese Abschrift basiert auf einer fast endgültigen Version der *Epitome physica*, die möglicherweise mit Korrekturen und Ergänzungen von Blemmydes selbst versehen war; sowohl der abschließend gewählte Titel als auch das letzte Kapitel (32) mit der astronomischen Zeichnung waren bereits vorhanden.[429] Die letzte Redaktionsstufe repräsentiert das Exemplar ω^3, das als Vorlage für alle übrigen Manuskripte vorauszusetzen ist.[430]

Viele der noch erhaltenen Handschriften der *Epitome physica* stehen zeitlich sehr nah an der Abfassung der Endredaktion, was eher ein seltenes Phänomen darstellt. Das Schicksal des Emathias-Klosters kann auch die Verbreitung der Schriften von Blemmydes beeinflusst haben: Wie Pachymeres berichtet, wurde es nach dem Tod seines Gründers auf kaiserlichen Befehl aufgelöst und zu einem Metochion des Galesion-Klosters degradiert; das Vermögen des Emathias-Klosters wurde der Μεγάλη Ἐκκλησία in Konstantinopel vermacht.[431] Im Zuge dessen wurde wahrscheinlich auch die Bibliothek des Klosters aufgelöst und möglicherweise in die zurückeroberte Hauptstadt überführt.

Es ist außerdem auffällig, dass der Text der *Epitome physica* innerhalb der so umfangreichen handschriftlichen Überlieferung relativ stabil geblieben ist. Zwar enthalten die unabhängigen Manuskripte mit der Endredaktion der *Epitome physica*

---

427 S. oben Kap. 2.
428 S. oben Kap. 4.
429 S. oben Kap. 3 und unten S. 108 f.
430 S. oben Kap. 5–14. Aus stichprobenartigen Kollationen resultiert, dass ein Exemplar der finalen Fassung der *Epitome physica* auch Rhakendytes vorlag.
431 Geor. Pachym. *Hist.* V 2 (S. 441,8–21 Failler-Laurent mit S. 440 Anm. 2 f.). S. Heisenberg 1896, XXV; Verhelst 1976, I 11; Failler 1981, 206 f.; Munitiz 1986, 199; ders. 1988, 27 f.

https://doi.org/10.1515/9783110731576-016

jeweils Trennfehler und Auslassungen unterschiedlicher Länge; in der gesamten handschriftlichen Überlieferung lassen sich aber nur wenige gravierende Bindefehler erkennen, die allen Kodizes gemeinsam sind. Ein Beispiel dafür ist in Kap. 26 zu finden, in dem Blemmydes die Sonne und ihre Eigenschaften bespricht. In Bezug auf die Sonnenfinsternis bemerkt Blemmydes Folgendes (1252a9–11):

> πᾶς γὰρ ὁ τόπος ἐν ᾧ μὴ ὁρᾶται[432] ὁ ἥλιος, τῆς σελήνης ὑποδραμούσης αὐτόν, σκιᾶς <u>τῆς τῆς</u> σελήνης πεπλήρωται.

> Denn jeder Raum, in dem die Sonne nicht gesehen wird, wenn der Mond ihn einnimmt, wird durch den Schatten <u>des des</u> Mondes gefüllt.

Die Reduplikation des Artikels τῆς τῆς kommt in allen unabhängigen Manuskripten vor und kann deshalb nicht als trivial eingestuft werden.[433] In den wenigen Kodizes, in denen der Fehler beseitigt wurde, handelt es sich aller Wahrscheinlichkeit nach um eine bewusste oder unbewusste Korrektur des jeweiligen Schreibers.[434] Da dieser Fehler bereits in der Familie **α** vorkommt, ist er auf die Arbeitsstufe **ω²** zurückzuführen. Der Fehler blieb auch in der endgültigen Fassung der *Epitome physica* (**ω³**) stehen, die dem Hauptzweig der textuellen Überlieferung zugrunde liegt. Somit ist er dem Autor selbst zuzuschreiben.[435]

Ein weiteres Beispiel betrifft das astronomische Diagramm zu den Planeten und Tierkreiszeichen, das Blemmydes während der finalen Redaktion seines Lehrbuches hinzugefügt hat. Dem Inhalt nach bezieht sich dieses Diagramm hauptsächlich auf den vorletzten Absatz von Kap. 32[436] und wurde als ikonographisches Hilfsmittel dazu konzipiert; die Zeichnung erscheint jedoch in allen unabhängigen Manuskripten zwi-

---

432 Das Verb ὁρᾶται fehlt im Text der *Patrologia Graeca* wohl wegen eines Druckfehlers, denn es steht im Text von Wegelin 1605b, 215.

433 Die vatikanische Redaktion hat hier eine leicht abweichende Formulierung (*Vat. gr.* 434, f. 191ʳ, Z. 20 f.): πᾶς γὰρ ὁ τόπος ἐν ᾧ μὴ ὁρᾶται ὁ ἥλιος, τῆς σελήνης ὑποδραμούσης αὐτόν, σκιὰ τῆς σελήνης ἐστίν. Es bleibt die Frage offen, ob der Schreiber des *Vaticanus* den doppelten Artikel schon in seiner Vorlagen gelesen, ihn aber nicht abgeschrieben bzw. den Fehler korrigiert hat.

434 Die Lesart τῆς σελήνης findet man u. a. in den folgenden Kodizes: *Bodl. Barocc.* 133, *Bodl. Holkham. gr.* 71ᴷ, *Laur. plut.* 71,8, *Marc. gr. Z.* 264, *Matrit.* 4688, *Par. gr.* 2134, *Scor.* Y.III.22, *Vat. Barb. gr.* 226.

435 Ein ähnlicher Fall in Kap. 9 wurde oben S. 23 f. besprochen. S. auch die Lesart κατὰ μετώθησίν τινα in Kap. 6, 1088c3. Wie Christian Brockmann anmerkt (E-Mail vom 17.11.2017), ist „die Bedeutung von *metothesis* [...] z. B. mit *metarrhythmisis* zu vergleichen. Es geht offenbar um einen Anstoß, der von bestimmten Körperteilen ausgeht und sich dann verbreitet und zu einer allgemeinen, gesamtkörperlichen Veränderung führt, eine Art Kettenreaktion". Dies ist die Lesart fast aller unabhängigen Handschriften. Einige Schreiber hatten aber Schwierigkeiten mit diesem Passus, der stark durch medizinische Begriffe geprägt ist; das ihnen unbekannte Wort μετώθησις wurde in den folgenden Manuskripten durch μετάθεσις (‚Umstellung, Versetzung usw.') ersetzt: *Vat. gr.* 246, Familie **γ** (*Monac. gr.* 516, *Vind. suppl. gr.* 168), *Scor.* Y.III.22, *Vat. Urb. gr.* 60, *Vind. phil. gr.* 332.

436 *Epit. phys.* 1317b13–1320b6.

schen Kap. 30 (Περὶ οἰκήσεων) und 31 (Περὶ κενοῦ).[437] Dies legt die Vermutung nahe, dass diese Zeichnung auf einem losen bzw. letzten Blatt der Arbeitskopie (ω^2) von Blemmydes gestanden haben könnte; das Blatt dürfte aber schon in diesem Exemplar an die falsche Stelle geraten sein.[438]

Eine paratextuelle Angabe könnte ebenfalls auf den Archetypus zurückgeführt werden. Sie befindet sich am Ende von Kap. 4. Im letzten Absatz behandelt Blemmydes das Thema der Unbeweglichkeit Gottes (ἀκινησία), die aber nicht Ruhe (ἠρεμία) bedeutet (1060a1–10);[439] diese Schlussfolgerung wird durch das Adverb ἐντεῦθεν eingeleitet. In mehreren unabhängigen Kodizes wird diese Passage durch ein Spatium unterschiedlicher Breite vom vorherigen Wort (λέγεται) getrennt;[440] am Rand liest man außerdem die typische Abkürzung für σημείωσαι.[441] Deshalb ist anzunehmen, dass sich etwas Ähnliches bereits im Archetypus (ω^2 und ω^3) befunden haben könnte.[442]

Da solche Fehler bzw. Eigenschaften allen unabhängigen Manuskripten der *Epitome physica* gemeinsam sind, lässt sich feststellen, dass es sich um eine geschlossene Rezension (*recensio clausa*) handelt, die dem ‚offiziellen‘ Exemplar des Autors entstammt. Betrachtet man die Handschriften, die sich als unabhängig herausgestellt haben, findet man einen relativ stabilen Text. Um die kritische Ausgabe zu erstellen, ist es notwendig, auch die von Blemmydes herangezogenen Quellen zu berücksichtigen.[443] Dafür bietet der *Vat. gr.* 434 eine besonders geeignete Basis, weil dieser Kodex eine frühere textuelle Stufe abbildet und sein Text dem der jeweiligen Quelle näher

---

437 Ausgelassen wurde das Diagramm u. a. in den Codd. *Marc. gr.* Z. 264 und 528, *Monac. gr.* 516, *Par. gr.* 2134.

438 Die falsche Einsortierung des Blattes ist schon für die Arbeitsphase ω^2 anzunehmen, weil das Diagramm im *Matrit.* 4688 ebenfalls am Ende von Kap. 30 gezeichnet wurde. Da der *Vat. gr.* 495 und der *Stutt. theol. et phil.* 2° 108 die Zeichnung im Anschluss an Kap. 32 überliefern, ist anzunehmen, dass ihre gemeinsame Vorlage sie an der richtigen Stelle enthalten hat. Dies könnte aber an der Auswahl liegen, die diese beiden Kodizes voraussetzen, wobei die Zeichnung dem passenden Kapitel beigefügt wurde.

439 Wie Golitis in seiner mir zugänglichen Proekdosis feststellte, stammt dieser Passus von Simpl. *in Phys.* IX 435,5–16 Diels. Bezeichnend ist dabei auch, dass Blemmydes den Begriff ἡ πρώτη οὐσία bei Simplikios durch τὸ Θεῖον bzw. ὁ Θεός ersetzt hat.

440 In den verschiedenen Kodizes beträgt der Abstand zwischen einem und vier Buchstaben an Breite.

441 Dabei handelt es sich um den *Laur. plut.* 87,16, den *Vat. Urb. gr.* 60, die Codd. der Familien β (*Mosqu. Synod. gr.* 333, *Vat. gr.* 315, *Bucur. gr.* 10) und γ (der Kopist des *Vind. suppl. gr.* 168 hat anstelle des Abstandes die starke Interpunktion ‚:–‘ eingeführt; N bietet dagegen keinen Abstand) sowie zwei Kodizes der Familie α: *Marc. gr.* Z. 528 und *Matrit.* 4688 (dieser ohne σημείωσαι); nur σημείωσαι bieten die Codd. *Bodl. Holkham. gr.* 71 und *Monac. gr.* 225. In den Codd. *Vat. gr.* 246, *Vind. phil. gr.* 332, *Marc. gr.* Z. 264 und *Oxon. Coll. Magd. gr.* 16 wurde weder Abstand gelassen noch die *Nota-bene*-Abkürzung kopiert.

442 Dieselbe Stelle ist auch im Text des *Vat. gr.* 434 zu lesen, aber dort ohne paratextuelle Angabe (f. 106ᵛ Z. 10).

443 S. oben S. 6 f. mit Anm. 37.

steht.[444] Die Edition einer so verbreiteten und zum Teil komplexen Schrift wie der *Epitome physica* erfordert schließlich eine gemeinsame Betrachtung philologischer, textkritischer und paläographischer Ansätze.

---

444 Selbstverständlich enthält der *Vat. gr.* 434 eigene Sonderfehler, die der Schreiber in seiner Vorlage vorgefunden oder seinerseits begangen haben kann. Im Rahmen einer quellenkritischen Studie wird es möglich sein, Fehler des Blemmydes im Vergleich zu seinen Quellen von bewussten Abweichungen bzw. Änderungen zu unterscheiden.

II **Die Manuskripte der *Epitome physica***

Im Laufe der Recherchen zur Überlieferungsgeschichte der *Epitome physica* wurden mit wenigen Ausnahmen alle Manuskripte am Original untersucht. Dabei konnten die schon vorhandenen und der vorliegenden Studie zugrunde liegenden Beschreibungen überprüft und zum Teil erweitert werden. Für die Kodizes, von denen eine moderne Beschreibung zur Verfügung steht bzw. voraussichtlich in Kürze publiziert wird, sowie für diejenigen, die nur anhand digitaler Aufnahmen studiert wurden, werden hier nur die für die vorliegende Studie wichtigsten Informationen gegeben; diese Manuskripte werden durch einen Circellus ('°') gekennzeichnet, wobei meine Ergänzungen bzw. Korrekturen durch einen Asterisk (*) markiert worden sind. Die weiteren Handschriften werden dagegen nach dem Standard von Moraux *et al.* 1976 ausführlicher beschrieben. Im Allgemeinen wollen die folgenden Beschreibungen nicht die Aufgabe eines Katalogs erfüllen, sondern nur als Beleg für die in diesem Band behandelten Manuskripte dienen. Die Literaturangaben sind in der Regel kurz gehalten.

Berlin, Staatsbibliothek

Phill. gr. 1516 (gr. 112)

J. 1539/1542   Papier   305 × 222 mm   ff. III, 192, I'   Lin. 30

Lagen: 1 × 4 – 2 (I–II, die ersten zwei Bl. abgeschnitten ohne Textverlust; diese Lage wurde bei der letzten Bindung hinzugefügt), 23 × 8 (III–183), 1 × 8 (184–191; richtige Reihenfolge: 185, 184, 186–189, 191, 190), 1 × 4 – 2 (192–I', die letzten zwei Bl. abgeschnitten ohne Textverlust; diese Lage wurde bei der letzten Bindung hinzugefügt); da mindestens ein Blatt mit dem Ende der *Epitome physica* nach dem f. 190 fehlt, ist anzunehmen, dass eine Lage verloren gegangen ist (s. unten *Inhalt*).   Griechische Kustoden nicht erkennbar, vermutlich abgeschnitten.   Senkrechte Reklamanten vom Kopisten am Ende jeder Lage.

Beschreibstoff: Papier mit Wasserzeichen.

Wasserzeichen: ‚Armbrust', ähnlich ‚Armbrust 62' Harlfinger (<1543>, Kopist <Nikolaos Gaitanos Marulos>) (s. Cataldi 1986a, 230).

Foliierung: moderne Foliierung mit Bleistift (oben rechts) von 1 bis 192.

Inhalt: (ff. 1ʳ–191ᵛ) Nɪᴋᴇᴘʜᴏʀᴏs Bʟᴇᴍᴍʏᴅᴇs, Εἰσαγωγικὴ ἐπιτομή: (ff. 1ʳ–89ʳ) *Epit. log.*: (f. 1ʳ) Tit. Νικηφόρου μοναστοῦ καὶ πρεσβυτέρου τοῦ κτήτορος εἰσαγωγικῆς ἐπιτομῆς βιβλίον πρῶτον; (f. 1ʳ⁻ᵛ) Pinax; (f. 2ʳ–2ᵛ Z. 22) Proömium; (ff. 2ᵛ Z. 23–89ʳ) Kap. 1–40; (ff. 89ᵛ–191ᵛ) *Epit. phys.*, unvollständig aufgrund des Verlustes eines Blattes [s. oben *Lagen*]: (f. 89ᵛ Z. 1 f.) Tit. Νικηφόρου μοναστοῦ καὶ πρεσβυτέρου τοῦ κτήτορος εἰσαγωγικῆς ἐπιτομῆς βιβλίον δεύτερον; (f. 89ᵛ) Pinax; (ff. 90ʳ–191ᵛ [s. oben *Lagen*]) Kap. 1–32; das Ende von Kap. 32 (ab 1317a9 δεδώκασιν αὐτῷ καὶ ἕτερον, ἐναντίωμα ist als Reklamante auf f. 190ᵛ zu lesen) ist verloren gegangen aufgrund des Verlustes eines Blattes (s. oben *Lagen*); Diagramme zu Kap. 17 (f. 140ʳ) und am Ende von Kap. 30 (f. 184ᵛ).

https://doi.org/10.1515/9783110731576-017

Kopisten: <Bartolomeo Zanetti> (identifiziert von Studemund u. Cohn 1890, 46; auch Cataldi Palau 1986a, 230 f.).

Schriftspiegel: 220 × 130 mm.

Besitzer: Guillaume Pellicier (ca. 1490–1567), s. Cataldi Palau 1986a, 230 f.; dies. 2000, 98 mit Anm. 74.

Provenienz: Venedig (s. Cataldi Palau 1986a, 230 f.; dies. 2000, 98 mit Anm. 74).

Bibliographie: Kat.: Studemund u. Cohn 1890, 46.   Cataldi Palau 1986a; dies. 1986b; dies. 2000, 98 mit Anm. 74.

Quelle: Autopsie, Januar 2017.

°*Phill. gr.* 1517 (gr. 113)

16. Jh., 2. H. (1559–1563?; ff. 1–102); 1567 (ff. 103–127)   Papier   *305 × 213 mm   ff. IV, 127 (+ 2a–b, 3bis, 98a, 102a), X′   Lin. 27 (*Epit. phys.*)

Lagen: Das Manuskript besteht aus zwei Teilen: (ff. 1–102): 1 × 6 (IV–3), 12 × 8 (3bis–98), 1 × 6 (98a–102a); (ff. 103–127): 4 × 8 (103–VII′).   Teil 1: Griechische Kustoden auf dem ersten Recto (unten Mitte) und auf dem letzten Verso (unten Mitte) jeder Lage von α′ (f. 10^v), β′ (ff. 11^r und 18^v) bis ιβ′ (f. 91^r).

Beschreibstoff: Papier mit Wasserzeichen.

Wasserzeichen: ff. 1–102: ‚Schlüssel 6‘ Harlfinger (aus diesem Manuskript); (ff. 103–126) ‚Adler 46‘ Harlfinger (aus diesem Manuskript); (ff. 127–VII′) ‚Anker 67‘ Harlfinger (aus diesem Manuskript).

Foliierung: moderne Foliierung mit Bleistift (oben rechts). Bl. 3 wurde zweimal foliiert; Bl. 2a–b, 98a, 102a nicht foliiert.

*Inhalt: (ff. 1^r–102^v): (ff. 1^r–2^r) Philosophische Definitiones nach Anfangsbuchstaben geordnet (= *Mutin.* α.R.7.24, ff. 228^r–229^v).   (f. 3^{r-v}) Kurznotizen, Definitiones und logische Schemata (= *Mutin.* α.R.7.24, ff. 1^v–2^r).   (f. 4^v) Pinax einer späteren Hand.   (ff. 4^r–97^r) NIKEPHOROS BLEMMYDES, *Epit. phys.*: (f. 4^r Z. 1–3) Tit. Νικηφόρου μοναστοῦ καὶ πρεσβυτέρου τοῦ Βλεμμίδου εἰσαγωγικῆς ἐπιτομῆς βιβλίον δεύτερον περὶ φυσικῆς ἀκροάσεως; (f. 4^r Z. 4–4^v) Pinax; (ff. 5^r–97^v) Kap. 1–32 (die Korrekturen am Rand und zwischen den Zeilen des Textes vom *Mutin.* α.R.7.24 wurden hier kopiert bzw. übernommen; Diagramme auf f. 49^v zu Kap. 17 (= *Mutin.* α.R.7.24, f. 86^r), auf f. 74^v zu Kap. 25 (= *Mutin.* α.R.7.24, f. 122^v), auf f. 81^r zu Kap. 27 (σφαῖρα ἀπλανής, = *Mutin.* α.R.7.24, f. 132^r) und auf f. 97^r zu Kap. 32 (= *Mutin.* α.R.7.24, f. 155^r); auf f. 97^v liest man dasselbe Diagramm wie im *Mutin.* α.R.7.24, f. 155^v (Häuser, ταπεινώματα und ὑψώματα der Tierkreiszeichen.   (f. 98^r) Astrologisches Diagramm mit Erläuterung (= *Mutin.* α.R.7.24, f. 158^{r-v}; s. Cumont *et al.* 1903, 27 [Nr. 8]).   (f. 98^v Z. 3–19) Auszüge aus <[Plut.] *Plac.* 874e–875e> (= *Mutin.* α.R.7.24, f. 157^r).   (ff. 99^r–102^v) Philosophische

Definitiones und Auszüge sowie (f. 100ᵛ) Diagramm zur ἀναθυμίασίς (ἀναθυμίασις ἐστι ζέσις παντὸς ὑγροῦ γινομένη τῇ τοῦ ἡλίου κινήσει).

(ff. 103ʳ–127ᵛ): (ff. 103ʳ–108ᵛ Z. 20) Nικephoros Blemmydes, *De fide*, Tit. Τοῦ αὐτοῦ ἐκ τοῦ τυπικοῦ αὐτοῦ περὶ πίστεως λόγος πρῶτος; auf f. 108ᵛ (Rand) liest man die lexiko-graphische Randnotiz τίθημι λέγεται τὸ ποιῶ κτλ. (dazu s. oben S. 35 f.). (ff. 108ᵛ Z. 20–117ᵛ Z. 17) Nιkephoros Blemmydes, *De virtute*, Tit. Περὶ ἀρετῆς καὶ ἀσκήσεως λόγος δεύτερος. (ff. 117ᵛ Z. 18–123ᵛ) Nιkephoros Blemmydes, *De anima*, Tit. <τ>οῦ αὐτοῦ λόγος περὶ ψυχῆς, ἐγράφη ἐν ἔτει ͵ϛψοαʹⁱ (a.m. 6771 = J. 1263). (ff. 124ʳ–125ᵛ Z. 9) Auszug aus Stob. *Anth.* III 1,123 (aus Porphyrios, *Sententiae ad intelligibilia ducentes* 32, S. 22,14–34,14 Lamberz), s. Lamberz 1975, XLVIII. (ff. 125ᵛ Z. 10–127ʳ Z. 17) Ps.-Andronicus, *De affectibus*, (Text bei Glibert-Thirry 1977, 223–241,10; dieses Manuskript wird aber dort nicht berücksichtigt). (f. 127ʳ Z. 18–127ᵛ) Liste von Epar-chien.
Leer: ff. IV, 2ᵛ–2bᵛ, 3bisʳ, 98aʳ⁻ᵛ, 102aʳ⁻ᵛ.

Kopisten: A (ff. 1ʳ–102ᵛ, außer f. 3bisᵛ): <Nikolaos Tourrianos> (de la Torre) (identifiziert von D. Harlfin-ger, s. *Wasserzeichen*) (s. *RGK* I 319, II 438, III 520); auf f. 98ᵛ Z. 1 f. Anrufung des Kopisten in Rot: αἶνος θεῷ χάρις τὲ καὶ δόξα πρέπει | τῷ δόντι τέρμα τῆς γραφῆς φθᾶσαι σθένος.

B (ff. 103ʳ–127ᵛ): Antonios Eparchos (s. *RGK* I 23, II 32, III 36), s. Kolophon auf f. 123ᵛ (Vogel u. Gardt-hausen 1909, 35; s. auch oben *Wasserzeichen*).

Schriftspiegel: 210 × 120 mm.

Besitzer: Der Kodex gehörte zur Sammlung von José Micón, Theologieprofessor an der Universität Barcelona im Jahr 1582: s. de Andrés 1968, 275 Nr. 15) und befand sich danach in der *Bibliotheca Claromontana*, wie Lamberz 1972, 119–130 bewiesen hat.

Bibliographie: Kat.: Studemund u. Cohn 1890, 46 f.; Verhelst 1976, I 85–87; Gielen 2016, XXIV–XXVIII. Lamberz 1975, XLVIII.

Quelle: Beschreibung von Verhelst; Autopsie, Januar 2017.

Phill. gr. 1574 (gr. 170)
ca. J. 1540 Papier 227 × 169 mm ff. II, 220 (+ 136a, 183a, 188a, 220a–b), II′ Lin. 22 (ff. 1–136)

Lagen (Auswahl): Das Manuskript besteht aus vier Teilen: Teil 1 (ff. 1–136) 1 × 8 − 1 (1–7; Bl. 1 abgeschnit-ten ohne Textverlust), 16 × 8 (8–135), 1 × 2 (136–136a); 2. (ff. 137–183a) 6 × 8 (183a); 3a. (ff. 184–212) 1 × 6 (184–188a), 3b. (189–212) 3 × 8 (189–212); (213–220) 1 × 8 (220), 1 × 2 (220a–220b). Teil 2: griechische Kustoden vom Kopisten auf dem ersten Recto (unten rechts) und dem letzten Verso (unten Mitte) jeder Lage (f. 144ᵛ, αʹ; f. 152ᵛ, βʹ, usw.), teilw. abgeschnitten; Teil 3b: griechische Kustoden auf dem ersten Recto (unten rechts): αʹ (f. 189ʳ), βʹ (f. 197ʳ) und γʹ (f. 205ʳ).

Beschreibstoff: Papier mit Wasserzeichen.

Wasserzeichen: ff. 1–188ᵃ und 213–220b, ‚Anker 51' Harlfinger (J. 1540: *Berol. Phill. gr.* 1625; J. 1541: *Berol. Phill. gr.* 1497 und *Par. gr.* 2751).

Foliierung: moderne Foliierung mit Bleistift (oben rechts); ff. 136a, 183a, 188a und 220a–b nicht foliiert.

Inhalt (Auswahl): (ff. 18ᵛ Z. 19–75ʳ) Nikephoros Blemmydes, *Epit. phys.*, Auszüge, Kap. 12–14, 18–20, 22–23, 27–30; Diagramm am Ende von Kap. 30 (f. 75ʳ, z. T. abgeschnitten).   (ff. 87ʳ Z. 10–96ᵛ Z. 17) Nikephoros Blemmydes, *Epit. phys.*, Auszug, Kap. 32.

Kopisten: In dieser Miszellanhandschrift waren mehrere Kopisten tätig; der erste Teil (ff. 1ʳ–136ᵛ), in dem die Exzerpte aus der *Epitome physica* enthalten sind, wurde von <Nikolaos Kokolos> abgeschrieben (identifiziert von Studemund u. Cohn; s. *RGK* I 310, II 429); von diesem Kopisten sind weitere datierte Manuskripte bekannt, deren Anfertigung in die Jahre 1539–1541 zu setzen ist. Die Papiersorte des *Berol. Phill. gr.* 1574 hat der Schreiber auch für die Kopie des *Berol. Phill. gr.* 1625 (J. 1540) benutzt (s. *Wasserzeichen*). Darüber hinaus wurden zwei weitere Schreiber in den restlichen drei Teilen des Kodex identifiziert: der sogenannte „Kopist Ya" von Cataldi 1986a, 236 auf den ff. 137ʳ–183ᵛ und 213ʳ–220ʳ sowie <Georgios Basilikos> von Rudolf Stefec (ff. 184ʳ–188ʳ und 189ʳ–212ᵛ; s. Canart 2000, 176 [= ders. 2008b, 1246]: „membre du cercle de copistes qui travaillent pour Antoine Éparque, Guillaume Pellicier et Diego Hurtado de Mendoza; collabore avec Nicolas Mourmouris, Georges Kokolos et plusieurs anonymes"; s. *RGK* III 93).

Schriftspiegel: (ff. 1–136) 160 × 105 mm.

Provenienz: Venedig. Einer der Kopisten, Georgios Basilikos (s. o. *Kopisten*), war in den Jahren 1539–1541 in Venedig aktiv. In seiner Studie zu den Synaxarversen von Nikephoros Xanthopulos, die auf den ff. 184ʳ–188ʳ überliefert werden, konnte Stefec (2012b, 147 mit Anm. 22) feststellen, dass der *Berol. Phill. gr.* 1462 (ff. 416ʳ–418ʳ) – ein Manuskript aus dem „ersten Viertel des 16. Jahrhunderts" (S. 147) – als Vorlage für den Text dieses *Berolinensis* diente. Die Datierung und Verortung dieser Kopie sind dadurch gesichert.

Bibliographie: Kat.: Studemund u. Cohn 1890, 73–75; Boll 1908, 43–48 (Nr. 25).   Cataldi Palau 1986a, 208 f.; dies. 1986b, 47; Stefec 2012b, 147 mit Anm. 22.

Quelle: Autopsie, Januar 2017.

Bologna, Biblioteca Universitaria

°3637

14. Jh., 2.–3. Viertel (ff. 2–82, 138–229); 15. Jh., 1. Drittel (ff. 1ᵛ, 83–134)   Papier
288 × 205 mm   ff. (I), 229, I'   *Lin. 36 (*Epit. phys.*)

Lagen (Auswahl): (...) 1 × 8 (162–169) (...).

Beschreibstoff: Papier mit Wasserzeichen.

Wasserzeichen: „(...) ff. 138–229: Frucht (Birne), ähnlich Briquet 7346, M.–T. 4275 (Torcello 1338, mit Variante Fabriano 1347)" (Harlfinger).

*Inhalt (Auswahl): (ff. 166^v Z. 30–169^v) Exzerpte aus verschiedenen Texten (Dionysios Thrax, logische Schriften, usw.), ab f. 168^v Z. 26 aus NIKEPHOROS BLEMMYDES, *Epit. phys.* (Kap. 12,1; 12,2; 11,25 f.; 12,3–5; 14,2 f.; 14,6; 15,2; 15,4 f.; 15,10; 17,1 f.; 17,6; 18,8; 18,1; 18,13; 19,1–5; 22,1; 22,2; 23,7–9; 24,2–5; 24,8; 14,34 f.; 14,15); Tit. Ἀποσημειώσεις ἀναγκαῖαι (von <Johannes Chortasmenos>; er hat außerdem Untertitel zu den Anfängen einiger Textabschnitte am Rand notiert).

Kopisten: „Am alten Teil der Hs. waren 5 zeitgenössische Schreiber beteiligt" (Harlfinger); außerdem scheint ein weiterer Kopist auf den ff. 70^r–80^v tätig gewesen zu sein. Der Text der Exzerpte aus der *Epit. phys.* wurde vom Kopisten A geschrieben. In diesem Kodex hat Harlfinger auch die Hand von <Johannes Chortasmenos> (ff. 83^r–134^r) identifiziert und dabei vorgeschlagen, dass es sich um „ein Buch aus seiner Bibliothek" handeln kann. Dies ist die Einteilung der Kopisten nach Harlfinger (mit wenigen Ergänzugen):

A: ff. 2^r–22^v, 23^v–53^r, 80^v [untere Hälfte]–82^v, 166^v Z. 30–169^v;

A^b: f. 23^r;

*B^a: ff. 54^r–69^v;

*B^b: ff. 70^r–80^v Z. 9;

C: ff. 138^r–163^v;

D: ff. 164^r–166^v Z. 29, 178 Z. 5 [*ab καὶ τό τι λευκὸν usw.]–229^v;

E: ff. 170–178, Z. 5 [*bis οὐδενὸς λέγεται];

F: ff. 83^r–134^r; <Johannes Chortasmenos>; „der Pinax f. 1V und die Titel ff. 2 und 83 (oben) stammen vielleicht von eben derselben Hand. Zu D und E sowie zu F Titel, Zierinitialen usw. in Rot" (Harlfinger).

*Schriftspiegel: (ff. 167^r–169^v) 250 × 145 mm.

Reproduktionen: Harlfinger 1996, Taf. 2 (f. 87^v); unten Abb. 16 (168^v).

Bibliographie: Beschreibung von D. Harlfinger (Moraux *et al.* 1976, 66–69; Beschreibung bei CAGB: <https://cagb-db.bbaw.de/handschriften/handschrift.xql?id=9765>).

Quelle: Beschreibung von Harlfinger; Autopsie, September 2014, Oktober 2015.

Bukarest, Biblioteca Academiei Române

gr. **10 (Litzica 51)**

14. Jh., 1. Viertel   Pergament   265 × 180/185 mm   ff. III, 182 (+ 68a), V′   Lin. 32–35

Lagen: 1 × 8 – 2 (1–6, Bl. 4 und 5 verloren gegangen mit Textverlust), 11 × 8 (7–93), 1 × 8 – 2 (94–99, Bl. 1 und 8 verloren gegangen mit Textverlust), 10 × 8 (100–179), 1 × 4 – 1 (180–182, Bl. 4 abgeschnitten ohne Textverlust; dass diese Lage ein Binio ist, scheint wahrscheinlich zu sein; es könnte sich aber auch um einen Quaternio mit fünf abgeschnittenen Blättern handeln, wie Litzica in seinem Katalog vorschlug). Die ursprünglich ersten sieben Lagen sind verschollen mit Textverlust (s. unten Kustoden und Litzica im Katalog).   Griechische Kustoden vom Kopisten auf dem ersten Recto (unten rechts) und auf dem letzten Verso (unten links): η′ (ff. 1ʳ und 6ᵛ), θ′ (ff. 7ʳ und 14ᵛ), ι′ (ff. 15ʳ und 22ᵛ), ια′ (ff. 23ʳ und 30ᵛ), ιβ′ (ff. 31ʳ und 38ᵛ), ιγ′ (ff. 39ʳ und 46ᵛ), ιδ′ (ff. 47ʳ und 54ᵛ), ιε′ (ff. 55ʳ und 62ᵛ), ιϛ′ (ff. 63ʳ und 69ᵛ), ιζ′ (ff. 70ʳ und 77ᵛ), ιη′ (ff. 78ʳ und 85ᵛ), ιθ′ (ff. 86ʳ und 93ᵛ), κα′ (ff. 100ʳ und 107ᵛ), κβ′ (ff. 108ʳ und 115ᵛ), κγ′ (ff. 116ʳ und 123ᵛ), κδ′ (ff. 124ʳ und 131ᵛ), κε′ (ff. 132ʳ und 139ᵛ), κϛ′ (ff. 140ʳ und 147ᵛ), κζ′ (ff. 148ʳ und 155ᵛ), κη′ (ff. 156ʳ und 163ᵛ), κθ′ (ff. 164ʳ und 171ᵛ), λ′ (ff. 172ʳ und 179ᵛ), λα′ (f. 180ʳ).

Beschreibstoff: Pergament von unterschiedlicher Qualität. Der Kodex zeigt Feuchtigkeitsschäden.

Wasserzeichen: Auf den später hinzugefügten ff. I′ und II′ erkennt man zwei unterschiedliche Wasserzeichen, die nicht überprüft werden konnten.

Liniierung: Typ 20C1 Leroy/Sautel (mit System 1 Leroy). Der Text ist ausnahmsweise zweispaltig abgeschrieben auf ff. 44ʳ und 49ʳ (*Epit. log.*) sowie ff. 58ᵛ–59ʳ (der Pinax und Titel der *Epit. phys.*).

Foliierung: moderne Foliierung (oben rechts). Das Blatt zwischen 68 und 69 (68a) wurde nicht foliiert.

Inhalt: (ff. 1ʳ–182ᵛ) NIKEPHOROS BLEMMYDES, Εἰσαγωγικὴ ἐπιτομή (unvollständig, s. *Lagen*): (ff. 1ʳ–58ᵛ Z. 5) *Epit. log.*, Kap. 21–40 (840a1 τὰς ἀντικειμένας, ὡς ἐκ θερμότητος κτλ.–1004a); der Anfang des Kodex ist verschollen; aufgrund des Blattverlustes (s. oben *Lagen*) fehlen auch einige Abschnitte in Kap. 22 (848d14 καὶ ἐπισκοτοῦντος–853a1 ἄλλων ὡσαύτως); (ff. 58ᵛ Z. 6–182ᵛ) *Epit. phys.*: (ff. 58ᵛ Sp. a Z. 5–59ʳ Sp. a Z. 16) Pinax; (f. 59ʳ Sp. b Z. 1–6) Tit. Νικηφόρου μοναστοῦ (*ut vid.*) καὶ πρεσβυτέρου τοῦ Βλεμμύδου εἰσαγωγικῆς ἐπιτομῆς βιβλίον δεύτερον; (ff. 59ʳ Sp. b Z. 7–182ᵛ) Kap. 1–32; aufgrund des Verlustes eines Doppelblattes fehlt ein Teil von Kap. 9 (von 1104d3 ἄλλοτε ἐν ἄλλῳ μέρει bis 1105d6 συνόντος] κινήσει) sowie ein Teil von Kap. 11 (von 1121b8 κυρι]ώτατά τε καὶ πρώτως bis 1124c5 τὸ γὰρ στοιχειῶδες πῦρ); Diagramme zu Kap. 17 (f. 119ᵛ) und am Ende von Kap. 30 (f. 273ᵛ).

Kopisten: Der Text wurde von einem einzigen Schreiber mit brauner Tinte kopiert; die benutzte Schriftart ist eine besonders kalligraphische Minuskel mit archaisierendem Duktus. Nach Prato und De Gregorio u. Prato 2003 hat derselbe Schreiber auch die *Vat. gr.* 225–226 (Platon), den *Par. Coisl.* 311 (Anna Komnena, *Alexias*), den *Par. gr.* 2948 + *Oxon. Bodl. Canon. gr.* 84 (Ailios Aristeides) sowie den *Gotting. Philol.* 66 (Nikomachos von Gerasa) abgeschrieben, aber nicht den *Cesen.* D.27.1 (Demosthenes) noch den *Vat. gr.* 1302 (Theophrast, Ps.-Aristot.). Den *Par. Coisl.* 322 (Proklos, *Kommentar zum Timaios des Platon*) schreibt Menchelli 2014, 199 ebenfalls demselben Kopisten zu. S. Acerbi/Gioffreda 2019, 12, 34.

Schriftspiegel: 185 × 110 mm (gelegentlich 180/190 × 105/115 mm).

Illumination: Titel und Anfangsbuchstaben in Rot, Diagramme in normaler Tinte.

Provenienz: wahrscheinlich Konstantinopel (s. Prato 1991, 140 [= ders. 1994, 123]).

Bibliographie: Kat.: Litzica 1909, 41 (Nr. 51).   Prato 1991, 140 mit Taf. 4 (= ders. 1994, 123 mit Taf. 7); De Gregorio u. Prato 2003, 62–72, 83 mit Anm. 56, Taf. 3; De Gregorio 2006, 91 f.; Karanasios 1993, 6; Kotzabassi 2014, 320; Menchelli 2014, 199; Valente 2016b, 277–279.

Reproduktionen: Litzica 1909, Abb. IV (f. 100^r).

Quelle: Autopsie, August 2016.

Darmstadt, Universitäts- und Landesbibliothek

Misc. gr. 2773
14. Jh.   Papier   215 × 140 mm   ff. 377

Inhalt (Auswahl): (ff. 120^r–130^v) ALEXANDER VON APHRODISIAS, Auszüge aus dem Kommentar zu Aristoteles' *Meteorologica* (s. Moraux *et al.* 1976, 122: „wörtliche und freiere Auszüge bis 124, 9 κατακλυσμόν (Näheres bei Voltz u. Crönert 1897, 546–547)"); dazwischen *(f. 126^r) <NIKEPHOROS BLEMMYDES, *Epit. phys.*, Kap. 17>, Auszug (1169b9–16, s. oben S. 96 f. mit Anm. 379) mit Windrose (f. 126^v).

Bibliographie: Kat.: Voltz u. Crönert 1897; Denig 1899, 2773; Beschreibung von P. Moraux (in Moraux *et al.* 1976, 122–124, 467 [Ergänzungen von J. Wiesner]; Beschreibung bei CAGB: <https://cagb-db.bbaw.de/handschriften/handschrift.xql?id=13206> mit Ergänzungen); Valente 2018c.

Reproduktionen: vollständiges Digitalisat: <http://tudigit.ulb.tu-darmstadt.de/show/Hs-2773>.

Quelle: Autopsie, Februar 2018.

El Escorial, Real biblioteca del Monasterio

°Y.III.22 (292)
*14. Jh., 1. H.   Papier   211 × 140 mm   ff. IV, 99   Lin. 30

Lagen: 12 × 8 (1–96), 3 Bl. (97–99; mangels einer Autopsie konnte die Struktur dieser Lage nicht eruiert werden; das ursprünglich letzte Blatt ist verloren gegangen und der Text wurde im 16. Jh. nachgezogen: s. unten *Kopisten*).   Kustoden auf dem Recto und dem Verso (unten Mitte) jeder Lage, z. T. abgeschnitten (s. z. B. ff. 9^r und 16^v, β'; f. 48^v, ς').

Beschreibstoff: Papier mit Wasserzeichen.

Wasserzeichen: Nach de Andrès ist das Wasserzeichen ‚zwei Kreise' (Briquet 3156, Siena 1319) auf dem f. 76ʳ zu erkennen.

Inhalt: (ff. 1ʳ–99ʳ) Nikephoros Blemmydes, *Epit. phys.*: (f. 1ʳ⁻ᵛ Z. 7) Pinax; (f. 1ᵛ Z. 8 f.) Tit. Νικηφόρου μοναχοῦ καὶ πρεσβυτέρου τοῦ Βλεμμίδου εἰσαγωγικῆς ἐπιτομῆς βιβλίον δεύτερον; (ff. 1ᵛ Z. 10–98ᵛ) Kap. 1–32 (bis 1317d9 θερμὸν καί) mit Diagrammen zu Kap. 17 (f. 49ᵛ) und am Ende von Kap. 30 (f. 92ᵛ); (f. 99ʳ [Restaurierung]) Kap. 32, 1317d10 (ξηρὸν· κἀντεῦθεν)–Ende.   (f. 99ᵛ) Diagramm des geozentrischen Weltbildes.

Kopisten: Der Text wurde von einem einzigen anonymen Schreiber kopiert; er benutzte eine senkrechte, eher informelle Schrift mit kalligraphischen Ansprüchen; auffällig ist die Vergrößerung runder Buchstaben (z. B. Omikron, Hypsilon). Paläographisch lässt sich die Schrift eher in die erste Hälfte des 14. Jh. datieren (s. auch *Wasserzeichen*). Auf den ff. Iʳ, 4ᵛ sowie 99ʳ identifiziert de Andrès die griechische Hand von <Nikolaos Tourrianos> (de la Torre) (cf. *RGK* I 319, II 438, III 520); anhand des Duktus scheint es mir jedoch diejenige von Petros Bergikios aus Kreta zu sein (*RGK* I 344, II 470, III 547; s. auch zum *Par. gr.* 1998). Er hat außerdem am unteren Rand des f. 99ʳ den Umfang des Kodex notiert: τὰ πάντα φύλλα ϛθ′ τὰ γεγραμμένα (Abb. 14).

Das Manuskript zeigt außerdem an einigen Stellen *fenestrae*, auch wenn der Text vollständig ist: Dabei handelt es sich um f. 1ᵛ (sieben unbeschriebene Zeilen zwischen Pinax, Titel der *Epitome physica* und erstem Kapitel), f. 4ᵛ (neun Zeilen inmitten von Kap. 2, zwischen 1033a7 ἐπιπολῆς und καὶ τὰ μὲν κτλ.: Hier hat Bergikios am Rand οὐδὲν λείπει angemerkt; in den letzten zwei Zeilen dieses Blattes sind noch zwei *fenestrae* à 8–10 Buchstaben freigelassen worden) (Abb. 13). Diese Eigenschaften weisen auf eine teilweise beschädigte Vorlage hin. Der Schreiber hat durchweg am Rand zu den jeweiligen Titeln der Kapitel die Angabe κεφάλαιον plus Zahl in Rot notiert.

Besitzer: Der Kodex gehörte zu Νικόλαος Βεργήκιος (*sic*, s. f. 1ʳ), wahrscheinlich der Sohn des berühmten Schreibers Angelos Bergikios aus Kreta (*RGK* I 3, II 3, III 3), danach zu Petros Bergikios, der Neffe von Angelos. Letzterer benutzte dann dieses Manuskript in Paris als Vorlage für die Kopie des *Par. gr.* 1998. Nach de Andrès war der Kodex später im Besitz von Andreas Darmarios. S. Martínez Manzano 2019, 263: „Entre 1568 y 1572 [Benito] Arias Montano adquirió manuscritos griegos y latinos en París y Flandres para la biblioteca de El Escorial y los mandó encuadernar en Amberes en el taller de Plantino" (darunter wird auch dieser Kodex erwähnt).

Bibliographie: Kat.: de Andrés 1965, 176.

Quelle: Beschreibung von de Andrés; digitalisierte Farbaufnahmen.

°X.I.10 (352)

ca. 1542   Papier   335 × 230 mm   ff. IV, 205   Lin. 30 *(außer f. 177ʳ⁻ᵛ: 33, f. 182ʳ⁻ᵛ: 32)

Lagen: 26 × 8.   Kustoden in arabischen Zeichen auf dem ersten Recto (unten rechts) jeder Lage, ab f. 9ʳ (‚2' und β'), 16ʳ (‚3') bis f. 200ʳ (‚26').

Beschreibstoff: Papier mit Wasserzeichen.

Wasserzeichen: Nach de Andrés lassen sich die Wasserzeichen ‚Armbrust' (Briquet 761: Udine 1533; ‚Armbrust 72' Harlfinger) sowie ‚Kreis' (f. 182: ähnlich Briquet 3083: Ferrara 1555) identifizieren. Sosower 2004, 178 hat die Identifizierung präzisiert (‚arbalète 16', 471 ‚arbalète 12' und ‚arbalète 17', 475 ‚cercle 3', 526 Nr. 352).

*Inhalt: (ff. 1ʳ–205ᵛ): Nɪᴋᴇᴘʜᴏʀᴏs Bʟᴇᴍᴍʏᴅᴇs, Εἰσαγωγικὴ ἐπιτομή: (ff. 1ʳ–92ᵛ) *Epit. log.*: (f. 1ʳ Z. 1f.) Tit.: Νικηφόρου μοναστοῦ καὶ πρεσβυτέρου (τοῦ κτήτορος am Rand ergänzt) εἰσαγωγικῆς ἐπιτομῆς βιβλίον (βι *sscr.*) πρῶτον; (f. 1ʳ Z. 3–1ᵛ Z. 16) Pinax; (ff. 1ᵛ Z. 17–2ᵛ) Proömium; (ff. 3ʳ–92ᵛ) Kap. 1–40; (ff. 93ʳ–205ᵛ) *Epit. phys.*: (f. 93ʳ Z. 1f.) Tit. Νικηφόρου μοναχοῦ καὶ πρεσβυτέρου τοῦ Βλεμμίδου (am Rand τοῦ κτήτορος) εἰσαγωγικῆς ἐπιτομῆς βιβλίον δεύτερον; (f. 93ʳ Z. 3–93ᵛ Z. 12) Pinax; (ff. 93ᵛ Z. 13–205ᵛ) Kap. 1–32 mit nachträglich gezeichneten Diagrammen in Kap. 17 (Kap. 17, f. 147ʳ) und am Ende von Kap. 30 (f. 197ʳ) aus dem *Monac. gr.* 225 (s. oben S. 47, unten Abb. 5).

Kopisten: Nikolaos Mourmouris in Venedig (subskribiert, f. 205ᵛ; s. *RGK* I 314bis, II 434, III 507).

Besitzer: Diego Hurtado de Mendoza (s. f. 1ʳ): s. Martínez Manzano 2018, 340 Anm. 70, 413.

Bibliographie: Kat.: de Andrés 1965, 249f.   Sosower 2004, 178, 471, 475, 526 (Nr. 352).

Quelle: Beschreibung von de Andrés; digitalisierte Farbaufnahmen.

Florenz, Biblioteca Medicea Laurenziana

plut. 71,8
J. 1489–1492   Pergament   285 × 195 mm   ff. II, 182, I′   Lin. 30

Lagen: 18 × 10 (I–179), 1 × 4 (180–I′). Die Pergamentblätter wurden nach dem ‚Gregory'-Gesetz angeordnet.   Griechische Kustoden (in schwarzer Tinte) auf dem letzten Verso (Mitte) von αᵒⁿ (f. 9ᵛ), βᵒⁿ (f. 19ᵛ) bis ιη´ (f. 179ᵛ).

Beschreibstoff: Pergament von hoher Qualität mit wenigen Ausnahmen (z. B. Fleischseite der ff. 114ᵛ–115ʳ).

Liniierung: 41D1 Leroy-Sautel.

Foliierung: moderne Foliierung mit Bleistift (unten rechts); nach der modernen Foliierung wurde das Blatt II als ‚I' nummeriert. Auf ff. 86ʳ und 100ʳ (oben rechts) liest man noch die wohl von Bandini stammende Foliierung mit arabischen Zahlen.

Inhalt: (ff. Iʳ–181ᵛ) Nɪᴋᴇᴘʜᴏʀᴏs Bʟᴇᴍᴍʏᴅᴇs, Εἰσαγωγικὴ ἐπιτομή: (f. Iʳ⁻ᵛ) Pinax, πίναξ τῆς Νικηφόρου μοναστοῦ καὶ πρεσβυτέρου τοῦ Βλεμίδου εἰσαγωγικῆς ἐπιτομῆς τοῦ πρώτου βιβλίου; (ff. 1ʳ–85ʳ Z. 8) *Epit. log.*: (f. 1ʳ Z. 1–4) Tit. Νικηφόρου μοναστοῦ καὶ πρεσβυτέρου τοῦ Βλεμία (*sic*) εἰσαγωγικῆς ἐπιτομῆς βιβλίον πρῶτον; (f. 1ʳ–1ᵛ Z. 28)

Proömium; (ff. 1ᵛ Z. 29–85ʳ Z. 8) Kap. 1–40 mit logischen Schemata am Rand; auf f. 85ʳ
Z. 9 in Rot vom Kopisten: τέλος τῆς εἰσαγωγικῆς ἐπιτομῆς τοῦ πρώτου βιβλίου; (ff. 85ʳ
Z. 10–181ᵛ Z. 12) *Epit. phys.*: (f. 85ʳ Z. 10–85ᵛ) Pinax, πίναξ τῆς εἰσαγωγικῆς ἐπιτομῆς
τοῦ δευτέρου βιβλίου; (f. 86ʳ Z. 1–3) Tit. Νικηφόρου μοναστοῦ καὶ πρεσβυτέρου τοῦ
Βλεμίδου εἰσαγωγικῆς ἐπιτομῆς βιβλίον δεύτερον; (ff. 86ʳ Z. 4–181ᵛ Z. 12) Kap. 1–32
(unvollständig) mit Diagrammen zu Kap. 17 (f. 133ʳ) und am Ende von Kap. 30 (f. 175ʳ);
das Kap. 32 ist unvollständig und endet mit den Worten ὅθεν Ἀφροδίτης οἶκος (1317d8),
s. oben S. 61 f.
Leer: ff. Iʳ⁻ᵛ, 182ʳ⁻ᵛ, Iʳ⁻ᵛ.

Kopisten: <Demetrios Damilas> (identifiziert von Canart 1977/1979; s. *RGK* I 93, II 127, III 160). In Rot
wurden die Titel, die Kapitelnummer, die Initialen und die Symbole der Tierkreiszeichen ausgeführt.
Auf f. IIʳ (oben Mitte) liest man die Invokation des Schreibers in roter Tinte Ἰ(ησο)ῦ ἡγοῦ.

Schriftspiegel: 200 × 100 mm.

Illumination: Attavane degli Attavanti illuminierte die Handschrift für Lorenzo de' Medici, wie das
Titelblatt auf f. 1ʳ aufzeigt, worauf die typischen Merkmale (u. a. der auf einem Myrtenzweig sitzende
Papagei und das Motto innerhalb des in Gold gemalten Anfangsbuchstabens E „non le set qui non
l'essaye") hinweisen. Die Illumination auf f. 86ʳ (Anfang der *Epit. phys.*) wurde allerdings nicht ausgeführt.

Provenienz: Der Kodex wurde in den Jahren 1489–1492 zusammen mit vielen anderen griechischen
Handschriften von Demetrios Damilas für die Famiglia Medici kopiert (s. Fryde 1996, 796). In Vigilis'
Katalog (Vatic. Barb. lat. 3185) ist der Kodex unter der Nr. 141 inventarisiert.

Besitzer: Lorenzo de' Medici (s. oben *Illumination* und *Provenienz*).

Bibliographie: Kat.: Bandini 1770, 6 f.   Canart 1977/1979; Dillon Bussi u. Fantoni 1992; Fryde 1983,
174 f. mit Anm. 82; ders. 1996, 279, 672, 674; Speranzi 2010, 229 Anm. 39; Valente 2016a, 32–37.

Reproduktionen: vollständiges Digitalisat bei der Teca Digitale Laurenziana (<http://mss.bmlonline.it/
Catalogo.aspx?Shelfmark=Plut.71.8>).

Quelle: Autopsie, September 2014 und Oktober 2015.

plut. 86,15

15. Jh., 4. Viertel (ff. 1–149); J. 1347 (ff. 150–185)   Papier   208 × 142 mm   ff. III,
187   Lin. 26 (ff. 1–149), 32–40 (ff. 150–185)

Lagen: Das Manuskript besteht aus zwei unterschiedlichen Teilen: (ff. 1–149) 1 × 4 – 1 (I–III, Bl. 1 auf
den Deckel geklebt), 14 × 10 (1–140), 1 × 10 – 1 (141–149, Bl. 6 abgeschnitten ohne Textverlust, Rest im
Falz); (ff. 150–185) 3 × 8 (150–173), 1 × 8 – 1 + 1 (174–181, das fehlende Bl. 7 [s. *Wasserzeichen*] wurde
durch ein neues leeres Blatt, f. 180, ersetzt, s. den Falz zwischen Bl. 174 und 175), 1 × 8 – 2 (182–187, Bl. 7
abgeschnitten, Bl. 8 auf den Deckel geklebt).   (ff. 1–149) Griechische Kustoden vom Kopisten auf

dem unteren Recto und Verso (Mitte) jeder Lage von α′ (ff. 1ʳ und 10ᵛ), β′ (ff. 11ʳ und 20ᵛ) bis ιε′ (f. 141ʳ), z. T. abgeschnitten; (ff. 150–185) keine Kustoden.

Beschreibstoff: Papier mit Wasserzeichen.

Wasserzeichen: ff. 1–149: ‚Krone mit Viereck‛ (kein Gegenstück in den Repertorien; zum Typ s. aber ‚Krone 32‛ Harlfinger, 20.9.1481 Antonios Damilas); ff. 150–181 (das fehlende f. 180 mit dem Rest des Wasserzeichens auf f. 175 wurde durch ein neues Blatt derselben Papiersorte ersetzt): ‚Dreiberg‛ (zum Typ s. Mošin/Traljić 6405, 1374); ff. 184/187: ‚Schere‛, Typ Briquet 3653 (Paris 1353/4); f. 182: ‚Einhorn‛ oder ‚Einhornkopf‛ (?), der Rest im Falz.

Foliierung: moderne Foliierung (unten rechts); außerdem liest man noch Reste einer älteren Foliierung (oben rechts): 34 (= Bl. 32), 147–148 (= Bl. 145–146), 152–181 (= Bl. 150–179), 182 (Bl. 182), 185 (= Bl. 185).

Inhalt: (ff. 1–149): (f. IIIʳ⁻ᵛ) Pinax, πίναξ τοῦ παρόντος βιβλίου; er enthält 33 Kapitel, denn das Kap. 9 der *Epit. phys.* ist hier zweigeteilt (s. *Vat. Barb. gr.* 226, s. oben S. 77): Die Einteilung wurde von <Francesco Zanetti> übernommen.   (ff. 1ʳ–149ᵛ) NIKEPHOROS BLEMMYDES, *Epit. phys.*, Kap. 1–32 (zur Aufteilung von Kap. 9, s. oben) mit Diagrammen zu Kap. 17 (an dessen Ende, f. 75ʳ) und am Ende von Kap. 30 (f. 147ᵛ) und Marginalien mit Inhaltsangaben (= *Vat. Barb. gr.* 226), Tit. (f. 1ʳ) Νικηφόρου μοναχοῦ καὶ πρεσβυτέρου τοῦ κτίτορος (*sic*) εἰσαγωγικῆς ἐπιτομῆς περὶ τῶν φυσικῶν αἰτίων καὶ μετεώρων:~; das letzte Kapitel (32, ἐκ τῆς εἰς τὸν ὄγδοον ψαλμὸν ἐξηγήσεως) wurde von <Francesco Zanetti> auf den leer gebliebenen ff. 145ᵛ–149ᵛ ergänzt.

(ff. 150–185): (f. 150ʳ Z. 1–26) Theologische Erotapokriseis, u. a. (f. 150ʳ Z. 26–150ᵛ) Auszug aus GREGOR VON NYSSA, *De tridui inter mortem et resurrectionem Domini nostri Iesu Christi spatio* (S. 285,7 <ἐ>φύη τὸ κακὸν–286,12 ἔσχε τὴν γένεσιν Gebhardt).   (ff. 151ʳ–178ᵛ) MICHAEL PSELLOS, Schriften, die als zusammengehörig gekennzeichnet wurden, weil die Abschnitte von κεφ. α′ bis zum κεφ. ρκα′ durchnummeriert wurden: (ff. 151ʳ–157ᵛ Z. 26) Περὶ κτίσεως κόσμου καὶ τῆς τοῦ Ἀδὰμ πλάσεως καὶ τοῦ παραδείσου (s. Moore 2005, 228 [716] THE. 173: „unedited“); (ff. 157ᵛ Z. 27–177ʳ) *De omnifaria doctrina*, 3. Fassung, Kap. 1–11, 15–20, 47–53, 57, 59–60, 62–63, 82–96, 98–138, 140–142, 146–152, 154–175, 153, 143–154 (s. Moore 2005, 322 [PHI. 167, Nr. 50]); (ff. 177ᵛ–178ᵛ, Pinax, σὺν θεῷ πίναξ διαφόρων καιφαλέων [*sic*] τοῦ Ψελλοῦ πρὸς τὸν βασιλέα κῦρον Μιχαήλ:-).   (ff. 179ʳ⁻ᵛ) Theologische Erotapokriseis.   (ff. 182ʳ–184ʳ) αἱ ἀπορίαι τῶν ε′ φωνῶν Πορφυρίου τοῦ Ἑρμίου (vom Kopisten durchgestrichen). (ff. 184ᵛ–185ᵛ) JOHANNES VON OTRANTO (Giovanni Grasso), Tit. ἰω(άννου) ἰδροντιν(οῦ) μαθητ(οῦ) νικολ(άου) ἰδροντιν(οῦ) λύσις ἐπί τινος ζητήματος κατὰ τῶν λεγόντων ὡς ὅτι τὸ τίς ἄνθρωπος καὶ τὸ ὄνομα αὐτοῦ ἢ ἕν ἐστι ἢ δύο ἢ ὡς ἕν (s. Romano 1992). Leer: ff. 180ʳ–181ᵛ, 186ʳ–187ᵛ.

Kopisten: A (ff. III^{r-v}, 145^v–149^v): <Francesco Zanetti>.

B (ff. 1^r–145^r): <Anonymus δ–καὶ> (<Alexios Keladenos>); schwarze Tinte; Titel, Marginalien und zugehörige Anfangsbuchstaben sowie Verweise in Rot.

C (ff. 152^r–185^v): <Nikolaos Sellarios von Gallipoli>, s. die Subscriptio auf f. 178^v (s. Turyn 1972, I 204, II Taf. 254d).

Schriftspiegel: (ff. 1–149) 145 × 80 mm, (ff. 152–185) 150/155 × 85 mm.

Provenienz: Terra d'Otranto (s. o. *Kopisten*).

Bibliographie: Kat.: Bandini 1770, 345–347; Turyn 1972, I 204–205; II Pl. 166 und 254d; Arnesano 2008, 91 f. (Nr. 62). Speranzi 2011, 122 f. mit Anm. 47; Arnesano 2015, 84 Anm. 194; Speranzi 2015, 204; Valente 2016a, 16–32.

Reproduktionen: vollständiges Digitalisat bei der Teca Digitale Laurenziana (<http://mss.bmlonline. it/Catalogo.aspx?Shelfmark=Plut.86.15>); Turyn 1972, II Taf. 93 (ff. 62^v–63^r), 237a (Kolophon, f. 210^r).

Quelle: Autopsie, September 2014, Oktober 2015.

plut. 86,31

J. 1314   Papier   181 × 125/130 mm   ff. I, 210, I′   Lin. 21

Lagen: 1 × 6 (1–6), 25 × 8 (206), 1 × 4 (210).   Griechische Kustoden vom Kopisten auf dem ersten Recto (oben rechts, z. T. abgeschnitten): δ′ (f. 31^r), ε′ (f. 39^r), ζ′ (f. 47^r), ι′ (f. 71^r), ια′ (f. 79^r) bis κϛ′ (f. 199^r). Ein vom Kopisten geschriebenes Kreuzchen ist sichtbar auf dem oberen Rand (Mitte) der ff. 7^r (teilw.), 15^r (teilw.), 31^r (teilw.), 39^r (teilw.), 47^r, 50^r (teilw.), 55^r (teilw.), 71^r (teilw.), 79^r, 87^r (teilw.), 103^r, 119^r, 127^r (teilw.), 148^r (teilw.), 151^r, 159^r (teilw.), 167^r (teilw.), 175^r, 191^r, 195^r, 199^r (teilw.), 207^r. Die ursprünglich erste Lage ist verloren gegangen und wurde von <Francesco Zanetti> ersetzt (s. unten *Kopisten*).

Beschreibstoff: orientalisches Papier ohne Wasserzeichen, außer ff. 1–6: westliches Papier mit Wasserzeichen.

Wasserzeichen (ff. 1–6): ‚Leiter', ähnlich ‚Leiter 32' Harlfinger (Padua, 4.10.1566); zum Typ s. auch Briquet 5926 (Siena 1524; *var. sim.* Florenz 1524–1532, Siena 1528–1535, Lucca 1532–1543, Rom 1534–1542, Udine 1571).

Foliierung: moderne Foliierung (unten rechts).

Reklamanten: eine senkrechte Reklamante auf f. 6^v von <Francesco Zanetti>.

Inhalt: (ff. 1^r–210^r) NIKEPHOROS BLEMMYDES, *Epit. phys.*: (ff. 1^r–6^v [Restaurierung]) Tit. (f. 1^r Z. 1–3) Νικηφόρου μοναχοῦ καὶ πρεσβυτέρου τοῦ κτίτορος (*sic*) εἰσαγωγικῆς ἐπιτομῆς περὶ τῶν φυσικῶν αἰτίων καὶ μετεώρων; (ff. 1^r Z. 4–6^v) Kap. 1–2 (bis 1036c6 κατ' ἄλλο μὲν γὰρ ἔ]σται); (ff. 7^r–210^r [alter Bestand]) Kap. 2 (ab 1036c6 ἔ]σται ὄν)–32 mit Diagrammen zu Kap. 17 (f. 97ᵛ) und am Ende von Kap. 30 (f. 194ᵛ).   (f. 210ᵛ) Schema <περὶ> τῶν κυρίως γινομένων (Browning u. Constantinides 1993, 143 vergleichen dafür den Cod. Athous, Lavra E 43, f. 89ᵛ).

Kopisten: Der Kodex wurde von einem einzigen Kopisten, Leon Anagnostes, abgeschrieben, wie er selbst im Kolophon (f. 210ʳ Z. 3–7) schreibt: ἐτελειώθη ἡ βίβλος αὕτη | παρ᾿ ἐμοῦ Λέοντος ἀναγνώστου | ἐν μηνὶ δεκεμβρίῳ. τοῦ ἔτους | ͵ϛωκγ´ (a.m. 6823 = a. D. 1314). καὶ οἱ ἀναγινώσκον|τες εὔχεσθέ μοι διὰ τὸν Κ(ύριο)ν (s. Bandini 1770, 376; Turyn 1972, I 119, II Pl. 237a; Browning u. Constantinides 1993, 143). Der Schreiber benutzte den sogenannten Schriftstil ‚*cypriote bouclée*' sowie eine schwarze Tinte; in Rot die Titel, die Kapitelangaben und die Anfangsbuchstaben. Zum Kopisten s. *RGK* I 357, II 487, III 558; *PLP* 30705.
Die ff. 1ʳ–6ᵛ wurden in der Mitte des 16. Jh. von Francesco Zanetti aus dem *Laur. plut.* 86,15 nachgezogen. Der Pinax wurde aber weggelassen (s. Browning u. Constantinides 1993, 142 Anm. 1). Marginalien sowohl von Leon Anagnostes als auch von späteren, nicht identifizierbaren Händen mit inhaltlichen Angaben und Korrekturen.

Schriftspiegel: (ff. 1–6) 140 × 90 mm, (ff. 7–210) 130 × 80 mm.

Provenienz: Zypern (s. o. *Kopisten*).

Besitzer: Die Handschrift war im Besitz von Maria Synkritike (s. f. 210ᵛ μαρηα | συγκριτι|κο || τοῦτον το βηλιον ενη ~~του~~ δικο | μου). Zu dieser Familie aus Kreta s. Browning u. Constantinides 1993, 144 und 239 mit Anm. 4.

Bibliographie: Kat.: Bandini 1770, 376; Turyn 1972, I 119, II Pl. 93, 237a; Browning u. Constantinides 1993, 142–144, Taf. 38, 183c.   Canart 1977, 312; ders. 1989, 25 Anm. 19; Derenzini 1990, 129 Nr. 138.

Reproduktionen: vollständiges Digitalisat bei der Teca Digitale Laurenziana (<http://mss.bmlonline. it/Catalogo.aspx?Shelfmark=Plut.86.31>); Turyn 1972, II Taf. 93 (ff. 62ᵛ–63ʳ), 237a (Kolophon, f. 210ʳ); Browning u. Constantinides 1993, Taf. 38 (f. 207ʳ), 183c (Kolophon, f. 210ʳ).

Quelle: Autopsie, September 2014, Oktober 2015.

°*plut.* 87,13

14. Jh., M.   Papier   275 × 210 mm   ff. II, 138, I'   Lin. 24–27 (ff. 16–42)

Lagen (Auswahl): (...) 4 × 8 (ff. 16–47) (...).

Beschreibstoff: Italienisches Papier mit Wasserzeichen.

Wasserzeichen (nach Wiesner mit eigenen Ergänzungen): (ff. 1–8) ‚Armbrust' (sehr ähnlich Mošin/ Traljić 239, Paris 1348); (ff. 9–15): ‚Blatt' (ähnlich Briquet 6189 = Mošin/Traljić 3874, Paris 1348); *(ff. 16–55) sehr undeutlich, nicht identifizierbar (hierzu schreibt Wiesner Folgendes: „Schere, sehr undeutlich, offenbar Typ Br. 3736, M.–T. 2597 (Bologna 1321)"; Das Wasserzeichen scheint von demjenigen in diesem Manuskript deutlich verschieden zu sein); (ff. 56–79, 86) ‚Hufeisen' (Typ Mošin/Traljić 3805, Rodez 1332); *(ff. 80–85) ‚zwei Kreise' (Typ Mošin/Traljić 1974, 14. Jh. Mitte); (ff. 87–89/92–94, 103–110, 114/115, 126–134) ‚zwei Kreise' (ähnlich Mošin/Traljić 2057, Moskau 1345–1355, Troyes 1368);

(ff. 90/91) ‚Beil' (sehr ähnlich Br. 7489 = Mošin/Traljić 4628, Avignon 1349, ~ Fabriano 1348); (ff. 95–102) ‚zwei konzentrische Kreise' (Typ Br. 3126 = Mošin/Traljić 1897, Bologna 1358); *(ff. 111–113/116–118) ‚Huhn' (ähnlich Br. 4471, Pisa 1346, mit vielen Varianten); (ff. 119/126) ‚Pferdekopf' (?), sehr undeutlich, nicht identifizierbar; (ff. 120–125, 135–138) ‚Frucht' (ähnlich Br. 7376, Siena 1355–1356, Mošin/Traljić 4316, Moskau 1358).

Inhalt (Auswahl): (ff. 16ʳ–42ʳ Z. 13) NIKEPHOROS BLEMMYDES, *Epit. phys.*, Auszüge, Kap. 10, 25–32; ohne Gesamttitel und Kapitelzahl; der falsche Titel περὶ στοιχείων (f. 17ʳ Z. 8), der zu Kap. 11 und nicht zu Kap. 25 gehört, wurde von einer späteren Hand in περὶ αἰθέρος καὶ ἄστρων korrigiert.

Kopisten (Auswahl): Nach Wiesner haben „sechs gleichzeitige Kopisten" den Kodex in Zusammenarbeit angefertigt; der Kopist A (ff. 1ʳ⁻ᵛ, 16ʳ–71ᵛ, 81ᵛ Z. 13 καὶ συνα|χθήσεται–Ende) ist für die Abschrift der Kapitel aus der *Epitome physica* verantwortlich.

Schriftspiegel: (ff. 16–42): 190/200 × 145/150 mm.

Bibliographie: Beschreibung von Wiesner (in Moraux *et al.* 1976, 304–307, 485 f. [Ergänzungen von J. Wiesner]; CAGB Online: <https://cagb-db.bbaw.de/handschriften/handschrift.xql?id=16830>).

Reproduktionen: vollständiges Digitalisat bei der Teca Digitale Laurenziana (<http://mss.bmlonline.it/Catalogo.aspx?Shelfmark=Plut.87.13>).

Quelle: Beschreibung von Wiesner; Autopsie, September 2014, Oktober 2015.

°*plut.* 87,16
13. Jh., E. (ca. J. 1270–1280, außer ff. 372ʳ–384ᵛ: 16. Jh. M.)   Papier 168 × 115/125 mm   ff. II, 384, I′   Lin. 28–35 (*Epit. phys.*)

Lagen (Auswahl): (...) 10 × 8 (64–143), 1 × 6 (144–149), 1 × 2 (150–151), 10 × 8 (152–231) (...). „Griechische Kustoden mit roter Tinte auf dem 1. Recto oben rechts und dem letzten Verso unten rechts von ff. 1, 8ᵛ (ιβ) bis ff. 348, 355ᵛ (νς); auf f. 356 nur noch ein Rest sichtbar. Lagensignierung: Neben dieser nachträglich vorgenommenen Gesamtzählung (...) mehrere Separatzählungen vom Kopisten, zunächst jeweils auf dem 1. Recto oben rechts und dem letzten Verso unten rechts: (...) (3) Von ff. 151ᵛ (α), 152 (β) bis ff. 224, 231ᵛ (ια) (...). Die Separatzählungen setzten also am Beginn von Porphyrios und Organon, Nikephoros Blemmydes, Phys. [i. e. *Epit. phys.*, sowie *Epit. log.* und *De fide*] sowie Psellos ein" (Wiesner in Moraux *et al.* 1976, 311).

Beschreibstoff: orientalisches Papier (außer ff. 372–384, I′: westliches Papier mit Wasserzeichen)

Inhalt (Auswahl): „(ff. 63–65) Kurze Texte, vielfach Notizen zur Geschichte von Konstantinopel: (f. 64) Ἐβασίλευσεν ὁ βασιλεὺς λάσκαρις ἐξόριστος κ/πόλεως ἔτη ιη. (f. 64ᵛ) Ἑάλω ὑπὸ τῶν λατίνων ἡ κ/πολις ἔτει ͵ϛψια' (6711 = Chr. 1203) μηνὶ ἀπριλλίῳ ιβ. Zuletzt (f. 64ᵛ) ὁ βασιλεὺς μιχαὴλ ὁ παλαιολόγος ͵ϛψϙα' (6791 = Chr. 1283). Danach (f. 65) Definitionen (τέρας, σημεῖον κτλ.)" (Wiesner in Moraux *et al.* 1976, 312)   (ff. 65ᵛ–

66^r) SABAS, *Epistula ad Blemmydam* (s. Bandini 1770, III 398; *herausgegeben wurde der Brief von Festa 1898, 330–332, s. Heisenberg 1896, XXXIII).   (ff. 67^r–227^r Z. 13) NIKEPHOROS BLEMMYDES, *Εἰσαγωγικὴ ἐπιτομή*: (ff. 67^r–143^v) *Epit. log.*: (f. 67^r) Tit. Τοῦ Βλεμίδου κυροῦ Νικηφόρου μοναχοῦ καὶ πρεσβυτέρου εἰσαγωγικῆς ἐπιτομῆς βιβλίον πρῶτον; (f. 67^{r-v}) Pinax; (f. 68^{r-v} Z. 19) Proömium; (ff. 68^v Z. 19–143^v) Kap. 1–40 mit Diagrammen; (ff. 144^r–227^r Z. 13) *Epit. phys.*: (f. 144^r) Tit. Τοῦ Βλεμίδου κυροῦ Νικηφόρου μοναχοῦ καὶ πρεσβυτέρου εἰσαγωγικῆς ἐπιτομῆς βιβλίον δεύτερον; (f. 144^r) Pinax; (ff. 144^v–227^r Z. 13) Kap. 1–32 mit Diagrammen zu Kap. 17 (f. 184^r) und am Ende von Kap. 30 (f. 221^r und 221^v: s. oben S. 34 f.).   (ff. 227^r Z. 14–230^v Z. 15) NIKEPHOROS BLEMMYDES, *De fide*, Tit. περὶ πίστεως βιβλίον τρίτον.

Kopisten: Der Kodex wurde zunächst von einem einzigen Kopisten abgeschrieben (ff. 1^r–14^r, 17^r–21^v, 24^r–62^r, 65^v–230^v, 232^r–319^v, 324^r–352^v); fünf weitere zeitgenössische sowie spätere Hände wurden von Wiesner identifiziert. Die Hand des Hauptkopisten hat Inmaculada Pérez Martín (s. oben S. 33 Anm. 135 für die bibliographische Angabe) in weiteren Manuskripten aus dem 13. Jh. entdeckt: „the famous but anonymous scribe of three geographical manuscripts: the first complete preserved copy of Strabo's *Geography* (Par. gr. 1393), the so-called "Fragmentum Fabricianum" (1 bifolium, now Copenhagen, Fabricianus 23 2º) and Istanbul, Seragl. gr. 57 of Ptolemy's *Geography*". Außerdem schlägt sie Folgendes vor: „the handwriting of those luxury manuscripts may only be explained in the earlier context of the imperial chancellery, probably during the reign of Michael VIII but not necessarily after 1261, since we find it in some chrysoboullae from 1259". Dies würde bedeuten, dass „it necessarily leads us to conclude that Laur. Plut. 87.16 was copied in the third quarter of the 13th century in the entourage of the imperial court in Nicaea or Constantinople". Dazu s. oben S. 33. Zur Datierung s. auch Wiesner in seiner Beschreibung: „In den von der Haupthand ff. 324–325^v geschriebenen Canones Paschales heißt es f. 324^v: οἷον ὡς ἐν τύπῳ ἐνὶ ἐνιστάμενον ἔτος ͵ϛψπα' (6781 = J. 1273). Der Kopist gehört also frühestens dem letzten Viertel des 13. Jh. an. In den historischen Angaben auf f. 64^{rv} von Hand B nennt deren letzte das Jahr 1283."

Schriftspiegel: (ff. 68–230) 120/130 × 85/90 mm.

Provenienz: Der Kodex entstand nach Inmaculada Pérez Martín (s. oben *Kopisten*) in einem „administrative milieu or a court circle in Nicaea and Constantinople".

Bibliographie: Beschreibung von Wiesner (in Moraux *et al.* 1976, 311–315; CAGB Online: <https:// cagb-db.bbaw.de/handschriften/handschrift.xql?id=16833>).   Stavrou 2013, 296 f.; I. Pérez Martín, „Copying Aristotle and Nikephoros Blemmydes from Nicaea to Constantinople: the case of Laur. Plut. 87.16" (s. oben S. 33 Anm. 135).

Reproduktionen: vollständiges Digitalisat bei der Teca Digitale Laurenziana (<http://mss.bmlonline.it/ Catalogo.aspx?Shelfmark=Plut.87.16>).

Quelle: Beschreibung von Wiesner; Autopsie, September 2014, Oktober 2015.

London, British Library

°*Harl.* 5662

J. 1493/5   Papier   236 × 170 mm   ff. I, 102   Lin. 26–27 (*Epit. phys.*)

Inhalt (Auswahl): (ff. 97^r–100^v, 101^v) Nikephoros Blemmydes, *Epit. phys.*, Kap. 17; der Text endet auf f. 100^v; Windrose auf f. 99^v; auf f. 101^v findet man noch einen Entwurf derselben Windrose.

Kopist: Leon Chalkiopoulos (identifiziert in *RGK* I 237).

Besitzer: Konstantinos Laskaris (s. Martínez Manzano 1994, 301; dies. 1998, 72).

Provenienz: Messina, wo der Kodex zwischen 1493 und 1495 angefertigt wurde (s. Martínez Manzano, ebd.).

Bibliographie: Kat.: *Harleian Manuscripts* 1808, 285.   Rose 1864, 26; Martínez Manzano 1994, 301; dies. 1998, 72; Valente 2017, 243 f. Anm. 33.

Reproduktionen: ein vollständiges Digitalisat ist online aufrufbar: <http://www.bl.uk/manuscripts/FullDisplay.aspx?ref=Harley_MS_5662>. Das f. 100^v mit der Subscriptio in *RGK* I 237.

Quelle: digitale Aufnahmen.

Madrid, Biblioteca Nacional de España

°4553 (*olim* N-15)

15 Jh., 2. H.   Papier   295 × 220 mm   ff. V, 125   Lin. 39 (*Epit. phys.*)

Beschreibstoff: Papier mit Wasserzeichen.

Inhalt (Auswahl): (ff. 1^r–5^v) <Nikephoros Blemmydes, *Epit. phys.*, Auszüge aus den Kap. 1–11>.

Kopisten: vier Kopisten: A (ff. 1–17) <Anonymus 6 Harlfinger>; B (ff. 18–30, 36^{r-v}?, 37?, 104^v–109^v) <Bessarion> (De Andrés, Harlfinger, Martínez Manzano); C (ff. 32^r–34^v) <Konstantinos Laskaris>, der auch „marg. en ff. 38, 43, 45" schrieb (Martínez Manzano 1998, 34); D (ff. 36–125^v); f. 67 <Anonymus 29 Harlfinger>.

Provenienz: 1494 befand sich der Kodex in Messina aus der Sammlung von Konstantinos Laskaris, danach bei Duca de Uceda bis 1690, 1712 in der Königlichen Bibliothek.

Überlieferung (*Epit. phys.*): *Epit. log.*: „es wäre interessant, die Verwandtschaft zwischen diesem Monacensis [i. e. *Monac. gr.* 563] und dem Matr. 4688 (mit demselben Inhalt) zu untersuchen. Auch zwei Folien im *Matritensis* wurden von Laskaris abgeschrieben" (Martínez Manzano 1994, 345).

Bibliographie: Kat.: Iriarte 1769, 52–55 (Nr. 15); de Andrés 1987, 15–17 (Nr. 10).   Harlfinger 1971, 409; Martínez Manzano 1994, 284 (Nr. 18), 350 mit Anm. 15 f.; dies. 1998, 15, 34, 65.

Reproduktionen: ein vollständiges Digitalisat ist online aufrufbar: <http://bdh-rd.bne.es/viewer. vm?id=0000245104&page=1>.

Quelle: Beschreibung von de Andrés, Mikrofilm.

°4688 (*olim* N-59)

14. Jh., M. (außer ff. 2ᵛ–18ᵛ: ca. J. 1455)   Papier   230 × 155 mm   ff. V, 257   Lin. 23–26 (außer ff. 2ᵛ–18ᵛ: 29–31)

Beschreibstoff: (ff. 19–257) Papier mit Wasserzeichen ‚Einhorn' (kein Gegenstück in den Repertorien nach Pérez Martín; de Andrés verweist auf Mošin/Traljić 5790)

Inhalt (Auswahl): (ff. 2ᵛ–230ʳ) Nικεphoros Blemmydes, Εἰσαγωγικὴ ἐπιτομή: (ff. 2ᵛ–97ʳ) *Epit. log.*: (f. 2ᵛ) Pinax; (f. 3ʳ Z. 1 f.) Tit. Νικηφόρου μοναστοῦ καὶ πρεσβυτέρου τοῦ κτήτορος (am oberen Rand: τοῦ βλεμύδου) εἰσαγωγικῆς ἐπιτομῆς βιβλίον πρῶτον; (f. 3ʳ Z. 3–3ᵛ Z. 18) Proömium; (ff. 3ᵛ Z. 19–97ʳ) Kap. 1–40; (ff. 99ʳ–230ʳ) *Epit. phys.*: (f. 99ʳ Z. 1–3) Tit. Νικηφόρου μοναστοῦ καὶ πρεσβυτέρου τοῦ κτήτορος εἰσαγωγικῆς ἐπιτομῆς βιβλίον δεύτερον; (f. 99ʳ Z. 4–99ᵛ) Pinax (die Titelangabe von Kap. 32 fehlt); (ff. 100ʳ–230ʳ) Kap. 1–32 mit Diagrammen zu Kap. 17 (f. 159ᵛ) und am Ende von Kap. 30 (f. 219ᵛ).   (ff. 230ᵛ–240ʳ Z. 2) Nικεphoros Blemmydes, *De fide*, Tit. Τοῦ αὐτοῦ ἐκ τοῦ τυπικοῦ αὐτοῦ περὶ πίστεως; auf f. 240ʳ liest man die lexikographische Randnotiz τίθημι λέγεται τὸ ποιῶ κτλ. (dazu s. oben S. 35 f.).   (ff. 240ᵛ–256ʳ Z. 13) Nικεphoros Blemmydes, *De virtute*, Tit. Τοῦ αὐτοῦ ἐκ τοῦ αὐτοῦ τυπικοῦ περὶ ἀρετῆς καὶ ἀσκήσεως.

Kopisten: „Del cop[ista] principal son los ff. 19–97 y 99–256 l. 13, excepto f. 124 l. 3 a.i.–124v l. 4, obra de una mano distinta y poco formada. Un tercera mano contemporánea, de escritura más ruda, añade materiales diversos en ff. 256 l. 14–257v" (Pérez Martín). Den verloren gegangenen Anfang ergänzte in der Mitte des 15. Jh. <Konstantinos Laskaris>, der auf der Insel Rhodos die Handschrift zusammen mit dem heutigen *Matrit.* 4617 kaufte: ff. 2ᵛ–18ᵛ. Seine Hand ist auch gelegentlich auf dem Rand der ff. 19ʳ–138ʳ zu erkennen (s. Martínez Manzano 1998, 65).

Provenienz: 1455 wurde das Manuskript von Konstantinos Laskaris auf der Insel Rhodos gekauft, s. f. 2ʳ: Κωνσταντίνου τοῦ Λασκάρεως κτῆμα ἐν Ῥόδῳ ὠνηθέν. 1494 befand sich der Kodex in Messina (s. Martínez Manzano 1998, 65; Pérez Martín).

Besitzer: Konstantinos Laskaris (s. oben *Kopisten* und *Provenienz*).

Bibliographie: Kat.: Iriarte 1769, 197–200 (Nr. 59); de Andrés 1987, 245–247 (Nr. 138); unveröffentlichte Beschreibung von Inmaculada Pérez Martín (*per litteras*).   Mercati 1917, 338–340 (= ders. 1937, IV 42–44); Harlfinger u. Wiesner 1964, 253 (Datierung: 14. Jh.); Martínez Manzano 1994, 286 (Nr. 90), 292,

345, 349; dies. 1998, 39 (Nr. 85), 65, 68; Stavrou 2013, 297 f. (z. T. irreführende Beschreibung des Kodex, verfasst anhand der früheren Kataloge).

Reproduktionen: ein vollständiges Digitalisat ist online aufrufbar: <http://bdh-rd.bne.es/viewer. vm?id=0000248174&page=1>.

Quelle: Beschreibung von de Andrés; unveröffentlichte Beschreibung von Pérez Martín (*per litteras*); Mikrofilm.

Mailand, Veneranda Biblioteca Ambrosiana

B 109 sup. (gr. 130)

16. Jh., 2. H.   Papier   237 × 172 mm   ff. II, 109, II′   Lin. 28 (ff. 1^r–50^r, 1. H.), 29 (f. 50^r, 2. H.–50^v), 26 (f. 51$^{r–v}$), 25/27 (ff. 52^r–60^v), 24/25 (ff. 61^r–62^r), 21/23 (ff. 62^v–63^v), 20/23 (ff. 63^r–93^v), 21/22 (ff. 94^r–104^v), 29/30 (ff. 105^r–109^r)

Lagen: 4 × 8 (II–31), 1 × 8 – 1 (32–38, Bl. 8 abgeschnitten ohne Textverlust, Rest im Falz zwischen f. 38 und f. 39), 2 × 8 (39–54), 1 × 4 (58), 1 × 6 – 1 (63, Bl. 1 abgeschnitten ohne Textverlust, Rest im Falz zwischen f. 58 und f. 59), 5 × 4 (83), 1 × 10 (93), 1 × 4 (97), 1 × 8 – 1 (98–104, Bl. 1 abgeschnitten ohne Textverlust, Rest im Falz zwischen f. 97 und f. 98), 1 × 6 (105–I′).   Griechische Kustoden von <Gian Vincenzo Pinelli> (s. unten *Kopisten*) auf dem letzten Verso (unten Mitte) von α′ (f. 7^v), β′ (f. 15^v) bis ζ (f. 54^v).   Reklamanten nur im zweiten Teil: ff. 50^v–54^v, 56^v, 58^v, 59^v–60^v, 62^v–63^v, 67^v, 71^v, 75^v, 79^v, 83^v, 97^v, 104^v–108^v.

Beschreibstoff: Papier mit Wasserzeichen (zwei Papiersorten).

Wasserzeichen: (ff. I–7) ‚Krone mit Stern‘ (kein Gegenstück in den Repertorien); (ff. 8–15) ‚Bogen‘ (s. Piccard 2383: Innsbruck 1549; Briquet 749: Lucca 1548); (ff. 16–109) ‚Krone mit Stern‘ (andere Papiersorte als die vorherige; kein Gegenstück in den Repertorien).

Foliierung: moderne Foliierung (oben rechts).

Inhalt: (f. I^r) Pinax.   (ff. 1^r–109^r) NIKEPHOROS BLEMMYDES, *Epit. phys.*, unvollständig: (ff. 1^r–50^r Z. 5) Kap. 1–13, 20 (f. 43^r Z. 7), 18 (f. 44^r Z. 16)–19 (gleiche Reihenfolge wie im *Vind. theol. gr.* 222); (ff. 50^r Z. 6–63^v) Kap. 14–17 mit Diagramm (Windrose) auf f. 62^v; (ff. 64^r–109^r) Kap. 21–30; Kap. 29 unvollständig (bis f. 108^r Z. 2, bis 1289a8 ὁ ἥλιος), Kap. 30 unvollständig (bis f. 108^v Z. 7 v.u. bis 1293c13 f. παρ’ ἐκείνοις μακρά, dann ab 1297c5 ἐπεὶ γοῦν τοῖς ὑπὸ τὸν βόρειον πόλον bis zum Ende, 1300a2).

Kopisten: Meschini hat fünf Schreiber unterschieden, die bei der Anfertigung des Kodex zusammengearbeitet haben. Stefano Martinelli Tempesta hat mir freundlicherweise einige Ergänzungen mitgeteilt (E-Mail vom 30.08.2016), sodass sich folgendes Bild ergibt (durch Sternchen sind meine Ergänzungen gekennzeichnet):

A: (ff. 1^r–50^r Z. 5) <Manuel Moros> (*RGK* I 252, II 348, III 417), der auch drei weitere Manuskripte der *Epit. phys.* kopierte (*Vat. Urb. gr.* 59, ff. 2$^{r–v}$, 5$^{r–v}$, 7^r–203^v, *Bodl. Barocc.* 106, ff. 126^r–259^v, *Bodl. Canon. gr.* 83: s. *RGK* I); s. unten S. 144, 147, 175;

B: (ff. I^r, 50^r Z. 6–51^v, *Tit. f. 54^r, *55^r Z. 1–8, *Tit. f. 55^v, 61^r–62^v [Zeichnung], 105^r–109^r) <Gian Vincenzo Pinelli> (105^r–109^r: identifiziert von Martinelli Tempesta); auch in anderen Teilen des Kodex sind einige Korrekturen im Text oder am Rand auf diese Hand zurückzuführen;

C: (ff. 52^r–54^v, *55^r Z. 9–60^v, 62^v [Text]–63^v): Hand ‚a‘ („barocke Schrift" nach Meschini 1982, 63);

D: (ff. 64^r–93^v): Hand ‚b‘;

E: (ff. 59^r [Tit.], 94^r–104^v): <Teodoros Rendios> (s. *RGK* III 215).

Schriftspiegel: (ff. 1^r–50^r, erste H.) 143 × 83 mm, (f. 50^r, zweite H.–50^v) 185 × 105 mm, (f. 51$^{r–v}$) 185 × 105 mm, (ff. 52^r–60^v) 185 × 105 mm, (ff. 61^r–62^v) 185 × 120 mm, (ff. 62^v–63^v) 175 × 105 mm, (ff. 63^r–93^v) 195/200 × 100/110 mm, (ff. 94^r–104^v) 175/185 × 115/120 mm, (ff. 105^r–109^r) 185/190 × 105 mm.

Illumination: rubrizierte Titel, Kapitelnummern und Anfangsbuchstaben nur im ersten Teil (ff. 1^r–50^r Z. 5) von <Manuel Moros>, sowie rubrizierte Titel und Anfangsbuchstaben Kap. 30 (f. 108^r) von <Pinelli?>.

Bibliographie: Kat.: Martini u. Bassi 1906, 145.   Meschini 1982, 62 f.

Quelle: Autopsie, Oktober 2016.

O 82 sup. (gr. 591)
16. Jh., A.   Papier   218 × 155/157 mm   ff. IV, 77, III′   Lin. 27 (*Epit. phys.*)

Lagen: Das Manuskript besteht aus zwei Teilen (1–40): 5 × 8 (1–40); (41–I′): 1 × 8 – 1 (41–47, Bl. 1 abgeschnitten ohne Textverlust), 3 × 8 (48–71), 1 × 8 – 1 (72–I′, Bl. 7 abgeschnitten ohne Textverlust).   (ff. 41^r–77^r) Griechische Kustoden vom Kopisten auf dem ersten Recto (oben rechts) von α′ (f. 41^r), β′ (f. 48^r) bis ε′ (f. 72^r). Im ersten Teil (ff. 1–40) ist unklar, ob Kustoden auf f. 24^v (unten Mitte, β′) und f. 25^r (unten recht, γ′) zu erkennen sind.

Beschreibstoff: Papier mit Wasserzeichen (zwei Papiersorten).

Wasserzeichen: Teil 1: ‚Anker‘ (ähnlich Briquet 478: Bretagne 1502, ~ Gurck ca. 1500, Gratz 1502); Teil 2: ‚Anker‘ (Briquet 470: Casalmaggiore 1525, ~ Villach 1525).

Foliierung: moderne Foliierung mit Bleistift (oben rechts) von I, 1 bis 77, III.

Inhalt: (ff. 1^r–37^v) Heron von Alexandreia, *Pneumatica*, Exzerpte (Proömium–2,33 [3,4–304,8]); die rubrizierten Anfangsbuchstaben sowie die Titel wurden nicht ausgeführt; Platz für Diagramme wurde frei gelassen, sie wurden aber nicht ergänzt (s. Schmidt 1899, 16 f. [Nr. 15], 91).   (ff. 38^r–39^v) Philon von Alexandreia, *De vita contemplativa*, Exzerpte: 21 f., 25, 28 f., 34–35 (bis ἐθισθέντες), 68 (bis ἡ θεοφιλὴς ψυχή), 78 (bis ἐμφαινόμενα κατιδοῦσα) (VI 51–55, 64, 67 Cohn/Wendland), Tit. <Φ>ίλωνος περὶ τῶν ἐκ περιτομῆς πιστευσάντων ἐν Αἰγύπτῳ χριστιανῶν ἅμα καὶ μοναχῶν· ἐκ τοῦ ἐπιγεγραμμένου αὐτῷ λόγου περὶ βίου θεωρητικοῦ; nach den Auszügen folgen weitere patristische Zitate (u. a. aus Dionysius Areopagita und aus Eusebios) sowie ein Epigramm εἰς τὸν μακάριον Διονύσιον εἰς τὸ περὶ θείων ὀνομάτων (*Patrologia Graeca* III 117a2–5).   (ff. 41ʳ–77ʳ) NIKEPHOROS <BLEMMYDES>, *Epit. phys.*, Auszüge: (ff. 41ʳ–71ᵛ) Kap. 24–30; zwischen Kap. 24 und 25 liest man ein Exzerpt aus der zweiten Homilie zum Hexaemeron des SEVERIAN VON GABALA (*Patrologia Graeca* 56, 442,29–40), s. *Vat. Barb. gr.* 226, f. 52ᵛ (s. oben S. 82 f.); der Text von Kap. 30 endet in Form eines Dreiecks, gefolgt von den Wortern τῷ συντελεστῇ τῶν ὅλων θεῷ χάρις (aus dem *Vat. Barb. gr.* 226); (ff. 72ʳ–73ʳ) Kap. 31; (ff. 73ᵛ–74ʳ Z. 10) Pinax: <N>ικηφόρου μοναστοῦ καὶ πρεσβυτέρου τοῦ κτήτορος εἰσαγωγικῆς ἐπιτομῆς περὶ τῶν φυσικῶν ἀρχῶν καὶ αἰτιῶν (*sic*, der ‚offizielle‘ Titel lautet αἰτίων) καὶ μετεώρων; die Anfangsbuchstaben aller Kapitelangaben wurden nicht rubriziert; zum Titel von Kap. 24 liest man den Querverweis κδ´ ζήτει ὄπισθεν. περὶ οὐρανοῦ καὶ ὅτι οὐκ ἔστιν ὁ κόσμος ἀΐδιος; die Angabe zu Kap. 32 fehlt; (74ʳ Z. 11–77ʳ) Kap. 1 (Tit. κεφάλαιον πρῶτον περὶ τῶν φυσικῶν ἀρχῶν καὶ αἰτιῶν und αᵒᵛ am Rand).

Leer: ff. 10ᵛ–11ʳ (s. f. 10ʳ am Rand: λείπ(ει)), 23ʳ, 37ᵛ, 39ᵛ–40ᵛ, 77ᵛ.

Kopisten: <Michael Rhosaitos> (Identifizierung von Luigi Orlandi und von mir, 05.02.2016; s. *RGK* II 391, III 467, s. Abb. 11), s. *Monac. gr.* 265 und *Par. gr.* 2099. Auf f. 73ᵛ (oben) Anrufung des Schreibers: Χ(ριστ)ὲ | προηγοῦ | τῶν δακτυλικῶν (*ex corr.*) | μου πόνων.

Schriftspiegel: 150 × 95 mm.

Illumination: rubrizierte Anfangsbuchstaben; Diagramme und Zeichnungen am Rand (teilw. abgeschnitten).

Bibliographie: Kat.: Martini u. Bassi 1906, 681 f.   Smith 1973, 97; Valente 2016a, 28–32.

Quelle: Autopsie, März 2016.

Modena, Biblioteca Estense Universitaria

α.R.7.24 (gr. 15; III A 1)

16. Jh., A. (ca. J. 1520)   Papier   211 × 147/152 mm   ff. I, 229, I´   Lin. 22 (*Epit. phys.*)

Lagen: 8 × 8 (1–64), 1 × 8 – 1 (65–71, Bl. 7 abgeschnitten ohne Textverlust [Kap. 13 τὴν αἰτίαν τῆς συστάσεως ⁷⁰ᵛ|⁷¹ʳ καὶ τῆς ἐξάψεως ἔχουσα]), 6 × 8 (72–119), 1 × 8 – 1 (120–126, Bl. 7 abgeschnitten ohne Textverlust [Kap. 27 τῶν ἡλιακῶν ¹²⁵ᵛ|¹²⁶ʳ ἀκτίνων]), 13 × 8 (127–I´).   Griechische Kustoden auf dem ersten Recto (unten rechts) und auf dem letzten Verso (unten links) jeder Lage der *Epit. phys.* von α´ (ff. 17ʳ und 24ᵛ) bis ιη´ (f. 151ʳ); auf f. 175ʳ liest man α´ zu Beginn der Στοιχείωσις φυσική des Proklos. Auf jedem Recto und Verso von ff. 17ʳ–155ᵛ und 175ʳ–189ᵛ oben Mitte (teilw. abgeschnitten) wurde ein kleines Kreuz vom Kopisten gesetzt.

Beschreibstoff: Papier mit Wasserzeichen.

Wasserzeichen: (ff. 151–158) ‚Hut 73*' Harlfinger (s. Harlfinger u. Harlfinger 1980, Index II 19 und 29; ±1520).

Foliierung: nachträgliche Foliierung mit griechischen Zahlen auf dem ersten Recto (oben rechts) von f. 18^r (α´), f. 19^r (β´) bis f. 229^r (σιβ´) vom Kopisten (nach Harlfinger: persönliche Mitteilung).

Inhalt: (ff. 1^v–2^v) Kurznotizen, Definitiones und logische Schemata (= *Berol. Phill. gr.* 1517 f. 3^{r-v}).   (ff. 17^r–155^v) NIKEPHOROS BLEMMYDES, *Epit. phys.*: (f. 17^r Z. 1–3) Tit. Νικηφόρου μοναστοῦ καὶ πρεσβυτέρου τοῦ Βλεμμίδου εἰσαγωγικῆς ἐπιτομῆς βιβλίον δεύτερον περὶ φυσικῆς ἀκροάσεως; (f. 17^r Z. 4–17^v) Pinax; (ff. 18^r–155^v) Kap. 1–32 (s. Abb. 6); Diagramme auf f. 86^r zu Kap. 17 (= *Berol. Phill. gr.* 1517, f. 49^v), auf f. 122^v zu Kap. 25 (= *Berol. Phill. gr.* 1517, f. 74^v), auf f. 132^r zu Kap. 27 (σφαῖρα ἀπλανής, = *Berol. Phill. gr.* 1517, f. 81^r), 155^r zu Kap. 32 (= *Berol. Phill. gr.* 1517, f. 97^r) sowie 155^v (Häuser, ταπεινώματα und ὑψώματα der Tierkreiszeichen, = *Berol. Phill. gr.* 1517, f. 97^v).   (f. 157^r) Auszüge aus <[Plut.] *Plac.* 874e–875e> (= *Berol. Phill. gr.* 1517, f. 98^v Z. 3–19).   (f. 158^{r-v}) Astrologisches Diagramm mit Erläuterung (s. Cumont *et al.* 1903, 27, Nr. 8; = *Berol. Phill. gr.* 1517, f. 98^r).   (ff. 175^r–189^v) PROKLOS, *Institutio physica* (s. Ritzenfeld 1911, XV: nur Erwähnung des Kodex): (f. 175^r Z. 1 f.) Tit. Πρόκλου διαδόχου Λυκίου στοιχείωσις φυσική· ὅροι τοῦ πρώτου, (f. 181^v Z. 19 f.) Tit. Πρόκλου διαδόχου Λυκίου στοιχείωσις φυσική· τῶν εἰς δύο τὸ πρῶτον· ὅροι τοῦ δευτέρου.   (ff. 228^r–229^v) Philosophische Definitiones nach Anfangsbuchstaben angeordnet (= *Berol. Phill. gr.* 1517, ff. 1^v–2^r). Leer: ff. 3^r–16^v, 156^{r-v}, 157^v, 159^r–174^v, 190^r–227^v.

Kopisten: <Andreas Donos> (identifiziert von Harlfinger u. Harlfinger 1980, Index II 19, s. *RGK* I 14, II 22, III 23), der auch im *Monac. gr.* 543 (ff. 151^r–206^v, 247^r–380^v) und im *Bodl. Barocc.* 106 (ff. 1^r–121^v) tätig war (s. unten S. 142 und 144); ihm sind möglicherweise auch die Notizen und die Korrekturen am Rand sowie zwischen den Zeilen zuzuschreiben; wahrscheinlich hat er auch die Texte auf den ff. 1^v–2^v, 158^{r-v} und 228^r–229^v eingetragen.

Schriftspiegel: 128 × 75/80 mm.

Illumination: Anfangsbuchstaben, Titel, Symbole der Tierkreiszeichen in Rot.

Bibliographie: Kat.: Puntoni 1896, 390 f.

Quelle: Autopsie, Oktober 2015, Februar 2017.

Moskau, Staatliches Historisches Museum
(Государственный Исторический Музей)

°*Synod. gr.* **185 (Vlad. 496)**
*14. Jh., 1. H.   Papier   289 × 200 mm   ff. 248   Lin. 30

Inhalt (Auswahl): (ff. 1ʳ–205ʳ) Nikephoros Blemmydes, Εἰσαγωγικὴ ἐπιτομή: (ff. 1ʳ–89ᵛ Z. 18) *Epit. log.*: (f. 1ʳ Z. 1 f.) Tit. Νικηφόρου μοναστοῦ καὶ πρεσβυτέρου τοῦ Βλεμμίδου εἰσαγωγικῆς ἐπιτομῆς βιβλίον ἐπιτομῆς πρῶτον; (f. 1ʳ Z. 3–Ende) Pinax; (ff. 1ᵛ–2ʳ Z. 14) Proömium; (ff. 2ʳ Z. 14–89ᵛ Z. 18) Kap. 1–40; (ff. 89ᵛ Z. 19–205ʳ) *Epit. phys.*: (f. 89ᵛ Z. 19–21) Tit. Νικηφόρου μοναστοῦ καὶ πρεσβυτέρου τοῦ βλεμίδου εἰσαγωγικῆς ἐπιτομῆς βιβλίον δεύτερον; (ff. 69ʳ Z. 22–70ʳ Z. 20) Pinax; (ff. 70ʳ Z. 21–205ʳ) Kap. 1–32; die Diagramme zu Kap. 17 und 32 wurden nicht abgezeichnet, auch wenn der Kopist dafür auf f. 144ᵛ und f. 196ᵛ Platz frei gelassen hatte.

Kopist: Der Text des Blemmydes wurde von einer informellen, eher kursiven Hand geschrieben, die wohl in die erste Hälfte des 14. Jh. zu datieren ist.

Provenienz: Das Manuskript befand sich im Athoskloster Vatopedi: s. f. 1ʳ τοῦ βατοπαιδίου.

Bibliographie: Kat.: Vladimir 1894, 718 (Nr. 496).

Quelle: digitale Farbaufnahmen.

°*Synod. gr.* **333 (Vlad. 494)**
*13. Jh., E. (außer ff. 1ʳ–?: 16./17. Jh.)   Papier   250 × 183 mm   ff. 150   Lin. 32–36

Inhalt: (ff. 1ʳ–150ᵛ) Nikephoros Blemmydes, Εἰσαγωγικὴ ἐπιτομή: (ff. 1ʳ–68ᵛ) *Epit. log.*: (f. 1ʳ Z. 1–8) Tit. Νικηφόρου τοῦ Βλεμμίδου μοναστοῦ καὶ πρεσβυτέρου κτήτορος μικροῦ κελλίου κατὰ τὰ ἠμάθιά που εἰσαγωγικῆς βιβλίον ἐπιτομῆς πρῶτον κτλ. (von einer späteren Hand); (f. 1ʳ Sp. A Z. 9–1ᵛ Sp. A) Pinax; (f. 1ʳ Sp. A Z. 1–2ᵛ Z. 1) Proömium; (ff. 2ᵛ Z. 2–68ᵛ) Kap. 1–40 mit Diagrammen (s. unten *Kopisten*); (ff. 69ʳ–150ᵛ) *Epit. phys.*: (f. 69ʳ Z. 1 f.) Tit. Νικηφόρου μοναστοῦ καὶ πρεσβυτέρου τοῦ Βλεμμίδου εἰσαγωγικῆς ἐπιτομῆς βιβλίον, δεύτερον; (f. 69ʳ Z. 3–20) Pinax; (ff. 69ʳ Z. 21–150ᵛ) Kap. 1–32; Diagramme zu Kap. 17 (f. 107ʳ) und am Ende von Kap. 30 (f. 146ʳ); das letzte Kapitel ist unvollständig aufgrund eines Blattverlustes (bis zu 1313d10 πρὸς ἀλλήλας· καὶ τὰ []).

Kopist: Der Text der *Epitome physica* stammt von einem einzigen Schreiber, der eine informelle Schrift mit einigen Merkmalen des Beta-Gamma-Stils benutzte. Daher scheint eine Datierung auf das ausgehende 13. Jh. möglich zu sein. Der Anfang des Kodex ist verstümmelt und wurde im 16./17. Jh. restauriert; aufgrund der mir zur Verfügung sehenden Aufnahmen ist nicht klar, wie viele Blätter bzw. Lagen nachgezogen wurden (sicherlich aber bis einschließlich f. 10).

Provenienz: Das Manuskript befand sich im Athoskloster Vatopedi: s. f. 1ʳ τοῦ βατοπαιδίου.

Bibliographie: Kat.: Vladimir 1894, 717 (Nr. 494).

Quelle: digitale Farbaufnahmen.

°*Synod. gr.* 302 (Vlad. 495)

15. Jh.   Papier   228 × 144 mm   ff. 214   Lin. 24

Inhalt: (ff. 1ʳ–214ᵛ) NIKEPHOROS BLEMMYDES, Εἰσαγωγικὴ ἐπιτομή: (ff. 1ʳ–3ʳ Z. 6) *Epit. log.*, Kap. 40 (von 1000c6 προτά]σεων ἀπλῶν bis zum Ende); der Text ist unvollständig aufgrund des Verlustes mehrerer Lagen am Anfang des Manuskripts; (ff. 3ʳ Z 7–214ᵛ) *Epit. phys.*: (f. 3ʳ Z. 7–9) Tit. Νικηφόρου μοναστοῦ καὶ πρεσβυτέρου τοῦ κτήτορος εἰσαγωγικῆς ἐπιτομῆς βιβλίον δεύτερον; (f. 3ʳ Z. 9–3ᵛ Z. 20) Pinax (Kap. 1–31); (ff. 3ᵛ Z. 21–214ᵛ) Kap. 1–32; Diagramme zu Kap. 17 (f. 107ʳ) und am Ende von Kap. 30 (f. 146ʳ).

*Kopist: Ein einziger Schreiber hat den Text der *Epitome logica* und der *Epitome physica* mit einer kalligraphischen Schrift in der Tradition der Stilisierung τῶν Ὡδηγῶν sehr sorgfältig abgeschrieben. Ein Gelehrter (im 16. oder 17. Jh.?) hat dann Worterklärungen und Glossen meistens lexikographischen und grammatikalischen Inhalts am Rand und zwischen den Zeilen reichlich ergänzt: Meistens lässt sich kein Zusammenhang zum Blemmydes-Text erkennen.

Provenienz: Das Manuskript befand sich im Athoskloster Vatopedi: s. f. 4ʳ τοῦ βατοπαιδίου.

Bibliographie: Kat.: Vladimir 1894, 718 (Nr. 495).   Šangin 1936, 80 (Nr. 38).

Quelle: digitale Farbaufnahmen.

München, Bayerische Staatsbibliothek

°*gr.* 225

J. 1270/1280 (ff. 1–40); ca. J. 1310/1320 (ff. 41–375)   Papier   243/5 × 165/8 mm   ff. VI, 375 (+ 203a), Iʹ   Lin. 26/29 (*Epit. phys.*)

Lagen (Auswahl): Das Manuskript besteht aus sechs *codicological units*: Teil 1, ff. 1–40; Teil 2, ff. 41–203a; Teil 3, ff. 204–216; Teil 4, ff. 217–281; Teil 5, ff. 282–352; Teil 6, ff. 353–375.   Teil 2: 5 × 8 (41–80), 1 × 8 – 1 (81–87, Bl. 8 abgeschnitten ohne Textverlust), 2 × 8 (88–103), 1 × 8 – 1 (104–110, Bl. 8 abgeschnitten ohne Textverlust), 11 × 8 (111–198), *1 × 8 – 2 (199–203, s. Hajdú 2012, 243: „Bl. 3 bei der Bindung im 16. Jh. falsch im IV. Teil eingefügt [heute f. 221], Bl. 6 fehlt"; im Falz des aktuellen f. 221 zwischen f. 220 und 222, d. h. in der Mitte einer Lage, kann man noch Schriftspuren auf dem unteren Teil des Verso erkennen. Die ursprüngliche Struktur dieser Lage ist die folgende: 199, 200, 221, 201, 202, [Falz des f. 221], 203, X. Die *Epit. phys.* sollte ursprünglich auf dem abgeschnittenen Blatt enden, das zum aktuellen f. 221 gehörte. Da der Text aber keinesfalls über die Mitte des Versos hinausgereicht haben dürfte, kommt die Frage auf, ob die noch erkennbaren Schriftspuren am unteren Teil des Falzes nicht zu einer Subscriptio gehörten. In diesem Fall könnte der Schreiber D für die Abtrennung des entsprechenden Folios verantwortlich gemacht werden, denn er hat auf dem leer gebliebenen f. 203 das Ende der *Epit. phys.* nachgezogen (s. unten *Kopisten*). Die Umstellung des aktuellen f. 221 erfolgte nach den Abschriften von Andronikos Kallistos (*Bodl. Holkham. gr.* 71, S. 40, 42, 45) und Bartolomeo Zanetti (*Berol. Phill. gr.* 1516: s. S. 46 f.).   (ff. 41^r–203^v) Griechische Kustoden auf dem ersten Recto jeder Lage (oben rechts) von α′ (f. 41^r), β′ (f. 49^r) bis κα′ (f. 199^r); *die neunte Lage wurde wahrscheinlich nicht als zehnte (ι′) gezählt (so aber Hajdú 2012, 243): Die Kustode θ′ wurde auf f. 104^r möglicherweise abgeschnitten und das, was noch zu erkennen ist, ist nur die senkrechte Haste, die normalerweise oberhalb des Zahlwortes steht.

Beschreibstoff: westliches Papier ohne Wasserzeichen (unterschiedliche Sorten für den Teil 1 und die Teile 2–6).

Inhalt (Auswahl): (ff. 1^r–40^r): (ff. 1^r–37^r Z. 6) MAXIMUS CONFESSOR (Angaben bei Tiftixoglu 2004, 76–79, s. Provenienz, sowie bei Hajdú 2012, 238 f.).

(ff. 41^r–200^v, 221^{r-v}, 201^r–203^v): NIKEPHOROS BLEMMYDES, Εἰσαγωγικὴ ἐπιτομή: (ff. 41^r–117^r) *Epit. log.*: (f. 41^r Z. 1 f.) Tit. Νικηφόρου μοναστοῦ καὶ πρεσβυτέρου τοῦ κτήτορος εἰσαγωγικῆς ἐπιτομῆς βιβλίον πρῶτον; (f. 41^{r-v} Z. 1) Pinax; (f. 41^v Z. 1–42^r Z. 11) Proömium; (ff. 42^r Z. 11–117^r Z. 20) Kap. 1–40; (ff. 117^r Z. 21–200^v, 221^{r-v}, 201^r–203^v) *Epit. phys.*: (f. 117^r Z. 21 f.) Tit. Νικηφόρου μοναστοῦ καὶ πρεσβυτέρου τοῦ κτήτορος εἰσαγωγικῆς ἐπιτομῆς βιβλίον δεύτερον; (f. 117^r Z. 22–117^v Z. 16) Pinax; (ff. 117^v Z. 17–302^v Z. 13) Kap. 1–32; die Zeichnungen auf f. 158^r (Windrose, Kap. 17) und f. 197^r (am Ende von Kap. 30) wurden vom Schreiber mit der Tinte des Haupttextes kopiert.

(ff. 204^r–216^v): (ff. 204^r–205^v) MANUEL PHILES, *Protheoria* (Ausgabe: Agapitos 2007, 12–19); (ff. 206^r–216^v) NIKEPHOROS BLEMMYDES, *Enkomion für den Hl. Johannes den Evangelisten* (Ausgabe: Munitiz 1989, 302–344), Tit. Τοῦ σοφωτάτου καὶ ἁγιωτάτου Βλεμμύδου κυροῦ Νικηφόρου ἐγκώμιον εἰς τὸν μέγαν ἀπόστολον καὶ εὐαγγελιστὴν Ἰωάννην τὸν θεολόγον· εὐλόγησον δέσποτα.

(ff. 217^r–281^v): (ff. 217^r–220^v, 222^r–253^v) NIKEPHOROS BLEMMYDES, *Autobiographie*: (ff. 217^v–220^v, ff. 222^v–237^v Z. 4) Buch 1, Tit. Τοῦ αὐτοῦ Νικηφόρου μοναστοῦ καὶ πρεσβυτέρου τοῦ κτήτορος περὶ τῶν κατ' αὐτὸν διήγησις μηρική· λόγος α′· μηνὶ μαΐου ἰνδικτιῶνος ζ ἔτους ˏϛψοβ′ (a.m. 6772 = J. 1264); (ff. 237^v Z. 4–253^r) Buch 2, Tit. <Τ>οῦ αὐτοῦ περὶ τῶν κατ' αὐτὸν μηρική διήγησις· λόγος β′· ἐγράφη μηνὶ ἀπριλλίῳ ἰνδικτιῶνος ὀγδόης ἔτους ˏϛψ ἑβδομηκοστοῦ τρίτου (a.m. 6773 = J. 1265).   (ff. 253^r–262^v) NIKEPHOROS BLEMMYDES, *De anima*, Tit. Νικηφόρου μοναστοῦ καὶ πρεσβυτέρου τοῦ κατὰ τὰ Ἠμαθία ἡσυχαστηρίου κτήτορος λόγος περὶ ψυχῆς· ἐγράφη μηνὶ μαρτίῳ ἰν(δικτιῶνος) ϛ ἔτους ˏϛψοα′ (a.m. 6771 = J. 1263).   (ff. 262^v–281^v) NIKEPHOROS BLEMMYDES, *De corpore*, Tit. Τοῦ αὐτοῦ λόγος περὶ σώματος· ἐγράφη μηνὶ ἀπριλλίῳ ἰνδικτιῶνος δεκάτης (a.m. 6775 = J. 1267, s. unten: *Bodl. Holkham. gr.* 71).

(ff. 282ʳ–352ᵛ): Nɪᴋᴇᴘʜᴏʀᴏs Bʟᴇᴍᴍʏᴅᴇs, *Psalmenkommentar*, Tit. Νικηφόρου μοναστοῦ καὶ πρεσβυτέρου τοῦ Βλεμίδου ἐξήγησις εἴς τινας τῶν ψαλμῶν.

(ff. 353ʳ–375ᵛ): (ff. 353ʳ–359ᵛ Z. 2) Nɪᴋᴇᴘʜᴏʀᴏs Bʟᴇᴍᴍʏᴅᴇs, *De fide*, Tit. Τοῦ αὐτοῦ ἁγιωτάτου καὶ σοφωτάτου κυροῦ Νικηφόρου τοῦ Βλεμύδους περὶ πίστεως.   (f. 359ᵛ Z. 3–8) Lexikographische Notiz zum Text vom Traktat *De fide* (σχόλιον am Rand): τίθημι λέγεται τὸ ποιῶ κτλ. (s. dazu oben S. 35 f.).   (ff. 359ᵛ Z. 8–369ᵛ Z. 11) Nɪᴋᴇ-ᴘʜᴏʀᴏs Bʟᴇᴍᴍʏᴅᴇs, *De virtute*, Tit. Περὶ ἀρετῆς καὶ ἀσκήσεως.   (ff. 369ᵛ Z. 12–373ᵛ) Nɪᴋᴇᴘʜᴏʀᴏs Bʟᴇᴍᴍʏᴅᴇs, Typikon, Exzerpte: ff. 369ᵛ Z. 12–370ᵛ Z. 15, Kap. 4 (Tit. δ´· περὶ τῶν προσφερομένων Θεῷ ἄρτου καὶ οἴνου καὶ θυμιάματος); ff. 370ᵛ Z. 16–372ʳ Z. 7, Kap. 9 (Tit. θ´· περὶ τῶν προσιόντων ἐπὶ τῷ μονάσαι); f. 372ʳ Z. 8–372ᵛ Z. 19, Kap. 11 (Tit. ια´· περὶ τῶν ἀσκητῶν τροφῆς); ff. 372ᵛ Z. 20–373ᵛ Z. 4, Kap. 13 (Tit. ιγ´· περὶ τοῦ τὰς εἰς Θεὸν ἐντεύξεις ἄνευ ᾀσμάτων τελεῖσθαι καὶ πᾶσαν εὐταξίαν εἶναι ἐν τῷ ναῷ). Leer: ff. 40ᵛ, 203aʳ⁻ᵛ, 374ʳ–375ᵛ.

Kopisten: Der erste Teil (ff. 1–40), der aus einer vollständigeren und nun verschollenen Handschrift hauptsächlich mit Schriften von Maximus Confessor stammt, wurde von Gregorios von Zypern (*RGK* II 99) kopiert (s. Markesinis 2000). Der zweite Teil ist in fünf *codicological units*, alle aus demselben westlichen Papier ohne Wasserzeichen, untergliedert, die von vier zeitgenössischen Schreibern um 1310/1320 angefertigt wurden. Deren Anteile lassen sich folgendermaßen lokalisieren: (s. Verhelst 1976, I 77; Hajdú 2012, 244; Wilson 2014):

A: ff. 41–202 (Teil 2) und 217–281 (Teil 4);

B: ff. 204–216 (Teil 3);

C: ff. 282–352 (Teil 5);

D: f. 203 (Teil 2) und ff. 353–375 (Teil 6); die Zuschreibung des f. 203 zu diesem Kopisten stammt von Verhelst.

Schriftspiegel (Teil 2): 175/180 × 110 mm.

Illumination: Teil 2: Alle Anfangsbuchstaben des jeweils ersten Wortes der Gesamt- und Untertitel sowohl im Pinax als auch im Text wurden vom Kopisten dieses Teils rubriziert. Die Zeichnungen auf f. 158ʳ (Windrose, *Epit. phys.* Kap. 17 [Abb. 4]) und f. 187ʳ (am Ende von Kap. 30) sowie die Symbole der Tierkreiszeichen wurden vom Schreiber mit der Tinte des Haupttextes kopiert. Die Diagramme wurden mit einem Zirkel realisiert. Logische Diagrammata in *Epit. log.* mit der Tinte des Haupttextes am Rand. Die Federzeichnungsinitialen in Teil 3, 4 und 5 deuten auf eine geplante Zusammenstellung der einzelnen Teile hin (vielleicht vom Schreiber des Teils 3: s. unten *Provenienz*).

Provenienz: Teil 1: Konstantinopel. Dieser Teil stammt aus einem Kodex mit den Schriften von Maximus Confessor (s. Markesinis 2000). Im Laufe des 15./16. Jh. befand sich das Manuskript in Venedig in Besitz von Domenico Grimani (s. Diller *et al.* 2003, 133; s. auch Verhelst 1976, I 79).

Teil 2–6: Konstantinopel? *Die verschiedenen Teile wurden in kurz aufeinander folgenden Zeiträumen von unterschiedlichen Kopisten aus verschiedenen Vorlagen kopiert. Zunächst dürften die Teile 2 und

4 von Schreiber A entstanden sein. Erst danach kann die Tätigkeit des Kopisten C gesetzt werden: Aufgrund der fehlenden Studien zur Überlieferungsgeschichte des Psalmenkommentars lässt sich jedoch nichts Genaueres feststellen. Anschließend hat der Kopist D die vorangegangenen Teile – zumindest 2 und 4 – durch einen neuen (6) erweitert, wobei er auch das letzte Blatt des zweiten Teils ersetzt hat, wahrscheinlich um eine Subscriptio zu entfernen (s. oben *Lagen*). Zuletzt hat der Kopist B die schon vorhandenen Teile zusammengestellt, die fehlenden Rubrizierungen in Teil 6 ergänzt sowie eine neue kodikologische Einheit hinzugefügt. Wie Agapitos 2007, 13 in Bezug auf Teil 3 hervorgehoben hat, „the protheoria and the encomium form in M one distinct lot of two gatherings of eight and five leaves respectively (...). Thus, it seems probable that the scribe used as his exemplar a 'booklet' prepared by Philes himself, from which he read his introduction and the sermon to the assembled congregation. This would also explain the somewhat peculiar title of the encomium in M (usw.)". Am Anfang des 15. Jh. befand sich der Kodex auf Kreta, wo er für die Restaurierung des *Bodl. Holkham. gr.* 71 herangezogen wurde (s. oben, S. 40–42, 45 f.); zwischen dem 15. und 16. Jh. wurde das Manuskript nach Venedig gebracht.

Beide Teile (1 + 2–6) wurden Mitte des 16. Jh. in Venedig für Johann Jakob Fugger zusammengebunden (s. zuletzt Hajdú 2002, 54; dies. 2012, 244).

Bibliographie: Kat.: Hardt 1806, II 462–471; Heisenberg 1896, XXV–XXVIII; Verhelst 1976, I 75–81; Munitiz 1984, XVIII–XXIV; Hajdú 2012, 238–246 und Abb. 63–65.   Agapitos 2007; Wilson 2014.

Reproduktionen und Digitalisate: Hajdú 2012, Abb. 63–65. Vollständiges Digitalisat: <https://daten. digitale-sammlungen.de/~db/0011/bsb00110102/images/index.html>.

Quelle: Beschreibungen von Verhelst und Hajdú; Autopsie, August 2013, Juli 2015, Mai 2017.

°*gr.* 265

J. 1515/1520 (ff. 1–32); 15 Jh., 2. H. (ff. 33–36)   Papier   210 × 155 mm   ff. II, 36, I'
Lin. 24/25 (*Epit. phys.*).

Lagen: Das Manuskript besteht aus zwei unterschiedlichen kodikologischen Einheiten: (ff. 1–32) 1 × 8 – 1 (1–7, Bl. 1 abgeschnitten ohne Textverlust), 3 × 8 (8–31), 1 (32); richtige Reihenfolge: ff. 1–7, 16–23, 8–15, 24–32; (ff. 33–36) 1 × 4.   Griechische Kustoden vom Kopisten auf dem ersten Folio jeder Lage (oben rechts): δ′ (f. 8ʳ), γ′ (f. 16ʳ), ε′ (f. 24ʳ), ϛ′ (f. 32ʳ), „d. h. die erste Lage fehlt, die dritte und die vierte sind beim Binden der Hs. vertauscht worden" (Hajdú 2012, 405).

Beschreibstoff: Papier mit Wasserzeichen.

Wasserzeichen (Auswahl): Teil 1: „ff. 1–7, 16–23 (Quartfaltung): Waage im Kreis, sehr ähnlich Harlfinger, Waage 45 [...] Juli–Dez. 1516; b. ff. 8–15, 24–31, 32 (Quartfaltung): Hut = Harlfinger, Hut 73 (± 1520)" (Hajdú).

Inhalt (Auswahl): (ff. 1ʳ–7ᵛ, 16ʳ–23ᵛ, 8ʳ–15ᵛ, 24ʳ–32ʳ Z. 14) Nikephoros Blemmydes, *Epit. phys.*, Kap. 24–29, Tit. Νικηφόρου περὶ οὐρανοῦ, mit Schemata und Inhaltsangaben am Rand; *die lange Randnotiz auf den ff. 6ᵛ–7ʳ entstammt dem Kap. 4 der *Epit. phys.* (1056c3–1060a7); s. oben S. 82 f.; auf f. 7ᵛ (am linken Rand) liest man ein Exzerpt aus der zweiten Homilie zum *Hexaemeron* des Severian von Gabala (*Patrologia Graeca* 56, 442,29–40), s. *Vat. Barb. gr.* 226, f. 52ᵛ (s. oben S. 82 f.).

(ff. 33ʳ–36ᵛ) Zwei Briefe zu orthographischen Problemen: f. 33ʳ⁻ᵛ von Gregorios <Tifernates?> an Andronikos <?> und entsprechende Antwort (ff. 33ᵛ–36ᵛ).
Leer: Iᵛ, 32ᵛ, I'ʳᵛ.

Kopisten: (ff. 1ʳ–32ʳ): <Michael Rhosaitos> (identifiziert von Hajdú; s. *RGK* II 391, III 467). Marginalien, meist vom Kopisten, mit Korrekturen, Erklärungen sowie Ergänzungen.   (ff. 33–36) <Iohannes Rhosos> (*RGK* I 178, II 237, III 298).

Schriftspiegel: (Teil 1) 145 × 80/85 mm.

Bibliographie: Kat. Hajdú 2012, 404–406.   Harlfinger u. Wiesner 1964, 242, 247; Hajdú u. Schreiner 2013, 43–45.

Reproduktionen und Digitalisate: <https://daten.digitale-sammlungen.de/~db/0013/bsb00131071/images/>.

Quelle: Beschreibung von Hajdú; Autopsie, August 2013, Juli 2015, Mai 2017.

°*gr. 516
14. Jh., M. (um J. 1350/1360)   Papier   220 × 150 mm   ff. II, 275, I'   Lin. 21/24

Lagen: 1 × 8 – 1 (1–7; Bl. 1 verloren gegangen mit Textverlust), 2 × 8 (8–23), 1 × 4 (24–27), 26 × 8 (28–235), 1 × 8 – 1 (236–242, Bl. 8 verloren gegangen mit Textverlust), 1 × 8 (243–250), 1 × 8 – 4 (251–254, Bl. 1, 2, 7 und 8 verloren gegangen mit Textverlust), 2 × 8 (255–270), 1 × 8 (?) – 3 (271–275, Bl. 6–8 fehlen ohne Textverlust). Der Verlust einiger Blätter hat sich erst nach der Anfertigung des Scor. X.I.10 (16. Jh. Mitte) ereignet (s. S. 92–94).   Griechische Kustoden auf dem ersten Recto und letzten Verso jeder Lage (unten Mitte) von α' (f. 7ᵛ), β' (ff. 8ʳ und 15ᵛ), β' (ff. 16ʳ und 23ᵛ), δ' (ff. 24ʳ und 27ᵛ), ε' (ff. 28ʳ und 35ᵛ) bis λϛ' (f. 271ʳ). In der fünften Lage (ff. 28–35) wurden kleine Kreuzchen auf den oberen Rand jeder Seite gezeichnet.   Reklamanten einer jüngeren Hand auf mehreren Blättern (z. B. ff. 1ᵛ, 2ᵛ, 3ᵛ, usw.).

Beschreibstoff: Papier mit Wasserzeichen.

Wasserzeichen: ‚Schlüssel' (ähnlich Mošin/Traljić 2687, 1350/60; Piccard II 74, 1357). Nur eine Papiersorte wurde für die ganze Handschrift verwendet.

Foliierung: moderne Foliierung (oben rechts). Von f. 53ʳ bis f. 148ʳ ist die erste Foliierung falsch (63 statt 53 usw. bis 148 statt 138, dann 53 statt 139, 54 statt 140 usw. bis 62 statt 148), und genau in dieser Reihenfolge waren die Blätter noch gebunden, als Hardt seinen Katalog verfasste (1812, 274); die richtige Reihenfolge sowie die neue Foliierung mit Bleistift soll bei der Restaurierung im Jahr 1911 eingeführt worden sein. Auf f. 275ʳ (am unteren Rand, rechts) liest man „145.p." in Bleistift.

Einband: moderner Einband aus hellrotem Leder, stark abgerieben; s. f. Iʳ: „Die Handschrift wurde 1911 neu gebunden; die Reste des alten Einbandes sind unter cod. gr. 516ᵇ aufgestellt".

Inhalt: (ff. 1ʳ–275ʳ) Nikephoros Blemmydes, Εἰσαγωγικὴ ἐπιτομή: (ff. 1ʳ–131ᵛ Z. 9)
Epit. log.: Das erste Blatt mit dem Gesamttitel und dem Pinax ist verloren gegangen;
(ff. 1ʳ–2ʳ Z. 18) Proömium; das Blatt ist stark beschädigt, man erkennt aber noch einige
Wörter: (Z. 1) ἐπειδή]περ [, (Z. 2)]. καὶ πάντας [, (Z. 3)] φέρει τὸ χρήσιμον [, (Z. 4) τοῦ
λόγου φοιτηταῖς τοῦ ὄντος κτλ.; (ff. 2ʳ Z. 18–131ᵛ Z. 9) Kap. 1–40.   (ff. 131ᵛ Z. 11–275ʳ)
Epit. phys.: (f. 131ᵛ Z. 11 f.) Tit. Νικηφόρου μοναχοῦ καὶ πρεσβυτέρου τοῦ Βλεμμίδου
εἰσαγωγικῆς ἐπιτομῆς βιβλίον δεύτερον; (ff. 131ʳ Z. 13–132ʳ Z. 21) Pinax; (ff. 132ʳ
Z. 22–275ᵛ) Kap. 1–32; aufgrund des Blattverlustes (s. oben *Lagen*) sind die folgenden
Teile des Textes verloren gegangen: Kap. 25, 1245a3 (von οὐ τῆς αὐτῆς)–d5 (bis τοῦ
ζωδιακοῦ); Kap. 27, 1264b7 (von τὸ αὐτὸ)–1268a8 (bis ὕψους καὶ ταπει]νώματος);
Kap. 28, 1276b9 (von ὑπάρχειν εὔκρατον)–1280a14 (bis καὶ εἴκοσι).

(f. 275ᵛ) <Konstantinos Manasses>, *Breviarium chronicum*, V. 3421 f. Lampsidis:] οὐκ
[ἔ]μπικρον ἡ φύσις δυσσωπεῖται (*sic*). |]ην ἅπαντας τήθησι τυμβοχόστους (*sic*) (in der
Ausgabe von Lampsidis 1996 sind sie so zu lesen: οὐ γὰρ καλόν, οὐκ ἔμπικρον ἡ φύσις
δυσωπεῖται, / ὁμοῦ δὲ φύρδην ἅπαντας τίθησι τυμβοχώστους).

Kopisten: An der Herstellung des Kodex arbeiteten zwei Schreiber aus demselben Atelier zusammen, weil sie dieselbe Papiersorte benutzten. Ihre Schreibtätigkeit lässt sich folgendermaßen unterteilen:

A: ff. 1ʳ, ff. 28ʳ–35ᵛ, 275ᵛ (informelle, senkrechte Gebrauchsschrift).

B: ff. 1ᵛ–27ᵛ, 36ʳ–275ʳ (kalligraphische, senkrechte, kleinformatige, bilineare Minuskel).

Es ist anzunehmen, dass der Schreiber A begann, den Pinax auf dem ursprünglichen und heute verschollenen ersten Blatt abzuschreiben; er kopierte außerdem den Anfang des Proömiums auf f. 1ʳ; ab
f. 1ᵛ setzte der Schreiber B die Kopie fort; der Schreiber A kopierte aber auf einer neuen Lage (ff. 28–35)
weitere Textteile aus der *Epit. log.* von Blemmydes (746a2–769b1), sodass der Kopist B gelegentlich
einen Binio (ff. 24–27) benutzen musste, um seine Abschrift an diejenige anzupassen, die schon vorhanden war. Auf dem letzten Verso des Manuskripts nach der Anfertigung der Kopie der *Epit. phys.*
schrieb der Kopist A noch zwei Verse aus dem *Breviarium chronicum* von Konstantinos Manasses ab.
Außerdem liest man am Ende der *Epit. phys.* die Anrufung ὁ θεὸς δόξα σοι τοῦ τέλους χάριν, wie auch
im Cod. *Oxon. Coll. Magd. gr.* 16, f. 280ᵛ (s. oben S. 67 Anm. 266 und unten S. 150). Darüber hinaus liest
man wenige kurze Randnotizen, meist vom Kopisten A, aber gelegentlich von späteren Händen, mit
Korrekturen und Ergänzungen zum Text.

Schriftspiegel: 145/150 × 100 mm (Kopist A), 160 × 90/95 mm (Kopist B).

Illumination: Titel, Anfangsbuchstaben, Kapitelnummern sowie die Symbole der Tierkreiszeichen
wurden vom Kopisten B rubriziert. Die Diagramme wurden nicht abgezeichnet, auch wenn dafür in
Kap. 17 und am Ende von Kap. 30 jeweils auf f. 204ʳ und 204ᵛ sowie f. 264ᵛ Platz frei gelassen wurde.
Die logischen Diagrammata in der *Epit. log.* wurden ebenfalls nicht kopiert.

Bibliographie: Kat.: Hardt 1812, 274 f.

Reproduktionen und Digitalisate: <https://daten.digitale-sammlungen.de/~db/0010/bsb00109242/images/>.

Quelle: Autopsie Juli 2015, Mai 2017.

°*gr. 543

16. Jh., A.   Papier   210 × 154 mm   ff. [X], 380 (+ 141a, 146a, 206a–m),
[XII^r]   Lin. 19 (außer ff. 207^r–246^v: 22)

Lagen: 1 × 10 (nicht foliiert), 26 × 8 (1–206), 1 × 12 (206a–206m), 22 × 8 (207–[II^r]), 1 × 10 (nicht foliiert).   Griechische Kustoden auf dem ersten Recto (unten rechts) und auf dem letzten Verso (unten links) jeder Lage von α′ (ff. 1^r und 8^v), β′ (ff. 9^r und 16^v) bis ιθ′ (ff. 144^r und 150^v); dann auf dem ersten Recto (unten rechts) jeder Lage von α′ (ff. 151^r), β′ (ff. 159^r) bis ζ (ff. 199^r); danach auf dem ersten Recto (unten rechts) und auf dem letzten Verso (unten links) jeder Lage von α′ (ff. 207^r [abgeschnitten] und 214^v), β′ (ff. 215^r und 222^v) bis ιθ′ (f. 358^v). Ein Kreuzchen (teilw. abgeschnitten) wurde auf jedem Blatt (oben, Mitte) gezeichnet.

Beschreibstoff: Papier mit Wasserzeichen.

Wasserzeichen: u. a. erkennt man die folgenden Wasserzeichen: ‚Hut‘ (ähnlich Briquet 3401, 1498; 3404, 1503); ‚Waage‘ (ähnlich Briquet 2538, 1497); ‚Waage‘ (ähnlich Briquet 2587, 1514).

Foliierung: moderne Foliierung (oben rechts); neben einer nicht beschriebenen Lage, die von 206a bis 206m foliiert wurde, findet man nach 141 ein 141a und zwischen 146 und 147 ein nicht foliiertes Blatt.

Inhalt (Auswahl): (ff. 1^r–150^r) Nikephoros Blemmydes, *Epit. log.*: (f. 1^r) Tit. Νικηφόρου μοναχοῦ καὶ πρεσβυτέρου τοῦ Βλεμμύδου εἰσαγωγικῆς ἐπιτομῆς βιβλίον πρῶτον περὶ λογικῆς; (ff. 1^r Z. 3–2^v Z. 12) Pinax; (ff. 2^r Z. 13–4^r Z. 1) Proömium (Tit. προοίμιον); (ff. 4^r Z. 2–150^r) Kap. 1–40; auf dem f. 41^r wurden dreizehn Zeilen zwischen Kap. 11 und 12 leer gelassen, doch ohne Textverlust, worauf auch der Kopist durch „οὐ λεί^π“ (in Rot) hinweist; am Ende des Kompendiums liest man τέλος λογικῆς τοῦ Βλεμμίδου φιλοσόφου.   (ff. 151^r–204^v) <Manuel Holobolos>, Übersetzung der Schrift *De topicis differentiis* von Boethius (s. Nikitas 1990, LXXXIII), Tit. Βοετίου φιλοσόφου περὶ τέχνης διαλεκτικῆς.   (ff. 205^r–206^v) kürzere philosophische Texte.   (ff. 207^r– 362^r) Nikephoros Blemmydes, *Epit. phys.*: (f. 207^r) Tit. Νικηφόρου μοναστοῦ καὶ πρεσβυτέρου τοῦ Βλεμμύδου εἰσαγωγικῆς ἐπιτομῆς βιβλίον δεύτερον περὶ φυσικῆς ἀκροάσεως; (ff. 207^r Z. 4–207^v) Pinax bis Kap. 31, Kap. 32 fehlt; (ff. 208^r–362^r Z. 15) Kap. 1–32; die Diagramme, die in der Vorlage (*Mutin.* α.R.7.24) zu lesen sind, wurden nicht kopiert, auch wenn Platz gelassen wurden: auf den ff. 281^{r-v} zu Kap. 17 (= *Mutin.* α.R.7.24, f. 86^r), 324^v zu Kap. 25 (= *Mutin.* α.R.7.24, f. 122^v), 336^r zu Kap. 27 (= *Mutin.* α.R.7.24, f. 132^r) und 362^v am Ende von Kap. 32.   (ff. 363^r–380^v Z. 14) Proklos, *Institutio physica* (Ausgabe: Ritzenfeld 1911, s. dort S. IX, XIII, Siglum O); Tit. Πρόκλου διαδόκου λυκίου στοιχείωσις φυσική: (ff. 363^r–371^v Z. 2) Buch I, (ff. 371^v Z. 2–380^v Z. 14) Buch II.

Leer: ff. 150^v, 187^v, 199^v, 206a^r–206m^v, 313^v, 324^v, 362^v, [I′–II′].

Kopisten: zwei zeitgenössische Kopisten:

A (ff. 1^r–150^r, 207^r–246^v): eine geübte, kalligraphische Hand mit geräumigen Zeilenabständen sowie mit einigen auffälligen Buchstaben und Ligaturen (z. B. hochgezogenes Gamma, Rho, Tau + Vokale, Phi); derselbe Kopist hat auch den *Par. gr.* 2103 mit der *Epit. log.* und Holobolos' Übersetzung abgeschrieben): s. dazu Laffitte 2010, s. v. 104: „(...) ex-libris de Jean Hurault de Boistaillé et mention "Emptus Patavii 2 aureis a Simone quodam librario"" (auf f. I^v).

B (ff. 151^r–206^v, 247^r–380^v): <Andreas Donos> (s. *RGK* I 14, II 22, III 23), der auch im *Mutin.* α.R.7.24 und im *Bodl. Barocc.* 106 (ff. 1^r–121^v) tätig war (s. oben S. 133 und unten S. 144).

Schriftspiegel: 120/130 × 80 mm.

Einige Untertitel und Marginalien (besonders zur *Epit. log.*) in Rot und brauner Tinte von beiden Kopisten.

Illumination: Anfangsbuchstaben/Federzeichnungsinitialen, Titel in Rot.

Provenienz: Italien (s. oben *Kopisten*).

Bibliographie: Kat.: Hardt 1812, 358 f.   Mondrain 1991, 592 Anm. 11; Nikitas 1990, LXXXIII; Boese 1958, 31–49.

Reproduktionen und Digitalisate: <https://daten.digitale-sammlungen.de/~db/0010/bsb00109252/images/index.html>.

Quelle: Autopsie Juli 2015, Mai 2017.

Neapel, Biblioteca Nazionale „Vittorio Emanuele III"

°III.D.14

15. Jh., E./16. Jh., A.   Papier   277 × 204 mm   ff. I, 199 (131–139 übersprungen), I′
Lin. 15

Lagen: 23 × 8 (1–193), *1 × 8 – 2 (194–199; die letzten zwei Bl. abgeschnitten ohne Textverlust).   Kustoden vom Kopisten in griechischen und arabischen Zahlen auf dem ersten Recto jeder Lagen (oben rechts), meistens abgeschnitten (noch erkennbar z. B. auf f. 121^r: ιζ′ und 16; f. 154^r ιη′ und 19).   Reklamanten vom Kopisten am Ende jeder Lage.

Beschreibstoff: Papier mit Wasserzeichen.

Wasserzeichen: ff. 1–193: ‚Meerjungfrau im Kreis' (kein Gegenstück in den Repertorien); ff. *194–199: ‚Meerjungfrau im Kreis' (kein Gegenstück in den Repertorien).

Inhalt: (ff. 1ʳ–196ʳ, 197ʳ–199ᵛ) Nɪᴋᴇᴘʜᴏʀᴏs Bʟᴇᴍᴍʏᴅᴇs, *Epit. phys.*: (f. 1ʳ) Tit. Νικηφόρου μοναστοῦ καὶ πρεσβυτέρου τοῦ κτήτορος εἰσαγωγικῆς ἐπιτομῆς); (ff. 1ʳ Z. 3–2ʳ Z. 11) Pinax (mit Kap. 32: περὶ τῆς εἰς τὸν ὄγδοον ψαλμὸν ἐξηγήσεως); (ff. 1ʳ–199ᵛ) Kap. 1–31; Diagramm zu Kap. 17 (f. 100ᵛ); *das f. 196ᵛ hätte das astronomische Diagramm enthalten sollen wie in der Vorlage (*Vat. Barb. gr.* 226), aber es wurde nicht abgezeichnet. *Diagrammata und einige Anfangsbuchstaben im Rot von <Nicolaus Petreius> (s. unten *Kopisten*).
Leer: f. 196ᵛ.

Kopisten: Der Haupttext wurde von einem einzigen Kopisten abgeschrieben. Der Anrufung Τῷ συντελεστῇ τῶν ὅλων θεῷ χάρις am Ende von Kap. 30 (f. 196ʳ) wurde aus der Vorlage (*Vat. Barb. gr.* 226) übernommen. Die Hand eines zweiten Kopisten lässt sich auch in diesem Kodex nachweisen, und zwar von <Nicolaus Petreius> (zum Schreiber s. *RGK* I 314ter): Er hat die Diagramme auf f. 43ᵛ (Kap. 6), 62ᵛ (Kap. 11) und 100ᵛ (Kap. 17) hinzugefügt sowie einige fehlende Initialen mit einer dunkelroten Tinte nachgezogen (s. Abb. 12).

Schriftspiegel: 185 × 120 mm.

Provenienz: Terra d'Otranto (s. oben *Kopisten* und S. 83 f.). S. auch Arnesano 2019, 73: „ante 1531 [*scil.* Costanzo Sebastiani] Dona il Neap. III D 14 (Nicephorus Blemmydes, *Epitome physica*), ad Antonio Seripando. Neap. III D 14, f. 199v: «Antonii Seripandi ex fratris Constantii Sebastiani munere»".

Bibliographie: Kat.: Formentin, Catalogus III 133 f.   Arnesano 2019; Valente 2020b, 499 f.

Quelle: Beschreibung von Formentin; Autopsie, Oktober 2016; März 2017.

Oxford, Bodleian Library

Barocci 106
16. Jh., 2. H.   Papier   210 × 155 mm   ff. I, 261   Lin. 22 (ff. 1–73), 28 (ff. 74–121), 29 (ff. 126–258)

Lagen: Das Manuskript besteht aus zwei *codicological units*: (1–124) 10 × 8 (1–80), 1 × 6 (81–86), 4 × 8 (87–118), 1 × 6 (119–124); (125–261) 16 × 8 (125–252), 1 × 8 + 2 (Deckblatt; zwischen Bl. 6 und 7 wurde ein Bifolio hinzugefügt, ff. 259–260; f. 261 und das am Deckel angeklebte Blatt gehören noch zu dieser Lage).   (ff. 1–124) Griechische Kustoden auf dem ersten Recto (unten rechts) jeder Lage von β' (f. 9ʳ), γ' (f. 17ʳ), lesbar bis ιβ' (f. 87ʳ), teilw. abgeschnitten; Reklamanten vom Kopisten. Ein kleines Kreuz (teilw. abgeschnitten) wurde auf jedem Blatt (oben, Mitte) gezeichnet. (ff. 125–259) Griechische Kustoden auf dem letzten Verso (unten Mitte) jeder Lage von α' (f. 132ᵛ), β' (f. 140ᵛ) bis ιϛ' (f. 252ᵛ).

Beschreibstoff: Papier mit Wasserzeichen.

Foliierung: moderne Foliierung (oben rechts).

Inhalt: (ff. 1–125): (ff. 1ʳ–97ʳ Z. 3) Nɪᴋᴇᴘʜᴏʀᴏꜱ Bʟᴇᴍᴍʏᴅᴇꜱ, *Epit. log.*: (f. 1ʳ Z. 1 f.) Tit. Νικηφόρου μοναχοῦ καὶ πρεσβυτέρου τοῦ Βλεμμύδου εἰσαγωγικῆς ἐπιτομῆς βιβλίον πρῶτον περὶ λογικῆς; (ff. 1ʳ Z. 3–2ʳ Z. 3) Pinax; (ff. 2ʳ Z. 4–3ʳ Z. 5) Proömium (Tit. προοίμιον); (ff. 3ʳ Z. 6–150ʳ) Kap. 1–40; am Ende (f. 97ʳ Z. 4) liest man τέλος λογικῆς τοῦ Βλεμμίδου φιλοσόφου (= *Monac. gr.* 543). (ff. 97ʳ Z. 5–121ᵛ) <Mᴀɴᴜᴇʟ Hᴏʟᴏʙᴏʟᴏꜱ>, Übersetzung der Schrift *De topicis differentiis* von Boethius (s. Nikitas 1990, LXXXIII); Tit. (von einer späteren Hand) ΒΟΕΘ: ΒΙΒ: Α. ΠΕΡΙ Διαφορῶν Τοπικῶν.

(ff. 126–261): (ff. 126ʳ–258ᵛ) Nɪᴋᴇᴘʜᴏʀᴏꜱ Bʟᴇᴍᴍʏᴅᴇꜱ, *Epit. phys.*: (f. 126ʳ Z. 1 f.) Tit. Νικηφόρου μοναστοῦ καὶ πρεσβυτέρου τοῦ Βλεμίδου εἰσαγωγικῆς ἐπιτομῆς βιβλίον δεύτερον; (f. 126ʳ Z. 3–126ᵛ Z. 3) Pinax; (ff. 127ʳ–158ᵛ) Kap. 1–32 (unvollständig) mit Diagrammen zu Kap. 17 (f. 190ᵛ) und am Ende von Kap. 30 (f. 250ʳ); das Kap. 32 ist unvollständig und endet mit den Worten ὅθεν Ἀφροδίτης οἶκος (1317d8), s. oben S. 61 f. (f. 259ʳ⁻ᵛ) <Auszug aus der *Epit. log.* des Nɪᴋᴇᴘʜᴏʀᴏꜱ Bʟᴇᴍᴍʏᴅᴇꜱ, Kap. 7 (733b3–736b8)>, Tit. Νικηφόρου μοναστοῦ καὶ πρεσβυτέρου τοῦ Βλεμμήδους περὶ γεωμετρίας· κεφάλαιον η′ (s. oben S. 63 Anm. 249).
Leer: ff. 122ʳ–125ᵛ, 260ʳ–261ᵛ.

Kopisten: Jeder Teil wurde von einem einzigen Kopisten abgeschrieben:

A (ff. 1ʳ–121ᵛ): <Andreas Donos> (identifiziert in *RGK* I 14, s. II 22, III 23), der auch im *Mutin.* α.R.7.24 und im *Monac. gr.* 543 (ff. 151ʳ–206ᵛ, 247ʳ–380ᵛ) tätig war (s. oben S. 133 und 142); die Kopiearbeit wurde zunächst bis f. 73ᵛ Z. 19 (ὑποκειμένῳ) realisiert und zu einem späteren Zeitpunkt wieder aufgenommen.

B (ff. 126ʳ–259ᵛ): <Manuel Moros> (s. *RGK* I 252, II 348, III 417), der auch den *Ambr.* B 109 sup. (ff. 1ʳ–50ʳ Z. 5), *Bodl. Canon. gr.* 83 sowie den *Vat. Urb. gr.* 59 (ff. 2ʳ⁻ᵛ, 5ʳ⁻ᵛ, 7ʳ–203ᵛ) kopierte (s. oben S. 131 und unten S. 147, 175).

Schriftspiegel: Teil 1a (ff. 1ʳ–73ᵛ): 135 × 80 mm; Teil 1b (ff. 74ʳ–121ᵛ): 145/150 × 80/85 mm; Teil 2: 150 × 85/90 mm.

Provenienz: Italien (s. oben *Kopisten*).

Bibliographie: Kat.: Coxe 1853, 174. Lackner 1972, 159.

Reproduktionen: vollständiges Digitalisat: <https://digital.bodleian.ox.ac.uk/objects/41049af4-1c14-499b-81ae-b7ea217c4eeb>.

Quelle: digitale Aufnahmen.

°*Barocci* 133

13. Jh., E. (vor 1293; außer ff. 140–157: J. 1325/1344)   Papier   260 × 175 mm   ff. III, 228 (+ 51a; 141 und 146 übersprungen)   *Lin.: stark unterschiedlich (u. a. ff. 64^v–68^r: 30–33; ff. 68^v–91^v: 37–41; ff. 92^r–103^v, 104^v–111^v, 112^v: 33–41)

Lagen: 1 × 8 (2–9), 1 × 8 (10–17), 1 × 8 – 1 + 1 (18–25; urspr. Bl. 8 wurde wohl abgeschnitten mit Textverlust und später durch ein neues Blatt aus Papier mit Wasserzeichen ersetzt), 1 × 8 (26–33), 1 × 8 + 1 (34–42; Bl. 9 wurde vom Kopisten hinzugefügt, um den Text zu Ende kopieren zu können); 6 × 8 (43–90), 1 × 8 – 2 (91–96; Bl. 7 und 8 verloren gegangen mit Textverlust), 1 × 8 – 1 (97–103; Bl. 1 verloren gegangen mit Textverlust), 1 × 8 + 1 (104–111 + 112; Bl. 9 hinzugefügt, s. unten *Inhalt*), 1 × 8 – 1 + 1 (113–120; Bl. 1 verloren gegangen und nachträglich ersetzt), 4 × 8 (121–154), 1 × 8 – 5? (155–157, vermutlich Bl. 4–8 abgeschnitten mit Textverlust), 8 × 8 (158–221), 1 × 8 – 2 (222–227; Bl. 7 und 8 abgeschnitten vermutlich mit Textverlust).   Griechische Kustoden sind sporadisch zu erkennen: im Blemmydes-Teil vom Kopisten auf dem ersten (oben Mitte) und letzten Blatt (unten Mitte) jeder Lage, teilweise abgeschnitten, von α' (f. 26^r), β' (ff. 34^r und 42^v), δ' (f. 51^r), ε' (f. 59^r, unten Mitte), η' (f. 83^r, unten Mitte). Wie Wilson 1973, 28 hervorgehoben hat, benutzten die jeweiligen Kopisten (ebenfalls) Reklamanten: s. z. B. f. 33^v und f. 42^v.

Beschreibstoff: orientalisches Papier, außer ff. 25 (westliches Papier ohne Wasserzeichen), 113–157 (westliches Papier mit Wasserzeichen) und 1/228 (Pergament).

Wasserzeichen: In den ff. 113–155 haben Wilson und Verhelst (1976, I 83) das Wasserzeichen ‚Kreuz' (Mošin/Traljić 3579: 1324) identifiziert.

Inhalt (Auswahl): (ff. 2^r–7^v Z. 10) Exzerpte aus dem Scholienkorpus zu Hermogenes Περὶ στάσεων, ohne Titel.   (ff. 7^v Z. 10–8^v Z. 34) NIKEPHOROS BLEMMYDES, *De fide*, unvollständig (1,1–6,14 Stavrou, bis ὑπάρξας ἄνθρωπος), Tit. ἐκ τοῦ τυπικοῦ (τυ *ex corr.*) αὐτοῦ περὶ πίστεως.   (ff. 8^v Z. 35–9^v) Exzerpte aus den *Vitae* des PLUTARCH, Tit. ἀπὸ (ἐκ *s. l.*) τῶν παραλλήλων Πλουτάρχου.   (ff. 10^r–20^v Z. 28) ARISTOTELES, *Rhetorica*, Auszug, II 23 1398a33 ἄλλος–III 15 1416a17 ἀντικα[ταλλάττεσθαι (s. Kassel 1971, 10, 35 f.).   (ff. 21^r–25^v) NIKEPHOROS BLEMMYDES, *De anima*, unvollständig (1–35,12 Verhelst, bis τῶν ἀρχῆθεν ἡνωμένων), Titel Νικηφόρου μοναστοῦ καὶ πρεσβυτέρου τοῦ κατὰ τὰ Ἠμάθια ἡσυχαστηρίου κτήτορος λόγος περὶ ψυχῆς· ἐγράφη μηνὶ μαρτίῳ ἰνδικτιῶνος ς' ἔτους ‚ςψοα' (a.m. 6771 = J. 1263; Verhelst hat bemerkt, dass „alia m. mg. ‚ςψοα' iter. et sub. v. 6771 i. e. A.C. 1162 [sic]" hinzugefügt hat [Verhelst 1976, II 3*]).   (ff. 26^r–111^v, 112^v) NIKEPHOROS BLEMMYDES, Εἰσαγωγικὴ ἐπιτομή: (ff. 26^r–63^v Z. 33) *Epit. log.*: (f. 26^r Z. 1) Tit. Νικηφόρου μοναστοῦ καὶ πρεσβυτέρου τοῦ Βλεμμίδου εἰσαγωγικῆς ἐπιτομῆς βιβλίον πρῶτον; (f. 26^r Z. 2–19) Pinax; (f. 26^r Z. 19–26^v Z. 20) Proömium; (ff. 26^v Z. 20–63^v Z. 33) Kap. 1–40; (ff. 63^v Z. 33–111^v Z. 38, 112^v mit einem Textzusatz zu Kap. 24) *Epit. phys.*: (f. 63^v Z. 33) Tit. <Ν>ικηφόρου μοναστοῦ καὶ πρεσβυτέρου εἰσαγωγικῆς ἐπιτομῆς βιβλίον δεύτερον; (ff. 63^v Z. 34–64^r Z. 19) Pinax; (ff. 64^r Z. 20–111^v Z. 38, 112^v) Kap. 1–32 mit Diagramm zu Kap. 17 (Entwurf, f. 88^v; vollständig, f. 89^r); *aufgrund des Verlustes von drei Blättern zwischen den ff. 96^v und 97^r ist ein großer Teil von Kap. 24 verloren gegangen (von 1217d4 αἰσθητὰ στοιχεῖα bis

1228b8 θέλοντι μὲν ἀεὶ); einen Teil davon (1228b8 παράγειν καὶ τὰ ποιήματα–1229b6 συνοχεὺς τοῦ παντὸς) dürfte aber der Kopist selbst vergessen haben, denn auf f. 112ᵛ hat er ihn nachträglich hinzugefügt.

Kopisten: Sieben unterschiedliche Hände haben den ursprünglichen Bestand des Kodex geschrieben:

A (ff. 2ʳ–7ᵛ Z. 10 ἐξετάζομαι, 10ʳ–20ᵛ Z. 28);

B (ff. 7ᵛ Z. 10 ἐκ τοῦ αὐτοῦ περὶ πίστεως–8ʳ Z. 34, 20ᵛ Z. 29–22ʳ Z. 2 [πλέγματος ἀνιὸν], 26ʳ–30ᵛ Z. 20 βούλεται, 32ᵛ–34ʳ Z. 3, 43ʳ–49ᵛ Z. 3 τέθεινται, 50ʳ Z. 24–51ᵛ, 59ʳ–64ʳ Z. 32, 68ᵛ–92ʳ Z. 4 [bis χρώματα], 158ʳ–221ᵛ, 222ᵛ Z. 13–227ᵛ);

C (ff. 22ʳ Z. 2 [τοῦ πᾶσαν ὀλίγου δεῖν]–24ʳ, 92ʳ Z. 4 (γινόμενα)–103ᵛ, 104ʳ Z. 10–111ᵛ, 112ᵛ);

D (ff. 30ʳ Z. 20 δεύτερος ὅρος–32ʳ, 104ʳ Z. 1–9);

E (ff. 34ʳ Z. 4–42ᵛ; 51aᵛ–58ᵛ);

F (ff. 49ᵛ Z. 3 γὰρ ὑπό τινων–50ʳ Z. 23, 51aʳ, 64ʳ Z. 33–68ʳ);

G (f. 222ʳ⁻ᵛ Z. 12).

Weitere Schreiber sind die folgenden:

H (ff. 1ʳ⁻ᵛ, 228ʳ⁻ᵛ, 10./11. Jh., Perlschrift);

I (ff. 8ᵛ, 35–39ᵛ, 112ʳ Z. 5–Ende);

J (ff. 25ʳ⁻ᵛ, 113ʳ⁻ᵛ);

K (ff. 111ᵛ Z. 7 v.u.–112ʳ Z. 4);

L (ff. 114ʳ–157ᵛ);

M (f. 92ʳ⁻ᵛ unten: Restaurierung; 16. Jh.).

Der Blemmydes-Teil wurde am Ende des 13. Jh. (vor 1293) angefertigt, denn auf f. 112ʳ liest man eine Obituarnotiz auf einen am 16. April 1293 Verstorbenen, dessen Name wegradiert wurde (s. Verhelst 1976, I 85).

Provenienz: Konstantinopel?

Bibliographie: Kat.: Coxe 1853, 232–235; Verhelst 1976, I 83–85.   Bury 1897, 537; de Jong 1978, XIf.; Stavrou 2013, 300 f.

Reproduktionen: vollständiges Digitalisat: <https://digital.bodleian.ox.ac.uk/objects/c2d7d99d-eae3-461e-bdc4-ec45000304a6>; Wilson 1973, Taf. 56 (f. 42ᵛ) und 57 (f. 43ʳ).

Quelle: Beschreibung von Verhelst; Autopsie, Januar 2017.

Canon. gr. 83

16. Jh., 2. H.   Papier   311 × 207 mm   ff. VI, 401, (III^r)   Lin. 29 (*Epit. phys.*)

Inhalt (Auswahl): (127^r–130^r) Nikephoros Blemmydes, *Epit. phys.*, Kap. 17 mit Windrose (f. 129^r).

Kopist: <Manuel Moros> (*RGK* I 252, II 348, III 417), der auch den *Ambr.* B 109 sup. (ff. 1^r–50^r Z. 5), den *Bodl. Barocc.* 106 (ff. 126^r–259^v) sowie den *Vat. Urb. gr.* 59 (ff. 2$^{r–v}$, 5$^{r–v}$, 7^r–203^v) kopierte (s. oben S. 133, 144 und unten S. 175).

Bibliographie: Kat.: Coxe 1854, 80 f.   Rose 1864, 26. S. auch Valente 2017, 243 f. Anm. 33.

Quelle: Autopsie, Januar 2017.

°Holkham. gr. 71

13. Jh., letztes V. (ff. 2^r–296^v, außer ff. 107^r–114^v, 127^r–139^v, 147^r–149^v, 151^r–157^v: Mitte 15. Jh.); 14. Jh., A. (ff. 297^r–350^v)   Papier (außer f. 1: Pergament) 170 × *120 mm   ff. II, 349 (264 übersprungen)   *Lin. 31–38 (*Epit. phys.*)

Lagen (Auswahl): (ff. 2^r–296^v; die restaurierten Lagen werden kursiv gesetzt): 1 × 8 – 2 (2–7, Bl. 1 und 2 verloren gegangen mit Textverlust; Bl. 2 hätte den Titel und den Pinax der *Epitome logica* enthalten dürfen; Bl. 1 war möglicherweise als Schutzfolie gedacht), 12 × 8 (8–103), 1 × 8 – 5 (104–106; Bl. 4–8 verloren gegangen mit Textverlust), *1 × 8 (107–114)*, 1 × 8 – 3 (115–119; Bl. 1–3 verloren gegangen mit Textverlust), 1 × 8 – 1 (120–126; Bl. 8 verloren gegangen mit Textverlust), *1 × 8 (127–134)*, *1 × 6 – 1 (135–139; Bl. 6 abgeschnitten ohne Textverlust)*, 1 × 8 – 3 (140–144; Bl. 1–3 verloren gegangen mit Textverlust), 1 × 8 – 5 + 3 (145–150; Lagenfragment: ff. 145, 146 und 150 sind ursprünglich, *ff. 147–149 ergänzt*), *1 × 8 – 1 (151–157; Bl. 8 abgeschnitten ohne Textverlust)*, 1 × 8 – 4 (158–161; Bl. 1–4 verloren gegangen mit Textverlust, denn auf Bl. 4 dürfte die *Epitome physica* geendet haben), 3 × 8 (162–185), 1 × 8 – 2 (186–190; Bl. 4–5 verloren gegangen mit Textverlust; richtige Reihenfolge: 186, 187, 191, X, X, 188, 189, 190), 5 × 8 (193–232). Die Lehrbücher tragen durchgehende Kustoden vom Kopisten auf dem ersten Recto und letzten Verso jeder Lage; wie Verhelst (1976, I 69) erkannt hat, weisen die Lagen mit den kleinen Schriften des Blemmydes eine neue Serie von Kustoden auf: „le cahier 27 (ff. 209–216) a conservé une signature plus ancienne (η') dans l'angle gauche de la marge supérieure du premier recto (même signature sur le dernier verso)". Später hat der Kopist B die gesamten Lagen neu durchnummeriert (bis μβ', f. 335^r).

Beschreibstoff: orientalisches Papier außer f. 1 (Pergament) und ff. 107–114, 127–139, 147–149, 151–157 (Papier mit Wasserzeichen). In den ersten zwei Lagen ist die Qualität der benutzten Papiersorte teilweise mangelhaft; der Kopist musste deshalb einige Stellen überspringen, wodurch der Eindruck entstehen kann, dass der Text unvollständig sei.

Wasserzeichen (ff. 107–114, 127–139, 147–149, 151–157): Luigi Orlandi (E-Mail, 24.2.2021) hat die folgenden Wasserzeichen identifiziert: ‚Berg (im Kreis) 84' Harlfinger (*Erlang.* A 4); ‚Kopf' (ähnlich Briquet 15616: J. 1448–1456); ‚Berg 52' Harlfinger.

*Inhalt: Teil 1 (ff. 2^r–157^v) Nikephoros Blemmydes, Εἰσαγωγικὴ ἐπιτομή: (ff. 2^r–70^r) *Epit. log.*, ohne Titel und Pinax aufgrund des Verlustes des ersten Blattes (s. oben

Lagen): (f. 2^{r-v} Z. 19) Proömium; (ff. 2^v–70^r) Kap. 1–40. (ff. 70^v–157^v) *Epit. phys.*: (ff. 70^v Z. 1 f.) Tit. Νικηφόρου μοναστοῦ καὶ πρεσβυτέρου τοῦ κτήτορος εἰσαγωγικῆς ἐπιτομῆς βιβλίον δεύτερον; (ff. 70^v Z. 3–23) Pinax; (ff. 70^v Z. 24–157^v) Kap. 1–32. Die ursprünglichen Diagramme sind wegen des Blattverlustes verloren gegangen, aber sie wurden auf f. 157^r (zu Kap. 30/32) und f. 157^v (zu Kap. 17) nachgezogen. Eine Windrose findet man außerdem auf dem f. 351^v vom Kopisten des zweiten Teiles.

Teil 2 (ff. 158^r–232^v): (ff. 158^r–165^r Z. 9) Νικεφηοros Βlemmydes, *De fide*, Tit. Τοῦ αὐτοῦ ἐκ τοῦ τυπικοῦ αὐτοῦ· περὶ πίστεως· α΄; auf f. 164^v liest man die lexikographische Randnotiz τίθημι λέγεται τὸ ποιῶ κτλ. (dazu s. oben S. 35 f.). (ff. 165^r Z. 10–175^v Z. 8) Νικεφηοros Βlemmydes, *De virtute*, Tit. περὶ ἀρετῆς καὶ ἀσκήσεως· λόγος β΄. (ff. 175^v Z. 9–185^r Z. 20) Νικεφηοros Βlemmydes, *De anima*, Tit. τοῦ αὐτοῦ λόγος γ΄ περὶ ψυχῆς ἐγράφη ἐν ἔτει ͵ςψοα΄ ἰνδικτιῶνος ς΄ (a.m. 6771 = J. 1263). (ff. 185^r Z. 21–204^v Z. 4) Νικεφηοros Βlemmydes, *Autobiographie*, Buch I, Tit. διήγησις μερικὴ περὶ τὸν κατ' αὐτόν· δ΄. (ff. 204^v Z. 5–205^v Z. 28) Νικεφηοros Βlemmydes, *Epistula universalior*, Tit. ε΄ ἡμετέρα ἐπιστολὴ καθολικώτερα κτλ. (s. Munitiz 1984, 91). (ff. 206^r–219^r Z. 30) Νικεφηοros Βlemmydes, *Autobiographie*, Buch II, Tit. Νικηφόρου μοναστοῦ καὶ πρεσβυτέρου τοῦ κτήτορος περὶ τῶν κατ' αὐτὸν διήγησις μερική, λόγος δεύτερος· ἐγράφη μηνὶ ἀπριλλίῳ, ἰνδικτιῶνος ὀγδόης, ἔτει ͵ςψογ΄ (a.m. 6773 = J. 1265). (ff. 219^r Z. 22–232^v) Νικεφηοros Βlemmydes, *De corpore*, Tit. Νικηφόρου πρεσβυτέρου καὶ μοναστοῦ τοῦ κτήτορος τοῦ ἐν τοῖς Ἡμαθίοις ἡσυχαστηρίου λόγος περὶ σώματος· ἐγράφη μηνὶ ἀπριλλίῳ, ἰνδικτιῶνος δεκάτης, ἔτει ͵ςψοε΄ (a.m. 6775 = J. 1267): -

Teil 3 (ff. 233^r–296^v): Psellos, *Synopsis legum* (Moore 2005, 484 [POE 8, Nr. 10]). (ff. 265^r–294^r) Νικομακos von Gerasa, *Introductio arithmetica* mit Randscholien und Diagrammen. (ff. 294^r–296^v) Ανατολιos von Αlexandreia, *De denario*.

Teil 4 (ff. 297^r–350^v): (ff. 297^r–310^r) Porphyrios, *Isagoge*. (ff. 310^r–334^v) Αristoteles, *Categoriae*. (ff. 335^r–349^v) Αristoteles, *De interpretatione*. (f. 351^v) Windrose (ἡ θέσις τῶν ἀνέμων ὅθεν ἕκαστος αὐτῶν ἔχει τὰς ἀρχὰς καὶ τίνα τῶν ἄλλων αὐτῶν ἐναντιοῦται).
Leer: ff. 350^r–351^r.

Kopisten: Hutter 1982, 175 unterschied vier Kopisten, die „im gleichen Scriptorium bzw. Interessentenkreis" gearbeitet hätten. Mit Recht unterscheidet aber Verhelst 1976, I 70 nur zwei Kopisten:

A (ff. 2^r–296^v): Beta-Gamma-Stil, Ende des 13. Jh.; *der Haupttext wurde mit einer braunen Tinte kopiert; außerdem setzte er mit der Tinte des Textes ein Asterisk und die Nummer des Kapitels bzw. Traktats an den Rand am Anfang jedes Kapitels der Εἰσαγωγικὴ ἐπιτομή (s. z. B. f. 73^r, zu *Epit. phys.* Kap. 2 und f. 87^r, zu *Epit. phys.* Kap. 7; teilw. abgeschnitten, s. z. B. f. 79^v) sowie der übrigen Schriften von Blemmydes (z. B. f. 165^r).

B (ff. 297^r–350^v): sehr informelle Hand, Anfang 14. Jh.

Ein späterer Schreiber war außerdem in diesem Manuskript tätig, und zwar <Andronikos Kallistos> (*RGK* I 18, II 25, III 31; s. Verhelst 1976, I 69; Hutter 1982, 175; Gielen 2016, XXXV Anm. 81), der die verschollenen Lagen mit dem Text der *Epitome physica* ergänzte (ff. 107^r–114^v, 127^r–139^v, 147^r–149^v, 151^r–156^v). Eine weitere Hand hat darüber hinaus auf f. 157^{r-v} zwei Diagramme hinzugefügt.

Schriftspiegel: 130/140 × 90/100 mm, außer ff. 297^r–310^r: 135 × 83 mm; ff. 107^r–114^v, 127^r–139^v, 147^r–149^v, 151^r–157^v: 135/140 × 85 mm.

Provenienz: Thessaloniki? (s. oben S. 38–40).

Besitzer: Der Kodex gehörte zur Privatsammlung von Andronikos Kallistos (s. Orlandi 2022, Kap. 2); danach war er im Besitz von Giorgio Valla, Alberto Pio, Claudio Betti und schließlich Thomas Coke (s. dazu Verhelst 1976, I 73–75; Gielen 2016, XXXV; Orlandi 2022, Kap. 2).

Bibliographie: Kat.: Verhelst 1976, I 69–75; Hutter 1982, 175 f. (Nr. 114) mit Abb. 436 (f. 70^v mit dem Incipit der *Epitome physica*); Munitiz 1984, XI–XVIII; Gielen 2016, XXXIV–XXXVI   Valente 2020a, 520 f.; Orlandi 2022, Kap. 2.

Reproduktionen: Hutter 1982, Abb. 436 (f. 70^v, Detail), 657 (f. 351^r); Valente 2020a, 863 f. (Taf. 4–5: ff. 70^v und 205^v).

Quelle: Beschreibungen von Verhelst und Hutter; Autopsie, Januar 2017. [*Addendum*: s. auch die Online-Beschreibung von Dimitrios Skrekas: https://medieval.bodleian.ox.ac.uk/catalog/manuscript_6198]

Oxford, Magdalen College

°*gr.* 16

ca. J. 1300   Papier   185 × 124 mm   II, 285 (115 übersprungen)   *Lin. 24 (Kopist A), 20 (Kopist B), 23 (Kopist C), 22 (Kopist D), 23 (Kopist E)

Lagen (kursiv die vom Kopisten A restaurierten Lagen): *1 × 12 (1–12)*; 8 × 12 (13–108), 1 × 6 (109–114), 6 × 12 (116–187), 1 × 6 (188–193), 3 × 12 (194–229), *1 × 10 (230–239)*, 1 × 12 (240–251), 2 × 12 (252–275), 1 × 12 – 3 (276–284); Bl. 6 und 12 abgeschnitten ohne Textverlust, Bl. 9 abgeschnitten mit Textverlust; das Bl. 285 gehört zum Einband.   *Griechische Kustoden auf dem ersten Blatt jeder Lage (unten rechts) von γ´ (f. 1^r), ϛ´ (f. 37^r), ζ´ (f. 49^r) bis ιβ´ (f. 109^r); die ersten zwei Lagen sind verloren gegangen mit Textverlust. Mit der *Epit. phys.* beginnt eine neue Serie von Kustoden: s. f. 188^r (ζ unten rechts).

Beschreibstoff: Papier mit Wasserzeichen.

Wasserzeichen: Nach Wilson sind die folgenden Papiersorten zu erkennen (Sosower u. Wilson 2016, 40): „(i) folios 1–12: probably letters, not identifiable with any certainty in the repertories, but it is just possible that in folio 7 one can see part of Mošin/Traljić 5682 or 5683 (A.D. 1312–15); (ii) folios 230–9: not identifiable; (iii) folios 252–75: similar to Mošin/Traljić 'couronne' 3200 (A.D. 1319–20); at a late stage of my inquiries it turned out that Piccard classified this design as 'Dreiberg', and the design visible in this MS is very close to his designs 1, 56, 59 and 61 as shown in his *Wasserzeichen Dreiberg* (Stuttgart 1999). These sections of the MS were evidently designed to replace damaged or missing portions".

Inhalt (Auswahl): (ff. 1ʳ–110ᵛ, 114ᵛ–280ᵛ) NIKEPHOROS BLEMMYDES, Εἰσαγωγικὴ ἐπιτομή: (ff. 1ʳ–110ᵛ Z. 9) *Epit. log.*: Der Anfang ist verstümmelt aufgrund des Verlustes der ersten beiden Lagen; auf f. 1ʳ beginnt der Text bei Kap. 9 (745a10) mit den Worten φωνὴ καὶ ἀκατηγόρητος; der alte Bestand (Kopist B) beginnt auf f. 13ʳ (Kap. 13, 777a5 πᾶς κτλ.); (ff. 114ᵛ–280ᵛ) *Epit. phys.*: (f. 114ᵛ) Tit. Νικηφόρου μοναστοῦ καὶ πρεσβυτέρου τοῦ κτήτορος εἰσαγωγικῆς ἐπιτομῆς βιβλίον δεύτερον; (f. 114ᵛ) Pinax; (ff. 116ʳ–280ᵛ) Kap. 1–32 (*expl.* ὁμολογῆσαι ἐν τῷ θ(ε)ῷ :– ‖ + ὁ θεὸς δόξα σοι τοῦ τέλους χάριν; die Anrufung ist rubriziert).

Kopisten: Mehrere Kopisten haben an diesem Manuskript mitgewirkt (s. Sosower u. Wilson 2016, 40 mit Ergänzungen; s. auch Cataldi Palau 1997, 17 [= dies. 2008, 488 f.]):

A (ff. 1ʳ–12ᵛ, *114ᵛ, *116ʳ (im Titel: βιβλίον δεύτερον), 230ʳ–239ᵛ, 252ʳ–275ᵛ); dieser Kopist könnte auch die ersten zwei Lagen, die heute verschollen sind, ergänzt haben;

B (ff. 13ʳ–110ᵛ);

C (ff. 116ʳ–193ᵛ, *194ʳ Z. 1, *198ʳ Z. 2 (ἀντι]πνεῖ)–198ᵛ);

D (ff. 194ʳ Z. 2–*198ʳ Z. 2 (ἀντι[πνεῖ), *199ᵛ–229ᵛ, 240ʳ–251ᵛ, 276ʳ–280ᵛ);

E (ff. 281ʳ–284ᵛ).

Schriftspiegel: 130 × 90 mm (Kopist A), 130 × 80 mm (Kopist B), 120 × 85 mm (Kopist C), 130 × 85 mm (Kopist D), 130/140 × 75/85 mm (Kopist E).

Provenienz: Epiros? S. auch f. IIᵛ τοῦ ἐσφιγμένου (s. dazu Sosower u. Wilson 2016, 41 „can this be the Athonite monastery?").

Bibliographie: Kat.: Sosower u. Wilson 2016, 40–42.   Cataldi Palau 1997, 16–18 [= dies. 2008, 486–489]; dies. 2006, 54 (Nr. 47) (= dies. 2008, 579).

Reproduktionen: Cataldi Palau 1997 (= 2008), Pl. 10 (f. 112ʳ) und 11 (f. 113ʳ); unten Abb. 8 (114ᵛ), 9 (194ʳ), 10 (198ʳ).

Quelle: Beschreibung von Sosower u. Wilson 2016; Autopsie, Januar 2017.

Paris, Bibliothèque nationale de France

gr. 2099
16. Jh., 1. H.   Papier   217 × 150/6 mm   ff. I, 260 (149, 206–209 und 246–252 übersprungen, 244 zweimal gezählt), [IIIʳ]   Lin. 27 (ff. 1–96), 26/29 (ff. 97–211), 26 (ff. 212–245), 28 (ff. 252–260)

Lagen: Das Manuskript besteht aus vier *codicological units*: (a) 12 × 8 (1–96); (b) 12 × 8 (97–203), 1 × 4 – 1 + 1 (204, 205, 210, 211, s. unten *Inhalt*); (c) 4 × 8 (212–243), 1 × 4 – 1 (244, 244a, 245, s. unten *Foliierung*); Teil 4: 1 × 8 (253–260).   Kustoden: (ff. 1–96) griechische Kustoden vom Kopisten auf dem ersten Recto (unten rechts) jeder Lage von β′ (f. 9ʳ), γ′ (f. 17ʳ) bis ιβ′ (f. 89ʳ); (ff. 97–211) griechische Kustoden vom Kopisten auf dem ersten Recto (unten rechts, teilw. abgeschnitten) jeder Lage von α′ (f. 97ʳ), β′ (f. 105ʳ) bis ιγ′ (f. 204ʳ); (ff. 212–245) griechische Kustoden vom Kopisten auf dem ersten Recto (unten rechts, teilw. abgeschnitten) jeder Lage von α′ (f. 212ʳ), β′ (f. 220ʳ) bis ε′ (f. 244ʳ); (ff. 252–260): keine Kustoden. Reklamanten: Teil 1: vom Kopisten (z. B. ff. 48ᵛ, 72ᵛ), vom Schreiber B (z. B. ff. 8ᵛ, 16ᵛ, usw.) und von beiden (z. B. f. 56ᵛ); Teil 2: vom Kopisten (z. B. ff. 104ᵛ, 112ᵛ usw.); Teil 3: vom Kopisten (z. B. f. 219ᵛ, usw.).

Beschreibstoff: Papier mit Wasserzeichen.

Wasserzeichen: Teil 1: ‚Hut‘, identisch ‚Hut 66‘ Harlfinger („5. Okt. 1520, K. Iakobos Baptista Rhitzos aus Soleto/Otranto (*Oxon. Bodl. gr. class.* e.17, II, z. B. ff. 183–206)“); Teil 2 und 4: ‚Hut‘, ähnlich ‚Hut 51‘ Harlfinger (Venedig 1542, *Berol. Phill. gr.* 1518, Atelier des Bartolomeo Zanetti); Teil 3: ‚Waage im Kreis mit Stern und Buchstaben CA‘ (kein Gegenstück in den Repertorien).

Foliierung: moderne Foliierungen (oben rechts); die Zahlen 149 und 246–252 fehlen (s. aber die Anmerkung von einer späteren Hand auf f. 245ᵛ: „nichil deest, nam inter hanc paginam 245 et subsequentem 253 scripta erat Procli Sfera quam excerpsi“); 244 wurde zweimal gezählt.

Inhalt: (ff. 1–95): (ff. 1ʳ–93ʳ Z. 15) Nikephoros Blemmydes, *Epit. log.*, Tit. Τοῦ σοφωτάτου πρεσβυτέρου Νικηφόρου καὶ μοναχοῦ Βλεμμύδου ἔκδοσις ἀκριβὴς περὶ λογικῆς ἐπιστήμης, οὐ μὴν ἀλλὰ φυσικῆς ἀκροάσεως (s. *Vind. suppl. gr.* 168); der letzte Abschnitt von Kap. 40 (1001d6–1004a9) ist separat unter dem Titel (f. 92ᵛ Z. 24) Σύνοψις πάλιν τῶν τρόπων τῆς τῶν σχημάτων ἐπιλογῆς überliefert. Schemata vom Kopisten des Textes und vom Kopisten B.   (f. 93ʳ Z. 16–drittletzte Z.) Schema τῶν κυρίως γινομένων.   (ff. 93ʳ vorletzte Z.–95ʳ) περὶ τῆς διαιρέσεως.   (f. 95ᵛ) Logische Schemata (ὁ τόπος); am Ende des f. 95ᵛ τέλος (zweimal) vom Kopisten.

(ff. 97–210) Nikephoros Blemmydes, *Epit. phys.*, Kap. 1–23 (1021a1–1212d10 εἰς ἓν συναχθείσης), Tit. Νικηφόρου μοναχοῦ (*ex corr.*, μοναστοῦ *ante corr.*) καὶ πρεσβυτέρου τοῦ κτήτορος εἰσαγωγικῆς ἐπιτομῆς. Der Text ist mit Marginalien versehen; Diagramm zu Kap. 17 (f. 184ʳ) und am Ende von Kap. 30 (f. 211ᵛ) auf Latein (von <Nicolaus Petreius>?). Auf f. 211ʳ wird das Ende von Kap. 23 (1212d11 καὶ πληθείσης–1213a5 βαρύτατος) von einem anderen Kopisten ergänzt, der darüber hinaus hinzufügte: „nichil deest nam in quatuor [*sic*] pagello hic deficientibus scriptum (*add. s. l.*) erat libellum Beati Maximi Monaci de Anima“ (s. *Par. gr.* 1999, ff. 304ʳ–310ʳ).

(ff. 212–245): (ff. 212ʳ–243ᵛ) Nikephoros Blemmydes, *Epit. phys.*, Kap. 24–30, Tit. Νικηφόρου περὶ οὐρανοῦ. Der Text ist mit Marginalien von der Hand des <Michael Rhosaitos> (ff. 216ᵛ–217ʳ) und von einer anderen Hand auf Latein sowie mit Zeichnungen und Diagrammen versehen; die lange Randnotiz aus Kap. 4 der *Epit. log.* auf ff. 216ᵛ–217ʳ (s. *Monac. gr.* 265 und *Ambr.* B 82 sup.: s. oben S. 82 f.) wird durch die in

Rot geschriebene Überschrift ἐκ τοῦ αὐτοῦ Νικηφόρου περὶ δυνάμεως καὶ ἐνεργείας eingeleitet; auf f. 217ᵛ liest man ein Exzerpt aus der zweiten Homilie zum Hexaemeron des SEVERIAN VON GABALA (*Patrologia Graeca* 56, 442,29–40), s. *Vat. Barb. gr.* 226, f. 52ᵛ (s. oben S. 82 f.).   (ff. 244ʳ–245ʳ) NIKEPHOROS BLEMMYDES, *Epit. phys.*, Kap. 31, λβ′ περὶ κενοῦ; auf f. 244ᵛ die Zeichnung einer κλεψύδρα entspricht derjenigen im *Vat. Barb. gr.* 226, f. 70ᵛ.

(ff. 253–260): (ff. 253ʳ–259ʳ) NIKEPHOROS BLEMMYDES, *Epit. phys.*, Kap. 32, Tit. ἐκ τῆς εἰς τὸν ὄγδοον ψαλμὸν ἐξηγήσεως· νικηφόρου.   (260ᵛ) lateinische Übersetzung bzw. Zusammenfassung von Kap. 30 der *Epit. phys.*, *Nicephori caput de habitationibus.* Leer: ff. 96ʳ⁻ᵛ, 210ᵛ–211ʳ, 259ᵛ–260ʳ.

Kopisten: A: (ff. 1ʳ–95ᵛ) <Jakobos Rhitzos> (*RGK* I 145, II 194 [Identifizierung]), wie im *Par. gr.* 2100 (ff. 1ʳ–48ʳ, 167ʳ–204ᵛ): s. dazu Ucciardello 2020, 615 Anm. 42, 619, 620.

B: (ff. 97ʳ–209ᵛ, 244ʳ–245ᵛ, 253ʳ–260ᵛ sowie viele Marginalien und Korrekturen zum Text), <Nicolaus Petreius> (identifiziert von Ucciardello 2020, 616 mit Anm. 43; weitere Anmerkungen wurden mir von ihm in einer E-Mail vom 18.09.2016 freudlicherweise mitgeteilt; s. *RGK* I 314ter); dieser Kopist ist für die Zusammenstellung des Kodex verantwortlich. Ob einige Einträge auf Latein diesem Gelehrten zuzuschreiben sind, ist noch zu untersuchen.

C: (ff. 212ʳ–243ᵛ): <Michael Rhosaitos> (identifiziert in Valente 2016a, 28 f. mit Anm. 56 f.; s. *RGK* II 391, III 467).

Randnotizen und Diagramme am Rand von unterschiedlichen Kopisten.

Schriftspiegel: Teil 1: 150 × 90 mm; Teil 2: 160 × 90/95 mm; Teil 3: 145/150 × 90 mm; Teil 4: 160 × 90 mm.

Illumination: Teil 1: Die Rundungen einiger Buchstaben wurden mit Rot ausgefüllt; in Rot sind auch einige logische Schemata gezeichnet; Teil 2: Pinax und Titel rubriziert; Pyle in Rot/Schwarz gemalt; Teil 3: Marginalien und Teile von Zeichnungen in Rot.

Provenienz: Terra d'Otranto (s. oben *Kopisten*).

Bibliographie: Kat.: Omont 1888, 194.   Valente 2016a, 28; ders. 2020b, 500, 502.

Reproduktionen: vollständiges Digitalisat bei Gallica: <https://gallica.bnf.fr/ark:/12148/ btv1b107236924>.

Quelle: Autopsie, Mai 2016.

°*gr.* 2133
21. Feb. 1332   Papier   172/3 × 118/120 mm   ff. III, 258 (+ 13bis)   Lin. 19

Lagen: 25 × 8 (1–199), 1 × 6 (200–205), 2 × 8 (206–221), 1 × 10 (222–231), 3 × 8 (232–255).

Beschreibstoff: orientalisches Papier.

Inhalt: (ff. 1ʳ–254ᵛ) Nɪᴋᴇᴘʜᴏʀᴏs Bʟᴇᴍᴍʏᴅᴇs, *Epit. phys.*: (f. 1ʳ Z. 1–3) Tit. Νικηφόρου μοναστοῦ καὶ πρεσβυτέρου τοῦ κτήτορος (τοῦ κτήτορος wurde später durchgestrichen und am Rand durch τοῦ Βλεμμύδου ersetzt) εἰσαγωγικῆς ἐπιτομῆς φιλοσοφίας βιβλίον β′; (ff. 1ʳ Z. 4–2ʳ Z. 10) Pinax; (ff. 2ʳ Z. 11–254ᵛ) Kap. 1–32 mit Diagrammen zu Kap. 17 (f. 123ʳ) und am Ende von Kap. 30 (f. 235ᵛ).
Leer: ff. 43ᵛ–44ʳ (auf f. 43ᵛ schrieb der Kopist κατὰ λήθην ἄγραφον κατελείφθη).

Kopisten: Ein anonymer Schreiber hat den ganzen Text mit schwarzer Tinte kopiert (s. Canart 1977, 314 Nr. 21); Subscriptio auf f. 254ᵛ: ἐτελειώθη ἐν μηνὶ φε(β)ρ(ουαρίῳ) κα΄ ἐγχρονίας ͵ϛωμ΄ (a.m. 6840 = 21. Feb. 1332). Korrekturen und Ergänzungen am Rand sowie Schemata vom Kopisten.

Schriftspiegel: 125 × 75 mm.

Illumination: Titel, Kapitelnummer und Anfangsbuchstaben in Rot.

Provenienz: Zypern (s. oben *Kopisten*).

Bibliographie: Kat.: Omont 1888, 198; ders. 1889, 36; Browning u. Constantinides 1993, 187–189, Taf. 62 und 186b; M. Cacouros in Géhin *et al.* 2005, 71–73.   Canart 1977, 314 Nr. 21; Le Léannac-Bavanéas 2002, 142, 146.

Reproduktionen: vollständiges Digitalisat bei Gallica: <https://gallica.bnf.fr/ark:/12148/btv1b10722293q>; Omont 1887, 16, Taf. LXXIXb (f. 158ᵛ); Browning u. Constantinides 1993, Taf. 62 (f. 107ʳ) und 186b (f. 254ᵛ, Subscriptio); Géhin, Les manuscrits Taf. 81 f. (ff. 69ʳ und 254ᵛ).

Quelle: Beschreibung von Cacouros; Autopsie, Mai 2016.

gr. 2134
um J. 1320   Papier   172/3 × 120 mm   ff. III, 215, (IIʳ)   Lin. 25–28 (geleg. 30)

Lagen: 10 × 12 (1–120), 1 × 6 – 2 (121–124; die urspr. Bl. 4 und 6 sind mit Textverlust verloren gegangen; möglich wäre auch: 1 × 12 – 8). Richtige Reihenfolge: 1–122, 124, [X], 123, [X].   Griechische Kustoden sind nicht erkennbar, nur ein Kreuzchen vom Kopisten (oben Mitte) am Anfang jeder Lage von ff. 1ʳ, 13ʳ usw. bis f. 121ʳ.

Beschreibstoff: orientalisches Papier (s. Le Léannac-Bavanéas 2002, 146).

Foliierung: moderne Foliierung (oben rechts) von 1 bis 125 (Bl. 125 wurde mit dem letzten Einband hinzugefügt). Eine moderne Hand hat die Lagen mit lateinischen Buchstaben nummeriert (unten rechts) von A (f. 1ʳ) bis L (f. 121ʳ).

Inhalt: (ff. 1ʳ–124ᵛ) Nɪᴋᴇᴘʜᴏʀᴏs Bʟᴇᴍᴍʏᴅᴇs, *Epit. phys.*: (f. 1ʳ) Tit. Νικηφόρου τοῦ Βλεμύδου περὶ τῶν φυσικῶν ἀρχῶν καὶ ἕτερα, von einer späteren Hand nachgetragen (s. unten *Kopisten*); die ursprüngliche Titelangabe ist stark verblasst; nur das Wort εἰσαγωγικῆς lässt sich mit Sicherheit entziffern; (f. 1ʳ) Pinax; (ff. 1ᵛ–124ᵛ) Kap. 1–32 mit Windrose in Kap. 17 (f. 58ᵛ) und dem astronomischen Diagramm am Ende von Kap. 31

(f. 119^r); der Text ist unvollständig aufgrund des Verlustes von zwei Blättern zwischen den aktuellen ff. 124 und 123 (1314a9 καὶ ἡμεῖς σεληνιακῆς ἐκ[λείψεως–1316a8 εἴη ὁ Ταῦρος] ὕψωμα τῆς σελήνης) und am Ende (1317a9 ὁ Κρόνος καὶ ἱκανῶς [ξηρός–Ende) (s. oben *Lagen*).

Kopisten: <ʿΡωμανὸς Χαρτοφύλαξ> (identifiziert von Canart 1977, 315; s. Browning u. Constantinides 1993, 165 f.; *RGK* I 357, II 487, III 568; *PLP* 30705); er kopierte den Text in der sogenannten ,*cypriote bouclée*' mit schwarzer Tinte. Die Datierung ergibt sich aufgrund der anderen datierten Handschriften des Kopisten. Marginalien und Schemata zum Haupttext wurden ebenfalls von ihm abgeschrieben.
Spätere Hände: „On the flyleaf I^r is written in a yellowish ink †Νικηφόρου τοῦ Βλεμύδου φυσική (…). On fol. 1^r the same hand of fol. I^r above wrote CIƆIƆXXVI | νικηφόρου τοῦ βλεμύδου περὶ τῶν | φυσικῶν ἀρχῶν κ(αὶ) ἕτερα" (Browning u. Constantinides 1993, 166).

Schriftspiegel: 130/135 × 80 mm.

Illumination: Titel und Anfangsbuchstaben in Rot, im aktuellen Zustand stark verblasst.

Provenienz: Zypern (s. oben *Kopisten*).

Besitzer: „We know nothing of the adventures of this MS which seems to have reached the collection at Fontainebleau founded by King Francis I in the sixteenth century [usw.]" (Browning u. Constantinides 1993, 166).

Bibliographie: Kat.: Omont 1888, 198; ders. 1889, 36; Browning u. Constantinides 1993, 165–167, Taf. 47 f.   Canart 1977, 315 Nr. 22; Le Léannac-Bavanéas 2002, 142, 146.

Reproduktionen: vollständiges Digitalisat bei Gallica: <https://gallica.bnf.fr/ark:/12148/ btv1b107225966>; Browning u. Constantinides 1993, Taf. 47 f. (f. 85^r und Einband); Constantinides 1995, 27 (Abb. 3: f. 85^r).

Quelle: Autopsie, Mai 2016.

gr. 2494
J. 1436/1450   Papier   208/210 × 137 mm   ff. II, 260, (III')   Lin. 28/29 (*Epit. phys.*)

Lagen (Auswahl): (…) 1 × 12 (128–139), 4 × 8 (140–171), 1 × 10 (172–181) (…).   Griechische Kustoden von zwei späteren Händen auf dem ersten und letzten Blatt jeder Lage. Ab f. 140^r beginnt eine neue Serie mit α' (bis f. 181).

Beschreibstoff: Papier mit Wasserzeichen (nicht überprüft).

Inhalt (Auswahl): (ff. 128^r–139^r) NIKEPHOROS BLEMMYDES, *Epit. phys.*, Auszüge: (f. 128^r) Tit. Νικηφόρου μοναχοῦ πρεσβυτέρου τοῦ Βλεμμίδου εἰσαγωγηκῆς ἐπιστίμης (*sic*) ἐκ τοῦ δευτέρου βιβλίου; Kap. 24–26, 31 (Kap. 26 und 31 tragen keine Titelzeile).   (ff. 148^r–172^v) <NIKEPHOROS BLEMMYDES, *Epit. phys.*>, Auszüge, Kap. 12–14,

18–20, 22–23, 27–30; Diagramm am Ende von Kap. 30 (f. 172ʳ).   (ff. 177ʳ Z. 25–181ᵛ Z. 3)
<Nikephoros Blemmydes, *Epit. phys.*>, Auszug, Kap. 32.

Kopisten: Ein einziger Kopist hat um die Jahre 1430/40 den ganzen Kodex geschrieben; die Datierung ergibt sich aus mehreren Jahresangaben, die der Schreiber selbst und eine spätere Hand an leer gebliebenen Stellen hinzugefügt haben, wie z. B. auf f. 66ᵛ (... ἀπὸ τοῦ Ἀδὰμ ἕως τῆς Χριστοῦ γεννήσεως ἔτη ‚εφδ‘· ἀπὸ δε ταύτης ἕως νῦν ὅπέρ ἐστιν ἔτους ‚ϛϡν‘, αυμϛ′ [1442/1446]) und f. 198ᵛ (1438). Eine spätere Hand fügte weitere kürzere Texte auf den leer gebliebenen Blättern hinzu: Dieser Gelehrte muss vor 1539/1542 tätig gewesen sein, weil seine Einträge in der direkten Abschrift des Parisinus, und zwar im *Berol. Phill. gr.* 1574, zusammen mit dem Haupttext abgeschrieben wurden.

Bibliographie: Kat.: Omont 1888, 270 f.; Boudreaux 1912, 63–72 (Nr. 47).

Reproduktionen: vollständiges Digitalisat bei Gallica: <https://gallica.bnf.fr/ark:/12148/btv1b10722213d>.

Quelle: Autopsie, Mai 2016, Januar 2017.

Princeton, University Library

°Cod. 180
13. Jh., letztes V.   Papier   169 × 116 mm   ff. I, 222, I′

Inhalt (Auswahl): (ff. 1ʳ–13ᵛ) Ammonios, *Kommentar zu Porphyrios' Isagoge*.   (ff. 14ʳ–59ᵛ) Johannes von Damaskos, *Dialectica*.   (ff. 60ʳ–154ʳ) Johannes von Damaskos, *Expositio fidei*.   (ff. 154ᵛ–155ʳ) Nikephoros Blemmydes, *Epit. phys.*, Auszug aus Kap. 17 (1169c–1172b6) mit Windrose (f. 154ʳ).

Kopisten: Nach Kotzabassi u. Ševčenko 2010, 153 wurde der Kodex von einem einzigen Schreiber kopiert.

Bibliographie: Kat.: Kotzabassi u. Ševčenko 2010, 151–153.   Valente 2017, 245; ders. 2020a, 524.

Quelle: Digitale Farbaufnahmen der ff. 154ᵛ–155ʳ.

Stuttgart, Württembergische Landesbibliothek

Cod. theol. et phil. 2° 108

14. Jh., M.   Papier   346/8 × 256/8 mm   ff. IV, 228 (81 übersprungen)   Lin. 33–40 (ff. 1ʳ–36ᵛ, teilw. zwei Spalten: z. B. f. 9ʳ⁻ᵛ), 36–37 (ff. 37ʳ–40ᵛ) oder 41 (ff. 193ᵛ– 195ʳ), 34–36 (ff. 41ʳ–45ᵛ, 79ʳ–139ᵛ), 29/19 mit Interlinearanmerkungen (ff. 187ʳ–193ʳ, meist zweispaltig: z. B. f. 188ʳ⁻ᵛ), 30–31 (ff. 47ʳ–78ᵛ), 32–35 (ff. 140ʳ–162ʳ: *Epit. phys.*), 25–36 (164ʳ–181ᵛ), 33–36 (ff. 195ᵛ–215ʳ), 35–39 (ff. 215ᵛ–228ʳ)

Lagen: 5 × 8 (1–40), 1 × 6 (41–46), 5 × 8 (47–78), 1 × 8 – 1 (79–86, Bl. 3 verloren gegangen), 1 × 8 – 1 (93, Bl. 8 verloren gegangen mit Textverlust, s. *Foliierung*), 1 × 8 – 1 (101, Bl. 7 = 100 ist der ehem. *Monac. gr.* 591, s. *Foliierung*), 3 × 8 (102–125), 1 × 6 (126–131), 10 × 8 (132–211), 1 × 8 – 1 (212–218, Bl. 8 abgeschnitten ohne Textverlust), 1 × 4 – 1 (219–221, Bl. 1 abgeschnitten ohne Textverlust), 1 × 8 – 1 (222–228, richtige Reihenfolge 227, 222–225, 228: Bl. 6 abgeschnitten mit Textverlust).   Griechische Kustoden einer späteren Hand lassen sich gelegentlich erkennen: θ′ (f. 25ʳ), ι′ (f. 33ʳ), ια′ (f. 46ᵛ), ιβ′ (f. 47ʳ), ιδ′ (f. 63ʳ), ιε′ (f. 71ʳ), ιζ′ (f. 87ʳ), λ′ (f. 188ʳ), λα′ (f. 196ʳ), λβ′ (f. 204ʳ), λγ′ (f. 212ʳ). Nach Mondrain 2014, 305 sind acht Lagen verloren gegangen. Nach der griechischen Foliierung, die mit μς′ auf f. 1ʳ beginnt, würden 45 Blätter fehlen.

Beschreibstoff: Papier mit Wasserzeichen.

Wasserzeichen (nach Mondrain 2014, 303 und meiner Autopsie): ‚Einhornkopf' (Mošin/Traljić 5799, 1351); ‚Topf' (sehr ähnlich Mošin/Traljić 6856, 1342); ‚zwei Kreise' (Mošin/Traljić 1941, 1349; Mošin/ Traljić 2037, 1349–1351); ‚Frucht' (f. 61; ähnlich Briquet Fruit 7349: Bologna, 1342).

Foliierung: moderne Foliierung mit griechischen Zahlen am unteren Rand (Mitte) von μς′ (f. 1ʳ) bis ρξα′ (f. 113ʳ); nur ξ′ auf f. 114ʳ; das urspr. Bl. ρμα′ fehlt wegen Textverlust (s. oben); die Zahl ρμη′ ist auf dem Recto vom ehemaligen *Monac. gr.* 591 zu finden (s. unten). Moderne Foliierung in arabischen Zahlen (oben rechts); die Nummer 81 fehlt; Bl. 100 wird gesondert aufbewahrt (damals *Monac. gr.* 591); Korrekturen auf ff. 73–78 (sowie teilw. 79), die zunächst als 53–58 foliiert wurden.

Inhalt (Auswahl): (ff. 79ʳ–153ʳ) Jᴏʜᴀɴɴᴇs ᴠᴏɴ Dᴀᴍᴀsᴋᴏs, *Expositio fidei* (Kotter 1973).   (ff. 153ᵛ–154ᵛ) Astronomische und logische Diagramme: f. 153ᵛ, διαιρεῖται ἡ κατὰ Χ(ριστὸ)ν φιλοσοφία, εἰς τρία κτλ.; δι' ἑπτὰ τρόπων συνίσταται τὰ καλά κτλ.; f. 154ʳ Schema des Kosmos mit der Erde in der Mitte, umgeben von den Tierkreiszeichen sowie den Planeten; Zeichnung einer Sonnenfinsternis; f. 154ᵛ Schema der Tierkreiszeichen und Zeichnung einer Mondfinsternis (s. *Vat. gr.* 495; s. auch oben S. 99 Anm. 388).   (ff. 155ʳ–157ᵛ) Nɪᴋᴇᴘʜᴏʀᴏs Bʟᴇᴍᴍʏᴅᴇs, *Epit. phys.*, Kap. 17, Tit. Τοῦ Βλεμύδου (urspr. βεμ-) περὶ ἀνέμων καὶ τῶν λοιπῶν πνευμάτων, zwei Windrosen auf f. 157ʳ⁻ᵛ, die erste davon wurde wegen eines Fehlers in der Beschriftung nicht vollendet; unter der Windrose auf f. 157ᵛ liest man einen kurzen Text, der Anweisungen zur richtigen Deutung des Diagramms enthält (= *Vat. gr.* 495; s. oben S. 99, unten Abb. 15).   (ff. 158ʳ–162ʳ) Nɪᴋᴇᴘʜᴏʀᴏs Bʟᴇᴍᴍʏᴅᴇs, *Epit. phys.*, Kap. 32, Tit. Τοῦ αὐτοῦ ἐκ τῆς εἰς τὸν ὄγδοον ψαλμὸν ἐξηγήσεως; auf f. 161ᵛ endet das Kapitel, auf f. 162ʳ wurde das astronomische Diagramm gezeichnet (= *Vat. gr.* 495).

Kopisten: Die Handschrift wurde in einem Schreiberkreis von neun Kopisten angefertigt; s. Mondrain 2014, 304: „il ne s'agissait manifestement pas pour ce groupe de scribes qui se relayaient à la tâche d'élaborer un beau livre mais un volume qui pourrait être un livre de référence et de travail"; der Wechsel zwischen den Kopisten stimmt meistens mit dem Textende überein (eine Ausnahme befindet sich auf f. 139^v (C) und f. 140^r (F), wo der Wechsel inmitten des Textes erfolgt); Unterschiede in der Größe und im Duktus in den einzelnen Teilen desselben Schreibers sind ebenso auffällig. Mondrain hat die Arbeit der Kopisten folgendermaßen unterteilt:

A: ff. 1^r–36^v, 182^r–187^r Z. 21;

B: ff. 37^r–40^r, 193^v–195^r Mitte;

C: ff. 41^r–45^v Z. 15, 79^r–139^v;

D: 187^r Z. 22–193^r (erste Hälfte, untere Hälfte unbeschrieben) plus Diagramme und Marginalien am Rand oder in den Agrapha: ff. 43^v, 45^v untere Hälfte–46^v, 51^v, 52^v–59^r, 63^r. Nach Mondrain 2014, 307 könnte er im Kreis von Johannes Zacharias Aktuarios tätig gewesen sein;

E: ff. 47^r–78^v Z. 8;

F: ff. 140^r–162^r (erste Hälfte mit Zeichnung);

G: ff. 164^r–181^v;

H: ff. 195^v–215^r Z. 10 (untere Hälfte unbeschrieben);

I: ff. 215^v–228^r.

Die Kopisten E und F sind die einzigen, die jeweils drei und vier Lagen anfertigten; die Wasserzeichen beweisen jedoch, dass sie in demselben Atelier wie die anderen Kopisten gearbeitet haben, denn sie benutzten dasselbe Papier mit dem Wasserzeichen Einhornkopf wie C (und D).

Schriftspiegel: 235/260 × 165/180 mm.

Provenienz: Konstantinopel (nach Mondrain 2014, 307 Anm. 32 aufgrund des Kopisten D). „Geschrieben im Pantokratorkloster" (Kotter 1973, 51), aber s. Mondrain 2014, 307 Anm. 32: „Le manuscrit présente à deux reprises, aux ff. 78^v et 194^v, une note dont l'écriture n'est pas aisément datable, écrite en tout cas postérieurement et formulée à peu près de la même manière les deux fois: + ἠρξάμεθα ἀναλύσκειν εἰς ἡμετέραν τροφὴν τὸν πῆρον (pour πυρὸν) τὸν ἐν τῇ σεβασμίᾳ μονῇ τοῦ παντοκράτωρος χ(ριστο)ῦ [ἐν μηνὶ] σεπτεμβρίῳ κ^η ηνδεικτίωνης β$^ας$. Elle évoque, semble-t-il, des difficultés de ravitaillement qui concernent un monastère du Pantocrator et l'on pourrait se demander s'il s'agit du monastère constantinopolitain ou du Pantocrator du mont Athos. L'activité du copiste D paraît se situer plutôt à Constantinople d'après les témoignages que j'ai pu réunir jusqu'à présent mais ce point méritera d'être repris ultérieurement".

Bibliographie: Mondrain 2014 (mit weiteren Literaturangaben); Valente 2017, 245 f.

Reproduktionen: Mondrain 2014, 306 Abb. 1 (f. 101^r); unten Abb. 15 (157^v).

Quelle: Autopsie, Juli 2015.

Vatikanstadt, Biblioteca Apostolica Vaticana

°*Vat. gr.* **246**

13./14. Jh.   Papier (Hs. aus mehreren Kodizes zusammengebunden)   260 × 165 mm
(ff. 1–43; urspr. 220 × 140/150 mm, durch angeklebte Papierstreifen erweitert);
260 × 170 (ff. 44–138); 260 × 170/175 (ff. 139–242); 240/245 × 150/155 (ff. 243–274)
ff. (III), 274 (+ 6a, 232a), (I)   *Lin. 26–38 (ff. 139–242); 31–39 (ff. 243–274)

Lagen (Auswahl): (ff. 139–242) 13 × 8 (242); zwei Serien griechischer Kustoden: die älteren sind auf dem ersten Recto (unten rechts) von α' (f. 139^r) bis ιβ' (f. 227^r) zu lesen; die jüngeren (von <Neophytos Prodromenos>, s. unten *Kopisten*) auf dem ersten Recto (unten Mitte) von ζ (f. 139^r) bis ιθ' (f. 235^r).   (ff. 243–274) 4 × 8 (274); griechische Kustoden von <Neophytos Prodromenos> auf dem ersten Recto (unten rechts) jeder Lage (außer der ersten) von α' (f. 251^r) bis γ' (267^r).

Beschreibstoff (Auswahl): (ff. 139–242): orientalisches Papier; (ff. 243–274): Papier mit Wasserzeichen.

Wasserzeichen (nach Mercati u. Franchi de' Cavalieri 1923, 324): Teil 6: (ff. 251, 253, 259, 274) ,zwei Kreise' (ähnlich Briquet 3197: Ferrara 1346, Reggio Emilia 1346; Briquet 3200: Troyes 1400); (ff. 261, 269, 272) ,Horn' (s. Briquet 7756: Perpignan 1371).

Foliierung: moderne Foliierung (oben rechts).

Inhalt (Auswahl): (ff. 139^r–242^v): Nikephoros Blemmydes, Εἰσαγωγικὴ ἐπιτομή: (ff. 139^r–184^v) *Epit. log.*, ohne Pinax: (f. 139^r) Tit. Νικηφόρου μοναστοῦ καὶ πρεσβυτέρου τοῦ Βλεμύδου (-μμ- von <Neophytos Prodromenos> korrigiert bzw. nachgezogen) εἰσαγωγικῆς ἐπιτομῆς βιβλίον πρῶτον; (f. 139^r Z. 2–139^v Z. 6) Proömium; (ff. 139^v Z. 7–184^v Z. 26) Kap. 1–40 mit Marginalien und Diagrammen; (ff. 185^r–242^v) *Epit. phys.*: (f. 185^r Z. 1) Tit. Νικηφόρου μοναστοῦ καὶ πρεσβυτέρου τοῦ Βλεμύδου εἰσαγωγικῆς ἐπιτομῆς βιβλίον δεύτερον; (f. 185^r Z. 2–15) Pinax (s. dazu oben S. 22); (ff. 185^r Z. 16–242^v) Kap. 1–30 (bis 1296c1) mit Marginalien (s. unten); Windrose in Kap. 17 (f. 216^v) und astronomisches Diagramm einer späteren Hand auf einem Blättchen, das inmitten von Kap. 25 eingeklebt wurde (f. 232a^{r-v}).

(ff. 243^r–274^v): (ff. 243^r–248^r) Nikephoros Blemmydes, *Epit. phys.*, Kap. 30 (ab 1296c1 [-εὔκρατον])–32 mit zwei Entwürfen des Diagramms am Ende von Kap. 30 auf f. 243^v. (ff. 248^v–256^v) Nikephoros Blemmydes, *De anima*, Tit. λγ' τοῦ αὐτοῦ λόγος περὶ ψυχῆς, mit Marginalien.   (ff. 257^r–272^r Z. 9) Nikephoros Blemmydes, *De corpore*, Tit. λδ' τοῦ αὐτοῦ λόγος περὶ σώματος, mit Marginalien.   (ff. 272^r Z. 9–273^v) <Traktat über das Alphabet>, Tit. [[τοῦ αὐτοῦ]] (*in rasura*) + περὶ τῆς τῶν κδ' γραμμάτων εὑρέσεώς τε καὶ ἀλληγορίας, καὶ δι' ἣν αἰτίαν ταῦτα ὁ θεὸς ἔδωκεν· καὶ τίνα αὐτὰ πρῶτον παρ' Ἕλλησιν εὗρον:– und am Rand Νεοφύτου (μον)αχοῦ προθεωρία σύντομος; der Text ist mit Marginalien versehen.

Leer: f. 274^r.

Kopisten: Teil 1 + 2 [ff. 1–17, Marginalia ff. 37, 44–91, ff. 47–48; restauriert ff. 44–46 und 49: s. Verhelst 1976, I 101 f.] und Teil 6 (ff. 243ʳ–274ᵛ): <Neophytos Prodromenos> (identifiziert von Mercati 1924, 304 Anm. 2 [= ders. 1937, IV 198 Anm. 2]; Canart ap. Verhelst 1976, I 101; Mondrain 2000, 14; s. *RGK* II 411, III 481); er war für die Zusammenstellung und die Restaurierung des ganzen Kodex zuständig, denn seine Hand lässt sich auch in den übrigen Teilen erkennen. Die Randnotiz auf f. 37ᵛ ταῦτα τὰ γράμματα, Ἰωάννου τοῦ Νικαιότου weist deshalb nicht auf den Namen des Restaurators hin (so Mercati). In der zweiten *codicological unit* hat Neophytos nicht nur die ff. 47–48 ergänzt, sondern auch kleinere Stücke Papier angeklebt (ff. 44–46 oben, 49–50 oben, 52 oben, 61–64 Rand), auf denen er den verloren gegangenen Text ergänzt hat.

(ff. 139ʳ–242ᵛ): senkrechte, gelegentlich nach rechts geneigte Gebrauchsschrift wohl um das Jahr 1300 (s. Mercati 1915, 227 [= ders. 1937, III 429]). Der Schreiber benutzte eine hellbraune Tinte, die später an zahlreichen Stellen stark verblasste und von Neophytos Prodromenos nachgezogen wurde. Titel und Anfangsbuchstaben in Rot.

Spätere Hände: Unter anderem wies Mercati (in Mercati u. Franchi de' Cavalieri 1923, 323) auf eine Notiz auf f. 274ᵛ zur Erwerbung des Kodex hin: „p(ri)m⁻ tractatul(us) i(n) logica cu(m) figuris | It(em) Plutarchi [...] opus | It. Ioha(n)nis Gramatici | expo(s)itio sup. dece(m) p(re)dicam(en)ta | It. Theodori philosophi i(n) libᵒ posterior(um) Arist. | It. Nicophori (sic) Vlemidi ysagogie | op(us) egregiu(m) i(n) philosophia. | Empt(us) in Asia".

*Schriftspiegel: Teil 5: 205/210 × 130/140 mm; Teil 6: 180/190 × 100/105 mm.

Provenienz: Der Kodex wurde im Theodoru-Petra-Kloster in Konstantinopel zusammengebunden, wahrscheinlich von (oder auf Initiative von) Neophytos Prodromenos. Vor der Hälfte des 15. Jh. wurde er dort von Francesco Griffolini (l'Aretino) gekauft und nach Italien gebracht (s. die lateinische Notiz auf f. 274ᵛ: Mercati u. Franchi de' Cavalieri 1923, 323; Devreesse 1965, 9 Anm. 4). Der Kodex befand sich danach unter den Manuskripten von Papst Nikolaus V. (1447–1455): s. Devreesse 1965, 30; Verhelst 1976, I 103. Die Handschrift wurde 1490 von Hermolaus Barbarus (†1493) ausgeliehen: s. Bertòla 1942, 76,17–20: „f. 39aᵛ 4 iunii 1490. Ego Hermolaus Barbarus orator Venetus fateor habuisse ex bibliotheca sanctissimi D.N. (...) Ioannem Alexandrinum Expositionem in Logicam cum expositione Theodori in Posteriora ex papyro [*i. e. Vat. gr.* 246, s. ebd. Anm. 9]".

Bibliographie: Kat.: Mercati u. Franchi de' Cavalieri 1923, 319–324 (Beschr. von Mercati); Verhelst 1976, I 98–103.   Mercati 1924; Wilson 1981, 402; Mondrain 2000, 14; Valente 2020a, 523 f.

Reproduktionen: vollständiges Digitalisat auf der Website der Vatikanischen Bibliothek (<https://digi.vatlib.it/view/MSS_Vat.gr.246>).

Quelle: Beschreibung von Mercati; Autopsie, Juni und September 2014, Oktober 2015.

°Vat. gr. 256

J. 1311/2–1320/21 (ff. 1–218); *13./14. Jh. (ff. 218ᵃ–474)   Papier   *240 × 152 mm
(180 mm nach der Restaurierung; ff. 1–218); *245 × 165 mm (195 mm nach der Restaurierung; ff. 218ᵃ–474)   ff. I, 474 (+ 218a, 389a), I'   *Lin. 19–24 (ff. 1–218); 27–40
(ff. 218a–474)

Lagen: Wegen durchgehender Restaurierung (s. Mercati u. Franchi de' Cavalieri 1923, 337) ist die Struktur der ursprünglichen Lagen nicht mehr erkennbar, denn die Blätter wurden an einen Papierstreifen
(Breite 30/35 mm) im Falz geklebt. Im ersten Teil lässt sich aber anhand der griechischen Kustoden
(oben rechts: α', f. 1ʳ, und von ιβ', f. 89ʳ, bis κβ', f. 169ʳ) feststellen, dass kein Blatt von den ursprünglichen Lagen (Quaternionen) verloren gegangen ist. Im zweiten Teil gab es wohl Kustoden für jede
Schrift, wie Mercati (in Mercati u. Franchi de' Cavalieri 1923, 337) anhand der noch zu erkennenden
Kustoden δ' auf f. 247ʳ (oben rechts) und β' auf f. 352ᵛ (unten links) mit Recht vorschlug. Darüber hinaus
lassen sich ein oder zwei Kreuzchen am oberen Rand (links) jedes ersten Recto ab f. 390ʳ entdecken,
nun z. T. oder vollständig abgeschnitten.

Beschreibstoff: orientalisches Papier.

Inhalt (Auswahl): (ff. 1ʳ–218ᵛ): (ff. 1ʳ–218ʳ) ARISTOTELES, *Metaphysik* I–XIII (Siglum T; s.
Harlfinger 1978, 10 und 12 f.).
Leer: f. 218ᵛ.

(ff. 218aʳ–474ᵛ): (ff. 218aʳ–220ᵛ) SIMPLICIUS, *Kommentar zu Aristoteles' Physik*.
(ff. 221ʳ–295ᵛ Z. 12) ARISTOTELES, *Physik* I–VIII, mit Randscholien und Diagrammen
(s. Mercati u. Franchi de' Cavalieri 1923, 334 f.).   (f. 297ʳ⁻ᵛ) <ANONYMUS>, *Prolegomena in Introductionem arithmeticam Nicomachi*   (ff. 298ʳ–336ʳ) NIKOMACHOS
VON GERASA, *Introductio arithmetica*, mit Randscholien.   (ff. 337ʳ–389ʳ Z. 15)
ARISTOTELES, *De partibus animalium*, Buch I–IV, mit Scholien aus MICHAEL VON
EPHESOS.   (f. 389ʳ Z. 16–389ᵛ) <LIBANIOS>, ἔκφρασις καλανδῶν (s. Foerster 1915, 442,
472–477).   (ff. 390ʳ–421ʳ Z. 8) ARISTOTELES, *De anima*, mit Marginalien.   (ff. 422ʳ–
430ᵛ) <NIKEPHOROS BLEMMYDES>, *De corpore*, unvollständig, ab καὶ ὑπ' ἀλλήλων
παθήσεως (2,23–29,4 Boulesmas) bis zum Ende.   *(ff. 431ʳ–474ᵛ) <NIKEPHOROS
BLEMMYDES>, *Epit. phys.*, Auswahl, (ff. 431ʳ–469ᵛ Z. 32) Kap. 26–32, 6–7, 11, 14–25, 2, 10,
3 (ff. 469ᵛ Z. 33–Ende, 471ʳ Z. 26–472ᵛ Z. 6: am unteren Rand des f. 269ᵛ hat der Schreiber
das Zeichen 9 gesetzt und hinzugefügt ζή(τει) τὸ λεῖπον πρὸ φύλλου ἑνός, am Rand
des f. 471ʳ auf der Höhe des Zeichens 9 ἐνταῦθα σκόπει τὸ λεῖπον τοῦ ζητουμένου),
(ff. 472ᵛ Z. 6–474ʳ Z. 27) 4 (am unteren Rand des f. 474ᵛ Schema zur Diairesis der Philosophie), (f. 470ʳ Z. 1–471ʳ Z. 26) 12 (auf f. 470ʳ liest man πρῶτον ἀναγνωστέον τὸν
λόγον τοῦτ<ον>· ἔπειτα τὸν ὄπισθεν· τὸν περὶ ὄμβρου καὶ χαλάζης καὶ τῶν ἄλλων, d. h.
Kap. 14); die Kap. 1, 5, 8, 9 und 13 wurden nicht abgeschrieben; Diagramme am Ende
von Kap. 30 (f. 439ᵛ) und inmitten von Kap. 17 (f. 453ᵛ).
Leer: ff. 296ʳ⁻ᵛ, 336ᵛ, 389aʳ⁻ᵛ, 421ᵛ, 474ᵛ.

Kopisten: Nach Franchi de' Cavalieri u. Lietzmann 1910, XIV wurde der Kodex entweder von demselben oder zwei zeitgenössischen Schreibern angefertigt. Nach Mercati wurden die zwei Teile von unterschiedlichen Kopisten abgeschrieben; dessen Ansicht teilen auch Turyn (1964, 110 f.) und Mondrain (2006, 371 f.).

A: (Teil 1) ff. 1ʳ–218ʳ: kalligraphische, senkrechte Minuskel. Auf f. 218ʳ fügte der Kopist eine Subscriptio hinzu: τετέλεσται ἡ παροῦσα βίβλος | ἐν ἔτει ͵ϛω' εἰκοστῷ ἐνάτῳ. Das Numerale ‚ἐνάτῳ' wurde aber in schwarzer Tinte von demselben Kopisten nachgetragen (so Mercati), d. h. dass der erste Teil des Kodex a.m. 6820 = a. D. 1311/2 angefertigt und a.m. 6829 = J. 1320/1 von demselben Schreiber durchkorrigiert wurde (s. z. B. ff. 130ᵛ, 134ᵛ, 176ʳ). Darüber hinaus identifizierte Turyn (1964, 111; 1972, 133 mit Taf. 105 und 239c) den Scheiber des *Marc. app. cl.* IV 5 (subskribiert: Dez. 1319) als denjeinigen, der auch den ersten Teil des *Vaticanus* anfertigte. Seine Hypothese wurde von Mondrain (2006, 371 f.) aufgegriffen, indem sie diesem Kopisten auch die ff. 60ʳ–83ᵛ des *Bodl. Barocc.* 204.

*B: (Teil 2) ff. 218aʳ–474ʳ: leicht nach rechts geneigte Gebrauchsschrift; auffällig sind die runden Buchstaben (u. a. Alpha, Omikron, Phi, welche an die sogenannte Fettaugenmode erinnern). Die einzige Ausnahme befindet sich auf f. 417ʳ, wo entweder eine Variante dieser Hand oder ein anderer Schreiber zu erkennen ist (so Mercati u. Franchi de' Cavalieri 1923, 337: „f. 417 subpletum videtur"); die am Rand geschriebenen Marginalien stammen aber üblicherweise von der Hand des Hauptkopisten dieses Teils. Wie Alexander Turyn (ap. Kleinlogel 1977, 759) erkannt hat, handelt es sich um den Schreiber des *Laur. plut.* 32,13 und des *Laur. plut.* 57,23. Der Schreiber gehörte zum Kreis von Demetrios Triklinios; Kleinlogel (2019, 33 Anm. 106) hat außerdem seine Hand in diesem *Vaticanus* sowie im *Vat. Urb. gr.* 92 identifiziert. Zum *Urbinas* s. Stefec 2012a, 114 Anm. 84: „Pap. orient. 13. Jh., 2. Hälfte".

*Schriftspiegel: (Teil 1) 155 × 100 mm; (Teil 2) 170/190 × 115/120 mm.

*Provenienz: Thessaloniki (s. oben *Kopisten*).

*Besitzer: Der Kodex gehörte Bernardo Giustiniani (Venedig, 1408–1489), worauf der Eintrag von Kardinal Bessarion im *Marc. gr.* 188, f. 177ʳ hinweisen könnte: „ὁ μεσὲρ Βερνάρδος Ἰουστινιανὸς ἔχει βιβλίον βαμβίκ(ινον) κοκκινογράμμα ὃ ἐν ἄλλοις ἔχει Βλεμμίδου τὰ φιλόσοφα οὐχ ὁλόκληρα, εἶτα τοῦ περὶ ψυχῆς Ἀριστοτέλους, εἶτα Δεινάρχου (et sequuntur tituli trium orationum), εἶτα Ἀντιφῶντος (et succedunt tituli 15 orationum), εἶτα Λυκούργου κατὰ Λεωκράτους, εἶτα ἔχει τὸ αὐτὸ βιβλίον Λιβανίου μελετάς" (Mioni 1981, 300, Hinweis von Ch. Brockmann und V. Lorusso, 23.11.2016). Wenn die Identifizierung richtig sein sollte, könnte dies die Vermutung aufkommen lassen, dass der oben genannte *Laur. plut.* 32,13 (mit Libaniosreden) ursprünglich eine Einheit mit diesem *Vaticanus* gebildet hat.

Bibliographie: Kat.: Mercati u. Franchi de' Cavalieri 1923, 334–337 (Beschr. von Mercati); Franchi de' Cavalieri u. Lietzmann 1910, XIVf. und Taf. 40; Turyn 1964, 110 f. (Taf. 89 und 186b).

Reproduktionen: vollständiges Digitalisat auf der Website der Vatikanischen Bibliothek: Teil 1, <https://digi.vatlib.it/view/MSS_Vat.gr.256.pt.1>; Teil 2, <https://digi.vatlib.it/view/MSS_Vat.gr.256.pt.2>. Franchi de' Cavalieri u. Lietzmann 1910, Taf. 40 (f. 309ᵛ); Turyn 1964, Taf. 89 (f. 124ʳ) und 186b (f. 218ʳ).

Quelle: Beschreibung von Mercati; Autopsie, Juni und September 2014, Oktober 2015.

°*Vat. gr.* 313

*15. Jh., c. 1430–1440   Papier   220 × 147 mm   ff. II, 114 (+ 73a–c)   Lin. 28
(ff. 1–78), 26–30 (ff. 79–114)

Lagen: 9 × 8 (1–72), 1 × 4 (73–73^c), 4 × 8 (74–105), 1 × 8 + 1 (106–114). Richtige Reihenfolge: 74–114, 1–73^c.   Griechische Kustoden auf dem ersten Recto (unten links) und auf dem letzten Verso (unten rechts) jeder Lage von α′ (f. 1^r) bis ι′ (f. 73^r) sowie auf dem ersten Recto (Mitte) und auf dem letzten Verso (Mitte) von α′ (f. 81^v) bis ε′ (f. 106^r).

Beschreibstoff: Papier mit Wasserzeichen.

Wasserzeichen: Aufgrund der Restaurierung im Falz lassen sich die Wasserzeichen nicht immer leicht identifizieren: (ff. 22, 24, 28, 29) ‚Krone‘, ähnlich ‚Krone 17‘ Harlfinger (J. 1431, *Ambr.* B 128 sup., Kopist: Michael Kalophrenas), ‚Krone 18‘ Harlfinger (J. 1432, *Taur.* C.II.16, Kopist Gregorios Bryennios); (ff. 35, 38) ‚Frucht‘ (s. Briquet 7424: Bayern 1427; ~ Provence 1429, Bruges 1435); ‚Frucht‘ (Mošin/Traljić 383: Würzburg 1428); (ff. 41, 48) ‚Turm‘ (Briquet 15864: Lucca 1419; ~ Pistoia 1415, Udine 1419/20, Roma 1420/32, Palermo 1422, Anversa 1422, Florenz 1422/7, Provence 1436; Briquet 15865: Prato 1427; ~ Pistoia 1430; Mošin/Traljić 501: München 1434; Mošin/Traljić 503 und 504 (Kamenecz, Leßlau, Wladislavie 1420, 1421); (ff. 81, 83, 86, 88) ‚Waage‘ (ähnlich Briquet 2401: Venedig 1437, ~ Bayern 1353, Ungarn 1456, Wien 1457?; ‚Waage 55‘ Harlfinger: J. 1440, *Neap.* III.B.1, Kopist: Ioannes Chandakenos; s. Briquet 2407: München 1474; ~ Venedig 1472); (ff. 90, 101, 112) ‚Dreiberg‘ (cf. Briquet 1427); (ff. 45, 51) ‚Dreiberg‘ (ähnlich ‚Dreiberg 71‘ Harlfinger: J. 1431, *Ambr.* B 128 sup., Kopist: Michael Kalophrenas).

Foliierung: zwei moderne Foliierungen mit arabischen Nummern (oben rechts): die ältere von 1 (f. 1^r) bis 114 (f. 114^r), die jüngere von 1 (f. 74^r), 1^a (f. 75^r), 2 (f. 76^r) bis 40 (f. 114^r) und von 41 (f. 1^r) bis 116 (f. 113^r).

Inhalt: (ff. 74^v–114^v, 1^r–73^r) Nικephoros Blemmydes, *Epit. phys.*: (f. 74^v) Tit. Νικηφόρου μοναστοῦ καὶ πρεσβυτέρου τοῦ κτήτορος εἰσαγογικῆς (sic) ἐπιτομῆς βιβλίον δεύτερον, (f. 1^r) Κυροῦ Νικηφόρου τοῦ Βλεμμίδου; (f. 74^v) Pinax; (ff. 75^r–114^v) Kap. 1–11; (ff. 1^r–73^r Z. 14) Kap. 12–32 mit Diagrammen zu Kap. 17 (f. 15^v) und am Ende von Kap. 30 (f. 65^r).   (f. 74^r) „Praecedunt [...] sententia τοῖς μὲν ἐν κόσμῳ ἀναστρεφομένοις ... καθέστηκε πόλεμος et excerptum <ex prohoemio epitomes logicae Aristotelicae a Georgio Pachymera confectae>, inc. <Γ>εννᾶται παρ' Ἡσίοδο καὶ Ἶρις, des. abrupte οἷον πῶς μαγνῆτις ἕλκει τὸν (ed. Paris. 1548 f. 2^r–2^v lin. 2)" (Mercati).
Leer: ff. I^v, 73^v, 73a–c.

Kopisten: vier kalligraphische Hände mit Einflüssen des ‚Hodegon‘-Stils:

A (ff. 1^r–40^v): <Michael Kalophrenas> (s. *RGK* II 382, III 460).

B (ff. 41^r–73^r);

C (ff. 74^v, 77^v–114^v);

D (ff. 74^r, 75^r–77^r).

Schriftspiegel: (ff. 1ʳ–73ʳ) 170 × 90/95 mm; (ff. 75ʳ–114ᵛ) 145/150 × 85/90 mm.

Illumination: Titel, Kapitelzahlen, Anfangsbuchstaben und Symbole der Tierkreiszeichen in Rot.

*Provenienz: Kreta (s. oben *Kopisten* und S. 41, 87).

Bibliographie: Kat. Mercati u. Franchi de' Cavalieri 1923, 334–337 (Beschr. von Mercati) 464 f.

Quelle: Beschreibung von Mercati; Autopsie, Oktober 2015.

°*Vat. gr.* 314

14. Jh., A.   Papier   210 × 142/148 mm   ff. IV, 311 (+ 9a–b, 14a–b, 27a), I′   Lin. 27–30

Lagen: 1 × 8 (1–8), 1 × 8 – 2 + 2 (9–14b, die urspr. Bl. 2 und 8 wurden abgerissen mit Textverlust, z. T. noch erhalten als ff. 9b und 14a; zwei Blätter wurden bei einer Restaurierung eingefügt: ff. 9a und 14b), 20 × 8 (15–173), 1 × 8 + 2 (174–183, ff. 176–177 vom Kopisten hinzugefügt, um eine Textlücke zu ergänzen), 4 × 8 (184–215), 1 × 8 – 1 (216–222, Bl. 1 verloren gegangen mit Textverlust), 4 × 8 (223–254), 1 × 10 (255–264), 4 × 8 (265–296), 1 × 8 – 1 (297–303, Bl. 1 verloren gegangen mit Textverlust), 1 × 8 (304–311). Einige Blätter aus dem letzten Teil dieses Kodex (nach f. 311) sind jetzt im *Vat. gr.* 2261 (ff. 77–91) und *Vat. gr.* 2645 (f. 66) enthalten: s. Voicu 1999, 30 f., 256, 268.   Griechische Kustoden auf dem ersten Recto (oben rechts) und auf dem letzten Verso (unten rechts) jeder Lage, teilw. abgeschnitten, von α′ (ff. 1ʳ und 8ᵛ), β′ (f. 14aᵛ) bis λθ′ (ff. 304ʳ und 311ᵛ).

Beschreibstoff: Papier mit Wasserzeichen.

Wasserzeichen: ‚Buchstaben GVP' (ohne Gegenstück in den Repertorien).

Foliierung: moderne Foliierung (oben rechts); das Bl. 27a wurde nicht foliiert.

Inhalt: (f. 1ʳ) Exzerpte aus dem Alten Testament, Tit. ἐκλογαὶ διαφόρων ῥητῶν τῆς παλαιᾶς περὶ τῆς ἁγίας τριάδος καὶ τῆς ἐνανθρωπήσεως τοῦ υἱοῦ (s. Mercati u. Franchi de' Cavalieri 1923, 465: „Gen. 1, 1. 3. 26. 27; 3, 22; 18, 1 ss.").   (ff. 1ᵛ–270ᵛ) Nικεφορος Bλεμμυδες, Εἰσαγωγικὴ ἐπιτομή: (ff. 1ᵛ–125ᵛ) *Epit. log.*: (f. 1ᵛ Z. 1 f.) Tit. τοῦ σοφωτάτου πρεσβυτέρου καὶ μοναχοῦ Νικηφόρου τοῦ Βλεμμύδου (ex βρομ-) προοίμιον; (ff. 1ᵛ Z. 3–2ʳ Z. 10) Pinax ohne Kapitelnummer; die Titel der ersten drei Kapitel wurden weggelassen (wie im *Bremensis msc* 0008); (ff. 2ʳ Z. 11–3ʳ Z. 20) *Epit. log.*, Proömium; (ff. 3ʳ Z. 21–125ᵛ Z. 12) Kap. 1–40 ohne Kapitelnummer und mit logischen Diagrammen (unvollständig aufgrund des Verlustes einiger Blätter, s. *Lagen*: verloren gegangen sind Kap. 2, 705a10 von εἴτουν ἐπιδιαιρέσεως bis Kap. 3, 709a11 bis ἔστιν ἐμπειρία – die Reste des geschriebenen Textes auf dem abgerissenen Blatt zwischen ff. 9 und 10 – sowie Kap. 4, 721d1 von ἄλλην bis Kap. 5, 724a13 bis ἐναέριον – Reste des verloren gegangenen Textes auf f. 14aʳ⁻ᵛ; außerdem fehlen einige Wörter in Kap. 22, 869a5–Kap. 23, 872a4 und 873a3–12, da Bl. 72 abgerissen wurde); am Ende des Kompendiums fügte der Schreiber drei Syllogismen hinzu; (ff. 126ʳ–271ʳ Z. 9) *Epit. phys.*: (f. 126ʳ Z. 1 f.) Tit. Νικηφόρου μοναστοῦ

καὶ πρεσβυτέρου τοῦ κτήτορος εἰσαγωγικῆς ἐπιτομῆς βιβλίον δεύτερον; (f. 126ʳ Z. 3–126ᵛ Z. 9) Pinax; (ff. 126ᵛ Z. 9–271ʳ Z. 9) Epit. phys., Kap. 1–32 mit Diagrammen zu Kap. 17 (f. 196ʳ) und am Ende von Kap. 30 (f. 260ᵛ); aufgrund des Verlustes eines Blattes nach f. 215 (s. Lagen) fehlt ein Teil der Kap. 22–23 (1208c16 ἔχον–1209d6 f. ὁμα] λότητα).   (ff. 271ʳ Z. 10–272ᵛ Z. 19) Exzerpt aus einer ἀπόδειξις συλλογιστική, die sich auch im Vat. gr. 282, f. 432ᵛ mit einigen Unterschieden befindet, worauf Mercati hingewiesen hat: inc. αἰτία δι' ἣν τὰ ἑπτάμηνα καὶ ἐννεάμηνα ζωογονεῖται, τὰ δὲ ὀκτάμηνα οὔ κτλ.   (f. 271ᵛ Z. 20–311ᵛ) Exerpte aus JOHANNES CHRYSOSTOMOS' Briefen (s. Mercati u. Franchi de' Cavalieri 1923, 465 f., Voicu 1999, 30 f.).
Leer: ff. 9a, 14b.

Kopisten: Der Kodex wurde von einem einzigen Schreiber mit einer dunkelbraunen Tinte kopiert: *Er benutzte eine informelle, leicht nach rechts geneigte Schrift mit wenigen Merkmalen des sogenannten Beta-Gamma-Stils (z. B. ff. 134ʳ, 137ᵛ, 138ʳ). *Ein Duktus- bzw. Handwechsel befindet sich auf f. 307ʳ Z. 23 (ἡμῖν καὶ)–307ᵛ Z. 15 (ὑπερβαίνουσαν μέτρον). Korrekturen und Ergänzungen weggelassener Textstellen vom Kopisten am Rand und auf eingefügten Blättern (ff. 176–177).

*Schriftspiegel: 165 × 105 mm.

Illumination: Die geplanten Rubrizierungen fehlen; der Titel in Rot auf dem oberen Rand des f. 23ʳ (περὶ φωνῆς) wurde noch von einer weiteren Hand nachgetragen.

*Provenienz: Zypern? Überlieferungsgeschichtlich gehört der Kodex zur ,zypriotischen Familie'; auch die verwendete dunkelbraune Tinte könnte einen weiteren Hinweis für die Anfertigung des Kodex auf dieser Insel darstellen.

Bibliographie: Kat.: Mercati u. Franchi de' Cavalieri 1923, 465 f. (Beschr. von Mercati)   Valente 2016a, 18 f.

Quelle: Beschreibung von Mercati; Autopsie, Oktober 2015.

°Vat. gr. 315
13./14. Jh.   Papier   264 × 180 mm   ff. II, 190, IV'   *Lin. 23–31 (ff. 1–80), 25–29 (ff. 81–190)

Lagen: 23 × 8 (1–184), 1 × 8 – *2 (185–190, Bl. 7–8 verloren gegangen mit Textverlust). Richtige Reihenfolge 1–96, 113–120, 97–112, 121–190 (s. unten Kopisten).   Griechische Kustoden (in schwarzer und roter Tinte) auf dem ersten Recto (unten rechts) jeder Lage von πρῶτον (f. 1ʳ)/αʹ (f. 8ᵛ), δεύτερον (f. 9ʳ) bis ιβʹ (f. 89ʳ). Nachdem die Lagen in der falschen Reihenfolge gebunden wurden, schrieb eine spätere Hand einige Kustoden an den unteren Rand von f. 97ʳ (ιγʹ), f. 105ʳ (ιδʹ) und f. 113ʳ (ιεʹ); auf dem f. 76ʳ (oben rechts) liest man ιαʹ.

Beschreibstoff: orientalisches Papier (nur eine Papiersorte).

Wasserzeichen: Auf den Deckblättern, die mit dem letzten Einband hinzugefügt wurden, erkennt man auf f. I' ‚Leiter' (ähnlich Briquet 5927: Salzburg 1525; ~ Pisa 1533) und auf f. III' ‚Vogel' (ähnlich Briquet 12235: Neapel 1513; ~ Rom 1534/6, Sermonetta 1536).

Foliierung: moderne Foliierung (oben rechts).

Inhalt: (ff. 1ʳ–190ᵛ) NIKEPHOROS BLEMMYDES, Εἰσαγωγικὴ ἐπιτομή: (ff. 1ʳ–73ᵛ Z. 13) *Epit. log.*: (f. 1ʳ) Tit. Νικηφόρου μοναστοῦ καὶ πρεσβυτέρου τοῦ Βλεμίδου εἰσαγωγικῆς ἐπιτομῆς βιβλίον πρῶτον (den Namen Βλεμίδου hat ein späterer Kopist nachgetragen; die ursprüngliche Lesart wurde radiert); (f. 1ʳ Z. 3–1ᵛ 9) Pinax; (ff. 1ᵛ Z. 9–2ʳ Z. 18) Proömium; (ff. 2ʳ Z. 18–73ᵛ Z. 13) Kap. 1–40 mit Schemata; s. Mercati u. Franchi de' Cavalieri 1923, 466: „In logica desunt schemata singulis cc. ab ed. addita, desunt numeri capitum non nullorum (ex. gr. 23–25, 30, 31), alii vero haud recte adpositi sunt (1–13, 15–18)“; die Kapitelangaben wurden von einer späteren Hand nachträglich ergänzt; (ff. 73ᵛ Z. 14–190ᵛ) *Epit. phys.*: (f. 73ᵛ Z. 14) Tit. Νικηφόρου μοναστοῦ καὶ πρεσβυτέρου τοῦ Βλεμίδου εἰσαγωγικῆς ἐπιτομῆς βιβλίον δεύτερον (wie in der *Epit. log.* hat ein späterer Schreiber den Namen Βλεμίδου nachgetragen, nachdem die ursprüngliche Lesart radiert wurde): (ff. 73ᵛ Z. 15–74ʳ Z. 5) Pinax; (ff. 74ʳ Z. 5–190ᵛ) Kap. 1–32, unvollständig aufgrund des Verlustes der beiden letzten Blätter (von 1316d6–Ende).
Leer: ff. 135ᵛ–136ʳ. Auf Bl. 154ᵛ wurden nur sieben Zeilen geschrieben, weil die Schrift des Recto durchschimmert und so die Lesbarkeit hätte beeinträchtigen können.

Kopisten: Zwei zeitgenössische Kopisten:

A (ff. 1ʳ–80ᵛ): *senkrechte, gelegentlich nach rechts geneigte, meist bilineare Gebrauchsschrift; eine Variation im Duktus auf den ff. 15ᵛ, 17ʳ Z. 6–18ᵛ.

B: (ff. 81ʳ–190ᵛ): *leicht nach rechts geneigte, eher kalligraphische Minuskel mit einigen auffälligen Ligaturen (z. B. γαρ, Tau + Vokale).

Eine weitere Hand hat gelegentlich übersprungene Textstellen nachgezogen: s. z. B. ff. 150ʳ Z. 4 v.u., 156ʳ am Rand.

Schriftspiegel: (ff. 1ʳ–80ᵛ) 205 × 125 mm; (ff. 81ʳ–190ᵛ) 190/200 × 120/125 mm.

Illumination: Anfangsbuchstaben, Kapitelnummer und Anfangsbuchstaben im Pinax, einige Titel in Rot.

Entstehung: *Der *Vat. gr.* 315 wurde von zwei anonymen Schreibern in demselben Atelier und aus ein und derselben Vorlage realisiert: Der Kopist B hat die Arbeit des ersten fortgeführt; dies lässt sich auch anhand einer Reklamante auf dem unteren Rand des f. 80ᵛ erkennen, wo der Kopist B das Wort ποιοῦντος geschrieben hat, mit dem der Text auf der nächsten Lage weitergeht (Kap. 4, 1053c4). Der Kopist A kann aber seinerseits für die Zusammenstellung des Kodex verantwortlich gewesen sein, denn er restaurierte die richtige Reihenfolge der durcheinandergeratenen Lagen (d. h. ff. 1–96, 113–120, 97–112, 121–190): s. seine Bemerkung auf f. 96ᵛ am unteren Rand: ἀπὸ τῶν ἐνταῦθα ἐνηλλάγησαν τὰ τετράδια, καὶ ζήτει τὰ παρόμοια σημεῖα ἔμπροσθεν, ὄπισθεν· καὶ εὑρήσεις κατ' ὄρδινα τὸ εὐθὲς τοῦ γράμματος. Die jeweiligen Zeichen findet man eben auf ff. 96ᵛ, 97ʳ, 112ᵛ, 113ʳ, 120ᵛ und 121ʳ. Dieses Problem könnte sich ergeben haben, als die Lagen zum ersten Mal zusammengebunden wurden, sehr wahrscheinlich noch in dem Skriptorium, wo der Kodex angefertigt wurde. Dieser Schreiber dürfte außerdem den vom Kopisten B weggelassenen Satz am Rand des f. 97ᵛ ergänzt haben. Der Entstehungsort des Kodex lässt sich aber nicht genauer feststellen.

Bibliographie: Mercati u. Franchi de' Cavalieri 1923, 466 f. (Beschr. von Mercati).

Quelle: Beschreibung von Mercati; Autopsie, Oktober 2015.

Vat. gr. 434

13. Jh., E.   Papier (außer ff. 1–4: Pergament)   260 × 190 mm   ff. (I +) III, 236, II'
Lin. 23–45 (ff. 5ʳ–155ᵛ), 28–37 (ff. 156ʳ–213ᵛ: *Epit. phys.*), 26–35 (ff. 214ʳ–221ᵛ), 29–34 (ff. 222ʳ–228ᵛ), meist 27–29 (ff. 229ʳ–236ᵛ)

Lagen: 1 × 4 (1–4), 1 × 6 – 1 (5–9, möglicherweise Bl. 6 abgeschnitten ohne Textverlust; richtige Reihenfolge: 5, 8, 6, 7), 18 × 8 (10–153), 1 × 8 – 2 (154–159, Bl. 3 und 7 verloren gegangen mit Textverlust), 6 × 8 (160–200; richtige Reihenfolge: 160–199, 207, 201–206, 200), 1 × 8 – 2 (208–213, Bl. 1 und 8 verloren gegangen mit Textverlust: Bl. 1 enthielt einen Teil von *Epit. phys.* Kap. 12, s. unten *Inhalt*; Bl. 8 war wohl urspr. leer), 1 × 8 (214–221), 1 × 8 – 1 (222–228, Bl. 8 abgeschnitten ohne Textverlust), 1 × 8 (229–236). Richtige Reihenfolge: 1–4, 5, 8, 6, 7, 9–116, 118, 117, 119–199, 207, 201–206, 200, 208, 209–236.   Griechische Kustoden vom Kopisten B auf dem ersten Recto (unten links) und auf dem letzten Verso (unten rechts): <α'> (f. 10ʳ), β' (ff. 18ʳ und 25ᵛ), ϛ' (ff. 50ʳ und 57ᵛ), ζ' (ff. 65ᵛ), η' (f. 66ʳ, rubriziert), ια' (ff. 90ʳ und 97ᵛ), ιβ' (f. 98ʳ), ιγ' (f. 106ʳ), <ιδ'> (f. 114ʳ), <ι>ε' (f. 122ʳ), ιϛ' (130ʳ), ι<ζ'> (ff. 138ʳ und 145ᵛ), ιη' (f. 146ʳ), ιθ' (f. 154ʳ), κα' (ff. 168ʳ und 175ᵛ), κγ' (ff. 184ʳ und 191ᵛ), κδ' (ff. 192ʳ und 199ᵛ), κε' (f. 207ʳ). Auf f. 1ʳ (unten Mitte) wurde von einer späteren Hand α' hinzugefügt. Lagensignierung mit arabischen Ziffern auf dem ersten Recto unten Mitte von 2 (f. 5ʳ) bis 35 (*sic*, statt 32: f. 229ʳ).

Beschreibstoff: Papier ohne Wasserzeichen, außer ff. 1–4 aus Pergament. In Mossay 1996, 39 findet sich folgender Hinweis: „ff. 1–2 e codice quodam saec. XII auulsa et rescripta, sed scriptura antiquior paene periit"; da aber keine Spur mehr von der älteren Schrift zu erkennen ist, kann nicht ausgeschlossen werden, dass es sich nur um unbenutzte Pergamentblätter handelt.

Liniierung: V 22A1 Leroy/Sautel (gleiche Liniierung wie im *Mutin.* α.S.5.5 (gr. 122); im *Vat. gr.* 434 ist die oberste Linie im heutigen Zustand nur auf wenigen Blättern erkennbar).

Schriftspiegel: stark unterschiedlich, z. B.: 210 × 135 mm (f. 11ʳ), 220 × 135 mm (f. 42ᵛ), 190 × 140 mm (f. 157ʳ), 20 × 135 mm (f. 187ʳ), 200 × 125 mm (f. 215ʳ), 205 × 135 mm (f. 224ʳ).

Foliierung: moderne Foliierung (oben rechts).

Inhalt: (ff. 1ʳ–2ʳ Z. 23) GREGOR VON NAZIANZ, Rede 1, Osterrede (*Patrologia Graeca* 35, 396–401), Tit. (f. 1ʳ) τοῦ ἐν ἁγίοις πατρὸς ἡμετέρων Ἰωάννου ἀρχιεπισκόπου Κωνσταντινουπολ(ιτάνου) τοῦ θεολόγου λόγος εἰς τὸ ἅγιον Πάσχα καὶ εἰς τὴν βραδύτητα· εὐλόγησον πάτερ:– λόγος α'.   (f. 2ʳ Z. 24–2ᵛ Z. 6) GREGOR VON NAZIANZ, Rede 45, Osterrede, Anfang (*Patrologia Graeca* 36, 624, bis b3 θάνατος καταλύεται),

Tit. (f. 2ʳ Z. 24) λόγος δεύτερος τοῦ αὐτοῦ εἰς τὸ ἅγιον Πάσχα.　　(f. 2ᵛ, unten) <ANONY-MUS>, Kleinchronik zur Pest in Konstantinopel und Adrianopel im Jahr 1361–1362 (Text bei Devreesse 1937, 163; Gallavotti 1955, 348 f.; Schreiner 1977, II 612 (Nr. 44); s. auch den Kommentar auf S. 290 zur Chronik 7,14; s. auch Congourdeau 1998, 153).　　(ff. 3ʳ–4ʳ) *Technopägnien* mit Randkommentar von MANUEL HOLOBOLOS versehen: (f. 3ʳ) Das Beil des Simias, (f. 3ᵛ) der Altar des Dosiades, (f. 4ʳ⁻ᵛ Z. 7) der Altar des Besantinos (s. Strodel 2002, 310–313 mit Literatur).　　(f. 4ᵛ) Sechs Moralsentenzen.　　(ff. 5ʳ–155ᵛ) BASILIUS VON CAESAREA, 325 Briefe: (ff. 5, 8, 6, 7, 9ʳ) zwei Pinakes; (f. 9ᵛ Z. 1–9) Erklä-rung der Bedeutung von Marginalsymbolen zum Text des Gregorius von Nazianz (<𝌀>, Helios; ✕, Asteriskos; ♌, ὡραῖον; ση(μείωσαι)); (ff. 10ʳ–155ᵛ) Briefe (s. Devreesse 1937, 162 f. für Einzelangaben).　　(ff. 156ʳ–213ᵛ) <NIKEPHOROS BLEMMYDES>, *Epit. phys.*, erste Auflage (s. Lackner 1981b; s. oben S. 8–15): Kap. 1 (ff. 156ʳ–157ᵛ Z. 26), 2 (ff. 157ᵛ Z. 26–158ʳ Z. 24, nach f. 157 fehlt ein Blatt, s. oben *Lagen*: von 1033a9 μὲν καθόλου bis 1037c7 παρόντος), 4 (ff. 158ʳ Z. 24–160ᵛ Z. 15), 5 (ff. 160ᵛ Z. 16–164ᵛ Z. 8), 6 (ff. 164ᵛ Z. 8–167ʳ Z. 4), 7 (ff. 167ʳ Z. 4–167ᵛ: Ende der 20. Lage und ‚:– +‘ nach dem letzten Wort des Kapitels), 8 (ff. 168ʳ–169ʳ Z. 10: Beginn der 21. Lage; der Schreiber ließ am Anfang drei Zeilen unbeschrieben, als würde hier ein neuer Text anfangen und als sei deshalb Platz für einen Titel nötig: s. oben S. 12), 9 (ff. 169ʳ Z. 10–171ʳ Z. 16), 10 (ff. 171ʳ Z. 16–172ʳ Z. 12), 3 (ff. 172ʳ Z. 12–174ʳ Z. 26), 11 (ff. 174ʳ Z. 26–177ᵛ Z. 19), 24 (ff. 177ᵛ Z. 19–181ʳ Z. 22), 25 (ff. 181ʳ Z. 23–183ᵛ Z. 18), 28 (ff. 183ᵛ Z. 19–186ʳ Z. 25), 29 (ff. 186ʳ Z. 25–189ʳ Z. 5), 30 (ff. 189ʳ Z. 5–190ᵛ Z. 22), 26 (ff. 190ᵛ Z. 22–192ʳ Z. 9), 27 (ff. 192ʳ Z. 9–195ʳ Z. 11), 31 (ff. 195ʳ Z. 11–195ᵛ Z. 4), 16 (ff. 195ᵛ Z. 5–196ᵛ Z. 23), 17 (ff. 196ᵛ Z. 24–198ʳ), 18 (ff. 198ᵛ–199ᵛ, 207ʳ Z. 4: f. 199ᵛ Z. 19 Tit. ἔτι περὶ σεισμῶν, 1177b3–d6: Es handelt sich dabei um zwei Kapitel, die in der finalen Fassung zusammengefügt wurden: s. oben S. 9), 19 (ff. 207ʳ Z. 4–207ᵛ, 201ʳ–201ᵛ Z. 17), 20 (ff. 201ᵛ Z. 17–202ʳ Z. 22), 21 (ff. 202ʳ Z. 22–203ᵛ Z. 30), 22 (ff. 203ᵛ Z. 31–206ᵛ Z. 8), 23 (ff. 206ᵛ Z. 8, 200ʳ Z. 30), 12 (ff. 200ʳ Z. 30–200ᵛ, 208ʳ–208ᵛ Z. 6; nach f. 200 fehlt ein Blatt: Die Lücke betrifft 1129b13 (von ἀκτίνων τῇ γῇ)–1133a9 (bis ψυχόμενον), 13 (ff. 208ᵛ Z. 6–210ʳ Z. 2), 14 (ff. 210ʳ Z. 3–212ᵛ Z. 23), 15 (ff. 212ᵛ Z. 23–213ᵛ).　　(ff. 214ʳ–221ᵛ) <MICHAEL PSELLOS>, Σύνοψις τῶν τριῶν σχημάτων ἤτοι ψιλὴ τῶν συλλογισμῶν εἴδησις καὶ ἐπιπόλαιος (= *Vat. gr.* 244, ff. 133ᵛ–137ʳ: s. Mercati u. Franchi de' Cavalieri 1923, 315; Moore 2005, 248 f. [PHI. 20, Nr. 22]).　　(ff. 222ʳ–228ᵛ) HERON VON ALEXANDRIA, *Definitio-nen*.　　(ff. 229ʳ–236ᵛ) <ANONYMUS>, *Paraphrasis der Ὀρνιθικά des Dionysios* (s. Garzya 1963, XI, XVII); ohne Titel, der Text ist unvollständig (*om.* II 8–17 [S. 29,3–34,17], *des.* 37,3 γλυκύτερον); Abschrift des *Par. gr.* 1843, ff. 54–59 (s. unten): s. Papathomopoulos 1971, 237 f. mit Anm. 1.
Marginalien, meist vom Kopisten B, mit Korrekturen und Ergänzungen.
Leer: –

Kopisten: Der Kodex wurde von mehreren Schreibern angefertigt, die zu einem Schreiberkreis gehör-ten, wie der häufige Handwechsel, auch innerhalb einer Zeile bzw. eines Wortes, belegt. Die Ähnlich-keiten im Duktus einzelner Buchstaben und Ligaturen weisen ebenfalls auf ein gemeinsames Milieu hin. Einige Hände zeigen außerdem starke Einflüsse der sogenannten Fettaugenmode sowie Ähnlich-keiten mit dem Duktus von zeitnahen Urkunden. Es lassen sich vierzehn Schreiber unterscheiden, aber es ist nicht auszuschließen, dass einige Hände nur kursive oder kalligraphische Varianten ein und desselben Schreibers darstellen.

Der Schreiber B ist außerdem derselbe, der als Hauptschreiber im *Mutinensis* α.S.5.5 (gr. 122; III D 3) tätig war; sein Schreibstil wurde von Harlfinger (1996, 48 mit Taf. 19) mit demjenigen des Pachymeres verglichen („übrigens ist der Schreibstil des älteren Hauptkopisten im bekannten Portrait-Kodex des Johannes Zonaras [...] dem Pachymeres nicht unähnlich"). S. Valente 2020a, 520 mit Anm. 21; zum Modena-Kodex s. auch *Biblioteca Estense* 1987, 90 f. (bes. Taf. XLII, Farbe).

Im *Vaticanus* benutzten alle Schreiber dieselbe braunschwarze Tinte; Titel, Anfangsbuchstaben, Brief- bzw. Kapitelnummer sowie einige Marginalien sind in Rot, meist vom Kopisten B nachgetragen (Ausnahmen sind diejenigen von C auf ff. 35ᵛ–36ʳ, I auf f. 77ʳ, M auf f. 222ʳ⁻ᵛ sowie N auf ff. 229ʳ–236ᵛ).

Die Arbeit der Schreiber lässt sich folgendermaßen einteilen:

A: ff. 1ʳ–2ᵛ (kursive Variante auf f. 2ʳ, s. f. 220ᵛ), 11ʳ Z. 14 (παρέχεται)–Ende, 217ʳ, 220ᵛ Z. 1–9 (οὐ δυνατὸν) und Z. 14–Ende, 223ʳ. Gebrauchsschrift mit starken Unterschieden in Duktus und Größe. Auf f. 1ʳ (unten Mitte) liest man den Anrufung †Κύριε ἐμοὶ τῷ αμαρτωλῶ (s. Mossay 1996, 539)

B: ff. 3ʳ–11ʳ Z. 14 (ἐρημία), 11ᵛ–14ʳ Z. 29 (φωνὴν), 14ᵛ–18ʳ Z. 5 (κατασεισθέν), 18ᵛ Z. 19, 19ʳ Z. 23 (οὔτε ἑαυτοὺς)–19ᵛ Z. 1 (ἀναγιγνωσκομένης), 20ᵛ Z. 14 (οὐκ ἄλλόν τις)–15, 23ᵛ, 24ᵛ Z. 17–26ʳ Z. 10, 29ᵛ Z. 8 (ἐν ἦ)–30ʳ Z. 12, 30ᵛ Z. 10 (καθέζομαι)–22, 31ʳ Z. 14–Ende, 31ᵛ Z. 1 (πλὴν ἀλλ᾽ ἐβουλόμην)–32ʳ Z. 1, 34ᵛ Z. 1–6, 36ʳ Z. 26 (-σεβεία)–29, 37ʳ–42ᵛ Z. 17 (ἀπολε-), 43ᵛ–50ᵛ Z. 4 (ἐθέλωσιν ἀπὸ), 51ʳ–53ᵛ, 54ʳ Z. 7–55ʳ Z. 27, 55ᵛ Z. 7 (περιστάσει)–61ʳ, 62ʳ–62ᵛ Z. 23 (ἐλεεινότατον), 63ʳ Z. 6–63ᵛ, 64ʳ Z. 10 (τούτων)–65ʳ Z. 8 (ὁμηλίκων), 65ʳ Z. 25 (-σα ταῖς ἀναγωγοις)–66ʳ, 67ᵛ, 68ᵛ Z. 1–7, 69ʳ–69ᵛ Z. 5, 70ʳ Z. 1 (ἐφ᾽ ὅσον)–18 (διηγούμενος), 71ʳ Z. 22–74ᵛ Z. 18, 75ᵛ–76ʳ, 83ʳ Z. 1–12, 84ʳ–84ᵛ, 86ʳ–87ᵛ Z. 24, 88ᵛ Z. 5 (οἱ ὑπὲρ)–93ᵛ Z. 15, 94ᵛ–95ʳ Z. 3 (ἀποθνήσκει), 95ᵛ, 96ᵛ–101ᵛ Z. 23 (-μωτάτω), 102ᵛ–103ʳ Z. 14, 103ᵛ Z. 16–106ʳ Z. 6 (υἱὸς), 106ᵛ–107ᵛ Z. 14, 108ᵛ–109ʳ Z. 7 (ἐπαγόμενα), 109ᵛ letzte Z.–110ʳ l. 6 (θειότης), 111ʳ Z. 1–6 (λέγοντος), 111ᵛ Z. 5–112ᵛ, 113ᵛ Z. 21 (τοῖς ἀνθρώποις)–114ʳ, 115ᵛ Z. 13–117ᵛ, 118ᵛ Z. 10–121ʳ, 122ᵛ–124ʳ Z. 3, 130ᵛ Z. 11–146ᵛ, 147ʳ Z. 20–155ʳ, 156ʳ–170ᵛ Z. 7, 170ᵛ Z. 10 (μέτρον ὑπάρχων)–188ʳ, 189ʳ–215ʳ, 216ʳ–216ᵛ, 217ᵛ–220ʳ, 220ᵛ Z. 9 (οὐκοῦν)–13, 221ᵛ, 222ᵛ Z. 9 (σημεῖον ἀπὸ)–Ende, 225ᵛ Z. 22–227ʳ Z. 22, 228ʳ–228ᵛ. Der Hauptschreiber des *Vaticanus* (sowie des oben erwähnten *Mutinensis* α.S.5.5 [gr. 122]) benutzt eine sehr kursive, unordentliche, nach rechts geneigte Gebrauchsschrift mit gelegentlichen Merkmalen der Fettaugenmode und des Beta-Gamma-Stils.

C: ff. 14ʳ Z. 29 (ἡμῶν ἀλλὰ)–Ende, 20ᵛ Z. 16–Ende, 23ᵛ, 33ʳ–34ʳ, 34ᵛ Z. 7–35ʳ Z. 35 (πλείονος), 35ᵛ–36ʳ Z. 26 (τῇ θεοσε-), 36ʳ Z. 30–36ᵛ, 61ᵛ, 62ᵛ Z. 23 (ὅτι καὶ)–63ʳ Z. 5, 66ᵛ, 67ᵛ–68ʳ, 76ᵛ. Senkrechte, kalligraphische Minuskel mit gelegentlichen Fettaugen-Elementen (u. a. Epsilon, Omikron, Sigma, Ypsilon, Psi, Omega) im Gegensatz zu kleinen, bilinearen Buchstaben (z. B. Epsilon, Theta, Lambda, Rho u.a.m.); breiter Zeilenabstand.

D: ff. 18ʳ Z. 5 (ὧ)–18ᵛ Z. 18, 21ʳ–21ᵛ Z. 20, 22ʳ Z. 20 (πολύχρωμος)–31 (ἀναλογίσασθαι), 22ᵛ Z. 24–Ende, 24ʳ, 26ᵛ Z. 18–27ᵛ Z. 5, 28ʳ Z. 23 (πῶς οὖν)–28ᵛ Z. 4, ff. 54ʳ Z. 1–6. Senkrechte, gelegentlich leicht nach rechts geneigte Gebrauchsschrift mit kalligraphischen Ansprüchen; starke Unterschiede im Duktus von kleinen, bilinearen Buchstaben und großen Gamma, Delta, Tau sowie Zirkumflexen.

E: ff. 18ᵛ Z. 20–19ʳ Z. 23 (ἐναβρύνεσθαι), 19ᵛ Z. 1 (ἐθαύμασα)–20ᵛ Z. 14 (λόγος), 21ᵛ Z. 21–22ʳ Z. 20 (διῄρηται), 22ʳ Z. 31 (τὰς μὲν)–22ᵛ Z. 24 (ἔχει), 24ᵛ Z. 1–16, 26ʳ Z. 11–26ᵛ Z. 17, 27ᵛ Z. 6–28ʳ Z. 23 (δυνήθησαν), 28ᵛ Z. 5–29ᵛ Z. 8 (μακαρίζοντες), 30ʳ Z. 13–30ᵛ Z. 10 (πολιτείας), 30ᵛ Z. 23–31ʳ Z. 13, 31ᵛ Z. 1 (-μέγεθος), 32ʳ Z. 2–32ᵛ, 35ʳ Z. 35 (σπουδῆς)–Ende, 64ʳ–64ᵛ Z. 10 (ἀνακληθῆναι), 65ʳ Z. 8 (ποθεινὸς)–25 (πάθη ὅ-), 85ʳ–85ᵛ, 87ᵛ Z. 25–88ʳ Z. 5 (προστιθέμενοι), 106ʳ (ἡμῶν)–Ende, 111ʳ Z. 6 (π(άτ)ερ)–111ᵛ Z. 4, 113ʳ–113ᵛ Z. 21

(συγχωρῆσαι), 170ᵛ Z. 8–10 (χρόνος ἐστὶ). Gebrauchsschrift mit starken Unterschieden im Duktus (mal kursiver, mal ruhiger) und in der Größe, mit charakteristischen Buchstaben, Ligaturen (u. a. Alpha/Epsilon-Xi, Tau-Omikron, Epsilon-Iota mit Zirkumflex, Epsilon-Phi, Alpha-Lambda(-Lambda)) und Abkürzungen (γάρ, καί).

F: ff. 42ᵛ Z. 17 (-λειπται)–43ʳ. Senkrechte, unordentliche und zusammengedrängte Schrift; möglicherweise eine Variante von Kopist E.

G: ff. 50ᵛ Z. 4 (ἀνεξετάστου)–Ende, 55ʳ Z. 28–55ᵛ Z. 7 (περιτυχὼν), 128ʳ–130ᵛ Z. 10. Senkrechte Gebrauchsschrift mit starken Unterschieden im Duktus.

H: 68ᵛ Z. 8–Ende, 70ʳ Z. 18 (τὸ μεγαλοπρεπὲς)–71ʳ Z. 21, 75ʳ, 82ʳ Z. 1–7. Senkrechte Gebrauchsschrift.

I: ff. 69ᵛ Z. 6–70ʳ Z. 1 (λοιδορίαις), 74ᵛ Z. 19–Ende, 77ʳ–81ᵛ, 82ʳ Z. 8–82ᵛ, 83ʳ Z. 13–83ᵛ, 93ᵛ Z. 16–Ende, 95ʳ Z. 3 (πόσῳ)–Ende, 96ʳ, 101ᵛ Z. 23 (ἀδελφῷ)–102ʳ, 103ᵛ Z. 1–15, 126ᵛ–127ᵛ. Senkrechte oder leicht nach rechts geneigte, unordentliche Gebrauchsschrift, die sich durch häufige Stilwechsel sogar auf demselben Blatt (z. B. f. 81ʳ) sowie durch kursive und gelegentliche Fettaugen-Elemente (in Beta, Omega und runden Buchstaben, u. a. Alpha, Epsilon, Omikron, Sigma, Ypsilon) kennzeichnen lässt. Eine geübte Hand, wohl mit Kanzleihintergrund. Besondere Ligaturen: Pi/Tau-Omega(-Ny) und Omega-Ny, καί. Eine eher kalligraphische Variante auf f. 79ʳ Z. 1–17 und ff. 93ᵛ, 95ʳ, 96ʳ, 101ᵛ–102ʳ.

J: ff. 103ʳ Z. 15–Ende, 107ᵛ Z. 15–108ʳ, 109ʳ Z. 7 (μηδεαντερεῖν [sic])–109ᵛ Z. 24, 118ʳ–118ᵛ Z. 9, 121ᵛ–122ʳ, 125ʳ–126ʳ. Meist senkrechte Gebrauchsschrift mit starken Unterschieden im Duktus von bilinearen Buchstaben und schmalen hohen Gamma, Delta, Sigma, Tau u. a. mit breitem Zeilenabstand.

K: ff. 110ʳ Z. 6 (εἰ οὖν εἰς πλῆθος)–110ᵛ, 114ᵛ–115ᵛ Z. 12, 124ʳ Z. 4–124ᵛ, 155ᵛ, 188ᵛ. Senkrechte oder leicht nach rechts geneigte, kleinformatige Gebrauchsschrift mit auffälligen Fettaugen-Elementen in den runden Buchstaben (bes. ab f. 124ʳ) sowie mit hohen, gelegentlich gebeugten Gamma, Delta und Tau.

L: f. 147ʳ Z. 1–19. Senkrechte, kalligraphische Minuskel mit Präferenz für Majuskel-Epsilon. Wohl eine Variante eines anderen Schreibers dieses Manuskripts.

M: ff. 222ʳ–222ᵛ Z. 9 (φέρεταί τι), 223ᵛ–225ᵛ Z. 21, 227ʳ Z. 23–227ᵛ. Senkrechte, gelegentlich leicht nach links geneigte Minuskel mit Unterschieden im Duktus. Fraglich ist, ob es sich um eine Variante von B handelt.

N: ff. 229ʳ–236ᵛ. Senkrechte Minuskel mit kalligraphischen Ansprüchen. Es kann eine Variante von A darstellen. Der Text wurde zwischen den Zeilen von B korrigiert.

Spätere Schreiber: Eine spätere Hand fügte auf f. 2ᵛ (unten) die Kleinchronik zur Pest ein; demselben Schreiber können die materiellen Restaurierungen einiger beschädigter Blätter samt Nachtragung des Textes (ff. 60ʳ⁻ᵛ Z. 1–5, 61ʳ⁻ᵛ Z. 1–5, 62ʳ⁻ᵛ Z. 1–5, 63ʳ Z. 1–6, 63ᵛ 1–5, 64ʳ Z. 1–4, 64ᵛ 1–3, 65ʳ Z. 1–4, 65ᵛ Z. 1–3, 66ʳ Z. 1–4) sowie einige Marginalien (z. B. ff. 21ʳ, 23ᵛ) zugeschrieben werden. – Auf f. Iᵛ liest man die Einträge ‚73‘ und ‚ep(isto)le Basilij et alior(um) et opus physicu(m)‘, die Devreesse 1937, 165 dem Scriptor der Biblioteca Vaticana Viviano Brunori (tätig bis zum Jahre 1563) zuschreiben möchte; derselbe Schreiber ergänzte auch zwei Zeilen auf f. 155ᵛ. – Leone Allacci schrieb den Pinax auf f. IIʳ⁻ᵛ. – Giovanni Tortelli fügte den Titel „Ep(isto)le basilij trece(n)tę q(ui)nquagi(n)ta" auf f. 4ᵛ hinzu (s. Devreesse 1937, 165).

Entstehung: Wie die materielle Struktur des Manuskripts zeigt, stellen die Basiliosbriefe sowie die *Epitome physica* von Blemmydes die ursprünglichen Bestandteile dar. Die Pinakes der Briefe wurden nicht in die Lagensignierung einbezogen (zu diesem Phänomen, s. Gamillscheg 2006, 29 f.). Später wurde das Manuskript mit drei zusätzlichen Lagen in demselben Schreiberkreis erweitert (ff. 214ʳ–221ᵛ, <Psellos>; ff. 222ʳ–228ᵛ, Heron; ff. 229ʳ–236ᵛ, Paraphrasis). Der Text der letzten Lage wurde von einem Schreiber angefertigt, der sonst nicht am *Vat. gr.* 434 beteiligt war; die Hand B revidierte auch diese Kopie und fügte *variae lectiones* bzw. Korrekturen zwischen den Zeilen oder am Rand hinzu (s. z. B. f. 229ʳ Z. 15 *ad* Dion. auc. I 1, S. 2, 3 Garzya ἀρχούσης C *in textu*, ἐπελθούσης C *s. l. cum rell. codd.*). Da die Schreiber A und B auch an der ersten Lage mit den Osterreden des Gregor von Nazianz und mit den Technopägnien beteiligt waren, gehört auch dieser Teil zu demselben Schreiberkreis. Der Kommentar von Holobolos (*PLP* 21047) auf den ff. 3ʳ–4ʳ bietet den *terminus post quem* zumindest für die Anfertigung dieser Lage.

Provenienz: Konstantinopel? Die Hand B ist der Hauptschreiber des *Mutinensis* α.S.5.5 (gr. 122; Johannes Zonaras, *Epitome historiarum*, mit Kaiserportraits); sein Entstehungsort ist ebenfalls unbekannt. Der Text der Paraphrase der Ὀρνιθικά von Dionysios wurde nach Papathomopoulos 1971, 237 f. (s. oben) vom *Par. gr.* 1843, ff. 54ʳ–59ʳ abgeschrieben (dieser Teil des Kodex stammt aus der zweiten H. des 13. Jh.: s. die ausführliche Beschreibung von Diether Roderich Reinsch mit Literatur und Nachträgen bei <https://cagb-db.bbaw.de/handschriften/handschrift.xql?id=51469> sowie das Digitalisat bei Gallica: <https://gallica.bnf.fr/ark:/12148/btv1b10511052n>).

Besitzer: Der Kodex entspricht der Nr. 53 des Inventars der Bibliothek von Papst Nikolaus V. (1447–1455), das von Cosme de Montserrat, aus dem Gefolge von Alfonso Borgia, dem künftigen Papst Kalixt III. († 08.08.1458), verfasst wurde (s. Devreesse 1965, 15). Im Jahre 1813 wurde das Manuskript zusammen mit anderen aus der Vatikanischen Bibliothek im Rahmen der napoleonischen Enteignungen nach Paris geschickt (s. die Stempel der Bibliothèque nationale de France auf ff. IIᵛ, 1ʳ und 236ᵛ); 1817 wurde es der Vatikanischen Bibliothek zurückgegeben. S. dazu *Recensio manuscriptorum codicum qui ex universa Bibliotheca Vaticana selecti iussu Dni. nri. Pii VI. Pont. M. prid. Id. Iul. An. CIƆIƆCCLXXXXVII procuratoribus Gallorum iure belli, seu pactarum induciarum ergo, et initae pacis traditi fuere [...]*, Leipzig 1803, 58 Nr. 237; Jouve 1923, 28–46; Grafinger 2000; Rita 2012, 23 ff.).

Bibliographie: Kat.: Devreesse 1937, 162–165.   Lackner 1981b; Valente 2020a, 519 f., 860–862 (Taf. 1–3: ff. 87ʳ, 198ʳ, 188ᵛ); ders., Winds 233–244.

Reproduktionen: Valente 2020a, 860–862 (Taf. 1–3: ff. 87ʳ, 198ʳ, 188ᵛ).

Quelle: Autopsie, Mai und September 2014; Oktober 2015.

°*Vat. gr.* 495

11. Jh. (alter Bestand) / 14. Jh. (Restaurierung)   Pergament   246/250 × 190/198 mm (alter Bestand; die restaurierten Blätter sind von unterschiedlicher Größe)   ff. I, 239, Iʹ (Restaurierung: ff. 2–14, 18–27, 36, 76–92, 139, 217–238)   Lin. 26–27 (alter Bestand), 30–45 (Restaurierung)

*Lagen (inklusive Restaurierung: ff. 2–14, 18–27, 36, 76–92, 139, 217–238): 1 × 8 (2–9), 1 × 4 (10–13), 1 × 4 – 1 (alter Bestand) + 3 (14–19: ff. 15–17 gehören zum alten Bestand, während die neuen Blätter bei der Restaurierung hinzugefügt wurden), 1 × 8 (20–27; = 1 × 4 [ff. 20 und 25–27] + 1 × 4 [ff. 21–24]),

1 × 8 − 1 + 1 (35), 6 × 8 (43–83), 1 × 10 − 1 (84–92, Bl. 4 abgeschnitten ohne Textverlust), 5 × 8 (93–132), 1 × 8 − 1 + 1 (133–140, Bl. 7 verloren gegangen, der Text wurde auf dem hinzugefügten Blatt ergänzt), 9 × 8 (141–212), 1 × 4 (213–216), 1 × 8 (217–224), 1 × 4 (225–228), 1 × 10 + 1 (229–239, das letzte Blatt gehört zu einer alten Hs., s. *Inhalt*). Griechische Kustoden (teilw. abgeschnitten) im alten Bestand vom Kopisten auf dem ersten Recto (unten links): δ′ (f. 51ʳ), ε′ (f. 60ʳ), ϛ′ (f. 68ʳ), ια′ (f. 93ʳ), ιβ′ (f. 101ʳ), ιδ′ (f. 117ʳ), ιε′ (f. 125ʳ), ιϛ′ (f. 133ʳ), ιζ′ (f. 141ʳ), ιη′ (f. 149ʳ), ιθ′ (f. 157ʳ), κ′ (f. 165ʳ), κα′ (f. 173ʳ), κβ′ (f. 181ʳ), κγ′ (f. 189ʳ), κδ′ (f. 197ʳ), κε′ (f. 205ʳ), κϛ′ (f. 213ʳ).

Beschreibstoff: Pergament (die Bl. 2–14, 18–27, 36, 76–92, 139, 217–238 sind palimpsestiert). Das Pergament stammt „aus mindestens vier älteren Handschriften des 10. bis 12. Jahrhunderts" (Harlfinger *et al.* 2006, 145 und 157 f.).

*Liniierung (alter Bestand): X 23C1.

Foliierung: zwei durchgehende moderne Foliierungen mit arabischen Zahlen, die ältere am oberen Rand (rechts), die jüngere am unteren Rand (rechts) gestempelt, der hier nach dem Katalog gefolgt wird. Die ältere zählt das erste Papierblatt mit dem Pinax von Winckelmann als ‚I', in der jüngeren ist sie dagegen als Bl. ‚1' mitgezählt. Reste älterer Foliierungen sind ebenso erhalten.

Inhalt (Restaurierung, Auswahl): (f. 2ʳ) Tit. rubr. + ἐνθάδε τὸν περίπατον σκόπει τὸν τῆς σελήνης mit Diagramm. (f. 2ᵛ) Auszüge aus NIKEPHOROS BLEMMYDES, *Epit. phys.*, Kap. 24,8; *24,7; *24,8 f.; *24,11–15; 27,2; 27,3; *14,3; 16,10−*13; 17,3, Tit. Νικηφόρου (μον)αχ(οῦ) καὶ πρ(ε)σ(βυτέρ)ου τοῦ Βλεμύδ(ου). (f. 13ʳ) Zwei Windrosen. (f. 14ʳ) Zwei Diagramme: (oben) Schema der Tierkreiszeichen und (unten) Zeichnung der Mondfinsternis (s. *Stutt. cod. theol. et phil.* 2° 108, f. 154ᵛ). (ff. 230ᵛ Z. 9–238ᵛ Z. 4) <NIKEPHOROS BLEMMYDES>, *Epit. phys.*, Auszüge ohne Gesamttitel: (ff. 230ᵛ Z. 9–232ʳ) Kap. 17 mit Diagramm (f. 232ʳ) sowie Kommentar dazu (f. 232ᵛ Z. 1–5, s. oben S. 98 f. zum *Stutt. cod. theol. et phil.* 2° 108), (ff. 232ᵛ Z. 6–233ᵛ Z. 28) 18, (ff. 233ᵛ Z. 19–234ʳ) 20, (ff. 234ᵛ–237ᵛ) 32 mit Diagramm (f. 237ᵛ), (f. 238ʳ⁻ᵛ Z. 4) 31. (f. 239ᵛ) Zeichnung/Diagramm der elf φαύσεις des Mondes.
*(Die Annahme von Devreesse 1937, 318, nach der die ff. 7ᵛ–8ʳ „summaria atque scholia ex Nicephori Blemmidae epitomis logica et physica magnam partem deprompta" seien, lässt sich nicht bestätigen; die Quellen dieser Exzerpte sind noch zu identifizieren).

Kopisten: alter Bestand: kalligraphische, bilineare Minuskel im Rahmen der Perlschrift.

*Neuer Bestand: <Gabriel>, Mönch und Oikonomikos (*PLP* 3426; identifiziert von Pérez Martín 1996, 340 f.; Canart 2008a, 44 mit Literatur), vielleicht Mitglied der Familie Kritopoulos (s. Mondrain 2008, 125 f.; s. nun Mitrea 2014, 198 Anm. 7 mit Literatur; Pérez Martín 2020, 496 Anm. 12). Das Pergament stammt „aus mindestens vier älteren Handschriften des 10. bis 12. Jahrhunderts" (Harlfinger *et al.* 2006, 157 mit der Beschreibung des Inhalts).

*Schriftspiegel: (alter Bestand) 175/180 × 125/140 mm; in den restaurierten Blättern ist der Schriftspiegel sehr unregelmäßig auch aufgrund der unterschiedlichen Größe des Beschreibstoffes.

Provenienz: Wo der alte Bestand angefertigt wurde, ist unklar. Mitte des 14. Jh. befand sich aber der Kodex im konstantinopolitanischen Kloster des Hl. Georgios von Mangana, wo er restauriert wurde (s. oben *Kopisten* und S. 97).

Bibliographie: Kat.: Devreesse 1937, 316–321.

Reproduktionen: Pérez Martín 1996, Taf. 21 (f. 86ʳ).

Quelle: Beschreibung von Devreesse; Autopsie, Oktober 2015.

°*Vat. Barb. gr.* 226

J. 1471/2   Papier   300 × 220 mm   ff. (III) I, 3–70 (+ 54bis), III′   Lin. 31–33 (zwei Spalten)

Lagen: 1 × 4 ([I]–I), 1 × 10 – 1 (3–11, Bl. [1+] 2 fehlt mit Textverlust), 6 × 10 (12–70), 1 × 4 – 1 (I′–III′; diese Lage wurde mit dem letzten Einband eingefügt, aber nicht foliiert; das letzte Blatt wurde an den hinteren Deckel angeklebt).   Griechische Kustoden auf dem ersten Recto (oben rechts) jeder Lage von β′ (f. 12ʳ), γ′ (f. 22ʳ), δ′ (f. 32ʳ), ε′ (f. 42ʳ) und ϛ′ (f. 61ʳ). Ein Kreuz ist auf f. 32ʳ (oben Mitte) zu sehen. Reklamanten am Ende jeder Lage vom Kopisten unter der rechten Spalten. Jüngere Lagensignierung auf dem ersten Recto (unten rechts) auf den ff. 12ʳ (δ′), 22ʳ (ε′), 32ʳ (ϛ′), 42ʳ (ζ′), 52ʳ (η′) und 61ʳ (θ′).

Beschreibstoff: Papier mit Wasserzeichen.

Wasserzeichen: Nach Mogenet sind die folgenden Papiersorten benutzt worden: (ff. 3–10) ‚Bogen‘ (ähnlich Briquet 812, Mailand 1470); (ff. 11–50, 61–70) ‚Waage‘ (ähnlich Briquet 2472, Venedig 1464, Var.: Salzburg 1463/5, Hongrie 1466, Eferding 1466, Bruck-sur-la-Murg 1467, Graz 1468, Straubing 1468, Bayern 1468, Weimar 1471, Catania 1473; *s. Piccard Waage 218, 1467); (ff. 51–60) ‚Schere‘ (ähnlich Briquet 3676, Venedig 1473).

Inhalt: (ff. Iᵛ⁻ʳ, 3ʳ⁻70ᵛ) Nɪᴋᴇᴘʜᴏʀᴏs Bʟᴇᴍᴍʏᴅᴇs, *Epit. phys.* (unvollständig): (f. Iᵛ⁻ʳ Sp. a) Anfang der *Epit. phys.* aus der Wegelin-Ausgabe (von F. Arcudi ergänzt, s. *Kopisten*), Kap. 1 (1024b1–1028a2 ἔοικε δὲ ἡ ἀρχὴ παντὸς συνεχοῦς κτλ.); (f. Iʳ Sp. 2, Z. 1–6 und 6–13) Ergänzungen zum abgerissenen f. 11: εἰς τὴν κύκλῳ–οὐκ ἔχουσι [[κατ]] γένος (1061a8–13) und γένεσις δὲ προτέρα–ἄνθρωπος ὤν κτλ. (1064c2–8); (f. 3ʳ–70ᵛ) Kap. 1 (-κε δὲ ἡ ἀρχὴ παντὸς συνεχοῦς usw.)–31 (1028a2–1301d10), mit Marginalien, Schemata und Diagrammen zu Kap. 17 (f. 38ʳ Sp. a) und am Ende von Kap. 30 (f. 69ᵛ). Leer: ff. (I–III)ʳ⁻ᵛ, (I′–III′)ʳ⁻ᵛ.

Kopisten: Georgios <Laurezeos>, Rhetor und Priester aus Supersano (Lecce, Apulien) (*RGK* III 141); s. die Subscriptio in Zwölfsilbern auf f. 70ᵛ (τέλος ἤδε φέρει γε τῆς βίβλου φίλοι | ξυσμὴ παροῦσα, χειρός τε Γεωργίου | ἀναξίου ῥήτορος κοιόλου Σεπλεσζάνων | ἔτος ἑξακισχίλιον τότε τρέχον | καὶ συνεννακόσιον ἵνα μὴ σφάλῃ | καὶ ὀγδοήκοστον ἀπὸ τῆς τοῦ κόσμου | κτίσεως ἔχον τε καὶ ἴνδικτος ἔκτη). S. außerdem die Anmerkung des Schreibers auf f. 69ʳ, nach dem Ende von Kap. 30: λείπ(ει) τοῦ τέλους δύο κεφά(λαια), περὶ κενοῦ καὶ τὸ περὶ τῆς ἐξηγήσεως τοῦ ὀγδόου ψαλμοῦ. διὸ καὶ προστίθενται ἔμπροσθεν. Das Kap. 31 wurde auf f. 70ʳ⁻ᵛ abgeschrieben, das Kap. 32 aber wurde nie ergänzt.

Spätere Hände: Auf dem unteren Rand des f. 3ʳ liest man „Io Chᶜᵒ Pietro petracha [perracha] fui prezente | della terra di Sternatia fui prezente" („forte probatio calami" laut Mogenet 1989, 71). Auf f. Iʳ⁻ᵛ Restaurierung von <Francesco Arcudi> (1596–1641, s. Lucà 2007, 44 f. mit Anm. 12 f.) anhand des von Wegelin gedruckten Textes der *Epit. phys* (1605b).

Schriftspiegel: zwei Spalten, jeweils 190/205 × 70 mm.

Illumination: Titel, Anfangsbuchstaben, Marginalien und Symbole in roter Tinte vom Kopisten.

Provenienz: Terra d'Otranto (s. oben *Kopisten*).

Bibliographie: Kat.: Mogenet 1989, II 70 f.   Wiesener u. Victor 1971–1972, 59; Arnesano 2008, 30; Jacob 2004, 759 f.; Lucà 2007; Arnesano 2015; Valente 2016a, 16–32; ders. 2020b, 492–495.

Reproduktionen: vollständiges Digitalisat auf der Website der Biblioteca Apostolica Vaticana (<https://digi.vatlib.it/view/MSS_Barb.gr.226>); *RGK* III 141, Taf. 77 (f. 6ᵛ).

Quelle: Beschreibung von Mogenet; Autopsie, Oktober 2015, Oktober 2016.

°*Vat. Barb. gr.* 246

*J. 1494 (März–November)   Pergament   305 × 215/220 mm   ff. II, 137 (+ 3a, 43a, 72a), Iʳ   Lin. 30

Lagen: 4 × 10 (1–39), 1 × 10 – 2 (40–46, die Bl. 2 und 9 sind verloren gegangen mit Textverlust), 9 × 10 (47–135), 1 × 2 (136–137). Die Pergamentblätter wurden nach dem ,Gregory'-Gesetz geordnet.   Griechische Kustoden auf dem letzten Verso (Mitte) jeder Lage von αᵒᵛ (f. 9ᵛ), βᵒᵛ (f. 19ᵛ), γᵒᵛ (f. 29ᵛ), δᵒᵛ (f. 39ᵛ), ηᵒᵛ (f. 46ᵛ), θᵒᵛ (f. 56ᵛ) bis ιζᵒᵛ (f. 135ᵛ). Wie Mogenet richtig erkannt hat, sind drei Lagen zwischen der aktuellen vierten und fünften verloren gegangen. Auf dem Recto (unten rechts) wurden die Blätter jeder Lage foliiert (jetzt fast überall abgeschnitten): s. z. B. f. 68ʳ (β′ ιαᵒᵘ, zweites Blatt der 11. Lage) und f. 70ʳ (δ′ ιαᵒᵘ, viertes Blatt der 11. Lage).

Beschreibstoff: Pergament von hoher Qualität mit wenigen Ausnahmen (z. B. ff. 104ᵛ–105ʳ, 136ᵛ–137ᵛ).

Liniierung: 41C1/41D1 Leroy-Sautel.

Foliierung: moderne Foliierung mit Bleistift (oben rechts); die ff. 3a, 43a, 72a wurden nicht nummeriert.

Inhalt: (ff. 1ʳ–136ᵛ) Nᴉᴋᴇᴘʜᴏʀᴏs Bʟᴇᴍᴍʏᴅᴇs, Εἰσαγωγικὴ ἐπιτομή: (ff. 1ʳ–45ᵛ) *Epit. log.*: (f. 1ʳ⁻ᵛ Z. 6) Pinax, πίναξ τῆς ἐπιτομῆς τοῦ πρώτου βιβλίου Βλεμίδου: Der Pinax umfasst 41 Kapitel, weil der Titel von Kap. 6 aufgeteilt und als 6 (περὶ αἱρέσεως) und 7 (τίς ἡ τῆς φιλοσοφίας διαίρεσις) gekennzeichnet wurde; (ff. 1ᵛ Z. 7–9) Tit. Νικηφόρου μοναστοῦ καὶ πρεσβυτέρου Βλεμίδου εἰσαγωγικῆς ἐπιτομῆς βιβλίον πρῶτον; (ff. 1ᵛ Z. 10–2ᵛ Z. 6) Proömium; (ff. 2ᵛ Z. 7–45ᵛ) Kap. 1–40; der Text ist unvollständig aufgrund des Verlustes zweier Blätter (s. oben *Lagen*): ff. 2ᵛ Z. 10–39ᵛ, Kap. 1–22,13 οὕτω μὲν οὖν ἐν ἀψύχοις (692a–848b); f. 40ʳ⁻ᵛ, Kap. 38,3 ἡγούμενον· τὲ δὲ καὶ ζῷον–12 καὶ ἀμέσως μὲν (973a–977a); ff. 41ʳ–45ᵛ, Kap. 37,2 καὶ τὸ καθ' αὑτὸ ἀγαθὸν–40,8 καὶ ἐφ' αὑτῶν ἀληθεύει τὸ ἓν

(981a–1001c); wie im Pinax wurde das Kap. 6 auch im Text zweigeteilt; (ff. 46ʳ–136ᵛ)
Epit. phys., Kap. 1–32, unvollständig auch aufgrund des Verlustes einiger Blätter (von
1025a7 ἔ]νεκα· ὡς ἡ νίκη–1317d8 ὅθεν Ἀφροδίτης οἶκος (zu Kap. 32, s. oben S. 61 f.);
Diagramme zu Kap. 17 (f. 89ʳ) und am Ende von Kap. 30 (f. 130ᵛ).
Leer: ff. Iʳ⁻ᵛ, 137ʳ⁻ᵛ, I′ʳ⁻ᵛ.

Kopisten: <Demetrios Damilas> (identifiziert von Canart 1977/1979, 315; s. *RGK* I 93, II 127, III 160) wie
im *Laur. plut.* 71,8. In roter (nun teilw. verblasster) Tinte sind Titel, Anfangsbuchstaben und Kapitelnummern geschrieben.

*Schriftspiegel: 195 × 105 mm.

Illumination: Die vorgesehene Illumination wurde nicht ausgeführt (s. oben S. 60 Anm. 241 und
Valente 2016a, 34 mit Anm. 83).

Bibliographie: Kat.: Mogenet 1989, II 96 f.   Canart 1977/1979, 315; Valente 2016a, 32–37.

Reproduktionen: vollständiges Digitalisat auf der Website der Vatikanischen Bibliothek (<https://digi.
vatlib.it/view/MSS_Barb.gr.246>).

Quelle: Beschreibung von Mogenet; Autopsie, Oktober 2015.

Vat. Urb. gr. 59
16. Jh., 2. H.   Papier   300 × 210 mm   ff. I, 203, I′   Lin. 29

Lagen: 1 × 8 – 6 + 4 (6: nur zwei Bl. der urspr. ersten Lage sind noch erhalten, und zwar die heutigen
Bl. 2 und 5; Bl. 1, 3, 4 und 6 wurden nachträglich ergänzt; ihre Reihenfolge ist aber durcheinander-
geraten und ist folgendermaßen zu rekonstruieren: 1–2, 5–6, 3–4), 24 × 8 (7–198), 1 × 8 – 3 (199–203;
Bl. 6–8 abgeschnitten ohne Textverlust).   Griechische Kustoden vom Kopisten auf dem letzten
Recto (unten Mitte) jeder Lage von β′ (f. 14ᵛ), γ′ (f. 22ᵛ) bis κε′ (f. 198ᵛ).

Beschreibstoff: Papier mit Wasserzeichen (nicht überprüft).

Foliierung: moderne Foliierung mit Bleistift (oben rechts).

Inhalt: (ff. 1ʳ–203ᵛ) NIKEPHOROS BLEMMYDES, Εἰσαγωγικὴ ἐπιτομή: (ff. 1ʳ–97ʳ) *Epit.
log.*; der Verlust einiger Blätter in der ersten Lage (s. oben *Lagen*) betrifft Titel, Pinax,
Proömium und Anfang von Kap. 1 (bis 692a4 ἡ ἀρχή) sowie Teile von Kap. 1 und 2
(von 696c11 ἐπουσιωδῶν bis 704d11 μυρία); der Text wurde im Laufe des 17. Jh. nachträglich ergänzt (s. unten); (f. 1ʳ Z. 1–2) Tit. Νικηφόρου μοναστοῦ καὶ πρεσβυτέρου
τοῦ Βλεμμίδου εἰσαγωγικῆς ἐπιτομῆς βιβλίον πρῶτον; (f. 1ʳ Z. 3–1ᵛ Z. 24) Proömion;
(ff. 1ᵛ Z. 24–97ʳ) Kap. 1–40; auf dem f. 97ᵛ hat der Kopist in Rot τέλος τῆς εἰσαγωγικῆς
ἐπιτομῆς Βλεμίδου τοῦ πρώτου βιβλίου geschrieben; (ff. 98ʳ–203ᵛ) *Epit. phys.*: (f. 98ʳ
Z. 1 f.) Tit. Νικηφόρου μοναστοῦ καὶ πρεσβυτέρου τοῦ Βλεμίδου εἰσαγωγικῆς ἐπιτομῆς
βιβλίον δεύτερον; (f. 98ʳ Z. 3–98ᵛ Z. 3) Pinax; (ff. 99ʳ–203ᵛ Z. 20) Kap. 1–32 (unvoll-

ständig) mit Diagrammen zu Kap. 17 (f. 151^v) und am Ende von Kap. 30 (f. 197^r); das Kap. 32 ist unvollständig und endet mit den Worten ὅθεν Ἀφροδίτης οἶκος (1317d8), s. oben S. 61 f.

Kopisten: Der Kodex wurde von einem einzigen Kopisten angefertigt. Paläographisch lässt er sich als <Manuel Moros> (*RGK* I 252, II 348, III 417 [Identifizierung, ff. 2^{r-v}, 5^{r-v}, 7^r–203^v]) identifizieren, der auch den *Ambr.* B 109 sup. (ff. 1^r–50^r Z. 5), den *Bodl. Barocci* 106 (ff. 126^r–259^v) sowie den *Bodl. Canon. gr.* 83 kopierte (s. oben S. 131, 144, 147). Die Ergänzungen der verloren gegangenen Blätter am Anfang des Manuskripts (ff. 1^{r-v}, 3^r–4^v, 6^{r-v}) wurden von einer Hand aus dem 16. Jh. (so Stornajolo) durchgeführt.

Schriftspiegel: 215 × 120 mm.

Provenienz: Italien (s. oben *Kopisten*).

Bibliographie: Kat.: Stornajolo 1895, 65.

Reproduktionen: vollständiges Digitalisat auf der Website der Biblioteca Apostolica Vaticana: <https://digi.vatlib.it/view/MSS_Urb.gr.59>.

Quelle: Autopsie, Januar 2018.

Vat. Urb. gr. 60
13. Jh., letztes V. (vor 1293, ff. 1–146); 13./14. Jh. (ff. 147–215)　　Papier　　260 × 194 mm
ff. I, 216, I′　　Lin. 23–26 (ff. 1^r–146^v), 23–27 (ff. 147^r–215^r), 18 (f. 216^v)

Lagen: 27 × 8 (1–216).　　Griechische Kustoden (teilw. abgeschnitten) auf dem ersten Recto (unten Mitte) und auf dem letzten Verso (unten Mitte) jeder Lage von α′ (ff. 1^r und 8^v) bis κζ′ (f. 209^r).

Beschreibstoff: Papier ohne Wasserzeichen.

Foliierung: moderne Foliierung mit Bleistift (oben rechts).

Inhalt: (ff. 1^r–215^r Z. 15) Nikephoros Blemmydes, Εἰσαγωγικὴ ἐπιτομή: (ff. 1^r–92^v Z. 6) *Epit. log.*: (f. 1^r Z. 1 f.) Tit. Νικηφόρου μοναστοῦ καὶ πρεσβυτέρου τοῦ Βλεμμίδου εἰσαγωγικῆς ἐπιτομῆς βιβλίον πρῶτον; (f. 1^{r-v} Z. 16) Pinax; (ff. 2^{r-v} Z. 25) Proömium; (ff. 2^v Z. 26–92^v Z. 6) Kap. 1–40 mit Schemata und Marginalien; (ff. 92^v Z. 7–215^v Z. 15) *Epit. phys.*: (f. 92^v Z. 7 f.) Tit. Νικηφόρου μοναστοῦ καὶ πρεσβυτέρου εἰσαγωγικῆς ἐπιτομῆς βιβλίον δεύτερον; (ff. 92^v Z. 8–93^r Z. 10) Pinax; (ff. 93^r Z. 10–215^r Z. 15) Kap. 1–32 mit Diagrammen zu Kap. 17 (f. 146^r) und am Ende von Kap. 30 (f. 205^r).　　(f. 216^v) „Troparia tria in S. Timotheum" (Stornajolo).
Leer: ff. 215^v–216^r.

Kopisten: Drei Kopisten vom Ende des 13. bzw. Anfang des 14. Jh. sind im Kodex zu erkennen (s. auch Stornajolo und Stefec):

A (ff. 1ʳ–146ᵛ): senkrechte, ungeordnete Minuskel z. T. mit kalligraphischen Ansprüchen; auffällig sind einige aneinander geschriebene Buchstaben (z. B. φα, φθ) und Unterschieden im Duktus. Benutzt wurde eine schwarzbraune Tinte;

B: (ff. 147ʳ–215ʳ): senkrechte, kalligraphische, eher bilineare Minuskel in schwarzbrauner Tinte;

C (f. 216ᵛ): zeitgenössische bzw. etwas spätere Hand; informelle, nach links geneigte Gebrauchsschrift.

Die Tätigkeit des Kopisten A lässt sich paläographisch und textkritisch auf das Ende des 13. Jh. datieren (*terminus ante quem* ist der *Bodl. Barocc. gr.* 133, d. h. vor dem J. 1293, s. oben S. 49–51), diejenige des Kopisten B wohl zwischen das 13. und 14. Jh. Kürzlich hat Stefec (2012a, 111 Anm. 66) eine Datierung zwischen dem Ende des 13. und dem Anfang des 14. Jh. für den gesamten Kodex vorgeschlagen; vorher hatte Stornajolo ihn ins 14. Jh. datiert. Die Hand des Kopisten C datierte Stornajolo dagegen ins 15. Jh.
Spätere Hände: Stefec (2012a, 111 Anm. 66) erkennt in diesem Manuskript „Marginalien verschiedener Hände des 14./15. Jahrhunderts, darunter (fol. 76ᵛ–78ᵛ, 80ᵛ–81ᵛ) <Ioannes Argyropulos> (RGK III, 101 f., Nr. 263, mit unvollständigen Angaben)"; die Hand von Argyropulos wurde schon von Canart 2008a, 50 erkannt.

Schriftspiegel: (ff. 1ʳ–146ᵛ) 175/180 × 125/130 mm; (ff. 147ʳ–215ʳ) 170/185 × 130/140 mm.

Besitzer: Johannes Argyropulos annotierte den Kodex, der wohl zu der Sammlung von Palla Strozzi gehörte (s. Stefec 2012a, S. 111, 112 Anm. 71).

Bibliographie: Kat. Stornajolo 1895, 65 f.   Canart 2008a, 50; Stefec 2012a, 111 Anm. 66, 112 Anm. 71.

Reproduktionen: vollständiges Digitalisat auf der Website der Biblioteca Apostolica Vaticana: <https://digi.vatlib.it/view/MSS_Urb.gr.60>.

Quelle: Autopsie, Oktober 2015.

Venedig, Biblioteca Nazionale Marciana

°*Marc. gr.* Z. 264 (coll. 758)
13./14. Jh.   Papier   248/250 × 167/173 mm   ff. (II), 365 (301 übersprungen), (I′)
Lin. 26 (ff. 1ʳ–14ᵛ), *23–26 (ff. 15ʳ–357ᵛ), 28–29 (ff. 359ʳ–365ᵛ)

*Lagen: Das Manuskript besteht aus drei kodikologischen Einheiten: (a) 1 × 8 – 2 (1–6, Bl. 1–2 verloren gegangen mit Textverlust), 1 × 8 (7–14); (b) 40 × 8 (15–335), 1 × 6 (336–341), 2 × 8 (342–357); (c) 1 × 8 (358–365).   (ff. 1ʳ–14ᵛ): griechische Kustoden vom Kopisten auf dem ersten Recto (unten Mitte), erhalten ist nur diejenige auf f. 7ʳ (β′); (ff. 15ʳ–357ᵛ): griechische Kustoden vom Kopisten auf dem ersten Recto (oben rechts bzw. unten links ab γ′) von α′ (f. 15ʳ, in Rot), β′ (f. 23ʳ), γ′ (f. 31ʳ), δ′ (f. 39ʳ), ε′ (f. 47ʳ), ϛ′ (f. 55ʳ), <ζ> (f. 63ʳ), η′ (f. 71ʳ), θ′ (f. 79ʳ), ι′ (f. 87ʳ), ια′ (f. 95ʳ); (ff. 359ʳ–365ᵛ): keine Kustoden. Am unteren Rand der ff. 30ᵛ, 31ʳ, 38ᵛ, 62ᵛ und 63ʳ sind wegradierte bzw. durchgestrichene Notizen erkennbar, die auf eine durcheinandergeratene Reihenfolge der Lagen hinweisen: Beispielsweise kann man auf f. 30ᵛ noch Folgendes lesen: [...] ἀκολουθίαν τοῦ λόγου ὁ ἀναγινώσκων [...] τριῶν τετραδίων ἢ φύλλα κδ´ [...]

τρίτον κατὰ λήθην ἐτέθη τετράδιον ἔνθα καὶ τὸ παρὸν ἐτέθη σημεῖον ☾. Diese Anmerkungen wurden nach der Wiederherstellung der richtigen Reihenfolge möglicherweise gelöscht (s. auch unten *Foliierung*).

Beschreibstoff: orientalisches Papier.

Foliierung: oben rechts; *die erste Lage wurde in moderner Zeit umgedreht eingebunden, wie die doppelte Foliierung auf ff. 361–365 zeigt: Neben der regelmäßigen Seitenangabe befindet sich auf dem Verso am unteren Rand (links) die Nummer 360 (f. 364ᵛ) bis 365 (f. 359ᵛ); das letzte Verso (f. 365ᵛ) wurde darüber hinaus umgedreht benutzt für eine partielle Abschrift des f. 264ᵛ.

Inhalt (Auswahl): (Teil 2) (ff. 15ʳ–246ᵛ) NIKEPHOROS BLEMMYDES, Εἰσαγωγικὴ ἐπιτομή: (ff. 15ʳ–118ʳ) *Epit. log.*: (f. 15ʳ) Tit. Νικηφόρου μοναστοῦ καὶ πρεσβυτέρου τοῦ Βλεμμίδου εἰσαγωγικῆς ἐπιτομῆς βιβλίον πρῶτον; (f. 15ʳ⁻ᵛ) Pinax; (f. 16ʳ⁻ᵛ Z. 21) Proömium; (ff. 16ᵛ Z. 21–118ʳ) Kap. 1–40 mit Diagrammen; (ff. 118ᵛ–246ʳ) *Epit. phys.*: (f. 118ᵛ) Tit. Νικηφόρου μοναχοῦ καὶ πρεσβυτέρου τοῦ Βλεμμίδου εἰσαγωγικῆς ἐπιτομῆς βιβλίον δεύτερον; (f. 118ᵛ–119ʳ Z. 6) Pinax; (ff. 119ʳ Z. 6–246ʳ) Kap. 1–32 mit Diagramm am Ende von Kap. 32, wobei die Windrose und die Tierkreiszeichen kombiniert wurden. Das geplante Diagramm zu Kap. 17 wurde vom Kopisten trotz des frei gelassenen Raumes (f. 179ᵛ [Abb. 7]) nicht abgeschrieben; der Schreiber A hat zu einem späteren Zeitpunkt eine andere Zeichnung ergänzt.

Kopisten: Mioni 1981, 380 unterscheidet vier Schreiber in diesem Manuskript (A: ff. 1ʳ–14ᵛ; B: ff. 15ʳ–357ᵛ; C: f. 358; D: ff. 359ʳ–365ᵛ). Giacomelli (s. unten *Literatur*) zählt ebenfalls vier Schreiber auf, aber unterschiedlich aufgeteilt (A: ff. 1ʳ–14ᵛ, 358ʳ–365ʳ; B: ff. 15ʳ–246ʳ, 247ʳ–357ᵛ; C: f. 358ᵛ; D: f. 365ᵛ):

*A (ff. 1ʳ–14ᵛ; *359ʳ–365ᵛ): eine leicht nach rechts geneigte, kleinformatige und informelle Hand vom Anfang des 14. Jh.; eine kalligraphischere Variante auf ff. 13ʳ–14ᵛ. Dieser Schreiber benutzt eine hellbraune Tinte für den Text, eine weinrote/violette Tinte für die rubrizierten Anfangsbuchstaben, Titel, Marginalien und Diagramme. Dieser Hand dürfte auch das Diagramm auf f. 179ᵛ (Abb. 7) sowie die Anmerkungen zur richtigen Reihenfolge der Lagen auf ff. 30ᵛ, 31ʳ 62ᵛ und 63ʳ zugeschrieben werden.

*B (ff. 15ʳ–246ʳ, 247ʳ–357ᵛ): rechtsgeneigte, kleinformatige Minuskel mit ‚Fettaugen'-Elementen vom Ende des 13. Jh. bzw. aus dem ersten Jahrzehnt des 14. Jh. Titel, Anfangsbuchstaben, Diagramme und Symbole der Tierkreiszeichen in Rot. Diese Hand hat den Blemmydes-Teil abgeschrieben. Einige Randnotizen mit Korrekturen und Ergänzungen, z. T. vom Kopisten des Haupttextes.

Schriftspiegel: (Teil 1) 175/180 × 105/110 mm, (Teil 2) 170/180 × 100/110 mm, (Teil 3) 177/180 × 120/130 mm.

Besitzer: Auf ff. 357ᵛ und 358ʳ wurde der Vermerk λογοθέτου τοῦ Βαλσαμῶνος geschrieben. Wie Giacomelli anmerkt, „il personaggio potrebbe corrispondere al Manuele Balsamone, Logoteta della grande Chiesa a CP nel 1400–1401 (PLP 2118)". Der Kodex gelangte später in den Besitz von Kardinal Bessarion (Nr. 401) und war mit dem *Marc. gr.* Z. 266 zusammengebunden. Auf f. 246ᵛ ist ein Monokondylon zu lesen: s. dazu Giacomelli: „nel f. 246ᵛ è presente un monocondilio decifrato da P. Eleuteri, che vi riconosce il nome del patriarca Giorgio Gennadio Scolario (m. 1472)".

Bibliographie: Kat.: Mioni 1981, 380 f.; Beschreibung von C. Giacomelli (November 2017) bei CAGB-Online: <https://cagb-db.bbaw.de/handschriften/handschrift.xql?id=69735>.

Quelle: Autopsie, März 2016.

°*Marc. gr.* Z. 528 (coll. 777)

ca. J. 1330–1340   Papier   210/215 × 135/145 mm   ff. (II), 507 (48 übersprungen), *(I')
*Lin. 24–30 (ff. 1–122: in der Regel 26–28), 19–25 (ff. 123–469; geleg. bis zu 27), 19–21 (ff. 470–507)

Lagen (Auswahl): Das Manuskript besteht aus drei *codicological units*: Teil 1 (ff. 1–122) (...); Teil 2 (ff. 123–469): 2 × 8 (123–138), 1 × 8 – 1 (139–145, Bl. 1 verloren gegangen mit Textverlust), 40 × 8 (146–465), 1 × 8 – 4 (466–469, die letzten vier Blätter abgeschnitten ohne Textverlust); Teil 3 (ff. 470–507) (...).   (Teil 2) Griechische Kustoden vom Kopisten auf dem ersten Recto (unten rechts) bzw. auf dem letzten Verso (unten rechts bzw. Mitte) von α' (f. 130ᵛ), β' (f. 138ᵛ), γ' (f. 145ᵛ), ε' (f. 161ᵛ), ϛ' (f. 169ᵛ) bis *<μγ> (f. 465ᵛ), teilw. abgeschnitten (s. auch f. 361ᵛ τετράδιον λ').

Beschreibstoff: Papier mit Wasserzeichen.

Wasserzeichen (Auswahl): (Teil 2) *(ff. 29–32, 43–122, 306–307, 312–313, 362–377) ‚zwei Kreise' (ähnlich Mošin/Traljić 2025: Frankfurt 1336, Genua 1338); *(ff. 123–137, 410–469) ‚Glocke' (ähnlich Mošin/Traljić 2799: Innsbruck 1331); *(ff. 131–193, 218–225, 314–337, 402–409) ‚Frucht' (ähnlich Mošin/Traljić 4272: Troyes 1334); (ff. 194–217, 226–281, 290–305, 308–311) ‚Glocke' (ähnlich Mošin/Traljić 2981: Treviso 1336; Mošin/Traljić 2982: Bologna 1340; Briquet 4026: Genua 1340); (ff. 282–289) ‚Engel' (ähnlich Mošin/Traljić 166: Lucca 1338); *(ff. 338–361, 388–391) ‚Ochsenkopf' (ähnlich Briquet 14102: Pistoia 1330, ~ Pistoia 1332/4); *(ff. 378–398) ‚Einhorn' (kein Gegenstück in den Repertorien; Mioni und Giacomelli verweisen auf Mošin/Traljić 1180: J. 1368).

Foliierung: moderne Foliierung (oben rechts); 48 wurde versehentlich übersprungen.

Inhalt: Teil 1 (Auswahl): (ff. 1–122): (ff. 43ʳ–107ʳ Z. 4) MICHAEL PSELLOS, *De omnifaria doctrina*, Rez. 4, Kap. 6,9–193 (s. Moore 2005, 327 [PHI 167, Nr. 136]).   (ff. 107ʳ Z. 5–120ᵛ) MICHAEL PSELLOS, Σύνοψις τῶν φυσικῶν, Buch 1–3 (s. Moore 2005, 333 [PHI 167, Nr. 72]).   (ff. 120ᵛ–121ᵛ) MICHAEL PSELLOS, *De omnifaria doctrina*, Rez. 4, Kap. 122, 132, 161 (s. Moore 2005, 327 [PHI 167, Nr. 136]).

Teil 2: (ff. 123ʳ–469ᵛ) NIKEPHOROS BLEMMYDES, Εἰσαγωγικὴ ἐπιτομή: (ff. 123ʳ–276ᵛ) *Epit. log.*: (f. 123ʳ) Tit. Νικηφόρου μοναστοῦ καὶ πρεσβυτέρου τοῦ Βλεμίδου εἰσαγωγικῆς ἐπιτομῆς βιβλίον πρῶτον; (f. 123ʳ⁻ᵛ Z. 10) Pinax; (ff. 123ᵛ Z. 11–124ᵛ Z. 20) Proömium; (ff. 124ᵛ Z. 22–276ᵛ) Kap. 1–40 mit Diagrammen am unteren Rand; der Text ist heute unvollständig aufgrund des Verlustes eines Blattes zwischen f. 138 und 139 (verloren gegangen ist ein Teil von Kap. 4: 721b12 καὶ ὅσα τὴν ψυχὴν–724a10 ἐκεῖνος ἂν κυρίως); (ff. 278ʳ–469ᵛ) *Epit. phys.*: (f. 278ʳ) Tit. Νικηφόρου μοναστοῦ τοῦ Βλεμίδου εἰσαγωγικῆς ἐπιτομῆς βιβλίον β'; (f. 278ʳ⁻ᵛ Z. 12) Pinax; (ff. 278ᵛ Z. 13–469ᵛ) Kap. 1–32 mit Diagramm zu Kap. 17 (f. 363ᵛ).

Teil 3 (ff. 470^r–507^v): <Theodorus Balsamon>, *Commentaria in Conciliorum et Patrum canones* (*PG* 137–138).
Leer: ff. 7^r, 277^v.

*Kopisten: Nach Mioni 1985, 413 wurde das Manuskript durch sechs Kopisten abwechselnd abgeschrieben (A: ff. 1^r–42^v; B: ff. 42^v–58^v, 73^r–121^v, 382^r–409^v; C: ff. 59^r–72^v, 348^r–382^r, 410^r–469^v; D: ff. 123^r–276^r, 278^r–313^v; E: ff. 314^r–347^v; F: ff. 470^r–507^v), auch wenn er Schwierigkeiten beim genauen Unterscheiden zugab ("scribae plures sunt quos distinguere haud semper facile est"). Giacomelli (s. unten *Literatur*) zählt sieben Schreiber auf (A: ff. 1^r–42^v; B: ff. 43^r–58^v, 73^r–121^v; C: ff. 59^r–72^v; D: ff. 123^r–276^v, 278^r–313^v; E: ff. 314^r–469^v; F: ff. 470^r–476^v; G: ff. 477^r–507^v). Nach meiner Untersuchung würde ich dazu tendieren, nur zwei Schreiber zu unterscheiden:

A (ff. 1^r–6^v, 8^r–42^v, 470^r–507^v): eine kleinformatige, leicht nach rechts geneigte, eher kalligraphische Schrift mit geräumigen Zeilenabständen sowie mit gelegentlich vergrößerten Buchstaben (z. B. Kappa, hochgezogenes Tau, Phi, Omega); die ff. 1^r–6^v zeigen eine informellere Variante;

B (ff. 43^r–469^v): eine senkrechte, geübte Hand mit starken Unterschieden in Duktus, Größe und Tinte; einige Abschnitte sind kalligraphisch (z. B. ff. 123^r–313^v). Im Allgemeinen lässt sich dennoch der gleiche Duktus von Buchstaben und Ligaturen erkennen (z. B. Beta, Theta, Zeta, Chi, Delta-Epsilon, Epsilon-Zeta/Xi, Tau-Omikron). Dieser Schreiber ist allein für die Kopie der gesamten Εἰσαγωγικὴ ἐπιτομή verantwortlich.

Spätere Hände: Auf einigen unbeschriebenen Blättern wurden kürzere Texte von einer späteren Hand (15. Jh.?) hinzugefügt, wie z. B. Notizen und Schemata zur Logik (f. 122^{r-v}) und zur Rhetorik (f. 277^{r-v}).

*Schriftspiegel: stark unterschiedlich: (Teil 1) 150/160 × 90/105 mm; (Teil 2) 140/170 × 85/105 mm; (Teil 3) 160/170 × 90/100 mm.

Besitzer: Der Kodex war im Besitz des Kardinals Bessarion (Nr. <357>), s. f. 7^v.

Bibliographie: Kat.: Mioni 1985, 413–415; Beschreibung von C. Giacomelli (November 2017) bei CAGB-Online: <https://cagb-db.bbaw.de/handschriften/handschrift.xql?id=69999>.

Quelle: Autopsie, März 2016.

Wien, Österreichische Nationalbibliothek

°*phil. gr.* 191
15./16 Jh.   Papier   217/220 × 143/148 mm   ff. II, 275   Lin. 16–21 (*Epit. phys.*)

Lagen (Auswahl): (...) 1 × 10 (179–188) (...).

Beschreibstoff: Papier mit Wasserzeichen.

Wasserzeichen: „a) Waage, ähnlich Briquet 2478 (Catania 1486) bzw. 2480 (Venedig 1490); b) Hand, ähnlich Briquet 10728 (Soleure 1499–1500); c) Waage, ähnlich Briquet 2592 (Brescia 1529), aber mit

Buchstaben MD; d) Waage mit Krone, nur entfernt ähnlich Briquet 2510 (Venedig 1490); e) Anker, ähnlich Briquet 509 (Udine 1530), aber mit Buchstaben P und E (?); f) Armbrust, ähnlich Briquet 760 (Florenz 1523) bzw. 762 (Prag 1538/43); g) Hand, ähnlich Briquet 11159 (Genua 1483); h) Hut, ähnlich Briquet 3410 (Treviso 1515)" (Hunger 1961, 301).

Inhalt (Auswahl): (ff. 1^r–54^v) KONSTANTINOS LASKARIS, *Grammatik.*   (ff. 65^v–111^r) HOMER, *Ilias* (I 1–II 493) „mit Interlinearversion" (Hunger 1961, 300).   (ff. 113^r–179^v) NIKEPHOROS BLEMMYDES, Εἰσαγωγικὴ ἐπιτομή, Auszüge (ohne Titel): (ff. 1^r–179^v) *Epit. log.*, Kap. 1–20 (unvollständig, bis 829d12 πρότερον); (ff. 180^r–187^v) *Epit. phys.*, Kap. 1–2 (unvollständig, bis 1037d2 αὐτό).

Provenienz: „Augerius von Busbeck [1522–1592] erwirbt die Handschrift in Konstantinopel (Eintragungen II^r. 273^v)" (Hunger 1961, 301).

Bibliographie: Kat.: Hunger 1961, 300 f.

Quelle: Beschreibung von Hunger (s. auch den Eintrag auf der Webseite der Österreichischen National-bibliothek: <https://data.onb.ac.at/rec/AL00233340>); digitale Farbaufnahmen der ff. 180^r–187^v.

phil. gr. 332

14. Jh., A. (vor 1314, außer ff. 1–16: 16. Jh.)   Papier   152 × 107/110 mm (ursprüng-lich 125 mm, s. f. 102)   ff. I, 215   Lin. 16 (ff. 1–16), 19 (ff. 17–214)

Lagen: 2 × 8 (1–16), 24 × 8 (17–208), 1 × 8 – 2 (209–214, Bl. 7–8 abgeschnitten ohne Textverlust); die ursprünglich ersten drei Lagen (s. unten *Kustoden*) sind verschollen und wurden im 16. Jh. durch zwei Quaternionen ergänzt, auch wenn der Text nicht vollständig nachgeschrieben wurde (s. unten *Inhalt*).   Die ursprünglichen Kustoden fehlen nun wohl wegen der späteren Beschneidung der Blätter (s. besonders f. 102, auf dessen Verso die Windrose zu Kap. 17 abgebildet ist: Das Blatt wurde am Rand vor dem letzten (?) Bindevorgang gefaltet, um das Diagramm nicht abzuschneiden); nur auf f. 88^v (unten links), d. h. am Ende einer Lage, lässt sich das teilweise abgeschnittene Numerale δ´ entziffern: Dies müsste ursprünglich ιδ´ lauten. Da das Bl. 88 die aktuelle elfte Lage abschließt, ist anzunehmen, dass die ersten drei verloren gegangen sind.

Beschreibstoff: orientalisches Papier, außer ff. 1–16: Papier mit Wasserzeichen.

Wasserzeichen: ff. 1–16: „a) Anker, ähnlich Briquet 518 (Verona 1545); b) Kreis, ähnlich Briquet 3073 (Bergamo 1519)" (Hunger 1961, 427).

Foliierung: zwei moderne Foliierungen, die eine in braunroter Tinte auf jedem Recto (oben rechts), die andere mit Bleistift auf jedem Verso (unten links).

Inhalt: (ff. 1^r–214^v) NIKEPHOROS BLEMMYDES, *Epit. phys.*: (ff. 1–16: Restaurierung) (f. 1^r Z. 1 f.) Gesamttitel und Titel des ersten Kapitels in roter Tinte: Νικηφόρου (am Rand vom Kopisten nachgezogen) Βλεμμίδου μετέωρα (nachträglich mit Bleistift durch-gestrichen)· περὶ τῶν φυσικῶν ἀρχῶν καὶ αἰτιῶν; (ff. 1^r Z. 3–16^v) Kap. 1–3 (1041d12, bis οὐκ ἔστι· δυνατόν); das Kap. 3 (von 1041d12 bis zu 1045b3, γὰρ ἢ τὴν οἰκίαν διαμένειν– τὴν παρυφισταμένην αἰτίαν) wurde nie vollständig ergänzt (s. den alten Bestand); (ff. 17ʳ–214ᵛ, alter Bestand) *Epit. phys.*, Kap. 3 (ab 1041b3 τῇ προαιρέσει καὶ κτλ.)–32 mit Tabellen zu Kap. 6 (f. 44ᵛ), 11 (f. 64ʳ) sowie Diagrammen zu Kap. 17 (Windrose, f. 102ᵛ) und am Ende von Kap. 30 (f. 199ᵛ).

Kopisten: Der alte Bestand (ff. 17–214) hat eine rechtsgeneigte und informelle Hand; eine eher kursive Variante ist auf f. 166ᵛ Z. 14–19 zu erkennen. Der Kopist benutzte eine hellbraune Tinte für den Haupt-text, rote Tinte dagegen für die Titel, die Kapitelnummer und die Anfangsbuchstaben. Auf eine zyprio-tische Herkunft dieses Schreibers könnten u. a. die Form von Ny sowie die Ligaturen Epsilon-Ny und Tau-Iota hinweisen (s. z. B. f. 36ᵛ jeweils Z. 2 und *passim*). Der Duktus solcher Buchstaben sollte später typisch für die sogenannte ‚chypriote bouclée' werden (s. Canart 1977, 307): Einer der ersten datierten Kodizes ist nämlich der *Laur. plut.* 86,31, eine unmittelbare Abschrift des *Vind. phil. gr.* 332. Deshalb könnte dieser *Vindobonensis* einen Vorreiter dieses Schriftstils bzw. ein Beispiel für die zypriotische Schrift am Anfang des 14. Jh. darstellen. Der verloren gegangene Anfang wurde auf den ff. 1–16 von einem anonymen Schreiber aus der ersten H. des 16. Jh. ergänzt; er benutzte eine braune Tinte für den Haupttext, eine rote für die Titel.

Spätere Hände: Die aufgrund eines Wasserschadens stark verblasste Schrift des alten Bestandes wurde von zwei späteren Kopisten zu unterschiedlichen Zeitpunkten nachgezogen: Der eine benutzte eine braune Tinte, der andere eine schwarze; die Orthographie des letzteren ist oft dürftig.

Schriftspiegel: (ff. 1–16) 105 × 60 mm; (ff. 17–214) 110 × 70/75 mm.

Illumination: „1ʳ: Zierleiste in roter Federzeichnung: Zopfmuster. Karminrote Initialen, zum Teil Rand-initialen, zu Beginn der Kapitel" (Hunger 1961, 427).

Provenienz: Zypern? Im Jahr 1314 befand sich der Kodex wohl auf Zypern, wo er als Vorlage für den *Laur. plut.* 86,31 vom Kopisten Leon Anagnostes herangezogen wurde (s. oben S. 75).

Besitzer: „Unter Hugo Blotius [1533–1608] schon in der Hofbibliothek (dessen Signatur 1638 am unteren Rand des Vorderschnittes)" (Hunger 1961, 427).

Bibliographie: Kat.: Hunger 1961, 426 f.; s. auch die sich in Bearbeitung befindende Beschreibung bei CAGB (<https://cagb-db.bbaw.de/handschriften/handschrift.xql?id=71446>).   Valente 2016a, 18 f.; ders. 2020b, 492.

Reproduktionen: ein vollständiges Digitalisat ist online: <https://data.onb.ac.at/rec/AC14448403>.

Quelle: Autopsie, September 2014, April 2017.

°*suppl. gr.* 168

14. Jh., 2. H. (außer ff. 152–155: 15./16. Jh.; ff. 1–9, 14–15: 16. Jh.)   Papier   *223/5 × 143/7 mm (außer ff. 1–9: 205/10 × 140/5 mm)   ff. III, 335, VIʹ   *Lin. 22/23 (ff. 1ʳ–5ᵛ), 15/18 (ff. 6ᵛ–9ᵛ, 14ʳ–15ᵛ), 27 (ff. 10ʳ–13ᵛ, 16ʳ–151ᵛ, 156ʳ–334ᵛ), 19/20 (ff. 153ʳ–155ᵛ)

Lagen: 1 × 6 – 1 + 1 (1–6, das urspr. Bl. 6 wurde abgeschnitten ohne Textverlust, Bl. 1 hinzugefügt), 1 × 8 – 4 + 5 (7–15; von der urspr. Lage sind nur Bl. 3–6, d. h. die aktuellen Bl. 4–7, erhalten; um den verloren gegangenen Text zu ergänzen, wurden fünf Folien hinzugefügt), 17 × 8 (16–151), 1 × 4 (152–155), eingeschoben), 22 × 8 (156–331), 1 × 4 (332–335), 1 × 6 (I'–V'); die erste Lage und ein Teil der zweiten sind verschollen (s. auch unten *Kustoden*).   Griechische Kustoden vom Kopisten auf dem ersten Recto jeder Lage von γ (f. 16') bis μα' (324'), teilw. abgeschnitten.

Beschreibstoff: Papier mit Wasserzeichen.

Wasserzeichen: Nach Hunger 1994, 286 f. lassen sich die folgenden Papiersorten erkennen: „a) (1–8. 14. 15) Hut, überhöht von Stern, mit Gegenmarke: fünfblättriges Kleeblatt; vom Typ Briquet 3454 (Salò 1534; Vicenza 1542). – b) (9; Einzelblatt) Anker im Kreis, einstrichige Schaufeln, aber nur fragmentarisch sichtbar. – c) (10–13. 24–65. 70–151. 156–335) Frucht vom Typ Mošin/Traljić 4319 (Krakau 1362). – d) (16–23) Sirene, vom Typ Mošin/Traljić 7001 (Dubrovnik 1361). – e) (66–69) Fisch, vom Typ Mošin/ Traljić 6819 (Barcelona 1360). – f) (152–155) Kreuz ohne Gegenstück in den Repertorien. – g) (336–341 [i. e. I'–VI']) Mann, vom Typ Briquet 7590 (Provence 1569)“.

Foliierung: moderne Foliierung mit Bleistift (oben rechts).

Inhalt: (ff. 1'–335') Nikephoros Blemmydes, Εἰσαγωγικὴ ἐπιτομή: (ff. 1'–151') *Epit. log.*: (f. 1' Z. 1 und 2–6) Tit. Πίναξ ἀκριβὴς τοῦ παρόντος βιβλίου und Τοῦ σοφωτάτου πρεσβυτέρου μοναχοῦ Νικηφόρου τοῦ Βλεμμίδου ἔκδοσις ἀκριβὴς περὶ λογικῆς ἐπιστήμης· οὐ μὴν ἀλλὰ καὶ περὶ φυσικῆς ἀκροάσεως (s. *Par. gr.* 2099); (f. 1' Z. 7–1') Pinax (47 Kap., doch fehlerhaft, s. die Randnotiz von <Theodosios Zygomalas> auf f. 1' unten: ἐστὶν ἅπαντα μ'); (ff. 2'–3' Z. 15) Proömium; (ff. 3' Z. 16–151' Z. 19) Kap. 1–40 mit Diagrammen; am Ende Τέλος τοῦ πρώτου βιβλίου; auf f. 83' Randnotiz vom Kopisten zu Kap. 26,21 (889d1), s. unten; *der alte Bestand des Kodex beginnt ab 704b1 εἰς μέρη· (καὶ *om.*) ὁ ἀπὸ ὁμωνύμου φωνῆς bis 712a4–5 ἐπὶ μέρους κράσεων (ff. 10–13) und wieder von f. 16r mit 713c6–7 νόησιν ἔχομεν· ὅθεν καὶ τὰ νοήματα bis zum Ende; die wegen Blattverlustes fehlenden Abschnitte wurden nachgetragen (s. oben *Lagen*).   (ff. 153'–155') <Georgios Pachymeres>, *Paraphrase zur Physik des Aristoteles*, Tit. Περὶ μετεώρων (s. Lackner 1972, 159).   (ff. *151' Z. 20–151', 156'–335') Epit. phys.*: *(f. 151' Z. 20–22) Titel: Νικηφόρου μοναχοῦ καὶ πρεσβυτέρου τοῦ Βλεμμίδου εἰσαγωγικῆς ἐπιτομῆς βιβλίον δεύτερον; *(f. 151' Z. 23–151') Pinax, der ursprünglich auf dem aktuellen f. 156' Z. 1 endete (dazu s. unten); (ff. 156' Z. 2–335') Kap. 1–32 mit *Diagrammen in Kap. 17 (f. 240': Windrose, in Rot gezeichnet: Der Kopist hat dreizehn anstelle von den üblichen zwölf Kästchen eingezeichnet, eines davon ist deshalb leer geblieben) und am Ende von Kap. 30 (f. 321'); am Rand auf f. 286' und 306' Randnotiz des Schreibers (s. unten).   (f. 335' Z. 1–335' Z. 6) Kalenderfragment zum Jahr 1538/9. Leer: f. 152.

Kopisten: Der Kodex wurde von einem einzigen Schreiber angefertigt (ff. 10'–13', 16'–151', 156' Z. 2–335' Z. 1). Hunger 1994, 287 beschreibt seine Hand folgendermaßen: „das auffälligste Merkmal dieser Minuskel ist ihre Unauffälligkeit. Sie steht in der Tradition der Perlschrift, ist aber von deren Blütezeit schon weit entfernt. Buchstaben- und Worttrennung sind eher unterdrückt. Engere Zeilenabstände, reduzierte Ober- und Unterlängen. Der Kopist ist kein Archaisierer, zeigt aber einen kleinen Zierstrich auf; die Unterlängen von Zeta und Xi schwingen in kleinen Schwänzchen nach rechts aus" (S. 287). Auf dem f. 98ʳ haben Hunger (ebd.) auf eine Randnotiz hingewiesen: „ein Scholion in allen drei Freirändern könnte von dem Hauptkopisten stammen: Duktuswechsel?".

Spätere Hände, die das Manuskript ergänzt haben, sind die folgenden:

*A: (ff. 1ʳ–6ʳ Z. 9 [696c13 –ἀχώριστα]): eine zeitgenössische Hand des Schreibers B (16. Jh., zweite H.);

B: (ff. *6ʳ Z. 9 [696c14 ἔχει δὲ κτλ.]–9ᵛ, 14ʳ–15ᵛ, 38ʳ⁻ᵛ [„3 Zeilen Ergänzung im oberen Freirand", Hunger 1994, 287], 335ᵛ Z. 1–6) <Theodosios Zygomalas> (1544–1604; s. *RGK* I 120, II 159);

C: (ff. *151ᵛ letzte Z., 153ʳ–155ᵛ, *156ʳ Z. 1 Tit.) <Manuel von Korinth (ca. 1481–1530/1> (identifiziert von Stefec 2013b, 316 mit Anm. 52. *Zu dieser Hand gehören wohl auch einige Marginalien zum Text der *Epitome physica*);

D: (f. 335ʳ Z. 2–Ende) „Senkrechte, spießige Gebrauchsschrift: 16. Jh., 1. Hälfte" (Hunger 1994, 287); *Marginalien in schwarzer Tinte zum Text der *Epitome logica* meistens mit Inhaltsangaben, gelegentlich mit *variae lectiones*, Kollationen und Korrekturen aus einem anderen Exemplar der *Epitome logica* im Text vermutlich von dieser Hand (um das Jahr 1538/9, s. f. 335ʳ).

Schon im 16. Jh. waren die erste Lage und ein Teil der zweiten mit dem Text der *Epitome logica* verloren gegangen und wurden nachträglich ergänzt (ff. 1–9, 14–15), z. T. durch die Hand von Theodosios Zygomalas (s. De Gregorio 1996, 249 mit Anm. 181; ferner s. auch Cassin 2020, 31–33). Vorher war Manuel von Korinth (ca. 1481–1530/1) im Besitz des Manuskripts, denn er schob vier Blätter zwischen den heutigen ff. 151 und 156 ein, um dort „die Einleitung zur Physikparaphrase des Georgios Pachymeres" abschreiben zu können (ff. 153ʳ–155ᵛ; Zitat aus Lackner 1972, 159). Da der Text der *Epitome logica* mit einem Proömium versehen ist, ist es nicht auszuschließen, dass Manuel von Korinth diesen Text quasi als „zweites Proömium" einfügen wollte. Wenn es so wäre, könnte es ein Hinweis darauf sein, dass dieser Schreiber noch den vollständigen Kodex besessen hat. Um seine Ergänzung besser an die materielle Struktur des Manufakts anzupassen, musste er in den Text eingreifen. Ursprünglich endete der Pinax der *Epitome physica* auf der ersten Zeile des heutigen f. 156ʳ. Um den ‚neuen' Prolog genau zwischen Pinax und Kap. 1 hinzuzufügen, radierte Manuel die letzten Wörter des Pinax (Titel von Kap. 32) auf der ersten Zeile des f. 156ʳ weg und ersetzte sie durch den Gesamttitel περὶ μετεώρων ταῦτα. Die dort getilgten Wörter hat er dann auf f. 151ᵛ am Ende des Pinax nachgetragen.

Schriftspiegel (alter Bestand): 165 × 110 mm.

Illumination: Titel, Anfangsbuchstaben, Kapitelnummer, Tierkreiszeichen, Zeichnungen und Diagramme in Rot.

Provenienz: Konstantinopel? (s. oben S. 90, 95).

Besitzer: „Alexander Fürst Dietrichstein, Nikolsburg [...]. Im März 1935 vom Antiquar Fritz Brecher, Brünn, für die ÖNB gekauft" (Hunger 1994, 287)

Bibliographie: Kat.: Hunger 1994, 286 f.   Harlfinger u. Wiesner 1964, 256.

Quelle: Beschreibung von Hunger; Autopsie, September 2014, April 2017.

°*theol. gr.* 222

14. Jh., 1. H.   Papier   215 × 145 mm   ff. I, 196   Lin. 26 (ff. 1–66), 24 (ff. 67–132), 35 (ff. 134–186)

Lagen (Auswahl): (...) 8 × 8 (67–130), 1 × 8 – 5 (131–133, „drei Blätter nach f. 132 und zwei Blätter nach f. 133 herausgeschnitten, jeweils ohne Textverlust" [Hunger u. Lackner 1992, 81]); (...).   *Griechische Kustoden auf dem letzten Verso jeder Lage (unten links), meist abgeschnitten, nur noch auf f. 74ᵛ (α′), f. 122ᵛ (ζ) und f. 130ᵛ (η′) sichtbar.

Beschreibstoff: Papier mit Wasserzeichen.

Wasserzeichen: „(67–133) Wappen vom Typ Mošin/Traljić 513 (Spanien 1316–1320)" (Hunger u. Lackner 1992, 81).

Foliierung: zwei durchgehende moderne Blattfoliierungen, die älteste davon mit Schwarz durchgestrichen und mit der gleichen Seitennummer ersetzt.

Inhalt (Auswahl): (ff. 1–66): (ff. 1ʳ–44ᵛ) JOHANNES VON DAMASKOS, *Dialectica* (Recensio brevior).   (45ʳ–49ʳ) MICHAEL PSELLOS, *De omnifaria doctrina*, Kap. 1–10.   (ff. 53ʳ–66ᵛ) NICEPHORUS CHUMNUS, *De mundo eiusque natura* (unvollständig)

(ff. 67ʳ–132ᵛ) <NIKEPHOROS BLEMMYDES>, *Epit. phys.*, Auszüge, ohne Gesamttitel, Kapitelnummer nur für 1, 2 und 7: Kap. 1–13, 20, 18, 19 (der Text endet auf f. 132ᵛ Z. 11, *der Rest des Blattes ist unbeschrieben geblieben, die letzte Zeile des Kapitels wurde mit sieben Kreuzchen vervollständigt, abwechselnd in der Tinte des Textes und in Rot).   (f. 133ʳ) Fragment eines antilateinischen Traktats.

(ff. 134–186): (ff. 134ʳ–187ʳ) GREGORIUS VON NYSSA, *De opificio hominis*, Kap. 1–30. (ff. 189ʳ–192ᵛ) NEMESIUS VON EMESA, *De natura hominis* (Auszüge).

Kopisten (Auswahl): Drei Schreiber sind im Manuskript zu erkennen; den Teil mit dem Text des Blemmydes hat ein einziger Kopist abgeschrieben (C bei Hunger u. Lackner 1992: ff. 67ʳ–133ʳ); seine Hand wird so beschrieben: „senkrechte bis leicht rechtsgeneigte, kleinformatige, disziplinierte Gebrauchsschrift mit proportionierten Oberlängen, eher reduzierten Unterlängen und großem Zeilenabstand. Weitgehende Wort- und Buchstabentrennung. Vereinzelte Majuskeln beleben das eher eintönige Schriftbild. Manchmal in Freiränder ausfahrende Längen" (S. 81).

Schriftspiegel: 160 × 90 mm.

Bibliographie: Kat.: Hunger u. Lackner 1992, 77–82.

Quelle: Beschreibung von Hunger u. Lackner; Autopsie, September 2014, April 2017.

Literaturverzeichnis

Verzeichnis der benutzten Editionen der Schriften von Nikephoros Blemmydes

Autobiographia = s. Munitiz 1984, 1–83
De anima = Verhelst 1976, II 1–39 (s. Verhelst 1972)
De corpore = s. Boulesmas 1784, III 1–29
De fide = s. Stavrou 2013, 328–379
De virtute et ascesi = s. Gielen 2016, 3–32
Epistula universalior = s. Munitiz 1984, 91–94
Epitome logica = Wegelin 1605a
Epitome physica = Wegelin 1605b

Sekundärliteratur

Agapitos, P. (2007), „Blemmydes, Laskaris und Philes", in: M. Hinterberger und E. Schiffer (Hrsg.), *Byzantinische Sprachkunst. Studien zur byzantinischen Literatur gewidmet Wolfram Hörandner zum 65. Geburtstag*, Berlin/New York, 1–19.

Agapitos, P. und Angelov, D. (2018), „Six Essays by Theodore II Laskaris in *Vindobonensis Phil. Gr.* 321: Edition, Translation, Analysis", in: *Jahrbuch der Österreichischen Byzantinistik* 68, 39–75.

Angelov, D. (2012), „Classifications of Political Philosophy and the Concept of Royal Science in Byzantium", in Bydén u. Ierodiakonou 2012, 22–49.

Angelov, D. (2019), *The Byzantine Hellene. The Life of Emperor Theodore Laskaris and Byzantium in the Thirteenth Century*, Cambridge.

Argyropulos, R. D. und Caras, I. (1980), *Inventaire des manuscrits grecs d'Aristote et de ses commentateurs. Contribution à l'histoire du texte d'Aristote. Supplément*, Paris.

Arnesano, D. (2005), „Il repertorio dei codici salentini di Oronzo Mazzotta. Aggiornamenti e integrazioni", in: M. Spedicato (Hrsg.), *Tracce di storia. Studi in onore di mons. Oronzo Mazzotta*, Galatina, 25–80.

Arnesano, D. (2008), *La minuscola «barocca». Scritture e libri in Terra d'Otranto nei secoli XIII e XIV*, Galatina 2008.

Arnesano, D. (2015), „Giorgio Laurezio, copista ed intellettuale del secolo XV", in: A. Capone (Hrsg.), *Circolazione di testi e scambi culturali in Terra d'Otranto tra Tardoantico e Medioevo*, Vatikanstadt, 59–93.

Arnesano, D. (2019), „Prima indagine su Costanzo Sebastiani", in: L. Rizzo (Hrsg.), *Filosofia e magia nel Rinascimento in Terra d'Otranto*, Rom, 55–87.

Bandini, A. M. (1770), *Catalogus codicum Graecorum Bibliothecae Laurentianae [...]*, III, Florenz.

Beck, H.G. (1961), „Überlieferungsgeschichte der byzantinischen Literatur", in: Hunger, H. *et al.* (1961), *Geschichte der Textüberlieferung der antiken und mittelalterlichen Literatur*, I. *Antikes und mittelalterliches Buch- und Schriftwesen. Überlieferungsgeschichte der antiken Literatur*, Zürich, 423–510.

Bell, H. I. (1929/1930), „The Commentary on the Psalms by Nicephorus Blemmydes", in: *Byzantinische Zeitschrift* 30, 295–300.

Bertòla, M. (1942), *I due primi registri di prestito della Biblioteca Apostolica Vaticana [...]*, Vatikanstadt.

https://doi.org/10.1515/9783110731576-018

Biblioteca Estense (1987), *Biblioteca Estense*, Modena/Florenz.

Bernardinello, S. (1979), *Autografi greci e greco-latini in Occidente*, Padua.

Benzoni, G. (1993), *s. v.* „Erizzo, Sebastiano", in: *Dizionario biografico degli italiani* 43, 198–204 (<https://www.treccani.it/enciclopedia/sebastiano-erizzo_(Dizionario-Biografico)>)

Bianconi, D. (2008), „La controversia palamitica. Figure, libri, testi e mani", in: *Segno e Testo* 6, 337–376.

Boese, H. (Hrsg.) (1958), *Die mittelalterliche Übersetzung der Stoicheiōsis physikē des Proclus = Procli Diadochi Lycii Elementatio physica*, Berlin.

Bodéüs, R. (Hrsg.) (2002), *Aristote. Catégories*, Paris.

Boll, F. (1908), *Catalogus codicum astrologorum Graecorum*, VIII. *Codices Germanicos*, Brüssel.

Boulesmas, D. (1784), *Νικηφόρου μοναστοῦ καὶ πρεσβυτέρου τοῦ Βλεμμίδου Ἐπιτομὴ λογικῆς ξυγγραφεῖσα Ἰωάννῃ Δουκί τε καὶ βασιλεῖ τῷ Βατάζῃ περί που τὸ ασλβ´ ἔτος τὸ Σωτήριον. Κατὰ δὲ τὸ αχε´ ἐν Αὐγούστῃ τῶν Βινδελικῶν τυποθεῖσα. Ἤδη δὲ τύποις δεύτερον ἐκδοθεῖσα, μετὰ τῆς Ἐπιτόμου αὐτοῦ Φυσικῆς. Ἐφεξῆς δὲ, ὅ,τε Περὶ σώματος τοῦ αὐτοῦ καὶ Περὶ Ψυχῆς ἐκτέθειται λόγος. Μεθ' οὓς ὁ περὶ τῆς αὐτῆς ὑποθέσεως τῆς Ψυχῆς, Θεοφάνους τε τοῦ Μεδείας, καὶ Γενναδίου τοῦ Σχολαρίου. καὶ τελευταῖον, ὅ,τε Περὶ πίστεως καὶ ἀρετῆς καὶ ἀσκέσεως τοῦ αὐτοῦ Βλεμμίδου, προηγουμένης τούτων τῆς καθολικωτέρας αὐτοῦ Ἐπιστολῆς. Ἐκδέδοται δὲ φιλοτίμῳ πάντα δαπάνῃ, τοῦ Χριστιανικωτάτου ἐν Πραγματευταῖς κυρίου Παναγιώτου Ἰωαννινίτου τοῦ Χάτζη Νίκου*, I–III, Leipzig.

Boudreaux, P. (1912), *Catalogus codicum astrologorum Graecorum*, VIII, *Codicum Parisinorum partem tertiam* descr. P. B., Brüssel.

Bowen, A. C. und Todd, R. B. (Hgg.) (2004), *Cleomedes' Lectures on Astronomy. A Translation of The Heavens With an Introduction and Commmentary*, Berkeley/Los Angeles/London.

Brockmann, Ch., Deckers, D., Harlfinger, D. und Valente, S. (Hrsg.) (2020), *Griechisch-byzantinische Handschriftenforschung. Traditionen, Entwicklungen, neue Wege*, Berlin/Boston.

Brodersen, K. (2019), *Apuleius / Aristoteles. Über die Welt. Griechisch–lateinisch–deutsch*, herausgegeben und übersetzt von K. B., Berlin/Boston.

Browning, R. (1987/1988), „Notes on Greek Manuscripts of Cypriot Provenance or Connection in the Libraries of Great Britain", in: *Ἐπετηρὶς τοῦ Κέντρου Ἐπιστημονικῶν Ἐρευνῶν* 17 [= *First International Symposium on Mediaeval Cypriot Palaeography (3–5 September 1984)*], 113–122.

Browning, R. und Constantinides, C. N. (1993), *Dated Greek Manuscripts from Cyprus to the Year 1570*, Washington, D.C./Nicosia.

Bury, J. B. (1897), „Inedita Nicephori Blemmydae", in: *Byzantinische Zeitschrift* 6, 526–537.

Bydén, B. (2003), *Theodore Metochites' Stoicheiosis astronomike and the Study of Natural Philosophy and Mathematics in Early Palaeologan Byzantium*, Stockholm.

Bydén, B. und Ierodiakonou, K. (Hrsg.) (2012), *The Many Faces of Byzantine Philosophy*, Athen.

Canart, P. (1970), *Codices Vaticani Graeci. Codices 1487–1962*, I–II, Vatikanstadt.

Canart, P. (1977), „Un style d'écriture livresque dans les manuscrits chyprothes du XIVᵉ siècle: la chypriote «bouclée»", in: *La paléographie grecque et byzantine*, Paris, 303–321 (= ders. 2008b, 341–359).

Canart, P. (1977/1979), „Démétrius Damilas, *alias* le «Librarius Florentinus»", in: *Rivista di studi bizantini e neoellenici* n.s. 14–16 (XXIV–XXVI), 281–347 (= ders. 2008b, 451–522).

Canart, P. (1979), *Les Vaticani Graeci 1487–1962. Notes et documents pour l'histoire d'un fonds de manuscrits de la Bibliothèque Vaticane*, Vatikanstadt.

Canart, P. (1989), „Les écritures livresques chypriotes du XIᵉ au XVIᵉ siècle", in: *First International Symposium on Medieval Cypriot Palaeography (3–5 September 1984)*, Leukosia, 27–53 (= ders. 2008b, 677–704).

Canart, P. (2000), „L'écriture de Georges Basilikos. De Constantinople à la Calabrie en passant par Venise", in: Ἡ ἑλληνικὴ γραφὴ κατὰ τοὺς 15ο καὶ 16ο αἰῶνες, Athen, 165–191, bes. 176 (ders. 2008b, 1235–1261)

Canart, P. (2008a), „Additions et corrections au *Repertorium der Griechischen Kopisten 800–1600*, 3", in: *Vaticana et Medievalia. Etudes en l'honneur de Louis Duval-Arnould*, Florenz, 41–63.

Canart, P. (2008b), *Études de paléographie et de codicologie*, reproduites avec la collaboration de M. L. Agati e M. D'Agostino, I–II, Vatikanstadt 2008.

Carelos, P. (2005), „Ein ‚integrierter' Fürstenspiegel im Prooimion der ἐπιτομὴ λογικῆς des Nikephoros Blemmydes", in: *Byzantinische Zeitschrift* 98, 399–402.

Cassin, M. (2020), „Notes de possession du monastère de la Sainte-Trinité de Chalki: un monastère patriarcal?", in : Brockmann *et al.* 2020, 21–41.

Cataldi Palau, A. (1986a) „Les copistes de Guillaume Pellicier, eveque de Montpellier (1490–1567)", in: *Scrittura e civiltà* 10, 199–237.

Cataldi Palau, A. (1986b), „Les vicissitudes de la collection de manuscrits grecs de Guillaume Pellicier", in: *Scriptorium* 40, 32–53.

Cataldi Palau, A. (1997), „Manoscritti epiroti a Londra (British Library), ed a Oxford (Magdalen College)", in: *Codices Manuscripti* 20, 3–59 (= Cataldi Palau 2008, 443–522).

Cataldi Palau, A. (2000), „Bartolomeo Zanetti stampatore e copista di manoscritti greci", in: Ἡ ἑλληνικὴ γραφὴ κατὰ τοὺς 15ο καὶ 16ο αἰῶνες, Athen, 83–144.

Cataldi Palau, A. (2006), „The Burdett-Coutts Collection of Greek Manuscripts: Manuscripts from Epirus", in: *Codices Manuscripti* 54/55, 31–64 (= Cataldi Palau 2008, 523–584).

Cataldi Palau, A. (2008), *Studies in Greek manuscripts*, I–II, Spoleto.

Chatzopoulou, B. (2017), *Κατάλογος ἑλληνικῶν χειρογράφων τοῦ Μουσείου Μπενάκη (16ος–20ὸς αἰώνας)*, Athen.

Clément, F. (1764), *Catalogus manuscriptorum codicum Bibliothecae Domus Professae Parisiensis*, Paris.

Congourdeau, M. (1998) „Pour une étude de la Peste noire à Byzance", in: *Eupsychis. Mélanges offerts à Helene Ahrweiler*, Paris, 146–163.

Constantinides, C. N. (1982) *Higher Education in Byzantium in the Thirteenth and Early Fourteenth Centuries (1204–ca. 1310)*, Nicosia.

Constantinides, C. N. (1995) „The Copying and Circulation of Secular Greek Texts in Frankish Cyprus", in: Ἐπετηρὶς τοῦ Κέντρου Ἐπιστημονικῶν Ἐρευνῶν 21, 15–32.

Coxe, H. (1853), *Catalogi codicum manuscriptorum Bibliothecae Bodleianae pars prima recensionem codicum Graecorum continens*, Oxford.

Coxe, H. (1854), *Catalogi codicum manuscriptorum Bibliothecae Bodleianae pars tertia Codices Graecos et Latinos Canonicianos complectens*, Oxford.

Cumont, F. *et al.* (1903), *Catalogus codicum astrologorum Graecorum*, IV. *Codices Italicos praeter Florentinos, Venetos, Mediolanenses Romanos descr. D. Bassi, F. Cumont, Ae. Martini, A. Olivieri*, Brüssel.

de Andrés, G. (1965), *Catálogo de los códices griegos de la Real Biblioteca de El Escorial*, II. *Códices 179–420*, Madrid.

de Andrés, G. (1968), „Los codices griegos del Doctor Micon, catedratico de Teología en Barcelona", in: *Emerita* 36, 271–277.

de Andrés, G. (1987), *Catalogo de los codices griegos de la Biblioteca Nacional*, Madrid.

De Gregorio, G. (1996), „Studi su copisti greci del tardo cinquecento. II, Ioannes Malaxos e Theodosios Zygomalas", in: *Römische historische Mitteilungen* 38: 189–268.

De Gregorio, G. (2006), „La scrittura greca di età paleologa (secoli XIII–XIV). Un panorama", in: *Scrittura memoria degli uomini*, Bari, 81–142.

De Gregorio, G. und Prato, G. (2003), „Scrittura arcaizzante in codici profani e sacri della prima età paleologa", in: *Römische historische Mitteilungen* 45, 59–101.

De Meyier, K. A. (1955), *Bibliotheca Universitatis Leidensis Codices Manuscripti*, VI. *Codices Vossiani Graeci et Miscellanei*, Leiden.

Degni, P. (2008) „Tra Gioannicio e Francesco Zanetti. Codici restaurati presso la Biblioteca Medicea Laurenziana", in: D. Bianconi und L. Del Corso (Hrsg.), *Oltre il testo. Variazioni sul tema per Guglielmo Cavallo*, Paris, 289–302.

Demetracopoulos, J. A. (2019), „Nikephoros Blemmydes", in: A. Brungs, G. Kapriev u. V. Mudroch (Hrsg.), *Die Philosophie des Mittelalters*, I: *Byzanz, Judentum*, Basel, 80–85.

Denig, C. (1899), *Mitteilungen aus dem griechischen Miscellancodex 2773 der Grossherzoglichen Hofbibliothek zu Darmstadt. Beiträge zur Kritik des Plato, Marc Aurel, Pseudo-Proclus, Jo. Glycys, Themistius, Pseudo-Dioscorides, Hephaestion; ein Brief eines christlichen Autors und eine Tafel mit Zeichnungen von Windrosen u. a.*, in: *Programm des Großherzoglichen Gymnasiums zu Mainz. Schuljahr 1898–1899*, Mainz.

Derenzini, G. (1990) „La carta occidentale nei manoscritti greci datati del XIII e XIV secolo (con una giunta sulla produzione della carta a Fabriano agli inizi del quattrocento)", in: G. Castagnari (Hrsg.), *Contributi italiani alla diffusione della carta in occidente tra XIV e XV secolo (Convegno di Studio, 22 luglio 1988)*, Fabriano, 99–146.

Devreesse, R. (1937), *Codices Vaticani Graeci*, II. *Codices 330–603*, Vatikanstadt.

Devreesse, R. (1965), *Le fonds grec de la Bibliothèque vaticane des origines à Paul V*, Vatikanstadt.

Diller, A., Saffrey, H. D. und Westerink, L. G. (2003), *Bibliotheca Graeca Manuscripta Cardinalis Dominici Grimani (1461–1523)*, Mariano del Friuli.

Dillon Bussi, A. und Fantoni, A. R. (1992), „La biblioteca Medicea Laurenziana negli ultimi anni del Quattrocento", in: A. Lenzuni (Hrsg.), *All'ombra del lauro. Documenti librari della cultura in età laurenziana (Firenze, Biblioteca Medicea Laurenziana, 4 maggio–30 giugno 1992)*, Florenz, 135–147.

Ebbesen, S. (1981), *Commentators and commentaries on Aristotle's Sophistici elenchi. A study of post-Aristotelian ancient and Medieval writings on fallacies*, I–III, Leiden.

Eustratiades, S. (1925), Ἀγιορειτικῶν κωδίκων κατάλοιπα, Paris.

Fabricius, J. A. (1736), *Bibliotheca Graeca sive notitia scriptorum veterum Graecorum quorumcunque monumenta integra aut fragmenta edita exstant tum plerorumque e mss. ac deperditis ab auctore recognita, editio nova variorum curis emendatior atque auctior curante G. Ch. Harles* […], VII, Hamburg (Nachdruck: Hamburg 1966).

Failler, A. (1981), „Chronologie et composition dans l'*Histoire* de Georges Pachymère", in: *Revue des études byzantines* 39, 145–249.

Failler, A. und Laurent, V. (1984), *Georges Pachymérès. Relations historiques*, éd., introd. et notes par A. F., trad. fr. par V. L., I–II, Paris.

Festa, N. (Hrsg.) (1898), *Theodori Ducae Lascaris Epistulae CCXVII*, Florenz.

Foerster, R. (Hrsg.) (1915), *Libanii opera*, VIII, Leipzig.

Franchi de' Cavalieri, P. und Lietzmann, I. (1910), *Specimina codicum Graecorum Vaticanorum*, Bonn.

Fryde, E. B. (1983), *Humanism and Renaissance Historiography*, London.

Fryde, E. B. (1996), *Greek Manuscripts in the Private Library of the Medici 1469–1510*, I–II, Aberystwyth.

Fryde, E. B. (2000), *The Early Palaeologan Renaissance (1261–c. 1360)*, Leiden/Boston/Köln.

Fuchs, F. (1926), *Die höheren Schulen von Konstantinopel im Mittelalter*, Stuttgart.

Gallavotti, C. (Hrsg.) (²1955), *Theocritus quique feruntur bucolici Graeci*, Rom.

Gamillscheg, E. (2006), „Lesehilfen in griechischen Handschriften", in: B. Mondrain (Hrsg.), *Lire et écrire à Byzance*, Paris, 25–31.

Garzya, A. (Hrsg.) (1963), *Dionysii Ixeuticon seu de aucupio libri tres in epitomen metro solutam redacti*, Leipzig.

Gaspari, A. (2010), „Francesco Zanetti stampatore, copista e *instaurator* di manoscritti greci", in: D. Galadza, N. Glibetić und G. Radle (Hrsg.), Τοξότης. *Studies for Stefano Parenti*, Grottaferrata, 155–175.

Géhin, P. (2004), „Évagre le Pontique dans un recueil de mélanges grammaticaux du fonds Pinelli, l'Ambr. C 69 sup.", in: C. M. Mazzucchi und C. Pasini (Hrsg.), *Nuove ricerche sui manoscritti greci dell'Ambrosiana (Atti del Convegno, Milano, 5–6 giugno 2003)*, Mailand, 265–313.

Géhin, P. *et al.* (Hrsg.) (2005), *Les manuscrits grecs datés des XIIIᵉ et XIVᵉ siècles conservés dans les bibliothèques publiques de France*, II. *Première moitié du XIVᵉ siècle*, Paris.

Gertsman, E. V. (1994), *Petersburg Theoreticon*, Odessa.

Gielen, E. (2011), „A new source of the *Synopsis* of Joseph Rhakendytès", in: *Révue des études grecques* 69, 265–270.

Gielen, E. (2013), „*Ad maiorem Dei gloriam*. Joseph Rhakendytes' *Synopsis* of Byzantine learning", in: J. König und G. Woolf (Hrsg.), *Encyclopaedism from Antiquity to the Renaissance*, Cambridge, 259–276.

Gielen, E. (2014), „The Monk and the Stagirite. An analysis of the *De virtute et Ascesi* of Nicephorus Blemmydes", in: I. Pérez Martín und J. Signes Codoner (Hrsg.), *Textual Transmission in Byzantium: Between Textual Criticism and Quellenforschung*, Turnhout, 313–328.

Gielen, E. (2015), „"Remember Joseph Rhakendytès". Authorship and authority in the *Synopsis* of Joseph the Philosopher", in: R. Ceulemans und P. De Leemans (Hrsg.), *On Good Authority. Tradition, Compilation and the Construction of Authority in Literature from Antiquity to the Renaissance*, Turnhout, 181–196.

Gielen, E. (Hrsg.) (2016), *Nicephori Blemmydae De virtute et ascesi. Iosephi Racendytae De virtute*, Turnhout.

Gioffreda, A. (2019), „Massimo Planude e l'*Epitome Logica* di Niceforo Blemmida nel ms. Berol. Phillipps 1515", in: *Segno e Testo* 17, 197–215.

Glibert-Thirry, A. (1977), *Pseudo-Andronicus de Rhodes «Περὶ παθῶν»*, édition critique du texte grec et de la traduction latine médiévale, Leiden/Boston.

Golitsis, P. (2007) „Nicéphore Blemmyde lecteur du commentaire de Simplicius à la *Physique* d'Aristote", in: C. D'Ancona (Hrsg.), *The Libraries of the Neoplatonists*, Leiden/Boston, 243–256.

Golitsis, P. (2012), „A Byzantine philosopher's devoutness toward God: George Pachymeres' poetic epilogue to his commentary on Aristotle's *Physics*", in: Bydén u. Ierodiakonou 2012, 109–127.

Grafinger, C. M. (2000), „Le tre asportazioni francesi di manoscritti e incunaboli vaticani (1797–1813)", in: *Ideologie e patrimonio storico-culturale nell'età rivoluzionaria e napoleonica. A proposito del trattato di Tolentino (Atti del Convegno, Tolentino, 18–21 settembre 1997)*, Rom, 403–413.

Hajdú, K. (2002), *Katalog der griechischen Handschriften der Bayerischen Staatsbibliothek München. X/1, Die Sammlung griechischer Handschriften in der Münchener Hofbibliothek bis zum Jahr 1803. Eine Bestandsgeschichte der Codices graeci Monacenses 1–323 mit Signaturen-konkordanzen und Beschreibung des Stephanus-Katalogs (Cbm. Cat. 48)*, Wiesbaden.

Hajdú, K. (2012), *Katalog der griechischen Handschriften der Bayerischen Staatsbibliothek München. IV, Codices graeci Monacenses 181–265*, Wiesbaden.

Hajdú, K. und Schreiner, P. (2013), „Nikolaos von Otranto und ein angeblicher Plagiator im Cod. graec. 262 der Bayerischen Staatsbibliothek. Mit einem Anhang zur Provenienz der griechischen Handschriften aus der Sammlung Johann Albrecht Widmanstätters", in: *Codices Manuscripti* 87/88, 25–52.

Hardt, M. (1806–1812), *Catalogus codicum manuscriptorum Graecorum Bibliothecae Regiae Bavaricae*, I–III (1806), IV (1810), V (1812), München.

Harleian Manuscripts (1808), *A Catalogue of the Harleian Manuscripts, in the British Museum*, III, London.

Harlfinger, D. (1971), *Die Textgeschichte der pseudo-aristotelischen Schrift Περὶ ἀτόμων γραμμῶν. Ein kodikologisch-kulturgeschichtlicher Beitrag zur Klärung der Überlieferungsverhältnisse im Corpus Aristotelicum*, Amsterdam.

Harlfinger, D. (1977), „Zu griechischen Kopisten und Schriftstilen des 15. und 16. Jahrhunderts", in: *La paléographie grecque et byzantine*, Paris, 327–362.

Harlfinger, D. (1974), *Specimina griechischer Kopisten der Renaissance*, I. *Griechen des 15. Jahrhunderts*, Berlin.

Harlfinger, D. (1978), „Zur Überlieferung der *Metaphysik*", in: P. Aubenque (Hrsg.), *Études sur la Métaphysique d'Aristote (Actes du VIe Symposium Aristotelicum*, Paris, 7–36.

Harlfinger, D. (Hrsg.) (1992), *Die Wiedergeburt der Antike und die Auffindung Amerikas. 2000 Jahre Wegbereitung einer Entdeckung. Bildkatalog zur Ausstellung* (Ausstellung in der Staats- und Universitätsbibliothek Hamburg – Carl von Ossietzky – vom 15.12.1992 bis 2.2.1993), Hamburg 1992.

Harlfinger, D. (1996), „Autographa aus der Palaiologenzeit", in: W. Seibt (Hrsg.), *Geschichte und Kultur der Palaiologenzeit (Referate des Internationalen Symposions zu Ehre von Herbert Hunger. Wien, 30. November bis 3. Dezember 1994)*, Wien, 43–50.

Harlfinger, D., Brunschön, C. W. und Vasiloudi, M. (2006), „Die griechischen medizinischen Palimpseste (mit Beispielen ihrer digitalen Lektüre)", in: C. W. Müller, C. Brockmann und C. W. Brunschön (Hrsg.), *Ärzte und ihre Interpreten. Medizinische Fachtexte der Antike als Forschungsgegenstand der Klassischen Philologie. Fachkonferenz zu Ehren von Diethard Nickel*, München/Leipzig, 143–164.

Harlfinger, D. und Harlfinger, J. (1974–1980), *Wasserzeichen aus griechischen Handschriften*, I–II, Berlin.

Harlfinger, D. und Wiesner, J. (1964), „Die griechischen Handschriften des Aristoteles und seiner Kommentatoren. Ergänzungen und Berichtigungen zum *Inventaire* von A. Wartelle", in: *Scriptorium* 18: 238–257.

Heiberg, J. L. (1896), „Beiträge zur Geschichte Georg Valla's und seiner Bibliothek", in: *XVI. Beiheft zum Centralblatt für Bibliothekswesen*, Leipzig, 353–481.

Heisenberg, A. (1896), *Nicephori Blemmydae curriculum vitae et carmina, nunc primum ed. A. H., praecedit dissertatio de vita et scriptis Nicephori Blemmydae*, Leipzig.

Heisenberg, A. (1900), Rez. zu Festa 1898, in: *Byzantinische Zeitschrift* 9, 211–222.

Heisenberg, A. (1902), Rez. zu „M. Treu, *Matthaios Metropolit von Ephesos*, Potsdam 1901", in: *Byzantinische Zeitschrift* 11, 210 f.

Heisenberg, A. (1913), Rez. zu „B. J. Barvinok, *Nikephoros Blemmydes und seine Schriften*, Kiew 1911", in: *Byzantinische Zeitschrift* 22, 540 f.

Herzberg, S. (2005), „systoichia / Reihe", in: O. Höffe (Hrsg.), *Aristoteles-Lexikon*, Stuttgart, 564 f.

Hunger, H. (1961), *Katalog der griechischen Handschriften der Österreichischen Nationalbibliothek*, I. *Codices historici. Codices philosophici et philologici*, Wien.

Hunger, H. (1978), *Die hochsprachliche profane Literatur der Byzantiner*, I–II, München.

Hunger, H. (1994), *Katalog der griechischen Handschriften der Österreichischen Nationalbibliothek*, IV. *Supplementum Graecum* (unter Mitarbeit von Christian Hannick), Wien.

Hunger, H. und Lackner, W. (1992), *Katalog der griechischen Handschriften der Österreichischen Nationalbibliothek*, III/3. *Codices theologici: 201–337*, Wien.

Hutter, I. (1982), *Corpus der byzantinischen Miniaturenhandschriften*, III/1–2. *Oxford Bodleian Library*, Stuttgart.

Ierodiakonou, K. (2000), „Blemmydes Nikephoros", in: G. Speake (Hrsg.), *Encyclopedia of Greece and the Hellenic Tradition*, I, London/Chicago, 238 f.

Ierodiakonou, K. (2012) „Byzantine philosophy revisited (a decade after)", in: Bydén u. Ierodiakonou 2012, 1–21.

Iriarte, J. (1769), *Regiae Bibliothecae Matritensis codices Graeci Mss. [...]*, I, Madrid.

Jacob, A. (2004), „Il committente, il destinatario e l'anonimo copista. Una rilettura critica del colofone metrico del Vindobonense suppl. gr. 37 (Gallipoli, an. 1265)", in: *Atti dell'Accademia Nazionale dei Lincei. Classe di Scienze Morali, Storiche e Filologiche* s. 9, 15, 747–765.

Jouve, O. M. (1923), „Odyssée des archives monastiques de Rome, 1810–1814", in: *La France Franciscaine* 6, 1–46.

Karanasios, Ch. (1993), „Recherche über die griechischen Handschriften in Rumänien", in: *Balkan Studies* 34 5–16

Kassel, R. (1971), *Der Text der aristotelischen Rhetorik. Prolegomena zu einer kritischen Ausgabe*, Berlin/New York.

Kleinlogel, A. (1977), Rez. zu „G. B. Alberti (Hrsg.), *Thucydidis Historiae*, I, Rom 1972", in: *Gnomon* 49, 754–773.

Kleinlogel, A. (2019), *Scholia Graeca in Thucydidem. Scholia vetustiora et Lexicon Thucydideum Patmense*, aus dem Nachlaß unter Mitarbeit von S. Valente herausgegeben von K. Alpers, Berlin/Boston.

Koch, A. F. (2005a), „apeiron / unendlich", in Höffe 2005, 55–58.

Koch, A. F. (2005b), „topos (1)/Raum", in: Höffe 2005, 603–605.

Kotter, B. (1959), *Die Überlieferung der Pege gnoseos des Hl. Johannes von Damaskos*, Ettal.

Kotter, B. (Hrsg.) (1973), *Expositio fidei*, Berlin/New York.

Kotter, B. (Hrsg.) (1981), *Liber de haeresibus. Opera polemica*, Berlin/New York.

Kotzabassi, S. (2014), „Demosthenes im 13. Jahrhundert", in: J. Grusková und H. Bannert (Hrsg.), *Demosthenica libris manu scriptis tradita. Studien zur Textüberlieferung des Corpus Demosthenicum (Internationales Symposium in Wien, 22. – 24. September 2011)*, Wien, 313–325.

Kotzabassi, S. und Ševčenko, N. P. (2010), *Greek Manuscripts at Princeton, Sixth to Nineteenth Century. A Descriptive Catalogue*, Princeton.

Kousis, A. (1948), „Les œuvres médicales de Nicéphore Blémmydès selon les manuscrits existants", in: Πρακτικὰ τῆς Ἀκαδημίας Ἀθηνῶν 19, 56–75.

Krumbacher, K. (²1897), *Geschichte der byzantinischen Litteratur von Justinian bis zum Ende des Oströmischen Reiches (527–1453)*, München.

Lackner, W. (1972), „Zum Lehrbuch der Physik des Nikephoros Blemmydes", in: *Byzantinische Forschungen. Internationale Zeitschrift für Byzantinistik* 4, 157–169.

Lackner, W. (1976), „Die aristotelische Meteorologie in Byzanz", in: M. Berza und E. Stănescu (Hrsg.), *Actes du XIVᵉ Congrès International des Études Byzantines (Bucarest, 6–12 septembre, 1971)*, III, Bukarest, 639–643.

Lackner, W. (1981a), „Aristoteleskritik im Physiklehrbuch des Nikephoros Blemmydes", in: Πρακτικά Παγκοσμίου Συνεδρίου "Ἀριστοτέλης" (Θεσσαλονίκη 7–14 Αυγούστου 1978) [Proceedings of the World Congress on Aristotle), II, Athen, 35–39.

Lackner, W. (1981b), „Die erste Auflage des Physiklehrbuches des Nikphoros Blemmydes", in: F. Paschke (Hrsg.), *Überlieferungsgeschichtliche Untersuchungen*, Berlin, 351–364.

Laffitte, M. (2010), „Inventaire des manuscrits de la famille Hurault", in: *Libraria* 4 <http://www.libraria.fr/en/editions/inventaire-des-mss-de-la-famille-hurault>.

Lamberz, E. (1972), „Zum Schicksal der griechischen Handschriften des Doktor Micón", in: Κληρονομία 4, 119–130.

Lamberz, E. (Hrsg.) (1975), *Porphyrii sententiae ad intelligibilia ducentes*, Leipzig.

Lampsidis, O. (Hrsg.) (1996), *Constantini Manassis Breviarium chronicum*, I–II, Athen.

Lampros, S. (1895), *Catalogue of the Greek Manuscripts on Mount Athos* = Κατάλογος τῶν ἐν ταῖς βιβλιοθήκαις τοῦ Ἁγίου Ὄρους ἑλληνικῶν κωδίκων, I, Cambridge.

Le Léannac-Bavanéas, M. (2002), „Les papiers non filigranés à Chypre autur du XIVᵉ siècle d'après des Manuscrits conservés à la Bibliothèque nationale de France", in: *Scriptorium* 56, 140–153.

Litzica, C. (1909), *Catalogul manuscriptelor grecești*, Bukarest.

Lucà, S. (2007), „Dalle collezioni manoscritte di Spagna: libri originari o provenienti dall'Italia greca medievale", in: *Rivista di Studi Bizantini e Neoellenici* 44, 38–96.

Markesinis, B. (2000), „Le Monacensis gr. 225, ff. 1ʳ–40ᵛ, et Georges de Chypre, alias Grégoire II de Constantinople", in: *Bollettino della Badia Greca di Grottaferrata* n.s. 54, 259–273.

Martínez Manzano, T. (1994), *Konstantinos Laskaris. Humanist, Philologe, Lehrer, Kopist*, Hamburg.

Martínez Manzano, T. (1998), *Costantinos Láscaris. Semblanza de un humanista bizantino*, Madrid.

Martínez Manzano, T. (2015), *De Bizancio al Escorial. Adquisiciones venecianas de manuscritos griegos para la Biblioteca Regia de Felipe II: colecciones Dandolo, Eparco, Patrizi*, Mérida.

Martínez Manzano, T. (2019), „Las encuadernaciones con el monograma de los Paleólogos y el monasterio de Pródromo-Petra: una nueva interpretación", in: *Scriptorium* 73, 171–181.

Martini, E. und D. Bassi (1906), *Catalogus codicum Graecorum Bibliothecae Ambrosianae*, Mailand.

Menchelli, M. (2014), „Un copista di Planude. Platone ed Elio Aristide in moderne e arcaizzanti di XIII secolo", in: *Scripta* 7, 193–204.

Mercati, G. (1915), „Blemmidea", in: *Bessarione* 31, 226–238 (ders. 1937, III 428–440).

Mercati, G. (1917), „Minuzie", in: *Bessarione* 33, 334–340 (= ders. 1937, IV 38–44).

Mercati, G. (1924), „Su Giovanni Catrari", in: *Byzantinische Zeitschrift* 24, 300–305 (= ders. 1937, IV 193–199).

Mercati, G. (1935), „Sulla vita e sulle opere di Giacomo di Bulgaria", in: D. D. Filov (Hrsg.), *Actes du IVᵉ Congrès International des Études Byzantines (Sofia, Septembre 1934)*, I, Sofia, 165–176 (= A. Acconcia Longo [Hrsg.], *Collectanea Byzantina*, I–II, Bari, 1970, I 99–113)

Mercati, G. (1937), *Opere minori raccolte in occasione del settantesimo natalizio sotto gli auspici di S. S. Pio XI*, III (1907–1916), IV (1917–1936), Vatikanstadt.

Mercati, G. und P. Franchi de' Cavalieri (1923), *Codices Vaticani Graeci*, I. *Codices 1–329*, Rom.

Meschini, A. (1982), „Altri codici di Teodoro Rendios", in: *Miscellanea, 3. Studi in onore di Elpidio Mioni*, Padua, 55–65.

Mioni, E. (1981), *Bibliothecae Divi Marci Venetiarum codices Graeci manuscripti*, I. *Thesaurus antiquus. Codices 1–299*, Rom.

Mioni, E. (1985), *Bibliothecae Divi Marci Venetiarum codices Graeci manuscripti*, II. *Thesaurus antiquus. Codices 300–625*, Rom.

Mitrea, M. (2014), „A late Byzantine πεπαιδευμένος: Maximos Neamonites and his letter collection", *Jahrbuch der Österreichischen Byzantinistik* 64, 197–223.

Mogenet, J. (1989), *Codices Barberiniani Graeci*, II. *Codices 164–281*, Vatikanstadt.

Mondrain, B. (1991), „La reconstitution d'une collection de manuscrits: les livres vendus par Antoine Eparque à la ville d'Augsbourg", in: G. Cavallo, G. De Gregorio und M. Maniaci (Hrsg.), *Scritture, libri e testi nelle aree provinciali di Bisanzio. Atti del seminario di Erice (18–25 settembre 1988)*, I–II, Spoleto, II 589–601.

Mondrain, B. (2000), „La constitution de corpus d'Aristote et de ses commentateurs aux XIIIᵉ–XIVᵉ siècles", in: *Codices Manuscripti* 29, 11–33.

Mondrain, B. (2006), *Lire et copier Hippocrate – et Alexandre de Tralles – au XIVᵉ siècle*, in: V. Boudon-Millot, A. Garzya, J. Jouanna und A. Roselli (Hrsg.), *Ecdotica e ricezione dei testi medici greci (Atti del V convegno internazionale. Napoli, 1–2 ottobre 2004)*, Neapel, 359–410.

Mondrain, B. (2008), „La réutilisation de parchemin ancien dans les livres à Constantinople au XIVe et au XVe siècle: quelques exemples, de la «collection philosophique» aux folios palimpsestes du *Parisinus gr.* 1220“, in: S. Lucà (Hrsg.), *Libri palinsesti greci. conservazione, restauro digitale, studio (Atti del convegno internazionale, Villa Mondragone – Monte Porzio Catone – Università di Roma «Tor Vergata» – Biblioteca del Monumento Nazionale di Grottaferrata, 21–24 aprile 2004)*, Rom, 111–130.

Mondrain, B. (2014), „Un manuscrit méconnu, le Stuttgartensis Cod. theol. et phil. 2° 108: une collection des œuvres de Jean Damascène, sa formation et son histoire, de Byzance à Adolphe Occo“, in: C. Brockmann, D. Deckers, L. Koch und S. Valente (Hrsg.), *Handschriften- und Textforschung heute. Zur Überlieferung der griechischen Literatur. Festschrift für Dieter Harlfinger aus Anlass seines 70. Geburtstages*, Wiesbaden, 295–307.

Moore, P. (2005), *Iter Psellianum. A detailed listing of manuscript sources for all works attributed to Michael Psellos, including a comprehensive bibliography*, Toronto.

Moraux, P. (1981), „Anecdota Graeca Minora II: Über die Winde“, in: *Zeitschift für Papyrologie und Epigraphik* 41, 43–58.

Moraux, P., Harlfinger, D., Reinsch, D. und Wiesner, J. (1976), *Aristoteles Graecus. Die griechischen Handschriften des Aristoteles*, I. Alexandrien–London, Berlin/New York.

Mossay, J. (1996), *Repertorium Nazianzenum*, V. *Codices Civitatis Vaticanae*, Paderborn.

Munitiz, J. A. (1984), *Nicephori Blemmydae Autobiographia sive Curriculum vitae necnon Epistula universalior*, Turnhout.

Munitiz, J. A. (1986), „A Missing Chapter from the Typikon of Nikephoros Blemmydes“, in: *Revue des études byzantines* 44, 199–207.

Munitiz, J. A. (1988), *Nikephoros Blemmydes. A partial account. Introduction, translation and notes*, Löwen.

Munitiz, J. A. (1989), „Blemmydes' Encomium on St John the Evangelist (BGH 931)“, in: *Analecta Bollandiana* 102, 285–346.

Munitiz, J. A. (1994), „Nicephorus Blemmydes (1197/8–1269[?])“, in: *Theologische Realenzyklopädie* 24, 457–460.

Nikitas, D. Z. Nikitas (Hrsg.) (1982), *Eine byzantinische Übersetzung von Boethius' „De hypotheticis syllogismis“*, Göttingen.

Nikitas, D. Z. (Hrsg.) (1990), *Boethius, De topicis differentiis καὶ οἱ βυζαντινὲς μεταφράσεις τῶν Μανουὴλ Ὀλοβώλου καὶ Προχόρου Κυδώνη*, Athen.

Omont, H. (1887), *Fac-similés de manuscrits grecs des XVe et XVIe siècles*, Paris.

Omont, H. (1888), *Inventaire sommaire des manuscrits grecs de la Bibliothèque nationale*, II, Paris.

Omont, H. (1889), *Catalogue des manuscrits grecs de Fontainebleau sus François Ier et Henri II*, Paris.

Orlandi, L. (2022), *Andronikos Kallistos. A Byzantine Scholar and His Manuscripts in Italian Humanism*, Hamburg (i.D.).

Paidas, C. D. S. (2007), „Remarks on the preface of Ἐπιτομὴ λογικῆς by Nikephoros Blemmydes“, in: *Βυζαντινά* 27, 47–49.

Papathomopoulos, M. (1971), „Prolégomènes à une nouvelle édition des «Ixeutiques» de Dionysios“, in: *Ἑλληνικά* 24, 233–266.

Pérez Martín, I. (1996), *El patriarca Gregorio de Chipre (ca. 1240–1290) y la trasmisión de los textos clásicos en Bizancio*, Madrid.

Pérez Martín, I. (2013), „The Scribe Isidoros and Michael Gabras' Letter in the Ms Bremen b.23“, in : *Byzantinische Zeitschrift* 106, 91–100.

Pérez Martín, I. (2020), „Michael Psellos' *De omnifaria doctrina* in Trebizond: Par. gr. 2087 and Georgios-Gregorios Chioniades“, in: Brockmann *et al.* 2020, 493–501, 854–857.

Prato, G. (1991), „I manoscritti greci dei secoli XIII e XIV: note paleografiche", in: D. Harlfinger und
	G. Prato (Hgg.), *Paleografia e codicologia greca (Atti del II Colloquio internazionale, Berlino–
	Wolfenbüttel, 17–21 ottobre 1983)*, I–II, Alessandria, I 130–149, II 81–96.

Prato, G. (1994), *Studi di paleografia greca*, Spoleto.

Puntoni, V. (1896), „Indice dei codici greci della Biblioteca Estense di Modena", in: *Studi italiani di
	filologia classica* 4, 379–536.

RGK: Gamillscheg, E., D. Harlfinger und H. Hunger (1981, 1989 u. 1997), *Repertorium der
	griechischen Kopisten 800–1600*, I. *Handschriften aus Bibliotheken Großbritanniens*; II.
	Handschriften aus Bibliotheken Frankreichs; III. *Handschriften aus Bibliotheken Roms mit dem
	Vatikan*, Wien.

Rita, A. (2012), *Biblioteche e requisizioni librarie a Roma in età napoleonica. Cronologia e fonti
	romane*, Vatikanstadt.

Ritzenfeld, A. (Hrsg.) (1911), *Procli Diadochi Lycii institutio physica, edita et interpretatione
	Germanica instructa*, Diss. Leipzig.

Romano, R. (1991), *Costatino Acropolita. Epistole*, saggio introduttivo, testo critico, indici a cura di
	R. R., Neapel.

Romano, R. (1992), „Un opuscolo inedito di Giovanni Italo", in: *Bollettino dei Classici* 12, 14–24.

Rose, V. (1864), *Anecdota Graeca et Graecolatina. Mittheilungen aus Handschriften zur Geschichte
	der griechischen Wissenschaft*, I, Berlin.

Samaran, Ch., und Concasty, M.-L. (1969), „Christophe Auer, copiste de grec et de latin au XVIe
	siècle", in: *Scriptorium* 23, 199–214.

Šangin, M. A. F. (1936), *Catalogus codicum astrologorum Graecorum*, XII. *Codices Rossicos*,
	Bruxelles 1936.

Schironi, F. (2002), „Il testo di Marco Aurelio conservato dalla «Suda»", in: *Studi Classici e Orientali*
	47/2, 209–233

Schmidt, W. (1899), Herons von Alexandria Druckwerke und Automatentheater. Supplementheft: Die
	Geschichte der Textüberlieferung. Griechisches Wortregister, Leipzig.

Schreiner, P. (1977), *Die byzantinischen Kleinchroniken*, I–II, Wien.

Smith, O. L. (1973), „On some manuscripts of Heron, *Pneumatica*", in: *Scriptorium* 27, 96–101.

Sosower, M. L. (2004), *Signa officinarum chartariarum in codicibus Graecis saeculo sexto decimo
	fabricatis in bibliothecis hispaniae*, Amsterdam.

Sosower, M. L. und Wilson, N. (2016), *A Catalogue of Greek Manuscripts of Magdalen College,
	Oxford*, drafted by M. L. S., revised and completed by N. W., Cambridge (MA).

Speranzi, D. (2009), „L'*Anonymus* δ-κ copista del *Corpus Aristotelicum*. Un'ipotesi di identifi-
	cazione", in: *Quaderni di storia* 69, 105–123

Speranzi, D. (2010), „La biblioteca dei Medici. Appunti sulla storia della formazione del fondo greco
	della Libreria Medicea privata", in: G. Arbizzoni, C. Bianca und M. Peruzzi (Hrsg.), *Principi e
	signori. Le Biblioteche nella seconda metà del Quattrocento (Atti del Convegno di Urbino, 5–6
	giugno 2008)*, Urbino, 217–264.

Speranzi, D. (2011), „Il ritratto dell'anonimo. Ancora sui manoscritti di Alessio Celadeno, vescovo
	di Gallipoli e Molfetta", in: N. Bianchi (Hrsg.), *La tradizione dei testi greci in Italia meridionale.
	Filagato da Cerami philosophos e didaskalos. Copisti, lettori, eruditi in Puglia tra XII e XVI
	secolo*, Bari, 113–124.

Speranzi, D. (2015), „Appunti su Alessio Celadeno: anelli, stemmi e mani", in: A. Capone (Hrsg.),
	Circolazione di testi e scambi culturali in Terra d'Otranto tra Tardoantico e Medioevo,
	Vatikanstadt, 199–213.

Stahl, I. (Hrsg.) (2004), *Katalog der mittelalterlichen Handschriften der Staats- und Universitäts-
	bibliothek Bremen*, Wiesbaden.

Stavrou, M. (Hrsg.) (2007), *Nicéphore Blemmydès. Œuvres théologiques*, I, Paris.

Stavrou, M. (Hrsg.) (2013), *Nicéphore Blemmydès. Œuvres théologiques*, II, Paris.

Stefec, R. (2012a), „Die griechische Bibliothek des Angelo Vadio da Rimini", in: *Römische historische Mitteilungen* 54, 95–184.

Stefec, R. (2012b), „Die Synaxarverse des Nikephoros Xanthopoulos", in: *Jahrbuch der Österreichischen Byzantinistik* 62, 145–161

Stefec, R. (2012c), „Zu einigen zypriotischen Handschriften der Österreichischen National-bibliothek", in: *Rivista di Studi Bizantini e Neoellenici*, 49, 53–78

Stefec, R. (2013a), „Anmerkungen zu einigen zypriotisch-palästinesischen Handschriften des Athosklosters Vatopedi", in: *Νέα Ῥώμη* 10, 109–137.

Stefec, R. (2013b), „Zwischen Urkundenpaläographie und Handschriftenforschung: Kopisten am Patriarchat von Konstantinopel im späten 15. und frühen 16. Jahrhundert", in: *Rivista di Studi Bizantini e Neoellenici*: 50, 303–326.

Stefec, R. (2014), „Aspekte griechischer Buchproduktion in der Schwarzmeerregion", in: *Scripta* 7, 205–234.

Stiernon, D. (1982), „Nicéphore Blemmydès", in: *Dictionnaire de spiritualité*: 11, 187–198.

Stornajolo, C. (1895), *Codices Urbinates Graeci Bibliothecae Vaticanae*, Rom.

Strodel, S. (2002), *Zur Überlieferung und zum Verständnis der hellenistischen Technopaignien*, Frankfurt a.M.

Studemund W. und Cohn, L. (1890), *Verzeichniss der griechischen Handschriften der Königlichen Bibliothek zu Berlin, I. Codices ex Bibliotheca Meermanniana Phillippici graeci nunc Berolinenses*, Berlin.

Tiftixoglu, V. (2004), *Katalog der griechischen Handschriften der Bayerischen Staatsbibliothek München, I. Codices Graeci Monacenses 1–55*, Wiesbaden.

Todd, R. B. (Hrsg.) (1990), *Cleomedis Caelestia (Μετέωρα)*, Leipzig.

Treu, M. (1899), „Der Philosoph Joseph", in: *Byzantinische Zeitschrift* 8, 1–64.

Turyn, A. (1964), *Codices Graeci Vaticani saeculis XIII et XIV scripti annorumque notis instructi*, Vatikanstadt.

Turyn, A. (1972), *Dated Greek Manuscripts of the Thirteenth and Fourteenth Century in the Libraries of Italy*, Chicago/London/Urbana.

Tsoyopoulos, N. (1968), Das Ätherproblem und die Physik-Abhandlung des Nikephoros Blemmydes, in: *Rechenphennige. Aufsätze zur Wissenschaftsgeschichte Kurt Vogel zum 80. Geburtstag am 30. September 1968 gewidmet von Mitarbeitern und Schülern*, München, 69–89

Ucciardello, G. (2020), „Il progetto Manuscritos griegos en España y su contexto europeo, linee e prospettive di ricerca: il caso di Licofrone", in: Brockmann *et al.* 2020, 609–620, 873–876.

Uthemann, K.-H. (1984), „Zur Sprachtheorie des Nikephoros Blemmydes. Bemerkungen zu einem byzantinischen Beitrag zur Geschichte der Logik", in: *Jahrbuch der Österreichischen Byzantinistik* 34, 123–153.

Valente, S. (2013), „Bremen, Staats- und Universitätsbibliothek msc 0008", in: C. Brockmann (Hrsg.), *Von Homer und Aristoteles bis zum Neuplatonismus. Griechische Handschriften in norddeutschen Sammlungen. Katalog zur Ausstellung in der Staats- und Universitätsbibliothek Hamburg Carl von Ossietzky (24. September–1. Dezember 2013)*, Hamburg, 75 f.

Valente, S. (2016a), „Zu einigen Recentiores der *Epitome physica* von Nikephoros Blemmydes", in: *Parekbolai. An Electronic Journal for Byzantine Literature* 6, 15–38.

Valente, S. (2016b), „Die Werke des Nikephoros Blemmydes in der Manuskriptsammlung der Biblioteca Academiei Române (Bukarest): ein erster Bericht", in: *Νέα Ῥώμη* 13 [2017], [= Francesco D'Aiuto, Santo Lucà u. Andrea Luzzi (Hrsg.), *Κῆπος ἀειθαλής. Studi in ricordo di Augusta Acconcia Longo*, I], 277–286.

Valente, S. (2017), „The Doctrine of Winds in Blemmydes: On the Reception of Aristotelian Meteorology in the Palaeologan Age", in: *Greek, Roman, and Byzantine Studies* 57, 231–247.

Valente S. (2018a), „The Construction of a Philosophical Textbook: Some Remarks on Nikephoros Blemmydes' *Epitome physica*", in: *AION. Annali dell'Università degli Studi di Napoli ‚L'Orientale'* 40, 147–164.

Valente, S. (2018b), „Nicéphore Blemmydès", in: Richard Goulet (Hrsg.), *Dictionnaire des philosophes antiques* VII, 470–475.

Valente, S. (2018c), „Ein Zitat von Nikephoros Blemmydes aus dem Cod. misc. gr. 2773 der Universitäts- und Landesbibliothek Darmstadt", in: Parekbolai. An Electronic Journal for Byzantine Literature 8, 55–59.

Valente, S. (2020a), „Zur Überlieferung der Epitome physica des Nikephoros Blemmydes: die ältesten Handschriften", in: Brockmann *et al.* 2020, 517–525, 860–864.

Valente, S. (2020b), „Copying for Teaching, Copying for Learning: On Some Renaissance-Manuscripts of Nikephoros Blemmydes' *Compendium on Physics (Epitome physica)*", in: A. Brita, G. Ciotti, F. De Simini und A. Roselli (Hrsg.), *Copying Manuscripts: Textual and Material Craftsmanship*, Neapel, 489–506.

Valente, S. (2021), „Retrieving Nikephoros Blemmydes' Library: Some Considerations on *Epitome physica*, ch. 31 (*On void*)", in: A. Berger und C. Gastgeber (Hrsg.), *The Scholar and his Library*, Turnhout 2021, i.D.

Verhelst, M. (1966), „La tradition manuscrite de Nicéphore Blemmyde. À propos du manuscrit Paris, Bibliothèque nationale, Grec 1999", in: *Bulletin de philosophie médiévale* 8/9, 111–118.

Verhelst, M. (1972), „Le Περὶ ψυχῆς de Nicéphore Blemmyde. Préliminaires à une édition critique", in: *Byzantinische Forschungen* 4, 214–219.

Verhelst, M. (1976), *Le Traité de l'âme de Nicéphore Blemmyde. Histoire du texte, édition critique, traduction et analyse du contenu doctrinal*, I–II, Diss. Löwen (unveröffentlicht).

Verhelst, M. (1980), „George Valla compilateur de Nicéphore Blemmyde", in: *Diotima* 8, 144–147.

Verpeaux, J. (1959), *Nicéphore Choumnos. Homme d'État et humaniste byzantin (ca 1250/1255–1327)*, Paris.

Vladimir A. (1894), *Sistematičeskoe Opisanie rukopisej Moskovskoj Sinodalnoj (Patriaršej) Biblioteki*, Moskau.

Vogel, M. und Gardthausen, V. (1909), *Die griechischen Schreiber des Mittelalters und der Renaissance*, Leipzig.

Voicu, S. J. (1999), *Codices Chrysostomici Graeci*, VI. *Codicum Ciuitatis Vaticanae partem priorem descr. S. J. V.*, Paris.

Voltz, L. und Crönert, W. (1897), „Der Codex 2773 miscellaneus Graecus der Großherzoglichen Hofbibliothek zu Darmstadt. Ein Beitrag zur griechischen Excerpten-Litteratur", in: *Centralblatt für Bibliothekswesen* 14/12, 537–571

Wartelle, A. (1963), *Inventaire des manuscrits grecs d'Aristote et de ses commentateurs*, Paris.

Wegelin, J. (1605a), *Nicephori Blemmidae Epitome logica ante annos circiter CCCLXX. in gratia Iohannis Ducae Graecorum Imperatoris conscripta e quatuor [sic] manuscr. Codicibus Bibliothecae Augustanae inter se collatis summā fide jamprimum Graece edita: cum tabulis synopticis plusquam octoginta, & rerum verborumque indice ad finem adjecto, opera et studio I. W. Augustani*, Augsburg (= *Patrologia Graeca* [PG] 142, Paris 1865, 675–1004).

Wegelin, J. (1605b), *Nicephori Blemmidae Epitome physica, triginta & unius gravissimorum capitum, cum fragmento insuper exegeseos in psalmum octavum: quibus non tantum Physica, sed etiam Geographica, Astronomica, Optica & Theologica multa pertractantur: quam ante annos CCCLXX. ab auctore conscriptam, jamprimum e manuscriptis codicibus Bibliothecae Augustanae edidit I. W. Augustanus: Praemissa commentatione Physicae, et adjuncto sub finem libri Indice*, Augsburg (= *Patrologia Graeca* [PG] 142, Paris 1865, 1005–1320).

Wegelin, J. (1606), *Nicephori Blemmidae Epitome physica. Latine versa, et brevi analysi singulorum capitum in certa membra, membrorumque argumentis, allegationibus item marginalibus et notis alicubi aucta et illustrata, et iam primum sic edita a I. W. Augustano*, Augsburg (= *Patrologia Graeca [PG]* 142, Paris 1865, 1005–1320).

Wegelin, J. (1607), *Nicephori Blemmidae Epitome logica. Ex Graeco idiomate in Latinum versa, ac brevi analysi singulorum capitum in membra, membrorumque argumentis, notationibus item aliorum auctorum in marginem conjectis, passim aucta et illustrata, et iam primum edita cum tabulis synopticis et indice, a I. W. Augustano*, Augsburg (= *Patrologia Graeca [PG]* 142, Paris 1865, 685–1004).

Wiesener, J. und Victor, U. (1971–1972), „Griechische Schreiber der Renaissance. Nachträge zu den Repertorien von Vogel–Gardthausen, Patrinelis, Canart, de Meyïer", in: *Rivista di Studi Bizantini e Neoellenici* n.s. 8–9: 51–66.

Wilson, N. (1973), *Mediaeval Greek Bookhands. Examples selected from Greek Manuscripts in Oxford libraries*, Cambridge (MA).

Wilson, N. (1981), „Miscellanea Palaeographica", in: *Greek, Roman and Byzantine Studies* 22: 395–404.

Wilson N. G. (2002), „An ambiguous compendium", in: *Studi Italiani di Filologia Classica* s. 3, 20: 242 f.

Wilson, N. (2014), Rez. zu Hajdú 2012, in: *Gnomon* 86: 462 f.

Zacharopoulos, N.G. (1969), *Δωρόθεος Βουλησμᾶς*, Thessaloniki.

Register

Nur der Untersuchungsteil wird hier berucksichtigt.

1 Handschriften

Alexandrien
Βιβλιοθήκη τοῦ Πατριαρχείου
216: XXVI
362: XXVI

Athen
Ἐθνικὴ Βιβλιοθήκη τῆς Ἑλλάδος
375: 35[148]
475: XII
553: XXVI
1296: XXVI
ΜΠΤ 190: XXVI
ΜΠΤ 304: XXVI
ΜΠΤ 315: XXVI
ΜΠΤ 354: XII
ΜΠΤ 357: XXVI
ΜΠΤ 397: XXVI
ΜΠΤ 553: XXVI

Museum Benaki
115 (Μπ. 3): XII, 56[226]

Athos
Μονὴ Βατοπεδίου
535: XXVI
536: XXVI
Μονὴ Ἐσφιγμένου
95: XXVI
Μονὴ Ἰβήρων
380: XXV, 102[400]
604: XXVII
Μονὴ Κουτλουμουσίου
215: XXVII
Μονὴ Μεγίστης Λαύρας
Κ 50: XXVII
Μονὴ Παντελεήμονος
522: XXVII
720: XXVI
Μονὴ Σίμωνος Πέτρας
75: XXVI

Berlin
Staatsbibliothek zu Berlin
Phillips
gr. 1516 (gr. 112): XIII, 46–48
gr. 1517 (gr. 113): XIII, 36, 54 f.
gr. 1574 (gr. 170): XIII, 63–66

Beroia
Gymnasion
cod. 1: XXV[11]

Bologna
Biblioteca Universitaria
3637: XIII, 100 f.

Brescia
Biblioteca Queriniana
Cod. A.IV.3: 77[300]

Bremen
Staats- und Universitätsbibliothek
msc 0008: 71[282]

Bukarest
Biblioteca Academiei Române
gr. 10: XIII, 56–59, 66
gr. 447: XXVI
gr. 483: XXVI
gr. 658: XXVI

Darmstadt
Universitäts- und Landesbibliothek
misc. gr. 2773: XIII, 96 f.

El Escorial
Real Biblioteca del Monasterio de San Lorenzo
B.V.27: 36[151]
Γ.V.10: XXIV
Γ.V.17: XXIV
Δ.IV.6: XXIV
Δ.IV.12: XXIV
E.II.17: XXIV

https://doi.org/10.1515/9783110731576-019

Y.III.22: XIV, 41, 86–89
Φ.II.7: XIV, 56[226]
X.I.10: XIV, 47 f.
Ω.IV.31: XXV[11]

Eurytania
Μονὴ Προυσοῦ
15: XXVI

Florenz
Biblioteca Medicea Laurenziana
plut.
5,26: 102[400]
32,13: 39
57,23: 39
71,8: XIV, 60–63, 66
86,15: XIV, 78–81 , 85
86,31: XIV, 72–85 (*passim*)
87,13: XV, 21, 29 f., 32
87,16: XV, 27[116], 33–36, 44, 104 f.

Biblioteca Riccardiana
gr. 31: XXV[11]

Ioannina
Ἀρχαιολογικὸ Μουσεῖο
15: XXVI
31: XXVI

Kozani
Κοβεντάρειος Δημοτικὴ Βιβλιοθήκη
122: XXVII

Leiden
Bibliotheek der Rijksuniversiteit
Voss. Misc. 27: XIII, 5, 52[216]
Wytt. 6: XXVII

London
British Library
Harl. 5662: XV, 21, 30–32

Madrid
Biblioteca Nacional de España
4553: XV, 102[400]
4688: XV, 21–25, 30–32, 36, 103, 107

Mailand
Veneranda Biblioteca Ambrosiana
B 109 sup.: XVI, 32[134], 52, 71[279]
O 82 sup.: XVI, 81–85

Meteora
Μονὴ Μεταμορφώσεως
537: XXVI

Modena
Biblioteca Estense Universitaria
α.R.7.24 (gr. 15; III A 1): XVI, 53–55

Moskau
Gosudarstvennyj Istoričeskij Muzej
Synod. gr.
185 (Vlad. 496): XVI, 58 f., 66
302 (Vlad. 495): XVI, 21–26, 32, 107
324 (Vlad. 444): XXV
333 (Vlad. 494): XVI, 25[110], 32, 56–59, 66, 104,
    109[441]
430 (Vlad. 445): XXVI

München
Bayerische Staatsbibliothek
gr.
180: XXV[11]
225: XVII, 36, 37[153], 40, 43–48, 93, 95, 103, 109[441]
265: XVII, 81–85
516: XVII, 5, 34[144], 47, 70[277], 90–95, 104, 108[435],
    109[437]
520: 70[277]
543: XVII, 5, 34[144], 54 f.
563: 70[277]

Naoussa
Εὔξεινος Λέσχη Ποντίων
6: XXVI

Neapel
Biblioteca Nazionale „Vittorio Emanuele III"
III.D.14: XVII, 83–85
III.E.17: XXV[11]

Oxford
Bodleian Library
Barocci
83: 54[222]
94: XVIII, 53[221], 55

2 Namen- und Sachregister

Abbildungsnachweis

1. Venedig, Biblioteca Nazionale Marciana, *gr.* Z. 528, ff. 278^v–279^r © Su concessione del Ministero dei Beni e delle Attività Culturali e del Turismo – Biblioteca Nazionale Marciana. Divieto di riproduzione
2. Oxford, Bodleian Library, *Holkham. gr.* 71, f. 164^v © The Bodleian Libraries, The University of Oxford
3. Oxford, Bodleian Library, *Holkham. gr.* 71, f. 70^v © The Bodleian Libraries, The University of Oxford
4. © Bayerische Staatsbibliothek München, Cod. graec., fol. 158^r
5. El Escorial, Real Biblioteca del Monasterio de San Lorenzo, X.I.10, f. 94^v © Patrimonio Nacional, Biblioteca del Real Monasterio de San Lorenzo del Escorial
6. Modena, Biblioteca Estense Universitaria, α.R.7.24, f. 18^r © Su concessione del Ministero della Cultura – Gallerie Estensi, Biblioteca Estense Universitaria
7. Venedig, Biblioteca Nazionale Marciana, *gr.* Z. 264, ff. 179^v–180^r © Su concessione del Ministero dei Beni e delle Attività Culturali e del Turismo – Biblioteca Nazionale Marciana. Divieto di riproduzione
8. © Oxford, Magdalen College, *gr.* 16, f. 114^v
9. © Oxford, Magdalen College, *gr.* 16, f. 194^r
10. © Oxford, Magdalen College, *gr.* 16, f. 198^r
11. Mailand, Veneranda Biblioteca Ambrosiana, O 82 sup., ff. 71^v–72^r © Veneranda Biblioteca Ambrosiana / Mondadori Portfolio
12. Neapel, Biblioteca Nazionale „Vittorio Emanuele III", III.D.14, ff. 62^v–63^r © Su concessione del Ministero della Cultura. Biblioteca Nazionale di Napoli
13. El Escorial, Real Biblioteca del Monasterio de San Lorenzo, Y.III.22, ff. 4^v–5^r © Patrimonio Nacional, Biblioteca del Real Monasterio de San Lorenzo del Escorial
14. El Escorial, Real Biblioteca del Monasterio de San Lorenzo, Y.III.22, ff. 98^v–99^r © Patrimonio Nacional, Biblioteca del Real Monasterio de San Lorenzo del Escorial
15. © Stuttgart, Württembergische Landesbibliothek, *Cod. theol. et phil.* 2° 108, f. 157^v
16. Bologna, Biblioteca Universitaria, 3637, f. 168^v © Alma Mater Studiorum Università di Bologna – Biblioteca Universitaria di Bologna – Divieto di ulteriore riproduzione o duplicazione con qualsiasi mezzo.

https://doi.org/10.1515/9783110731576-020

Abb. 1: *Marc. gr.* Z. 528 (ca. J. 1330–1340), ff. 278ᵛ–279ʳ (s. S. 21 f.).

https://doi.org/10.1515/9783110731576-021

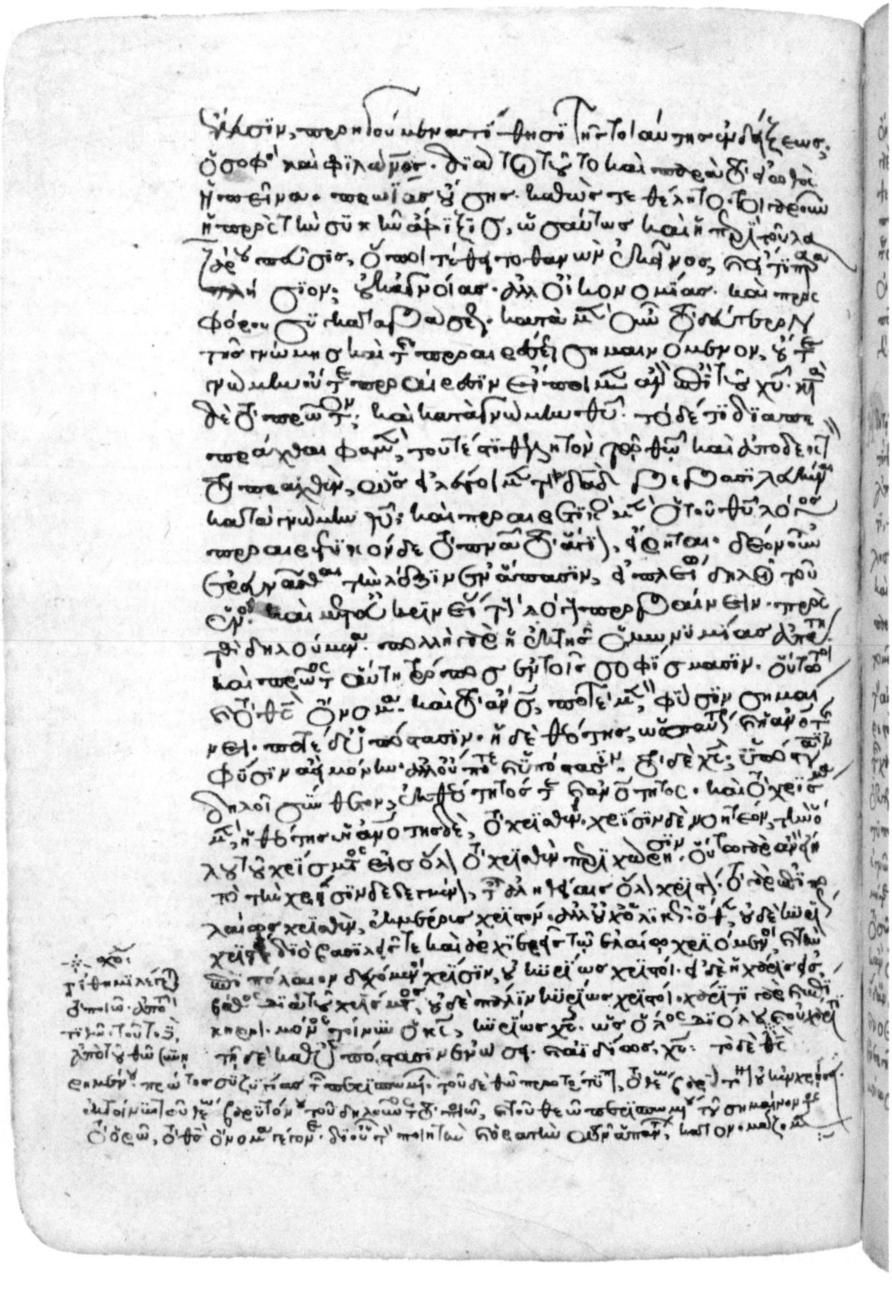

Abb. 2: *Bodl. Holkham. gr.* 71 (13. Jh., E.), f. 164ᵛ (s. S. 36 f.).

Abb. 3: *Bodl. Holkham. gr.* 71 (13. Jh., E.), f. 70ᵛ (s. S. 37, 39).

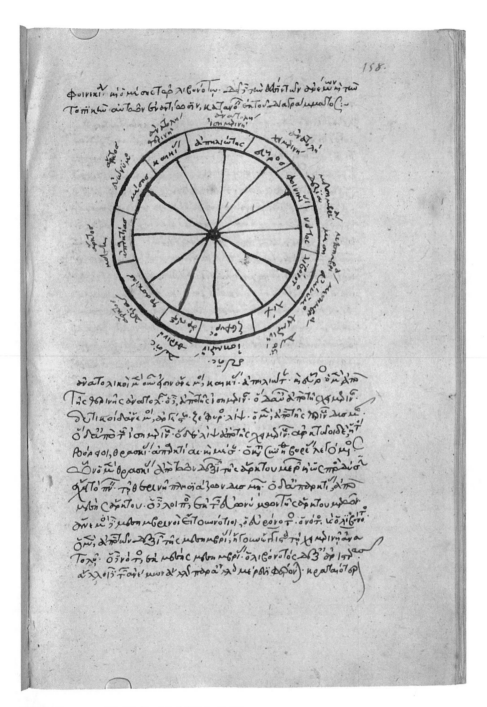

Abb. 4: *Monac. gr.* 225 (14. Jh., A.), f. 158ʳ (s. S. 43).

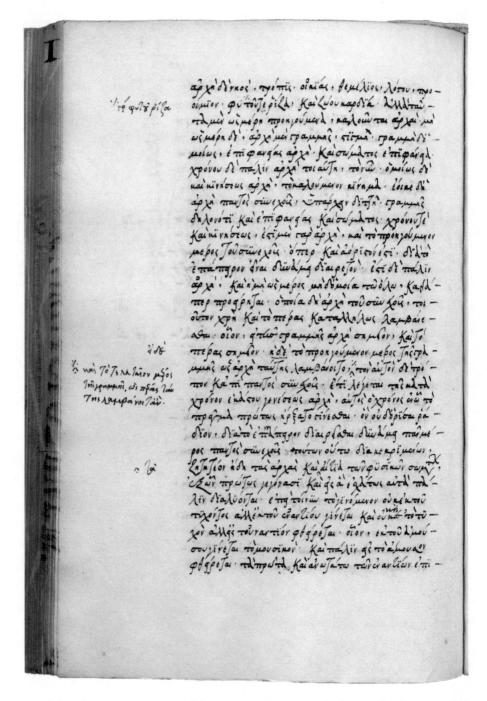

Abb. 5: *Scor.* X.I.10 (Venedig, J. 1542), Schreiber: Nikolaos Mourmouris, f. 94ᵛ (s. S. 47).

Abb. 6: *Mutin.* α.R.7.24 (16. Jh., A.), Schreiber: <Andreas Donos>, f. 18ʳ (s. S. 53, 133).

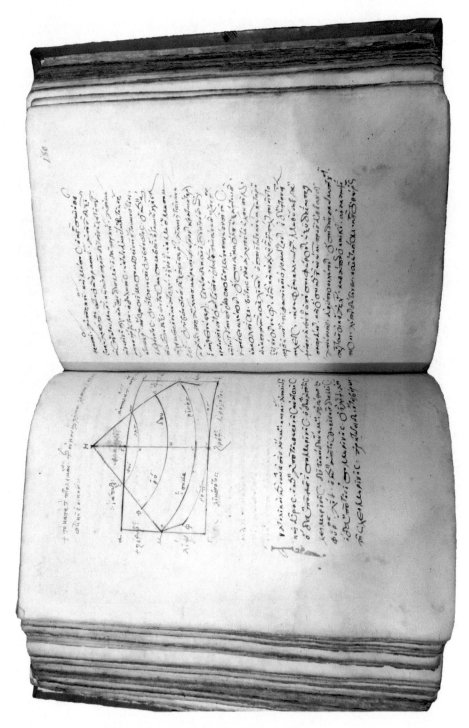

Abb. 7: *Marc. gr.* Z. 264 (ca. J. 1330–1340), ff. 179ᵛ–180ʳ (s. S. 56).

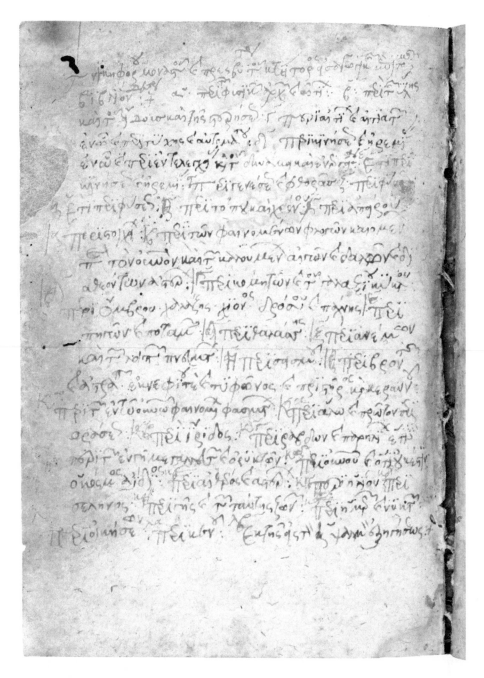

Abb. 8: *Oxon. Coll. Magd. gr.* 16 (13. Jh./14 Jh.), f. 114ᵛ (s. S. 67 f.).

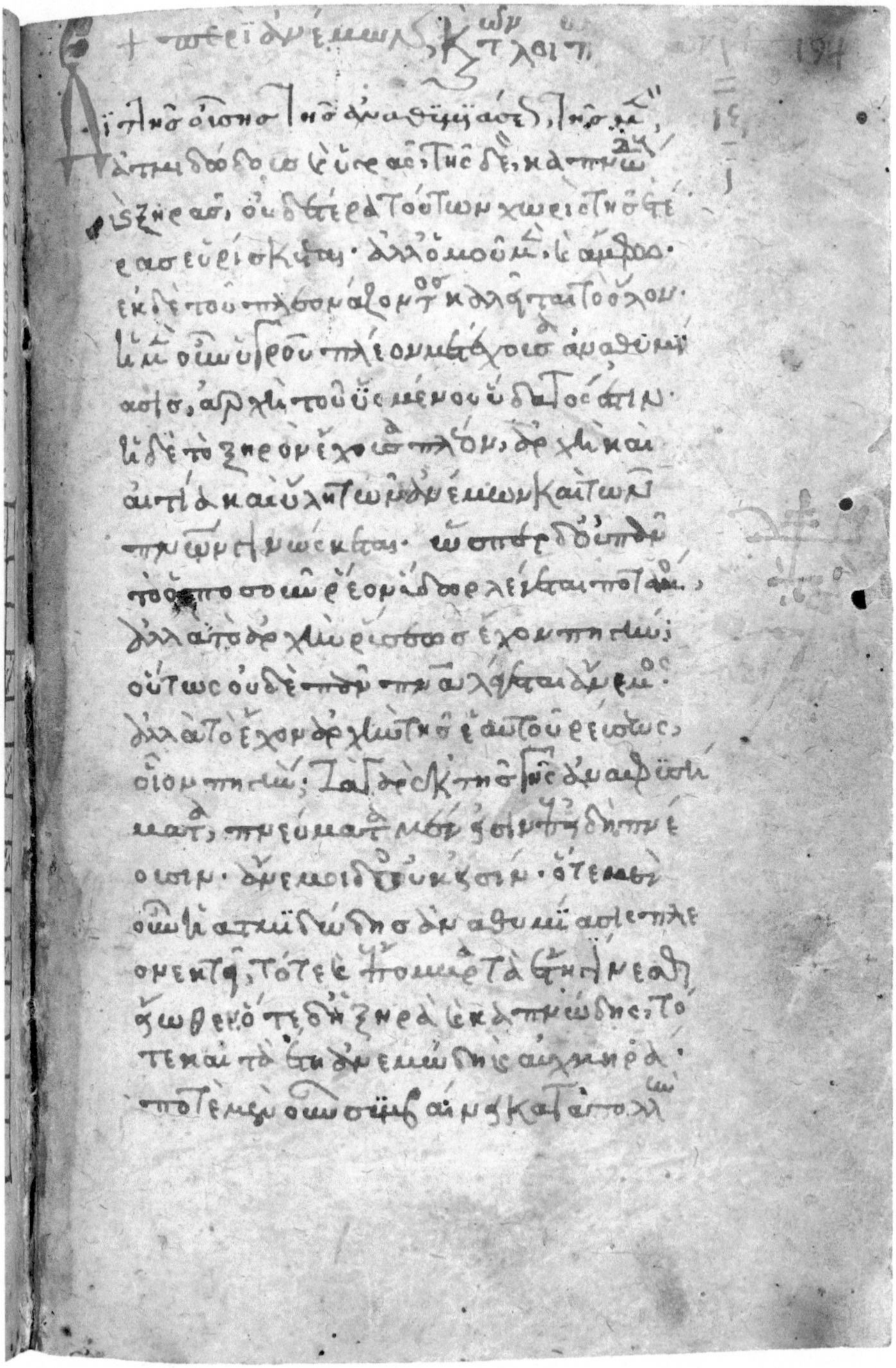

Abb. 9: *Oxon. Coll. Magd. gr.* 16 (13. Jh./14 Jh.), f. 194r (s. S. 67).

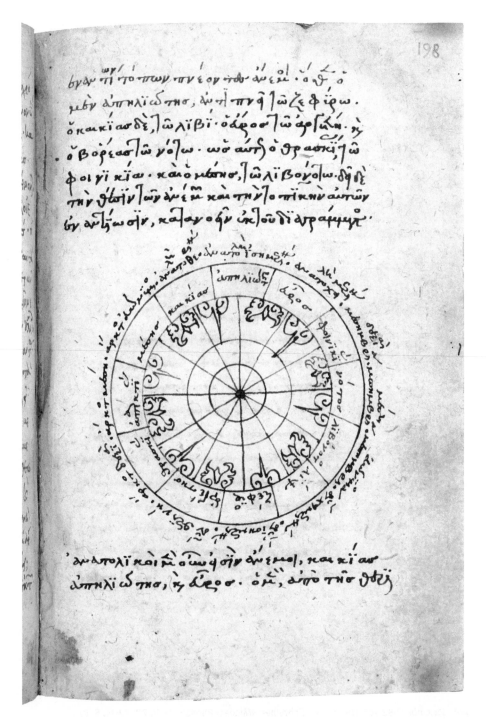

Abb. 10: *Oxon. Coll. Magd. gr. 16 (13. Jh./14 Jh.), f. 198ʳ (s. S. 67).*

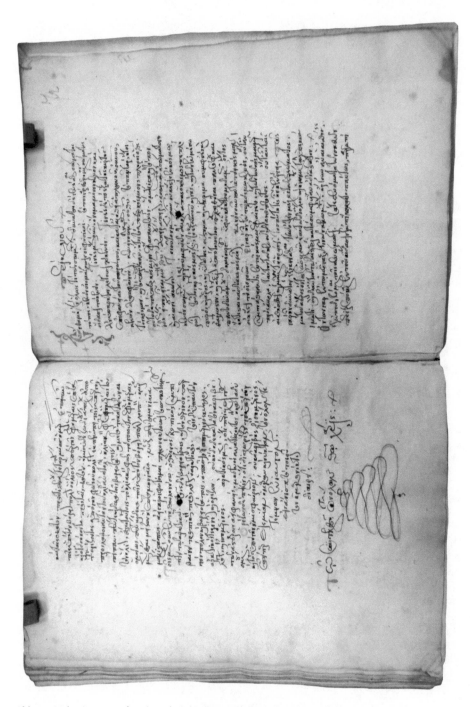

Abb. 11: *Ambr.* O 82 sup. (16. Jh., A.), Schreiber: <Michael Rhosaitos>, ff. 71ᵛ–72ʳ (s. S. 81).

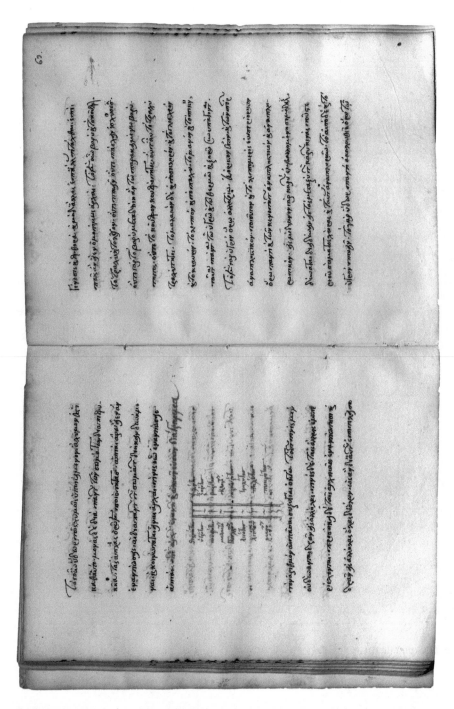

Abb. 12: *Neap.* III.D.14 (Terra d'Otranto, 15./16. Jh.), Schreiber (Haupttext): Anonym; (Diagramm): <Nicolaus Petreius>, ff. 62ᵛ–63ʳ (s. S. 83, 85).

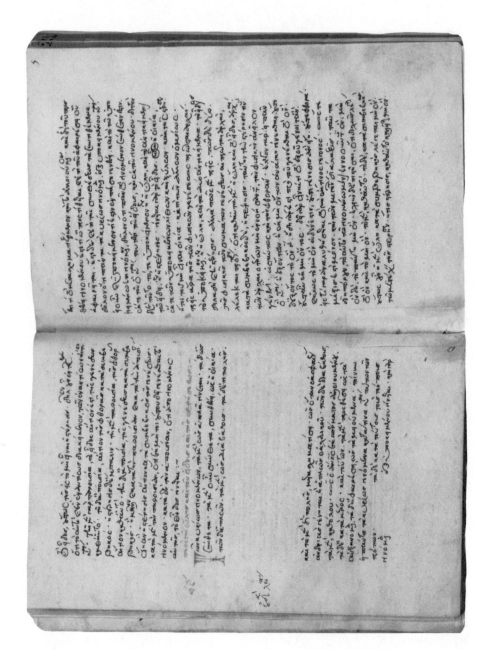

Abb. 13: *Scor.* Y.III.22 (14. Jh.), ff. 4ᵛ–5ʳ (s. S. 86).

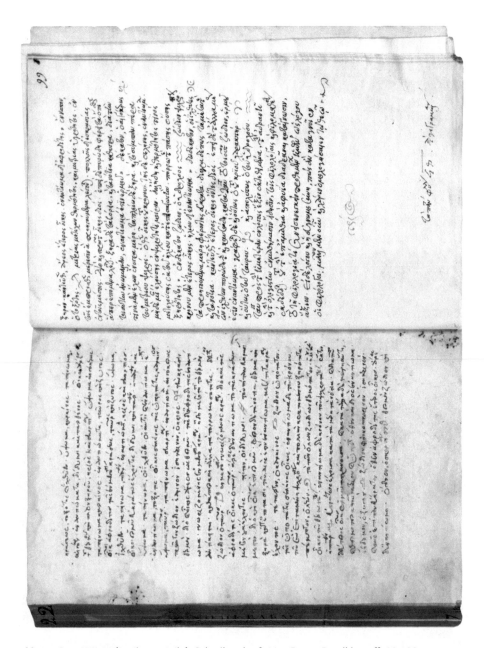

Abb. 14: *Scor.* Y.III.22 (14. Jh. u. 16. Jh.), Schreiber des f. 99ʳ: ⟨Petros Bergikios⟩, ff. 98ᵛ–99ʳ (s. S. 86–88).

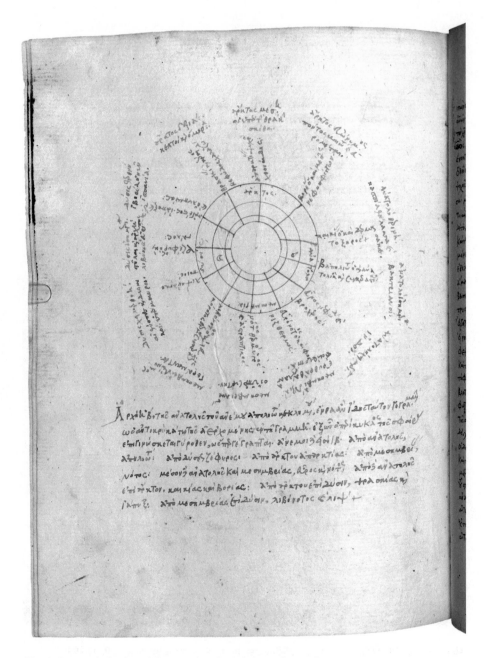

Abb. 15: *Stutt. cod. theol. et phil. 2° 108 (14. Jh., M.), f. 157ᵛ (s. S. 97).*

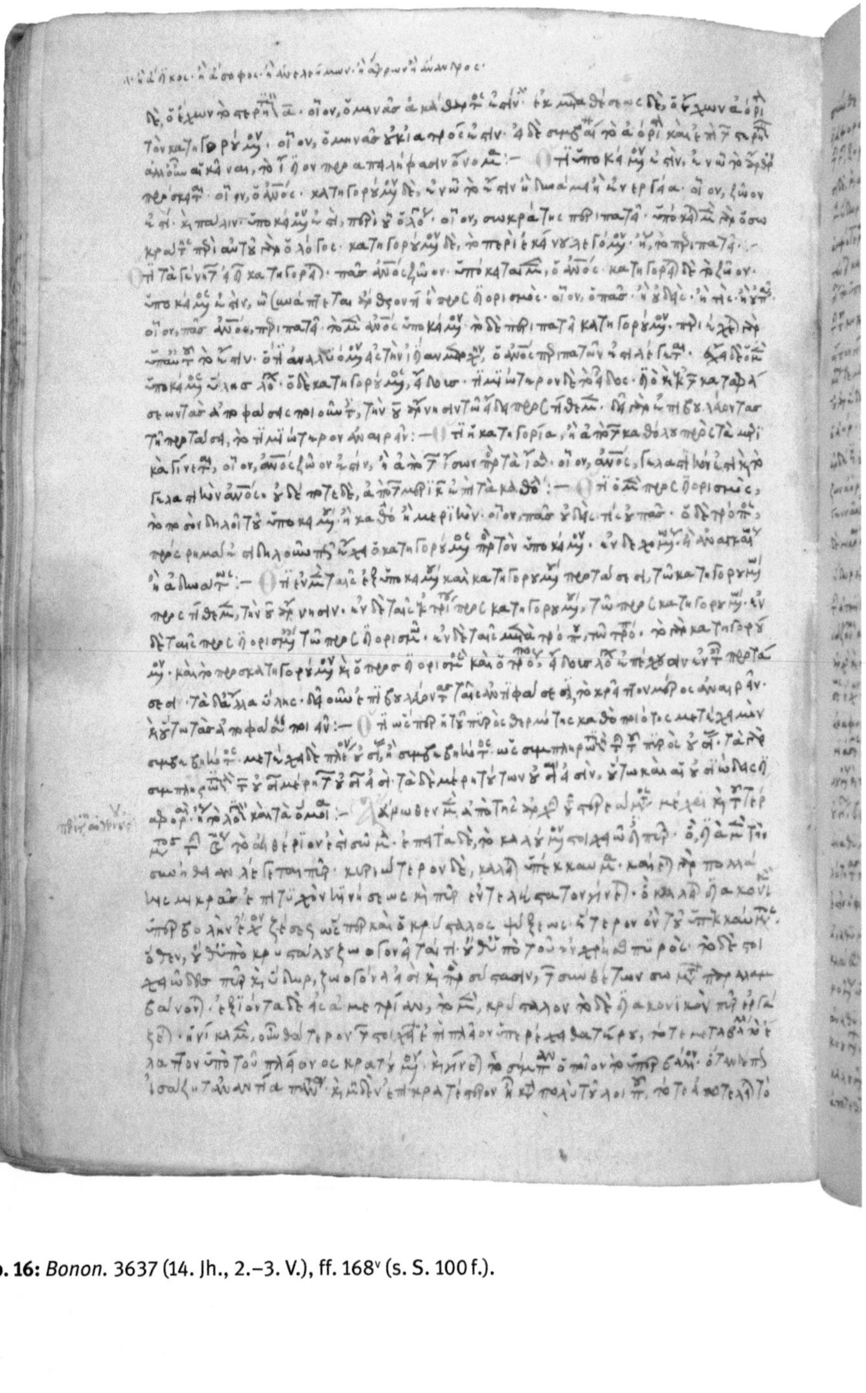

Abb. 16: *Bonon.* 3637 (14. Jh., 2.–3. V.), ff. 168ᵛ (s. S. 100 f.).